30 HISTÓRIAS INSÓLITAS QUE FIZERAM A MEDICINA

JEAN-NOËL FABIANI

30 HISTÓRIAS INSÓLITAS QUE FIZERAM A MEDICINA

O **IMPENSÁVEL**, O **ACASO** E A **GENIALIDADE** POR TRÁS DOS MAIORES AVANÇOS MÉDICOS DESDE A ANTIGUIDADE

TRADUÇÃO DE MAURO PINHEIRO

1ª reimpressão

VESTÍGIO

Copyright © 2017 Éditions Plon
Copyright © 2019 Editora Vestígio

Título original: *30 histoires insolites qui ont fait la médecine*

Todos os direitos reservados pela Editora Vestígio. Nenhuma parte desta publicação poderá ser reproduzida, seja por meios mecânicos, eletrônicos, seja via cópia xerográfica, sem a autorização prévia da Editora.

EDITOR RESPONSÁVEL *Arnaud Vin*	PREPARAÇÃO *Pedro Pinheiro*
EDITOR ASSISTENTE *Eduardo Soares*	REVISÃO *Eduardo Soares* *Mariana Faria*
ASSISTENTE EDITORIAL *Pedro Pinheiro*	CAPA *Diogo Droschi*
REVISÃO TÉCNICA *Sigrid Rocha Silva*	DIAGRAMAÇÃO *Guilherme Fagundes*

Dados Internacionais de Catalogação na Publicação (CIP)
Câmara Brasileira do Livro, SP, Brasil

Fabiani, Jean-Noël
   30 histórias insólitas que fizeram a medicina / Jean-Noël Fabiani ; tradução Mauro Pinheiro. -- 1. ed.; 1. reimp.. -- São Paulo : Editora Vestígio, 2019.

   Título original: 30 histoires insolites qui ont fait la médecine.
   ISBN 978-85-54126-39-1

   1. Curiosidade 2. Medicina - História I. Título.

19-28844   CDD-610.9

Índices para catálogo sistemático:
1. Medicina : História 610.9

Iolanda Rodrigues Biode - Bibliotecária - CRB-8/10014

A **VESTÍGIO** É UMA EDITORA DO **GRUPO AUTÊNTICA**

São Paulo
Av. Paulista, 2.073,
Horsa I Sala 309 . Bela Vista
01311-940 . São Paulo . SP
Tel.: (55 11) 3034-4468

Belo Horizonte
Rua Carlos Turner, 420
Silveira . 31140-520
Belo Horizonte . MG
Tel.: (55 31) 3465 4500

www.editoravestigio.com.br
SAC: atendimentoleitor@grupoautentica.com.br

A ciência da medicina, se não quiser ser rebaixada à categoria de emprego, deve cuidar de sua história e tomar conta dos velhos monumentos que os tempos pretéritos lhe deixaram como legado.

Émile Littré, 1829

	Prefácio	9
1	"Devemos um galo a Esculápio: pague-lhe, não se esqueça"	13
2	O sonho do diácono Justiniano	29
3	O fogo de Santo Antônio	40
4	O *Cânone* de Avicena	52
5	A última dissecação de André Vésale	62
6	O processo de Galeno	78
7	O misterioso manuscrito de Andrea Alpago	85
8	O fiofó do rei ou o nascimento da cirurgia	97
9	O combate da circulação sanguínea	111
10	O primeiro processo do sangue contaminado	128
11	O negociante de tecidos que queria descobrir o infinitamente pequeno	136
12	A varíola e as leiteiras	140
13	Visita à ambulância de Larrey na noite de Eylau	149
14	França, país de varicosos	157
15	Semmelweis e Destouches: dois destinos malditos	164
16	As lágrimas de Joseph Lister	176
17	Os amores do doutor Halsted	181
18	Um parque de diversão para a anestesia	189
19	Os filhotes de pássaros de Tarnier	204
20	Marianne Solitária	210
21	Um galinheiro para o beribéri	217
22	O prêmio Nobel de Alexis Carrel	227

23	O médico que pensava ser Sherlock Holmes	239
24	Ruborizar as "crianças azuis"	246
25	O caso Marius Renard	254
26	A criança que sonhava com um homem artificial	268
27	A tesoura de Jean Dausset	283
28	E a morte em tudo isso?	289
29	Transplante na cidade do Cabo: mas quem é afinal esse misterioso doutor Naki?	295
30	A esperança que vem da terra	303

Epílogo	314
Principais referências bibliográficas	318
Notas	325

Prefácio

O anfiteatro farabeuf da "velha" faculdade de medicina estava cheio como o metrô em horário de pico. Pelo menos trezentos estudantes. Alunos do primeiro ano. A atmosfera estava bastante tórrida. Em meio ao burburinho das conversas, ouviam-se gritos agudos e irracionais, como de aves de rapina. Os aviõezinhos de papel começavam a decolar dos assentos mais elevados para planar suavemente até o púlpito do professor...

Para um docente, esse é o teste! Essas crianças, que saíam do ensino médio como de um ovo, estavam empolgadas pelo ambiente competitivo desse primeiro ano de estudo, em que só uma baixa porcentagem de calouros tinha chance de chegar ao segundo ano de medicina. Ambiente terrível em que vale tudo!

Cabia a mim dar o primeiro curso de uma nova disciplina que seria considerada nas notas do concurso: a História da Medicina. O ministério da Educação decretara no ano anterior que um ensino de interesse geral deveria ser oferecido em meio à infinidade de matérias científicas ministrada aos estudantes. A ideia em si não era má. Mas fazer os calouros se interessarem por uma reflexão sobre as importantes evoluções da medicina enquanto lhes faltava o bê-á-bá não deixava de ser um imenso desafio.

O curso que me incumbira o reitor exibia um título rebuscado: "As condições necessárias ao desenvolvimento da cirurgia moderna".

– Você é o cirurgião do conselho de gestão. É preciso dividir a tarefa... Tenho certeza de que você fará isso muito bem – disse-me ele num tom cordial mas que não admitia discussão.

Esse curso, que exigira de mim certo trabalho de bibliografia, supunha em toda a sua lógica uma senhora viagem no tempo, começando pelo combate dos anatomistas, a descoberta da fisiologia do sistema circulatório, o advento da anestesia e o descobrimento da infecção, os grupos sanguíneos e a transfusão, passando pela cirurgia militar, a intubação traqueal e outros fluxos extracorporais... Um verdadeiro panorama!

Além disso, eu sabia que meus slides eram um tanto densos, incluindo datas importantes, nomes de grandes homens que não podiam ser ignorados, eventos fundamentais e seus encadeamentos... O retrato de alguns barbudos do passado deveria animar a apresentação. Mas, ainda assim, ela continuava carrancuda demais para suscitar o interesse ou, ao menos, a atenção da assembleia à minha frente.

Ao entrar no anfiteatro Farabeuf para ministrar esse curso em meio àquele alvoroço, meu pressentimento não era nada bom...

No entanto, eu era o que chamam de um veterano: doze anos de conferências em residência médica, uma variedade de exposições sobre todos os tópicos de cirurgia ou anatomia durante meu período de clínica, e depois uma docência na pós-graduação dentro da minha especialidade, desde que me tornara professor. Normalmente, eu me sentia bem à vontade.

Do púlpito, eu contemplava a massa de estudantes. Vários eram aqueles que não tinham encontrado lugar e se preparavam para fazer anotações sentados nos degraus do anfiteatro. Minha presença não os incomodara sequer por um instante; os mais calmos continuavam a bater papo e outros lançavam projéteis de todos os tipos.

Eu sabia que só teria cinco minutos para me impor... Senão, seria condenado a falar alto no microfone para ser ouvido apenas pelas meninas estudiosas de sempre, sentadas à primeira fila, aquelas capazes de fazer anotações em meio a todas as tempestades.

– Vou contar uma história para vocês...

As conversas perderam a intensidade. Alguns rostos se viraram na minha direção, a expressão intrigada ao identificar aquele que ousava interrompê-los em suas ocupações.

– Ambroise Paré está num campo de batalha...

– Quem? – urrou um espertinho, imitando o som de um pássaro a fim de fazer rir seus camaradas.

– Um hospital em Paris – retruquei sem demora.

Desta vez, os riscos ficaram do meu lado. Prossegui como se nada tivesse acontecido:

– É preciso amputar um soldado cuja perna acabou de ser estraçalhada por um arcabuz. Uma amputação da coxa. Ambroise Paré sabe muito bem que isso é muito perigoso, o soldado corre risco de morrer. Imaginem só... Não existe anestesia!

Murmúrios na sala.

– E por que não? – pergunta uma jovem com uma trança afro.

– Porque estamos em 1542, no cerco de Perpignan, e a anestesia só será descoberta durante a segunda metade do século XIX – eu respondi, prosseguindo. – Vários enfermeiros robustos seguram o soldado para que ele não se debata. Paré afia suas longas facas, prepara a serra e esquenta um ferro sobre a fogueira de campanha. A amputação pode começar...

Ninguém mais fala. Os aviões de papel aterrissaram. As expressões brincalhonas se tornaram circunspectas. Como iria Ambroise Paré realizar sua amputação? Por que ele usaria um ferro em brasa? E a serra, para que serviria?

Eu sabia que havia vencido. Poderia agora dar minha aula, enchê-los de datas, nomes e acontecimentos sem que protestassem. Eu sabia que, ao final dessa exposição de duas horas, inúmeros estudantes viriam me fazer perguntas sobre a cirurgia, aos quais eu poderia dizer:

– Se lhes interessar, vocês poderão vir ao meu bloco e ver uma operação.

Evidentemente, essas anedotas não podiam substituir um ensino universitário sobre a história da medicina. Ela é apenas uma faceta da história geral, não pode ser resumida a uma sequência de pequenas crônicas, ainda que sejam perfeitamente exatas. Ela acompanha os grandes movimentos do pensamento, se mistura com fatos militares e políticos de seu tempo. Os médicos do Renascimento são como os homens do Renascimento, com seus defeitos, seus combates, seus questionamentos, e eles servem e obedecem àqueles que detêm o poder.

Poderá o médico moderno extrair da história da medicina algumas lições? Nem mais nem menos do que da grande história, que jamais se repete do mesmo jeito... No máximo, ela evidencia o papel do acaso, a força da observação e o peso de personalidades excepcionais para o progresso e para as descobertas. Ela permite também estigmatizar as forças reacionárias dentro do desenvolvimento de uma nova técnica, forças ainda mais exacerbadas quando se trata do ser humano, portanto, para muitos, uma expressão divina.

A história da medicina moderna nos oferece diversos exemplos: a doação de órgãos é debatida em diversos países, a utilização de células embrionárias humanas para clonagem terapêutica está longe de ser consensual, mesmo a transfusão sanguínea é reprovada por alguns... Certas mulheres preferem "dar à luz com dor", ao passo que a anestesia peridural é autorizada em todos os países industrializados. A circuncisão feminina ainda mutila inúmeras mulheres, inclusive na França...

Nunca se refletiu tanto sobre a ética médica: tornou-se até mesmo uma ciência ensinada nas faculdades de todo o mundo, com professores, assistentes e doutorandos.

Conservemos a modéstia. Certamente, a história da medicina deve analisar os grandes movimentos do pensamento médico e os recolocar em seu contexto, mas, se ela só tivesse sucesso em classificar ligeiramente certas datas dentro da cabeça dos futuros médicos, isso já seria uma vitória. Perguntei certa vez a um estudante que realizava sua prova final de clínica:

– Quem foi Hipócrates?

Ele me olhou de soslaio, procurando a pegadinha, refletiu um instante e depois, repentinamente, lembrando-se da minha própria especialização, lançou, cheio de confiança:

– Um cirurgião cardiovascular, como o senhor!

Então, finalmente, minhas pequenas histórias podiam também achar seu lugar...

"Devemos um galo a Esculápio: pague-lhe, não se esqueça"

Presido a banca de uma tese de doutorado praguejando contra o primeiro cônsul Bonaparte e sonhando com o juramento que fazem todos os futuros médicos • Seguimos o grande Hipócrates sob seu plátano da Ilha de Cós, imerso em suas reflexões que lhe sugerem as últimas palavras de Sócrates • Ele decide inventar a deontologia, que será, em sua imensa obra, a única parte que atravessará realmente os séculos.

Era uma defesa de tese na faculdade. Eu era presidente da banca e estava ligeiramente atrasado. Uma operação durara mais que o previsto.

Era preciso ainda me dirigir ao vestiário dos professores para vestir minha toga! Só faltava esse último contratempo. Amaldiçoando Bonaparte e seu espírito organizador de todas as coisas, que decidira e impusera um traje para os membros da universidade, como fizera com o uniforme dos cavaleiros ou a indumentária dos prefeitos: os professores de medicina usariam togas vermelho-carmim, enquanto os doutores em Direito ostentariam a toga escarlate. A epítoga pendurada ao ombro traria uma pata de arminho para os bacharéis, uma outra para os licenciados e a terceira para os doutores. Para que tanto babado?

Impaciente, fechei os 25 botões da toga (nem um a menos, o número era regulamentar!), praguejando contra o Consulado,[1] e coloquei a aba de cambraia branca no colarinho. Os outros membros do júri me aguardavam na sala de teses da faculdade. A candidata estava pronta. O público, na verdade a família e os amigos da aspirante a doutora, já estavam em seus lugares. A defesa poderia enfim começar.

Ao entrarmos, todos se levantaram. Na condição de presidente do júri, sentei-me primeiro e convidei todos a fazerem o mesmo. Em princípio, esta defesa não passava de uma formalidade. A candidata era brilhante. Tinha concluído seu período de residência nos principais centros hospitalares de Paris e seu tema de tese se encontrava na ponta do progresso tecnológico médico. Uma moça alta e morena, os cabelos presos atrás num coque impecável, os olhos discretamente sublinhados pelo delineador, ela estava vestida com um terninho preto e recatado, sapatos de salto alto apropriados à ocasião, nem altos demais nem baixos demais... Estava perfeita no visual "defesa de tese". Com certa emoção na voz, ela começou sua exposição, ganhando confiança e ritmo rapidamente sobre um assunto que conhecia como a palma da mão. Exprimindo-se num francês perfeito, sem hesitações supérfluas, sem abusar de abreviações e siglas, frequentes nesse tipo de apresentação.

Eu me virei na direção da plateia, tomado de uma empatia generalizada pela heroína. Vi expressões tensas de angústia. Esperando que ela não tropeçasse! Na primeira fila, seu pai, argelino vindo para a França nos anos 1960 para trabalhar nas linhas de montagem da Renault em Île Seguin. Uma carreira de trabalho e sacrifícios pelos filhos. Ele transbordava de orgulho por essa filha, que contava à sua frente coisas que ele não podia entender, mas que esses senhores importantes, vestidos de vermelho atrás de seu púlpito, pareciam apreciar, pois assentiam com a cabeça às palavras de Fatima. A mãe estava vestida com os véus tradicionais. Ela mal falava francês. E não entendia muito bem o que estava acontecendo, exceto que sua filha se tornava alguém na terra dos franceses, capazes de fazer tanto bem e tanto mal ao mesmo tempo!

Ao terminar sua apresentação, Fatima respondeu às perguntas dos relatores. Algumas um tanto maldosas. Como uma gazela, ela saltou sobre os obstáculos, de modo brilhante e apurado, sem perder a modéstia. Estivera perfeita. O júri se retirou para deliberação:

– Medalha de prata!

– Claro, concordo plenamente, medalha de prata.

Os veteranos das teses tomavam decisão com poucas palavras e já se precipitavam para rubricar os papéis oficiais que faziam de Fatima uma nova doutora em medicina.

– E por que não uma medalha de ouro? – perguntou o mais jovem dos membros do júri, ainda assistente de relator da tese.

— Porque a medalha de ouro faz parte de um concurso particular que se realiza uma vez por ano, e que permite ao médico residente que o obtiver efetuar um ano suplementar nos serviços hospitalares de sua escolha.

O júri retornou à sala das teses da faculdade. Todos se levantaram. Eu comecei:

— Senhorita, o júri a considerou digna de se tornar doutora em medicina com a menção muito honorável e a medalha de prata de nossa faculdade. Você só se tornará médica após o juramento. Trata-se de um dos atos mais importantes de sua nova carreira, ele a compromete junto a seus pares, sua família e toda a comunidade que nós representamos. Queira vestir a toga preta dos médicos, erguer a mão direita e, diante do busto de Hipócrates, nosso mestre...

Palavras consagradas, perpetuando o velho mito, repetidas ao longo dos séculos para sacralizar a profissão de médico:

— Na presença dos mestres desta escola, de meus caros condiscípulos e diante da efígie de Hipócrates, eu juro ser fiel às leis de honra e de probidade no exercício da medicina...

Com a mão direita erguida, Fatima leu com a voz límpida o texto moderno de um juramento, escrito à sombra de um plátano da Ilha de Cós havia mais de 2.500 anos...

Ilha de Cós, 399 antes de Cristo

Bem-disposto aos 60 anos... Hipócrates, médico responsável inconteste da Escola de Cós, crânio calvo, cabelos cortados curtos nas laterais e a barba branca e farta, se encontrava sob seu plátano preferido, cercado por seus alunos e seus assistentes. Eram pelo menos trinta a escutar todos os dias, na hora mais quente, o discurso do velho professor, quando as consultas matinais se encerravam. Depois, quando o sol de Apolo começasse a descer na direção do mar, eles iriam visitar juntos os pacientes hospitalizados no Esculapião.[2]

— Mestre, acabamos de terminar, segundo suas instruções, o terceiro livro sobre as *Epidemias*, e Políbio quase concluiu o volume *Sobre os partos*. Ele descreveu, conforme o senhor o instruiu, a teoria dos humores para o volume *Sobre a natureza do homem*. Quando tivermos terminado o conjunto, teremos completado seus escritos *Da medicina antiga*, a de nossos pais, os Esculápios...

O mestre não respondeu. Téssalo, o "filho" mais velho, retomou:

— Assim, o conjunto de seus ensinamentos poderá ser conhecido por todos. E nossa escola demonstrará sua superioridade sobre todos os outros, inclusive sobre aqueles de Cnido, que dizem horrores de nossos métodos...

Diante do mutismo persistente de Hipócrates, Políbio vem ao socorro de seu cunhado:

— É seu combate, mestre, que escrevemos. É o combate daqueles que observam o doente e seus sintomas para extrair um diagnóstico e predizer o resultado do mal. É seu combate contra os feiticeiros e charlatães que só curam sob a pretensa influência dos deuses, procurando a previsão no voo dos pássaros ou na configuração de pedrinhas espalhadas no chão!

Hipócrates reergueu a cabeça, que mantivera virada para o chão desde o início da conversa. Por um instante, ele contemplou Políbio. Políbio, o dogmático. Políbio, o melhor dentre todos os seus alunos, aquele que um dia o sucederia no comando da escola. Ele lhe dera sua filha em casamento. Amava-os como seus filhos, Téssalo e Drácon. Um verdadeiro médico, até a alma. Eles tinham escrito juntos os textos sobre o parto e tudo o que dizia respeito aos cuidados devidos às crianças. Era ele que se encarregava de toda a pediatria e a obstetrícia de Cós. E, além disso, um talento excepcional para realizar um parto que havia começado mal. O rei das apresentações do lugar... Ao mesmo tempo firme e compassivo, intelectual e prático, original e fiel! Um verdadeiro médico, seu melhor aluno.[3] Virando-se então para ele, disse:

— Não se esqueça, Políbio, o que eu já lhe disse: a vida é curta, a arte é longa; a experiência, enganosa; o empirismo, perigoso; o julgamento, difícil. Não basta você fazer aquilo que convém, é preciso também contar com o auxílio do enfermo, daqueles que o assistem e dos elementos exteriores...[4] A medicina que realizamos é a dos *phainomenon*, daquilo que aparece, e busco desde sempre investigar, associar e compreender à luz do sistema que nos foi transmitido pelos antigos. Mas, segundo a comparação do grande Sócrates, são apenas as sombras projetadas sobre a parede da caverna que nós interpretamos.[5] A realidade nos é inapreensível; talvez, depois de nós, outros poderão fazer melhor, compreenderão o que acontece realmente no interior do corpo, e nossas teorias lhes parecerão ultrapassadas. O que eu lhes transmito é de fato um método e um estado de espírito, mas, infelizmente, poucos conhecimentos...

A luta contra a magia, o pretenso divino... Para Políbio e muitos outros discípulos, este havia sido o verdadeiro combate do mestre. Todos o viram agir quando ele era chamado à cabeceira do leito de um doente: ele chegava à casa, cumprimentava a família e o paciente e, praticamente no instante em que entrava, percebia se este tinha ou não o rosto da morte. Se tivesse esse famoso "aspecto hipocrático", tal como o descreveu no segundo capítulo dos *Prognósticos*, ele já sabia que estava diante de um agonizante. Ele nunca abandonaria esse paciente, mas, prudente, logo avisava à família a fim de evitar críticas posteriores.

Quando esse ponto essencial tivesse sido elucidado, ele podia passar ao exame propriamente dito. Aproximava-se lentamente do doente e tentava, de início a certa distância, avaliar seu estado geral. Estava calmo, deitado e relaxado, bem coberto ou, ao contrário, agitado, gesticulando e divagando, banhado de suores? Suas mãos estavam imóveis ou se mexiam no vazio, como se quisessem pegar alguma coisa imaginária?

Após essa observação, Hipócrates se instalava ao lado do leito e interrogava o paciente. Era a anamnese. Nenhuma referência aos deuses. Somente perguntas sobre como ele se sentia: havia comido demais? Sentia-se cansado? Desde quando? Tinha feito esforços incomuns? Hipócrates procurava sempre essa "prófase" que considerava ser a responsável pela doença, e estava convencido de que os deuses não tinham nada a ver com aquilo, que não se tratava de um castigo e muito menos de uma vingança!

Em seguida, o doente era totalmente despido. Ele o examinava pesquisando todos os detalhes de seu corpo dos pés à cabeça. Depois, apalpava todas as partes do corpo, insistindo sobre regiões que parecessem mais sensíveis.[6]

Finalmente, o médico escrutava as fezes, a urina, o vômito e a expectoração.

Sempre o mesmo procedimento, sempre os mesmos gestos. Hipócrates tinha introduzido a sistematização do exame clínico.

Depois, ele impôs que fossem feitas anotações! Era a função do assistente, que registrava tudo sobre tabuletas. Estas eram meticulosamente classificadas e conservadas dentro do Esculapião, um progresso considerável que iria permitir a redação dos *Escritos*.[7]

O assistente então anotava tudo o que via, até mesmo as coisas que parecessem sem importância, pois tal era a instrução do mestre. Era preciso alcançar o grande princípio da "congruência", ou seja, a reunião de sinais dentro de uma síndrome, para conseguir definir uma doença. Por exemplo, Drácon anotou a seguinte observação, que ele relatara em *Epidemias I*[8]:

— Entre os doentes que morrem: principalmente os adolescentes, os jovens, os homens na flor da idade, os calvos, as gentes de pele clara, aqueles de cabelos negros e lisos, aqueles de tom moreno, aqueles de costumes leviano, aqueles com a voz seca ou rouca, os de língua presa, os homens de temperamento irritável...

Tudo podia ser importante: a idade, a voz dos pacientes, seus hábitos, seu temperamento. Um dia, talvez outros seriam capazes de extrair conclusões e confirmar sua prognose.

— Um médico deve dizer o que foi, reconhecer o que é e anunciar o que será.

Tal era o ensinamento do mestre!

E agora, diante deles, o mestre voltava a pôr tudo em questão. Os discípulos se sentiam decepcionados, quase horrorizados.

Nesse momento, Apuleio, um dos assistentes em Esculapião, entrou, ofegante, diante do areópago e exclamou:

— Rápido, mestre! Um doente acabou de entrar em coma, precisamos do senhor!

Hipócrates, sentado na grama, ergueu-se como se impulsionado por uma mola e, acompanhado de Políbio, precipitou-se para o pavilhão onde os enfermos estavam hospitalizados. Era um jovem paciente, gentil e fleumático, que chegara havia pouco tempo, a pedido de seu pai, para ser consultado pelo mestre. Ele estava estendido, inconsciente, o rosto inerte, os olhos revirados e imóveis, o corpo com espasmos opistótonos,[9] estático em sua extensão, os braços tensos e os dedos crispados. Ao vê-lo assim, diria-se que morreria imediatamente.

— Mestre, mestre, o que se pode fazer? – perguntavam Apuleio e os outros enfermeiros que seguravam firmemente o paciente.

Hipócrates acalmou a todos:

— Afastem-se e não o perturbem, ele vai iniciar a fase clônica...

E, de fato, o corpo do rapaz foi tomado de tremores violentíssimos, que duraram alguns minutos.

— Olhem bem. As convulsões vão parar, depois ele vai começar a respirar novamente de maneira bem profunda, fazendo um bocado de ruído. Ele ficará então bem flácido e sua urina vai escorrer sem que ele pense em retê-la, pois ainda está em coma. Em seguida, acordará sem se lembrar do que aconteceu. É a amnésia. Vocês o deixarão se recuperar devagar e lavarão sua boca, pois creio que ele mordeu a língua, o que ocorre com frequência. – Um fio de sangue escorria sobre seus lábios.

Drácon, que registrava sobre a tabuleta, discretamente cuspiu no chão.

— O que acaba de fazer não serve a nada, Drácon. Esta doença não é contagiosa. É o mal sagrado. Acho que você o reconheceu. E esse hábito de cuspir quando encontramos esses doentes não faz sentido! Não mais do que o de utilizar fumigações nauseabundas para afastar este mal pretensamente vindo dos deuses. Parece-me que não é mais divino, nem mais sagrado que outras doenças, mas que ele tenha uma causa natural, como outras afecções. O homem considera sua natureza e a crê divina por conta de sua ignorância e de sua credulidade... Aliás, essa doença só aflige os fleumáticos. Na verdade, se preferir assim: todas as doenças são divinas e todas são humanas!

Todos estavam muito impressionados com a prognose do mestre, pois as coisas aconteceram exatamente como ele tinha previsto.

Enquanto iniciava sua visita aos outros doentes do Esculapião, Políbio aproveitou para retomar suas questões:

— Você está vendo, Hipócrates, que toda essa ciência que você acumulou deve ser conhecida pelo maior número de pessoas. Sei que você redigiu um texto sobre a doença sagrada. É fundamental que o incluamos em nossos *Escritos*...

– Eu o farei, Políbio, o dogmático, eu o farei. Mas isso não é o essencial!

Ele prosseguiu sua visita sem mais nada dizer, deixando Políbio na expectativa daquilo que, para o mestre, se tornara essencial...

Ele o saberia.

*

A notícia chegou pelo mar. Na Ilha de Cós, tudo só podia vir pelo mar: o melhor e o pior. Hoje, era o pior: Sócrates estava morto. "Eles" o tinham assassinado. Hipócrates sentiu-se devastado pela dor e pela tristeza.

Ele soubera do acontecimento com atraso, por um capitão de navio, quando os barcos procedentes de Atenas, que se tornavam cada vez mais raros desde a derrota, puderam novamente trazer boatos e notícias até o extremo final do arquipélago do Dodecaneso, no Mar Egeu.

Evidentemente era um assunto político. Era preciso encontrar bodes expiatórios para tentar explicar a derrota humilhante de Atenas após trinta anos de lutas com a Lecedemônia, nas terríveis Guerras do Peloponeso! E a tirania dos Trinta, que havia tomado o poder, tinha efetuado expurgos medonhos. Era preciso encontrar aqueles que poderiam ser punidos pelo desfalecimento geral dos costumes, aqueles que tinham conduzido a cidade de Péricles à queda. É verdade que, ao lado de valores viris e militares de Esparta, os filósofos de Atenas podiam temer as comparações! Os sofistas foram particularmente procurados: chegaram a destruir em praça pública toda a obra de Protágoras. Sócrates, que os frequentava bastante e que tinha conversado com eles para detectar seus falsos raciocínios, foi injustamente amalgamado a eles e proibido de ensinar.

Mas era difícil atingir Sócrates por várias boas razões. Primeiro, ele fora em sua juventude um soldado corajoso, que salvara a vida de diversos hoplitas que se tornaram personagens influentes em Atenas, e foi igualmente presidente do Conselho dos Quinhentos; era, portanto, bem difícil acusá-lo de não ser um bom patriota. Em seguida, e sobretudo, ele jamais escrevera, o que impedia que se vingassem contra suas obras, ainda que se soubesse pertinentemente que alguns de seus alunos se encarregavam com ardor de exprimir seu pensamento.

Era preciso então encontrar um pretexto...

Os poderes políticos de todos os tempos sempre encontram um pretexto para conduzir um opositor, ou supostamente opositor, ao açoite. No caso de Sócrates, decidiram lhe confiar a detenção de Léon de Salamine. Na verdade, todos sabiam que o filósofo considerava Léon inocente dos fatos de que era acusado. Ele se recusou então de se encarregar dessa má ação. Era o que esperavam...

O pretexto fora encontrado!

Meletos se encarregou do papel de acusador público: Sócrates era ao mesmo tempo corruptor da juventude e aquele que não reconhecia os deuses da cidade. Essa acusação era parcial e injusta. Em outras palavras, ela não se sustentava, mas ainda assim foi levada adiante e quinhentos jurados foram requisitados.

– Mas como decorreu o processo? – perguntou Hipócrates ao capitão. – Não é possível que o grande Sócrates não tenha imposto seu justo direito diante dos quinhentos cidadãos de Atenas!

– Infelizmente e para resumir, Hipócrates, tudo se passou como se seu amigo filósofo tivesse decidido exasperar o júri a qualquer custo. Como se procurasse ser condenado! Ele foi o melhor aliado de Meletos, seu próprio acusador. Ele se recusou a ler a defesa que lhe havia preparado Lísias; contou episódios de sua vida que nada tinham a ver com os fatos recriminados. Finalmente, quando lhe ofereceram a escolha entre uma sentença de morte e o pagamento de uma multa, ele propôs pagar a soma de 25 dracmas, o que era ridículo, e estimou mesmo que, considerando os serviços que tinha prestado à cidade, deveriam hospedá-lo no Pritaneu e alimentá-lo até o final de seus dias... Resumindo, ele zombou de todos e foi condenado a beber cicuta, como se fosse esse seu desejo...[10] "Anitos e Meletos podem me matar, mas não podem me prejudicar", teria dito ele para acabar com as discussões!

O capitão contou em seguida a Hipócrates sobre a morte digna do filósofo, quase solene, no meio de seus discípulos, evocando a imortalidade da alma:

– Suas últimas palavras foram para você, Hipócrates. Você sabe o quanto ele o apreciava. Disse a Críton, seu amigo de infância, que o dissesse através da minha boca: "Devemos um galo a Esculápio: pague-lhe, não se esqueça!". "Certo, isso será feito", respondeu Críton, "mas veja se você tem ainda outra coisa a dizer". Após essa indagação, Sócrates nada mais disse, seu corpo começava a se enrijecer por causa do envenenamento e falar se tornara impossível. Ele concluiu então sua vida de palavras com essa frase enigmática! Críton pensa que é ao senhor, mestre,[11] que ele destinava essa última palavra, você compreenderia o que ele quis dizer.

O relato desse homem do mar conduziu Hipócrates a uma profunda reflexão e ele não tomou mais parte das atividades em Esculapião durante vários dias. Ele podia ser visto sob sua árvore desde o nascer do sol. Na hora mais quente, dava a entender a seus assistentes que não haveria ensinamentos naquele dia...

De fato, havia sobre tudo isso um manto de mistério: por que Sócrates queria tanto ser condenado? O que queria dizer sua primeira frase sobre Esculápio? Teria Sócrates lhe transmitido uma mensagem póstuma? Era um hábito dele emitir perguntas e frases sibilinas para encontrar a resposta em si mesmo. "Conheça a ti mesmo." Ele conhecia seu Sócrates...

Por mais que Hipócrates tivesse revolvido todas as suas lembranças e mergulhado numa profunda introspecção, ele não conseguia entender.

Sua decisão foi tomada. Numa das manhãs que se seguiram, ele informou a Políbio e a seus filhos que partiria para Atenas. Apuleio, seu jovem enfermeiro, viria com ele para cuidar de suas comodidades (na verdade, sua única bagagem era uma pequena trouxa e seu estojo de instrumentos). Ele os deixava tomando conta da casa. Sem escutar os conselhos da prudência, ele embarcou.

Os ventos eram favoráveis, e, languidamente ninado pelas ondas, Hipócrates, que sempre gostara das viagens de barco, adormeceu logo após zarparem. Como se deve a um grego que respeitava os costumes, ele teve então um sonho estranho que começava agradavelmente, quase um sonho erótico: um negociante de quinquilharias se encontrava no gineceu de um rei. Mulheres belas e jovens, parcialmente despidas e gorjeando como passarinhos, o cercavam, roçando nele para descobrir seus tesouros. De repente, um som de cornetas militares se fez ouvir ruidosamente no exterior, assustando o grupo de moças. Então, uma delas levantou bruscamente seu vestido, sacou uma espada que ali escondera e se precipitou para fora da casa a fim de combater...

Quando acordou, Hipócrates procurou, obviamente, entender a mensagem que os deuses lhe tinham enviado no sonho. Na verdade, ele conhecia a história e já a lera com frequência nos cantos homéricos. Estava claro que o guerreiro vestido de mulher só podia ser Aquiles dos pés delicados, que sua mãe, a deusa Tétis, obrigara a se disfarçar em mulher para evitar que partisse para a Guerra de Troia. Ela sabia que, se partisse, ele se encobriria certamente de glória, mas, por outro lado, não voltaria vivo. O negociante era Ulisses. Ulisses das mil artimanhas, que prometera a Agamenão trazer Aquiles e seus mirmidões a Aulis, e que achara o subterfúgio das cornetas guerreiras para desmascará-lo e fazê-lo sair de seu esconderijo.

Mas que relação tinha esse sonho com Sócrates?

Para Hipócrates, a resposta estava evidentemente na escolha de Aquiles, que partiu de pronto à guerra, envergonhado por ter sido visto por Ulisses naqueles trajes. Ele escolhera uma vida curta e plena de glória pelos próximos séculos, em vez de uma vida longa de camponês sem prestígio. Sócrates devia saber também que sua morte exemplar mitificaria sua vida e conferiria a glória eterna a seus ensinamentos. Ele que jamais escrevera coisa alguma, que só podia contar com seus discípulos para difundir sua mensagem, devia de algum modo pôr na balança a própria vida a fim de tornar sua obra definitivamente crível. Não havia mais dúvidas, era essa a razão de sua obsessão em ser condenado e, também, de maneira injusta...

Sua esposa, Xântipe, repetia feito louca ao fim do processo:

– Mas isso não é justo!

Ele respondeu:

– Você teria preferido que tivesse sido justo?

Orgulho desmedido? Necessidade de ir até o fim de um destino?

Afinal de contas, outros, e não poucos, fizeram a mesma escolha ao longo da história...

– O que posso lhe dizer, Hipócrates, é que Sócrates via em você o arquétipo do médico. Enquanto descendente do deus,[12] ele o considerava como chefe de uma Escola que tinha a obrigação de levar aos homens o conhecimento, desde que, primeiramente, eles demonstrassem sua sinceridade e seu mérito. Para ele, a medicina devia representar uma pesquisa filosófica e uma iniciação. Para ser digno dela e para recebê-la, era preciso passar por provas que eram sancionadas por um mestre. Ele pensava que sua Escola era um exemplo a ser seguido e que você tinha a envergadura para conduzi-la à sua realização.

Platão falava de maneira bem cordial. Ele ficara comovido ao ver Hipócrates empreender essa longa viagem para encontrar todos aqueles que tinham vivido os derradeiros instantes de Sócrates. Via nisso um sinal...

Evidentemente, Platão sofria bastante com a morte de seu próprio mestre, ainda que tivesse compreendido sua dimensão redentora. Ele conhecia também seu dever: difundir seu ensinamento. Sua vida inteira seria consagrada a essa tarefa.

Considerando o grande médico tão sábio e determinado ao mesmo tempo, Platão pensava que devia promover a evolução de seu ensinamento no sentido de um discurso embebido do pensamento de Sócrates. Talvez tenha sido isso que ele quisera dizer em suas últimas palavras. A medicina talvez fosse algo diferente de uma *tekhnê*, mesmo que este conhecimento fosse indispensável. Talvez fosse preciso alcançar outra dimensão... Durante as semanas que se seguiram, ele se dedicou a contar a Hipócrates os grandes ensinamentos daquele que considerava o maior filósofo do seu tempo.

Foi um momento bem agradável. Platão era um maravilhoso narrador. Tinha-se a impressão de se estar escutando Sócrates falar.

– Você sabe que a mãe de Sócrates era parteira? Ele dizia que era sua obrigação fazer parir os espíritos, como sua mãe fazia parir as mulheres. É por isso que ele jamais afirmava, mas procurava através de suas perguntas extrair o que já havia em nós e que nós não conseguíamos formular claramente.

A filosofia parecia assim a arte de exprimir por palavras simples e claras aquilo que cada um sentia de modo confuso, pensava também Hipócrates.

Ele recapitulava, à luz daquilo que lhe dizia Platão, tudo o que até então havia sido sua obra. Talvez tivesse ignorado o essencial. Era preciso refletir. Parir os espíritos... Ele que já havia redigido tratados para explicar como obter êxito nos partos mais difíceis.

O que teria pensado Sócrates de sua medicina?

Por fim, aquilo que sempre ensinara era uma medicina baseada numa ética espiritualista, ao mesmo tempo metafísica e prática, na qual o divino se confundia com a natureza, sendo a natureza a fonte essencial da cura. Podia-se acusá-lo de ser racionalista demais, mas certamente não de ser materialista. Todo o seu trabalho havia sido aprender a ajudar a natureza no ser humano, a vencer a doença com uma terapia simples e natural.

Primeiramente, não prejudicar!

Era nesse aspecto que a medicina representava uma arte, e não apenas uma técnica. Pois qualquer que fosse o procedimento, o objetivo a alcançar era exatamente a prevenção das doenças e sua cura. Em seu íntimo, Hipócrates sabia que tivera razão ao seguir esse caminho.

Agora, era preciso ir mais longe. Era essa a mensagem de Sócrates. Ele ainda devia um galo a Esculápio. Havia uma outra dimensão no ofício da medicina que ainda não fora suficientemente aprofundada. Tornar-se médico devia celebrar uma iniciação, a aceitação de um ideal. Era preciso criar as regras da vida de um médico, escrever um código de deontologia...

Foi nutrido de todas essas reflexões que o mestre voltou para sua ilha.

*

Passaram-se alguns meses.

Hipócrates retomara seus hábitos; porém, ia com menos frequência visitar os doentes, deixando esse cuidado a seus assistentes. Passava a maior parte de seu tempo escrevendo e refletindo sobre a medicina e sobre a morte de Sócrates.

"Devemos um galo a Esculápio..." Não significaria isso que era preciso agradecer ao deus por ter dado aos homens a medicina e, assim, a capacidade de cuidarem de si mesmos e de encontrarem o segredo da cura? Este segredo, verdadeiro poder médico, invadia evidentemente o domínio dos deuses. Esculápio tivera por causa disso uma experiência dolorosa, ao ser fulminado por Zeus por ter arrancado homens da morte, utilizando para isso o sangue da Górgona! Hipócrates estava convencido da importância desse novo poder. Tratava-se sem dúvida de uma reviravolta na história dos homens, e ele sentia-se capaz de se dedicar a isso. Cabia-lhe estabelecer as regras para o exercício de uma tal potência...

A morte de Sócrates foi também uma reviravolta. Os heróis de Homero, Aquiles para começar, consideravam que a glória eterna só podia ser alcançada por meio de uma morte gloriosa em combate. Sócrates provava que era igualmente prestigioso morrer por suas ideias, num ato sem violência. Com sua morte, Sócrates influenciava os valores do mundo.

Então Hipócrates redigiu, em disparada, várias obras em que ele resumia os fundamentos de seu pensamento (*Aforismos*) e as grandes linhas da ética que desejava para os futuros médicos. Esse pensamento se organizava em torno de alguns princípios indispensáveis:

- A obrigação moral do conhecimento e da transmissão do saber;
- A igualdade ao cuidar dos homens diante do sofrimento e da doença, fossem escravos ou homens livres;
- A defesa da vida;
- A prioridade ao sigilo médico, que não constituía um privilégio da profissão, mas um direito fundamental do doente.

A arte do médico devia então ser guiada pela instrução das regras e pela experiência pessoal construída com base no interrogatório e no exame do paciente.

Por fim, veio o dia em que ele pôde reunir seus alunos sob seu famoso plátano. Estava relaxado. Pacientemente, só tomou a palavra quando a atenção de seu auditório foi total.

— Acabo de redigir as regras que, daqui em diante, governarão nossa Escola. Quero que, antes de irem exercer a medicina que aqui aprenderam, vocês façam um juramento que vou ler. Téssalo, passe-me a tabuleta.

Téssalo entregou-a ao pai. Hipócrates circundou com o olhar sua pequena assembleia e começou a ler:

"Juro por Apolo médico, por Esculápio, Hígia e Panacea, por todos os deuses e todas as deusas, e eu os faço testemunhas de que, dentro das minhas forças e meus conhecimentos, respeitarei o juramento e o compromisso que se segue:

"Meu mestre em medicina, eu o colocarei no mesmo nível que meus pais. Compartilharei minhas posses com ele e, se preciso for, suprirei suas necessidades. Considerarei seus filhos como meus irmãos e, se eles quiserem estudar a medicina, eu lhes ensinarei sem salário nem condições. Transmitirei os preceitos, as explicações e as outras partes do ensino aos meus filhos, àqueles de meu mestre, aos alunos inscritos e tendo feito juramento em obediência à lei médica, mas a nenhuma outra.

"Na medida de minhas forças e de meus conhecimentos, aconselharei aos doentes o regime de vida capaz de aliviá-los e afastarei deles tudo o que pode lhes ser adverso ou prejudicial. Jamais usarei veneno, mesmo se me pedirem, e não os aconselharei a fazer uso. Não administrarei substâncias abortivas às mulheres.

"Passarei minha vida e exercerei minha arte dentro da pureza e do respeito às leis. Não talharei os calculosos, deixarei essa operação aos profissionais que dela se ocupam. Em toda casa em que for chamado só entrarei pelo bem dos doentes. Eu me proibirei de ser voluntariamente uma causa de logro ou corrupção, assim como todo empreendimento voluptuoso em relação às mulheres e aos homens, livres ou escravos. Tudo o que verei e ouvirei à minha volta, no exercício da minha arte ou fora do meu ministério, e que não deverá ser divulgado, eu calarei e considerarei um segredo.

"Se respeitar meu juramento sem jamais infringi-lo, que eu possa desfrutar a vida e minha profissão, e ser honrado para sempre entre os homens. Mas, se o violar e me tornar um perjúrio, que um destino contrário me seja dado!"

*

— Ajudarei meus confrades assim como suas famílias na adversidade. Que os homens e meus confrades me deem sua estima se eu for fiel a minhas promessas: que eu seja desonrada e desprezada se não as cumprir.

Fatima, muito emocionada, a mão direita ainda erguida, a voz por vezes hesitante, tinha terminado de ler o texto que a consagrava doutora em medicina.

Consagração ou iniciação?

As palavras mágicas do mestre tinham conservado toda a sua força depois de dois milênios.

Eu imaginava os membros do júri e a assistência dessa tese como a assembleia de Hipócrates, quando ele lhes leu seu juramento pela primeira vez.

Todos os ouvintes ficaram mudos.

Era preciso concluir. Esse era o meu papel. Em seguida, viriam as felicitações, os abraços da família, as fotos de recordação. Uma festinha havia sido preparada numa sala adjacente com doces orientais e sucos de frutas. Uma outra história...

Eu me aproximei de Fatima para parabenizá-la pessoalmente. Ela me respondeu olhando fixamente nos meus olhos:

– Obrigada, professor, por ter presidido esta cerimônia dentro das regras e da tradição. Agradeço por mim e pelos meus pais. O senhor não imagina a importância desta cerimônia para todos nós...

Ela não fazia ideia do quanto eu imaginava e a que ponto eu lamentava ter praguejado um pouco mais cedo contra esses malditos botões da toga que nos impôs, em sua grande sabedoria, o fervoroso primeiro cônsul...

O sonho do diácono Justiniano

O pequeno monge Angélico nos dá uma lição de profundidade e de fé por meio de uma modesta pintura do retábulo do Mosteiro de São Marco • O diácono Justiniano compartilha conosco os rigores de seu mal • Descobrimos que os santos padroeiros dos médicos, Cosme e Damião, gêmeos idênticos, foram os primeiros transplantadores da história.

Florença, Igreja de São Marco

Queiramos ou não, existem locais em que, mais do que em qualquer outro, experimentamos os grandes sonhos da humanidade. Florença é um deles. Foi em Florença que senti o impacto do primeiro transplante relatado na história... No canto de um pequeno quadro de Fra Angélico.

Foi numa tarde de julho. A fila de visitantes que se estendia diante da entrada da Galeria dos Ofícios era particularmente impressionante: pelo menos três horas para alcançar a inexprimível felicidade de contemplar as obras-primas do Renascimento italiano. E a 35 °C na sombra, entre um grupo de velhas inglesas saídas de um romance de Agatha Christie e uma colônia de japoneses fotógrafos.

Difícil...

Como eu estava bem pálido no dia dessa prova de paciência, escapuli um pouco para arrastar as sandálias à sombra da fachada carrancuda do Palazzo Medici e me pôr outra vez a resmungar contra a injustiça do destino diante da Igreja e do Mosteiro de São Marco. A arquitetura em nada contribuía para desencadear o entusiasmo capaz de atrair o freguês que buscava emoções fortes. Mas era preciso ocupar o tempo visitando o que quer que fosse. "Efeito manada" de turista.

Minha impressão inicial, contudo, não foi muito favorável, e ficou ainda mais prejudicada por conta de uma estúpida e anacrônica palmeira plantada no meio do jardim em frente à entrada do mosteiro. Além do mais, naquela tarde, os claustros dos monges decorados por Fra Angélico não me tentavam nem um pouco!

Enfim, por cansaço ou fatalidade, paguei o que devia e entrei.

Em meio a um relativo frescor, levado pelo fluxo e refluxo dos visitantes que entravam e saíam das celas monásticas, me deixei embalar por aquele mundo de monges em que se sobrepunham a inquietante intolerância de Savonarola e a ingenuidade inspirada do pequeno monge pintor. Mesmo assim, um tanto monótono.

Subitamente, porém, enquanto me deixava arrastar até a igreja, meu olho de cirurgião se fixou diante de um pequeno quadro do retábulo que evocava as façanhas dos santos padroeiros dessa especialidade médica, os indescritíveis Cosme e Damião.

Era uma pintura de dimensões modestas, mas eu já a vira reproduzida inúmeras vezes. Ela retratava o grande e glorioso feito: o transplante da perna de um negro na coxa de um branco.

Situação completamente inverossímil.

No fundo, sempre achei que ninguém se interessaria, de perto ou de longe, por esses dois personagens, mártires como tantos outros durante a perseguição de Diocleciano, se não tivessem sido os primeiros médicos transplantadores da história.

Transplantadores, se quisermos chamá-los assim. À maneira dos santos, pelo menos... Mas o que eles realizaram exatamente para merecer essa glória póstuma, que faz com que sejam mencionados ainda hoje no mesmo patamar que os maiores médicos ilustres no mundo dos transplantes de órgãos?

Porto de Egeu, província da Síria, três séculos depois de Cristo

Que felicidade viver em Cilícia na boa cidade de Egeu, na confluência dos rios Saros e Pirame. A cidade era grande e bela, o porto era frequentado por todas as velas e galeras do mundo, e o comércio prosperava. A província de Cilícia, contraforte do Império Armênio, protegida por suas montanhas – o Tauro e o Antitauro ao norte e os Montes Amanos ao leste –, sempre fora conhecida por ser um dos lugares mais férteis da Ásia Menor, rico também em todas as culturas possíveis. Mas não era isso que explicava a presença de Cosme e Damião ali.

A razão pela qual os gêmeos tinham saído de Antioquia e atravessado os Montes Amanos para chegar à Pequena Armênia quando seu pai morreu era principalmente o acolhimento que ali era reservado às pessoas de sua religião. Pois Cosme, Damião e seus três irmãos tinham sido criados pela mãe seguindo os fundamentos da fé cristã.

O pai deles, que viera da Arábia, também adotara a religião da esposa e fora batizado antes de morrer. Ele sempre encorajara as ambições dos gêmeos, seus primogênitos, de cujas vivacidade e inteligência sentia muito orgulho. Quando eles resolveram se tornar médicos, seus professores foram os mais importantes doutores da Síria, onde se misturavam aqueles que reivindicavam pertencer à Escola de Cnido e seus concorrentes, os que se diziam da Escola de Cós, portanto de Hipócrates. Na verdade, o ensino obedecia ao mesmo espírito, modelado pela atenção à miséria dos homens e pela busca incansável da verdade. Entretanto, com a morte do pai, Cosme e Damião tiveram que romper com a ciência e com os professores a fim de voltar para perto da mãe e ajudá-la a educar os três irmãos mais jovens. Eles se instalaram então todos juntos em Egeu, e os gêmeos começaram a praticar a medicina que tinham aprendido.

Não havia gêmeos que superassem esses dois. Com exceção de sua mãe, ninguém conseguia distingui-los. Além disso, eram extremamente próximos: quando Cosme sofria, Damião também sofria; quando Damião estava feliz, Cosme saltitava como um cabrito. Em sua prática profissional ocorria o mesmo. Quando Damião pegava a lâmina para um corte rápido em um paciente, Cosme se precipitava com uma vasilha de unguento para amainar a dor. E tudo parecia a favor deles: as curas se sucediam umas às outras, e sua reputação inflava-se como uma vela soprada pelos ventos etésios na direção das ilhas e do mundo.

– Até mesmo os cegos, eu estou falando. Eles são capazes de devolver-lhes a visão!

Os comentários prosseguiam. Os irmãos eram capazes de, lavando abundante e repetidamente os olhos dos cegos, fazer cair algumas películas que se depositavam sobre a córnea. Ao modo de Cristo. E aqueles que não enxergavam ontem podiam voltar a se deslocar sozinhos à luz do dia – declamando elogios aos gêmeos, é claro. Sempre bem amáveis, complacentes, eles não recusavam ninguém. Foram vistos até mesmo tratando de soldados romanos, para se ter uma ideia! Além de tudo, eram modestos. Quando curavam alguém, fugindo dos gestos de agradecimento, eles sempre repetiam:

– Nós não fizemos nada, foi o senhor Jesus Cristo que o curou através de nossas mãos.

De tal forma, começaram a surgir rumores de que eram capazes de fazer milagres. E era uma época em que esse tipo de coisa seduzia bastante. Taumaturgos que oficiavam em nome de seu Deus todo-poderoso, isso tinha que ser verdade!

E era igualmente uma dádiva: nunca aceitavam pagamentos pelos seus cuidados. Seu professor em Damasco bem lhes dissera:

– Não esqueçam a mensagem de Hipócrates: "O que receberam gratuitamente vocês darão gratuitamente".

Assim, Cosme e Damião eram a "dupla dinâmica" de sua religião, que aos poucos se impunha na região. Eram eles curandeiros geniais? Ou faziam milagres guiados por Deus? De qualquer modo, eles representavam, aos olhos dos habitantes da Pequena Armênia, a força crescente desse Cristianismo ainda novo por ali, que se instalava pela piedade e pela compaixão sobre os resquícios da mitologia grega, "revisitada" pelo invasor romano, mas que começava a perder a capacidade de fingir ter qualquer tipo de credibilidade.

Ora, milagres, por que não? Todos os doentes, os aleijados, os cegos do Golfo de Alexandreta queriam mais era acreditar.

Os perigos, contudo, aumentavam lentamente. Estavam associados a um detalhe: a Armênia daquela época estava sob domínio romano. Isso não era incomum naquele tempo, mas podia trazer riscos maiores. Na verdade, essa terra Cilícia, de cultura helenística desde a passagem de Alexandre, tinha se tornado parte integrante do Reino da Armênia depois de muito tempo. Ao longo dos séculos, a Armênia conseguira se expandir do Mar Cáspio ao Mar Negro e, depois, do Mar Negro ao Mediterrâneo. A Cilícia, precisamente, e então o Mediterrâneo. E foi lá que as coisas começaram a ficar preocupantes para os armênios.

Tudo o que dizia respeito ao Mediterrâneo afetava diretamente os apetites hegemônicos do Império Romano. E os reis armênios, que até então só tinham tido que lidar com os Partas, o que já não era tarefa fácil, tiveram que encarar o imperador Trajano, que decidira, sem violência e sem se levantar de sua cadeira de marfim em Roma, anexá-los pura e simplesmente (cerca de 170 anos antes da chegada dos gêmeos).

Deixemos de lado os anos e as peripécias sobre as legiões enviadas, os massacres da população... Ao final, o rei Tirídates da Armênia foi capturado pelos romanos e conduzido ao exílio em Roma. Ele ainda estava encalhado ali quando Diocleciano tomou o poder. Este resolveu usar a força e subjugar todos os espíritos revoltados das províncias atacando os cristãos, acusados de atiçar a insurreição do mundo. E, na Armênia como em outros lugares, encarregou seus procônsules de passar imediatamente à repressão. Em Egeu, o *missus dominicus* chamava-se Lísias. Lísias, procônsul de Cilícia, conhecia a reputação dos gêmeos. E os chamou a si.

Afável, como sabiam ser os administradores de Roma, Lísias lhes perguntou:

— Como vocês se chamam?

— Somos Cosme e Damião, médicos de Egeu, e temos três irmãos mais novos que se chamam Leôncio, Antimo e Euprepio. Nós viemos da Arábia.

— E de que fortuna dispõem?

— Como todo cristão, somos pobres e tratamos gratuitamente aqueles que nos procuram.

— Só existe uma religião — replicou o procônsul —, aquela do imperador; e vocês devem um sacrifício a nossos deuses como todos os habitantes deste país.

— Isso está fora de questão — respondeu Damião bem serenamente. — Nós acreditamos em um único deus, e esse não é o imperador de Roma.

Os cinco irmãos foram então levados até o carrasco, que lhes fez passar por coisas horríveis. *A lenda dourada*[13] da vida dos santos relata assim uma infinidade de suplícios sucessivos, dos quais os irmãos escapam todas as vezes graças à intervenção dos anjos de Deus. Que seja julgado: eles teriam sido lançados acorrentados ao mar, apedrejados, crucificados, perfurados por flechas e finalmente decapitados. A abundância de bens não prejudicará aqueles que aspiram à santidade!

Isso aconteceu em 287 depois de Cristo.

Mas a desordem não terminou, ela aumentou. E o sacrifício dos gêmeos favoreceu antes a ascensão do Cristianismo como força política e religiosa na Armênia. Era preciso reagir, e Diocleciano teve então a ideia genial de libertar o pobre rei Tirídates, que ele mantinha prisioneiro havia 35 anos, sem dúvidas supondo que ele estivesse suficientemente impregnado de "romanidade". Restituiu-lhe o trono na Armênia, confiando-lhe a missão de interromper as revoltas e os distúrbios que eclodiam sem cessar nesse povo turbulento, cansado de invasores e sonhando sempre com seu esplendor de outrora.

– Um rei armênio, formado sob disciplina romana, respeitando os deuses do Império, saberá inverter o movimento!

Mal voltara ao trono, o rei Tirídates desejou restaurar as festas em homenagem à deusa Anaíta, espécie de Afrodite da fecundidade e da beleza ressurgida do velho paganismo armênio. Advertido pelos romanos, ele quis exigir do bispo daquele bando de desmazelados um sacrifício em honra da linda deusa. O bispo se chamava Gregório.

Por longos séculos, ele seria conhecido como Gregório, o Iluminador.

Mas Gregório, que já não era homem a se deixar manipular como um fantoche dos romanos, sequer podia imaginar se sacrificar por uma mulher impudica e ridícula, mesmo sob ameaça. Tirídates, que assimilara dos romanos a sutileza e o senso de diplomacia, fez com que ele fosse lançado quase nu no fundo de uma fossa, onde apodreceria durante treze anos!

Foi então que o rei Tirídates IV adoeceu. Uma enfermidade que deixava perplexo seus médicos habituais. O rei ia morrer.

Uma das cortesãs, sem dúvida ela mesma cristã, sugeriu-lhe então:

– Majestade, só conheço um homem capaz de curar seu mal.

– Quem é? – indagou o rei. – Que seja trazido imediatamente aqui!

– Majestade, trata-se do bispo Gregório, aquele que o senhor jogou dentro da fossa de Khor Virap, onde ele vive ainda, apesar dos anos e das privações.

Trouxeram então Gregório, impressionante pela sua magreza, sua longa barba branca e a decadência de seus trapos. Foi desacorrentado e, em mais um milagre, curou o rei.

Definitivamente, os cristãos tinham a veia médica na Armênia dessa época!

Mas o verdadeiro milagre (e este nada tem de contestável) foi que Tirídates, assim que curado, resolveu ele próprio ser batizado e entronizou Gregório, o Iluminado, como *catholicos* da Igreja armênia. Dessa forma, a Armênia se tornou o primeiro Estado cristão da história. Hoje, a Igreja armênia ainda é dirigida pelos católicos, com sede em Erevan, sob as neves eternas do Monte Ararat, onde encalhou, dizem, a arca de Noé.

Favorecido ou não por esses eventos, o culto dos gêmeos médicos se espalhou rapidamente por todo o império. Eles foram finalmente canonizados no século V.

Gêmeos e santos.

Refletindo bem, era imperativo para a tradição cristã elevar os gêmeos a seu arquétipo de super-homem, ou seja, à santidade. Os gregos tinham escolhido em sua galeria de heróis (super-homens da Antiguidade, nascidos de um deus e de uma mortal) Castor e Pólux. Mas os cristãos, sem dúvida involuntariamente, exprimiram melhor o ideal da geminação. Pois, se Castor e Pólux, cada qual nascido de um óvulo diferente de Leda, só podiam ser falsos gêmeos,[14] parece bastante provável que Cosme e Damião, ao contrário, tenham sido frutos de uma gravidez geminada univitelina,[15] como sua semelhança e sua vida interligada parecem confirmar.

Esse é um detalhe importante para os transplantadores, como teremos a ocasião de verificar.

Aliás, a história dos gêmeos médicos estava apenas começando.

Roma, biblioteca do Fórum da Paz, ano 530 depois de Cristo

O papa Félix IV tinha certeza de ter sido salvo de seu mal graças à intervenção do santo Cosme e do santo Damião. Ele resolveu dedicar a antiga biblioteca do Fórum da Paz[16] de Roma, construído por ordem de Vespasiano, aos cultos desses dois médicos. Ela se tornou então uma basílica cujo diácono, Justiniano, foi encarregado de conservá-la. Ora, após alguns anos de leais serviços a soldo dos gêmeos, o pobre diácono foi acometido por um cancro na perna direita. Cancro este (um câncer, sem dúvida!) que, apesar dos cuidados e dos curativos, não parava de crescer e se intensificar, provocando dores insuportáveis que o deixaram acamado.

Numa noite que ele conseguiu enfim dormir, após ter suportado muito sofrimento e suplicado o socorro a Deus, apareceram-lhe os gêmeos, um segurando uma lanceta e outro, gaze e unguento. Como na história!

Cosme disse a Damião:

– Será preciso extirpar todas as implantações ósseas do cancro mortífero desta perna.

– É verdade, mas como poderíamos depois compensar a perda de matéria, já que a extirpação que você precisa fazer é certamente enorme?

– Eu não tenho dúvida: a amputação se impõe, é a única solução. Mas faremos ainda melhor. Sei de um mouro da Etiópia que foi enterrado ontem no cemitério vizinho de São Pedro Acorrentado. Vá recuperar sua perna e eu a transplantarei para o corpo deste homem.

Damião se precipitou ao cemitério e, ele também hábil com o bisturi e a serra (após sem dúvida ter manuseado a pá!), trouxe rapidamente a perna negra do mouro, que permanecera tônica, sem vestígio algum de gangrena. Enquanto isso, Cosme realizara a amputação da coxa do diácono. Eles se ajudaram na realização do transplante e Cosme conseguiu fixar osso sobre osso e músculos sobre músculos. Em seguida, suturou as artérias, as veias e os nervos. Foi necessário em seguida costurar a pele, sobre a qual Damião espalhou, massageando bem os tecidos, uma pomada de sua composição. Sob seus dedos, ele sentia a vida voltar a habitar aquela perna sem extravasamento de sangue e sem edema.[17]

Quando a operação foi concluída, os gêmeos voltaram ao cemitério para enterrar a perna cancerosa de Justiniano com os restos mortais do etíope.

Assim foi feito.

Ao despertar, o diácono se surpreendeu por não mais sentir a perna, ou, antes, por não sentir mais dor alguma, o que não lhe acontecia havia muito tempo. Ele acendeu uma vela e constatou então que carregava (e sobretudo que o carregava!) uma perna negra magnífica. Então, voltou-lhe à mente tudo o que pensava ter se tratado de um sonho: os gêmeos, o cemitério, o mouro. Equilibrando-se sobre as duas pernas, foi contar a todos o milagre que acabava de viver. Àqueles que não conseguiam acreditar, ele exibia sua perna negra e acrescentava, como se tratasse de uma prova complementar:

– Podem ir até o cemitério de São Pedro e acharão minha perna no túmulo do mouro!

Alguns foram até lá e puderam encontrar de fato o cadáver cuja perna havia sido cortada e, ao lado do corpo, a perna podre do feliz diácono.

De volta ao pedestal do retábulo de São Marco[18]

O episódio é bem célebre. Ele narra, evidentemente, o primeiro transplante efetuado por médicos na história. Mas que os médicos conservem sua modéstia, essa celebridade é sobretudo graças a Fra Angélico, que imortalizou a cena sobre o retábulo de São Marco.

No entanto, duas perguntas devem ser feitas: por que transplantar uma perna (e não um coração ou um rim) e por que transplantar uma perna negra num diácono branco?

À primeira pergunta, a resposta é simples. Os gêmeos são discípulos de Hipócrates, e a medicina hipocrática é uma medicina dos *phainomenon*, dos órgãos exteriores, quer dizer, de patologia externa. Os órgãos internos não aparecem, ou o fazem muito pouco, visto que são desconhecidos. Eles são ignorados e entendidos globalmente por uma teoria dos humores. Os gêmeos formados pelos alunos de Hipócrates não podiam transplantar um coração ou um rim, eles ignoravam sua existência e suas funções fisiológicas. Por outro lado, uma perna, órgão visível da locomoção, era plenamente digno de interesse. E se realizar um transplante podia ter algum sentido, melhor fazê-lo com uma parte útil do organismo e cuja função não deixava margem a dúvidas.

Mas, então, por que a perna de um mouro? Por que uma perna negra num corpo branco? A interpretação é muito mais delicada. Para os gregos, o homem negro era um arquétipo da beleza e da resistência humanas. Contudo, na Idade Média – e é na Idade Média de Jacques de Voragine, por volta de 1240, que é preciso buscar o significado do mito –, a atitude é mais dividida. O negro é em todo caso a cor do diabo, e até nas pinturas do Renascimento italiano, dois séculos mais tarde, ainda seria repugnante representar Belquior, o rei mago etíope.

Pode um negro ser santo? Se Mantegna pintou um Belquior negro, Leonardo da Vinci preferiu representar os três reis magos como três velhos de pele branca.

Então, deve-se ver a perna do etíope como aquela de um servidor capaz apenas de sustentar, mesmo após a morte, o peso de um homem da raça dos mestres? Deve-se pensar como Aristóteles que um negro é mais capaz de representar o ideal de sucesso da espécie humana? Deve-se ver aí a grande igualdade dos homens e a solidariedade diante da doença?

Tenho minhas dúvidas.

Consideremos antes que um cristão não teria podido se apresentar diante do tribunal de Deus sem sua integridade corporal e que, no momento da ressureição da carne, ele teria que prestar conta pelo empréstimo efetuado pelos cirurgiões. Um mouro, um infiel, só poderia ter menos importância. Por sinal, como para se desculpar por ter roubado a perna sem seu consentimento, Damião tomou todo o cuidado de restituir ao túmulo a perna cancerosa do sacristão. Ao fim, com um empréstimo a mais ou a menos, a contabilidade dos abatidos permanece exata!

Mas não importa. É preciso ter em mente que o ato médico que ilumina as proezas desses padroeiros cristãos dos médicos é justamente um transplante, ato completamente improvável no contexto médico daqueles tempos.

Como se, sobrevoando os séculos, eles quisessem apontar o caminho a seguir...

As pantufas do diácono

Não consigo mais abandonar a cena pincelada por Fra Angélico.

Quão aprofundada é a análise nessa pequena pintura! Que penetração do mistério que transforma esse episódio quase circense num evento de dimensão divina. Não nos enganemos, o monge pintor nos revela muito mais que a ilustração ingênua de um episódio particularmente implausível da implausível *Lenda dourada* de Jacques de Voragine.

A luz da manhã se infiltra pela janela e ilumina suavemente a cela do diácono, que dorme ainda, anestesiado por Damião. Esta abertura está bem no alto. Não é dessas janelas feitas para contemplar o exterior.

É bem uma janela de monge, que só mostra o céu e não se deixa penetrar por ele. E, no entanto, Justiniano colocou seu banco sob essa janela como se a vida lá fora, a vida da cidade de Roma, tivesse ainda a força de atraí-lo, apesar da sua enfermidade... E lhe são necessárias duas boas pernas para se erguer na ponta dos pés até a claraboia. Mistério da fé. Ele não pode duvidar de sua cura!

E depois, neste detalhe que exprime toda a compaixão e delicadeza do pintor está também toda a sua fé: essas duas pantufas tão bem colocadas, tão bem alinhadas em primeiro plano que praticamente não vemos nada além delas... Elas asseguram o triunfo do ato dos gêmeos como, na manhã do dia de Páscoa, exulta-se o triunfo da ressurreição do Cristo.

Em primeiro plano, essa perna negra, já tão bem integrada na carne branca que poderia se imaginar as meias pretas de uma mocinha de pouca virtude, sobre a qual se atarefam os dois homens, as cabeças cobertas pelas toucas vermelhas de médico, aureolados por sua glória. Podemos imaginá-los silenciosos, lentos, mas precisos, ajustando a perna do homem adormecido entre luz e sombra. Premonição perfeita do dever médico, do caminho a seguir naqueles tempos de obscurantismo.

Assim, é com a aprovação da Igreja, que fez dois santos desses primeiros médicos, e é sob seu olhar que a operação se realiza.

O transplante alcançou sua justificativa.

O fogo de Santo Antônio

Os membros do clube desviam uma discussão sobre arte para a história de Santo Antônio, o Grande • As tentações do eremita são interpretadas pelo doutor Lebrun como uma simples intoxicação alimentar • Descobre-se, depois de muitas suposições, que um dos males mais misteriosos e mais satânicos da história da humanidade, o mal dos ardentes, no fim das contas é uma mera questão de farinha.

Todos gostavam de se encontrar no clube para jantar. De inspiração americana, o espírito do clube era reunir os representantes do que se podia chamar de os notáveis da cidade: o diretor do banco, o empresário da construção, o subprefeito, alguns comerciantes com lojas bem situadas nas ruas, o conservador do museu, o médico e o cônego. Eles se encontravam todos os meses com o objetivo de acompanhar algumas ações de caridade, mas ao longo dos anos uma estima recíproca acabou por se instalar entre eles. E esses jantares em um dos hotéis da Place de la Cathédrale tornaram-se pretexto para conversas intermináveis, nas quais podiam expressar a inclinação natural dos homens pelo debate sem, no entanto, se desviar demais para assuntos frívolos (a presença do cônego evitava que se estendessem interminavelmente quando se tornavam escabrosos!), o que os distraía de sua monotonia provincial e lhes dava motivo civilizado para deixar suas esposas.

Já haviam retirado a mesa. Tinham passado para o conhaque e os charutos, prosseguindo a conversa do jantar sobre... O lugar dos religiosos na inspiração dos artistas! Discussão séria, talvez um pouco demais, em que o conservador do museu, sempre ereto como um poste, mergulhava de cabeça:

— A história de Santo Antônio aparece seguramente como uma das preferidas dos artistas – dizia ele. – Um pouco como aquela de Fausto.

Pensem, pois, e eu cito fora de ordem, que Velásquez, Bosch, Pierre Regel, Salvador Dalí, Max Ernst, Grüewald, Chassériau, e esqueço alguns certamente, buscaram representar os casos de tentação. É preciso dizer que o personagem se presta a isso; ele tem um lado "fotogênico". Eremita solitário, está em conflito permanente com o demônio que o persegue de todas as maneiras possíveis. E as potências do inferno, quando elas aparecem aos homens, isso os inspira...

– Você fala do Santo Antônio que é evocado para reencontrar nossa carteira quando a perdemos e para conseguir casamento? – perguntou o subprefeito, desconfortável em tudo o que dizia respeito à religião.

– Ah, não! Nem um pouco. Não o Santo Antônio de Pádua. É de Santo Antônio, o Grande, que falo, Santo Antônio, o Egípcio, o primeiro monge da história, o eremita do deserto, aquele que representamos sempre com seu porquinho com sinos no pescoço – corrigiu o conservador.

– A tentação de Santo Antônio, é esse? – perguntou por sua vez M.F., diretor do banco.

O cônego, que todos chamavam cordialmente de "O Padre", achou-se o melhor designado para responder essa pergunta, que se relacionava diretamente a seu ministério.

– Sim, a tentação de Satã. Aquela que põe o homem nos passos do Cristo, que foi ele mesmo tentado no Deserto de Judeia.

– Padre, conte então a nosso amigo – retomou o conservador – a história de seu santo favorito. Você está morrendo de vontade de contar...

– Eu farei em seguida os comentários pertinentes – interveio o doutor Lebrun, que se mantivera em silêncio toda a noite, algo que fugia a seus hábitos.

– Comentários de herege, como de costume, doutor – respondeu o cônego. – Nem imagino as observações que fará sobre Santo Antônio, mas jamais darei ouvidos às suas explicações científicas para esclarecer todos os milagres de nossa fé. Segundo você, tudo tem uma explicação, desde a travessia do Mar Vermelho por Moisés até o milagre do Cristo. Tudo pode ser sempre explicado pelas leis da Física.

– Não entendo por que isso o deixa chocado – replicou o doutor.
– Não nego o caráter excepcional do evento, eu o explico de modo

racional. Se Deus existe, Ele só pode se exprimir pelas leis que Ele próprio criou e segundo a única linguagem que pode utilizar...

– E qual é então a única linguagem que Ele poderia usar, na sua opinião? – indagou o diretor.

– Ora, caro amigo, Ele só pode falar a linguagem do universo, quero dizer, a linguagem da Matemática, da Física, da Química ou da Biologia. Que outra língua falaríamos, se amanhã criaturas vindas de outra galáxia viessem nos visitar? Não seria o inglês nem o aramaico. Se Deus faz as coisas sobre a Terra, coisas que você chama de milagres, Ele utiliza as leis da Física. Que eu saiba, Deus não é um mágico...

– Estranho esse Deus que só seria capaz de nos dirigir a palavra por intermédio do teorema de Pitágoras! – gargalhou o subprefeito.

– Esperem, caros camaradas, vocês debaterão depois. Padre, conte-nos primeiro a história de Santo Antônio – retomou M.F., que apreciava a ordem nos debates.

O cônego se instalou mais confortavelmente em sua poltrona, reacendeu seu eterno cachimbo, provocando uma profusão de fumaça cheirosa, e começou:

– Santo Antônio é de certa forma o fundador das ordens monásticas.[19] O primeiro que, por volta do ano 250 depois de Cristo, tudo abandonou para ir viver como um eremita no deserto. Na verdade, era um jovem rico, vivendo em Faium, Egito, no grande oásis a oeste do Nilo, cujos pais morreram quando ele fez 18 anos, deixando-o só no mundo, responsável pela irmã, mais jovem que ele. No entanto, ao completar 20 anos, ele tudo deixou a essa irmã, confiou-a a amigos da família, a fim de partir para o deserto.

– O que lhe aconteceu?

– "Aconteceu-lhe" uma frase do Evangelho de Mateus, escutado numa igreja: "Se quiser se aproximar da perfeição, venda tudo o que possui, dê aos pobres e siga-me". E ele fez como o apóstolo. Passou dois anos com seu eremita, rezando e efetuando trabalhos braçais, com apenas uma refeição por dia. E é nesse ponto que ele começa a ser tentado pelo demônio, que lhe propunha voltar para a irmã que ele abandonara e lhe sugeria todos os tipos de desejos impuros...

– Sua virilidade o atormentava, é bastante compreensível – comentou o subprefeito, procurando sorrisos cúmplices nos outros ouvintes.

— Sem dúvida – disse o Padre. – Mas, através da penitência e do jejum, ele superou esses momentos difíceis e, entendendo que só poderia encontrar a verdadeira felicidade na solidão com Deus, resolveu ir ainda mais longe, desta vez sozinho, e morar numa pequena gruta, um antigo sepulcro escavado à época dos faraós, a fim de melhor domesticar seu corpo.

— Férias simpáticas – lançou o subprefeito. – Não deve ter sido divertido o tempo todo!

O cônego retomou a palavra sem dar importância ao comentário, insistindo:

— A cada seis meses, um irmão lhe levava um saco de farinha, sal, tâmaras e água. Eram os únicos alimentos que ele aceitava comer, com longos intervalos de jejum e intensas orações.

— O irmão levava a ele sacos de farinha de centeio – precisou o doutor –, é um detalhe importante.

— Ora, por quê?

— Voltaremos a isso. Deixemos o Padre terminar sua história! – interrompeu o diretor, que detestava as interrupções e os rodeios.

— O demônio voltou então a tiranizá-lo. Ele atacava sobretudo à noite, com suas tropas de diabos que penetravam em túmulos. Tinham cabeças de animais selvagens, leões, lobos, aves de rapina e serpentes. Eles o picavam, rasgavam sua carne. Ele tinha também visões de mulheres lascivas, libidinosas, que vinham tentá-lo, sugerindo-lhe como a vida podia ser agradável no pecado mais abjeto e mais bestial. Certa manhã, o monge encarregado de levar as provisões o encontrou sangrando, cheio de chagas nas mãos e nos pés, obviamente bastante dolorosas. Antônio estava quase em coma, apertando a barriga, dilacerado por intensas queimaduras. O monge o suspendeu em suas costas e o levou à igreja, para que fosse tratado.

"Assim que se recuperou, Antônio, que era mesmo de constituição robusta, teve um único desejo: retornar a seu eremitério. Estava certo de ter vencido o combate com Satã e poderia enfim desfrutar a paz. Ao final de seu suplício, conseguira ver Jesus, que por fim aparecera para ele e afugentara todos os monstros das trevas. Vindo do alto do céu, envolvido por uma luz radiante, estendera-lhe a mão e segurara suas pobres mãos ulceradas, ardentes, doloridas, a fim de extirpar o mal. Antônio perguntou:

'Onde estavas, Senhor? Por que não puseste um fim no combate mais cedo?' E o Cristo respondeu: 'Eu estava aqui, a teu lado, espectador de teu combate. Considerando que resististe com tanta coragem, serei doravante teu defensor e tornarei teu nome célebre em toda a terra'".

– Neste ponto, Padre, você há de concordar comigo, parecem as palavras de Cristo, revistas e corrigidas pela Metro-Goldwyn-Mayer – disse o médico com uma risadinha.

– Ora, cale-se, infiel. Deixe o Padre prosseguir!

– Antônio mudou então de refúgio e penetrou ainda mais profundamente no deserto egípcio. Encontrou uma construção abandonada, antigo fortim das areias, à margem oriental do Nilo, onde se instalou por vinte anos. Nada menos que isso! Lá, também, um monge vinha alimentá-lo a cada seis meses. Mas sua reputação de santo homem num combate épico contra o demônio havia se difundido. Discípulos queriam visitá-lo, mas, não podendo atravessar as muralhas de seu refúgio fortificado, eles ficavam do lado de fora, atentos aos urros dos combates que vinham do interior.

"Foi preciso muito tempo para que Antônio aceitasse enfim ver outros humanos. Iniciou-se então seu período de ensino: este era baseado no ascetismo – já sabíamos! –, única arma válida para lutar contra as tentações dos demônios. Essas tentações eram elas mesmas estigmatizadas como a prova evidente da encarnação do Cristo, que só oferecia a Satã essa arma para entrar em comunicação com o homem, visto que Deus encarna seu próprio Verbo no Filho do homem. Por outro lado, essas tentações se tornavam necessárias ao cristão, posto que era preciso vencer para ser salvo!

"Sob sua influência, o deserto se transformou numa verdadeira colmeia, povoado por uma infinidade de monges circulando em todos os sentidos, mas que desejavam ardentemente, eles também, renunciar ao mundo para se tornarem alunos do mestre. Monastérios foram criados, com igrejas, onde os homens, unidos em harmonia, passam a vida a cantar os salmos, meditar sobre as Escrituras, jejuar, rezar e esperar a vida eterna. É por isso que ainda hoje se celebra Santo Antônio como o verdadeiro fundador da vida monástica."

– Aleluia! – concluiu o médico, tragando seu charuto Havana, a cabeça inclinada para trás.

Todos se viraram para ele.

— Mas o que você tem contra esse valente Santo Antônio? Talvez a tradição cristã tenha embelezado um pouco a história, mas ela é totalmente plausível dentro do contexto dos primórdios do Cristianismo. Você não acredita, obviamente? — perguntou o conservador.

— De forma alguma — respondeu o doutor Lebrun —, acredito em toda essa história. Ela é provavelmente verdadeira e de uma descrição clínica perfeita. Tão perfeita que eu a conto a meus estudantes de medicina. Mas vocês já ouviram falar do esporão-do-centeio?

Eles se entreolharam com expressões de interrogação. Sim, claro, todos conheciam esse parasita do centeio. O que ele tinha a ver com a história?

Onde o doutor Lebrun queria chegar?

O cônego, por sua vez, já imaginava o que o médico ia dizer, mas manteve uma discrição que poderia ser qualificada como eclesiástica.

Então Lebrun, tendo fisgado a atenção de seus interlocutores, como sabia tão bem fazer, contou a "verdadeira" vida de Santo Antônio.

— Todo mundo conhece o esporão-do-centeio. É um fungo parasita da planta, do grupo dos ascomicetos, *Claviceps purpurea* para os puristas, que contém alcaloides de propriedades apaixonantes, em particular aquelas de provocar a vasoconstrição de pequenas artérias. Quer dizer, sob a ação farmacológica dos derivados do esporão-do-centeio, essas arteríolas, as do cérebro, as das extremidades dos membros, as que irrigam o intestino, se contraem e se estreitam até impedir a circulação do sangue. Dessa forma vão se manifestar inúmeros sinais que são associados sob o nome de ergotismo. Os pés e as mãos ficam frios, e os tecidos não vascularizados podem levar até a gangrena, o que provoca dores medonhas. No ventre, há uma sensação de queimadura intensa, como se fosse consumido por um braseiro interno. No cérebro, ocorrem alucinações mais ou menos intensas, sempre negativas ou assustadoras, fundamentadas é claro pela vivência do doente.

"Todos vocês ouviram falar do LSD, o ácido lisérgico extraído do esporão-do-centeio, que foi a droga da moda anos atrás. Ela provoca alucinações terríveis, por vezes definitivas, podendo levar alguns usuários ao suicídio. Podemos considerar os pacientes de ergotismo como permanentemente intoxicados pelo LSD.

"A ingestão do centeio contaminado foi uma praga durante toda a Idade Média. Povoados inteiros enlouqueceram. Chamava-se isso de o "mal dos ardentes", pois as pessoas pareciam ser queimadas por um fogo interior, que as deixava estendidas nas ruas urrando de dores. Chamavam-no igualmente de "fogo de Santo Antônio", pois a lembrança de nosso santo estava presente em todos os espíritos religiosos dessa época. Todos estampavam no rosto os horrores que Satã sugeria ao nosso herói, e é claro, nesses tempos místicos, a intervenção do diabo era uma evidência.

"O mal se alastrou por toda a Europa. Podem-se encontrar diversas descrições magníficas do ergotismo nos séculos X e XI.[20] Mas foi preciso esperar o século XVI para que fizessem a associação entre o mal dos ardentes e o esporão-do-centeio. Aliás, é interessante notar que há muito tempo as parteiras tinham compreendido que o esporão-do-centeio, em doses baixas, podia acelerar o trabalho de parto e que elas sabiam utilizá-lo sem, contudo, ter feito a associação com as tenebrosas intoxicações alimentares das quais acabo de falar.

"Foi somente por volta de 1650 que começaram a controlar as safras e peneirar o centeio a fim de reduzir essas 'epidemias'. Ainda assim houve recorrências, mesmo recentemente: em 1951, na França, em Pont-Saint-Esprit, o fogo de Santo Antônio causou sete mortes, cinquenta pacientes foram hospitalizados em psiquiatria e 250 apresentaram sintomas físicos mais ou menos severos.

"O 'pão maldito' voltava a assolar.

"Assim, compreendemos melhor a triste vida de Santo Antônio, nosso eremita do deserto. O Padre lhes disse muito bem, ele só se alimentava com pão, e sua farinha era trazida somente de seis em seis meses. O pobre infeliz comia então seu pão fabricado com sua boa farinha misturada ao esporão-do-centeio, o que lhe causava dores, chagas nas extremidades do corpo por conta da vasoconstrição periférica e alucinações 'infernais'. Como ele comia pouco, isso não o matava. E como ele próprio tinha entendido, o jejum era sua salvação. Jejum e preces, e tudo voltava à ordem; a vida de santo era redentora... Se o glutão se deliciar em um banquete, comendo bolos de centeio, Satã voltará a cavalo com seus esporões..."

Todos se viraram para o cônego, esperando que se lançasse em um de seus sermões que conheciam tão bem, quando fulminava de seu púlpito na catedral aos domingos contra os espíritos fortes, aqueles que haviam perdido a inocência das criancinhas, estimadas pelo coração de Jesus...
Foi bem pausadamente que ele retomou a palavra:

— Na verdade, eu não lhes disse tudo sobre Santo Antônio. Sua vida não foi somente a de um místico absorto em suas orações. Em 311, o imperador Máximo resolveu iniciar uma expedição punitiva contra os cristãos de Alexandria, e foram realizadas perseguições. Santo Antônio, a quem o destino de mártir não fazia medo, até mesmo atraía, dirigiu-se à cidade para socorrer seus irmãos que estavam presos ou eram conduzidos aos trabalhos forçados dentro das minas. Apesar de seus esforços, ele não foi detido e nem mesmo perturbado pelos romanos, o que para um homem como ele parecia a ser uma afronta... Ainda que sua vocação de mártir fosse reservada, apesar de todos os seus esforços ele precisou sair da cidade um tanto envergonhado e retornou para uma parte ainda mais remota do deserto para esconder seu tormento, no Monte Colzim desta vez, a dois passos do Mar Vermelho.[21]

"Deus não desejara para ele o sofrimento sobre uma cruz de glória e de luz... Para Antônio, as terríveis tentações noturnas eram suficientes...

"Mas a presença de tal homem era como um ímã, e inúmeros discípulos vieram novamente a ele."

Foi então que o subprefeito, que começava a se cansar das histórias sobre os santos, interrompeu o cônego:

— É preciso admitir, meu pai, que é bem difícil imaginar isso. O que tinha então de tão atraente seu santo, tirando o fato de ser um velhinho, sujo, esquelético e iluminado que vivia sozinho sob as estrelas? Já houvera Diógenes. Nada de novo, a santidade ainda por cima, sem dúvida...

— Primeiramente, ele efetuava vários milagres, o que atraía os doentes. Em seguida, ele se expressava pouco, mas só utilizava frases extraídas das Escrituras, o que impressiona. Conta-se que filósofos pagãos tinham vindo a fim de contestá-lo e escarnecê-lo. Evidentemente, Antônio apontou os erros que cometiam em poucas palavras e lhes provou o caráter irracional dos deuses pagãos, que comparou a uma simples projeção das angústias e dos desejos dos homens, enquanto Cristo nos elevava à comunhão com a natureza divina, através da experiência carnal e do sofrimento.

– Ele sabia do que estava falando...

– Sabia, mas parece que, com a chegada da velhice, ele era menos submetido à tentação diabólica, como se Satã tivesse entendido que nada havia a esperar de tal homem. Ele morreu aos 105 anos, serenamente, cercado dos monges que alegavam seguir seus ensinamentos. Foi enterrado em local secreto.

– O que confirma dois grandes princípios: primeiro, que graças a seus discípulos ele não se alimentava mais exclusivamente de pão de centeio na velhice, e depois, que sua idade avançada confirmava que o ascetismo era a garantia de uma vida longa! – comentou o doutor. – Meus prezados camaradas, nós não podemos dizer, após o jantar desta noite, o conhaque e os charutos, que sejamos verdadeiros adeptos de Santo Antônio.

– Quando ocorreu a invasão árabe – prosseguiu o Padre –, fez-se necessário proteger as relíquias do santo e levá-las para fora de Alexandria.

– Mas você disse que eram guardadas em local secreto!

– Conta-se que foi uma revelação que indicou a localização do túmulo do santo por volta do ano 531. Na verdade, como todos os segredos transmitidos oralmente durante séculos, esse local se tornou um "segredo" que todos conheciam. E bastava seguir pelo deserto os peregrinos que iam se recolher ao pé do túmulo para saber onde ficava. Essas santas relíquias, crânio e ossadas diversas, foram então desenterradas, transferidas para Alexandria, onde permaneceram durante um século, e depois conservadas num local seguro em Constantinopla, em 635, para evitar sua profanação.

"Mas o crânio de Antônio, bem como seus fêmures e outros metatarsos, ainda não havia concluído sua viagem. Eles foram roubados durante a primeira cruzada por um senhor de modesto feudo nos Alpes; ele os levou para uma pequena aldeia da província de Delfinado, que logo adotou o nome de Saint-Antoine-em-Viennois.

– E aí então, milagre! – interveio o doutor, excitado. – O buraco perdido se torna rapidamente um lugar de peregrinação bastante apreciado, e para quem? Deixo que adivinhem. Para aqueles que sofrem ou temem sofrer o mal dos ardentes, ou seja, o famoso fogo de Santo Antônio, pois uma epidemia terrível acaba de se abater sobre Delfinado. O que é suficiente para provar que a gente do povo, em sua grande sabedoria, fizera muito bem a associação entre suas enfermidades e o calvário do santo.

– Certo, mas você há de concordar que eles não tinham imaginado o papel do centeio em tudo isso. Não convém refletir demais por assimilação! Prossigo: a quantidade de doentes levou à fundação, no século XII, de um hospital, e depois de uma ordem monástica para cuidar do estabelecimento, os Antonianos, que se espalhou por toda a Europa, onde fundaram mais de 350 hospitais. Esses monges arrecadavam bens para alimentar seus doentes e obtiveram o privilégio de serem acompanhados por um porquinho com uma sineta.

– E em que isso significava um privilégio?

– Ora, o porco era, para os fiéis, a maneira mais simples e mais econômica de fazer uma doação em espécie, visto que dentre os raros alimentos que podiam ser conservados na época, excetuando-se os cereais e certos queijos, não havia nada melhor do que a carne defumada ou salgada, daí o interesse do porco para encher as estufas e as salinas.

– E a sineta?

– Como os monges os deixavam soltos, a sineta em volta do pescoço servia apenas para achá-los facilmente. É claro, os porcos se metiam sempre onde havia restos e imundices variadas, o que permitia engordá-los sem muito custo. É por isso que representam Santo Antônio com um porquinho de sineta: por assimilação com a ordem dos monges que proclamava fidelidade ao santo. Mas Antônio, provavelmente, nunca teve um porco!

Começava a ficar tarde. Os charutos estavam apagados; alguns não conseguiam mais reprimir seus bocejos. O conservador, por sua vez, continuava perfeitamente desperto. Poderia se levantar tarde no dia seguinte.

– Para retomar nossa conversa inicial e antes de os deixar, peço que observem o quadro de Jérôme Bosch sobre a tentação de Santo Antônio. É um tríptico maravilhoso em que Bosch pode exprimir com todo o coração seu gosto pelos homens e monstros... A visão do conjunto que é majestosa, Bosch sempre nos faz sentir irresistivelmente atraídos pelo detalhe, pelo inventário dos monstros e das criaturas infernais...

O doutor já se levantara e vestira seu sobretudo. Precisava acordar cedo na manhã seguinte para ir ao hospital:

— Você quer dizer irresistivelmente atraído pela felicidade do pecado. Assim seria mais exato. Oh, desculpe-me, Padre, escapou da minha boca!

Os fogos do doutor Lebrun

Foi na ocasião de uma estadia em Bayeux, em Calvados, que assisti a uma discussão sobre o mal dos ardentes. Meu ilustre colega, o doutor Lebrun, era médico do hospital e membro do Rotary Club. Ele me convidara para um de seus jantares, sem dúvida a fim de me agradecer por ter tomado conta de seus doentes na ausência do doutor C., cirurgião que eu substituíra durante quinze dias:

— Você vai ver um desses famosos jantares de notáveis de província dos quais zombam na capital — ele me preveniu. — Mas, ao contrário do que você pode certamente pensar, o ambiente é do tipo informal, o jantar é revigorante e, se tiver sorte, a conversa é suculenta.

Fui bem servido. Cabe dizer que meu colega, com sua personalidade extravagante, fez muito bem sua parte!

Lebrun era um desses médicos generalistas que tinham cuidado de todo mundo ou quase na cidadezinha. De manhã, no hospital, onde realizava a visita aos pacientes do serviço de medicina interna; em sua casa, à tarde, onde várias consultas se sucediam; e depois em seu carro, um Citroën 2 CV, para efetuar suas visitas a domicílio. Ele conhecia a maior parte de seus pacientes desde a infância, e não somente seus históricos de saúde. Era o arquétipo do médico de família que não hesitava em tomar partido dos assuntos íntimos de cada um, que cuidava de problemas estranhos à medicina, que não fazia cerimônia se os pacientes o convidassem a ficar para o jantar após uma visita. Ao voltar para casa, tarde da noite, ele lia suas correspondências e revistas médicas:

— É preciso que eu me mantenha informado, as coisas avançam tão rapidamente — ele dizia.

Alguns afirmarão com a voz trêmula que a forma usada para fabricar esse tipo de médico deve ter sido quebrada. Que ela foi substituída por uma nova geração, que não aceita mais a pressão permanente, que não se desloca mais e que considera unicamente seus pacientes como uma clientela.

Não é verdade. Ainda há médicos apaixonados pelo aspecto humano da profissão e que são capazes de garantir essa função indispensável sem se transformar num copista de receitas. Mas tomemos cuidado para preservá-los.

Por exemplo, evitando selecionar os futuros doutores nos primeiros anos de nossas faculdades somente com base nas matérias científicas. Ou então, não privilegiando a remuneração de atos técnicos em detrimento do ato intelectual. Este ato intelectual na medicina se chama consulta, e ele continua sendo mal remunerado.

O *Cânone* de Avicena

Avicena salva a vida de seu discípulo Al-Juzjani e o leva em suas aventuras dignas dos contos das Mil e uma noites • *O discípulo fica admirado diante da memória infinita de seu mestre, o príncipe dos sábios* • *Após ser nomeado vizir e ter redigido o livro de medicina mais importante de seu tempo, Avicena morre por ter cuidado mal de si mesmo.*

Meu nome é Abu 'Ubaid al-Juzjani. Tive a honra de acompanhar Ali Ibn Sina (Avicena[22]) até o fim, ser seu discípulo mais próximo e talvez seu amigo. Que Alá seja louvado! Ele me ditou todos os seus livros, quando fugíamos pelas estradas da Grande Pérsia, e até o divino *Qanûn*[23] foi redigido ao longo dessas etapas, muitas vezes sob as estrelas. Todos o chamavam o Sumo Sheik, e ele foi de fato o príncipe dos sábios.

Conheci-o na cidadela de Gurgan, da qual meu pai era o comandante. Ali Ibn Sina acabara de ser preso por ordem dos otomanos, após sua fuga de Bukhara através do Deserto de Cavir, onde quase morreu. Nesse dia, eu também caí gravemente enfermo. Na verdade, para que fique bem claro, eu sufocava. Tinha contraído uma angina muito dolorosa com febre alta e começava a ter muitas dificuldades para respirar, de tal modo que mergulhei progressivamente numa espécie de estupor, pois já não restavam forças para absorver o ar para meu corpo. Meu pai compreendeu perfeitamente que minha situação era desesperadora e, mesmo sendo responsável pelo seu prisioneiro, ele não pôde se furtar a solicitar ao melhor dos médicos, cuja reputação já era universal, a consulta que talvez salvasse seu filho único. Lembro-me como se fosse ontem; Ali Ibn Sina entrou no meu quarto na hora em que o muezim chamava à oração.

A cena que se seguiu foi digna do conjunto da vida do Sheik: depois de lhe explicarem os sintomas de meu mal, Ali se inclinou sobre mim e me pediu para abrir a boca a fim de observar minha garganta. Assim que o serviçal que segurava o lampião aproximou-o suficientemente para que o médico pudesse me examinar um instante, ele se virou de súbito para meu pai, tomou-lhe o punhal longo e fino que estava em sua cintura e, sem dar explicações, inclinou com força minha cabeça para trás e me perfurou a garganta num local bem preciso que já havia identificado com os dedos. Os guardas iam se precipitar contra ele, acreditando que estava me cortando o pescoço para se vingar de seu encarceramento. Mas felizmente meu pai, mais cauteloso, os deteve. No mesmo momento, pudemos ouvir o ar entrando no meu peito, assobiando ao longo do punhal ainda fincado no meu pescoço, e, apesar da dor, tive imediatamente a impressão de voltar a viver.

— Rápido, tragam-me caules de bambu, mel, *Hyoscyamus* e grãos de papoula – ordenou Ali, sem se preocupar com o que acontecia ao seu redor.

Em seguida, dirigindo-se a meu pai:

— Ele estava se asfixiando porque sua angina fabrica membranas brancas como se tecidas por uma aranha. Ele não conseguia mais respirar, estava sufocando. Abri a traqueia-artéria, que é o duto que leva ar aos pulmões, com seu punhal. É preciso mantê-lo aberto com o pequeno caule de bambu oco que vou fixar em seu pescoço, até que essas membranas desapareçam.[24]

Enquanto continuava explicando ao comandante, já fabricava pequenos cones com os produtos que pedira e que os serviçais se apressaram em trazer:

— Você lhe administrará esses remédios pelo ânus, pois ele não pode engolir. Enquanto o bambu estiver aqui, ele tampouco poderá falar. Quando eu fechar o orifício que fiz, ele poderá novamente se manifestar.

Meu pai ficou perplexo com a ciência e a tranquila segurança que caracterizava o homem de talento e sabedoria. Nada havia de afetação em meu mestre, ele agia assim porque sabia que era desse modo que devia fazer e, para dizer a verdade, não imaginava sequer um instante que alguém poderia discordar dele. Isso causou-lhe algumas surpresas na vida e despertou um bocado de ciúmes, inclusive naqueles que, contudo, se consideravam sábios também.

Meu pai, o comandante, resolveu que o Sheik permaneceria ao meu lado até que eu estivesse curado e, depois, estaria livre para partir aonde bem quisesse.

– Mas o que você dirá aos otomanos que me procuram? – perguntou Ali.

– Você conhece a frase do livro: "Aquele que restituirá a vida a um homem será considerado como se tivesse salvado toda a humanidade". O que dirão os Gaznavides[25] tem pouco peso em comparação às Escrituras. E isso é problema meu, Sumo Sheik.

Ali ficou então a meu lado durante duas semanas e cuidou inteiramente de mim. Como ele dissera, eu não podia falar e só me restava escutar o solilóquio que ele produzia diante de mim, o ignorante, como se fosse eu um de seus pares. Ele me falou de Aristóteles, aquele que fora seu mestre de pensamento e que havia sido o preceptor do Conquistador, esse Alexandre cuja passagem de Bagdá a Balkh, em seu avanço para as Índias, ainda se percebia. Ele me falou também dos árabes, portadores da verdadeira religião, que tinham submergido o mundo a fim de trazer a luz da fé. E falou igualmente de si, que estava investido de uma importante missão, a de transmitir a medicina dos helenos traduzindo suas obras e contribuindo com suas próprias experiências, como a que acabava de efetuar para salvar minha vida.

Foi então que entendi que o Sheik conhecia todas as línguas, havia traduzido os grandes autores gregos e preservava na memória esses livros, como se soubesse de cor todas as suratas do Corão desde sua mais tenra infância. Poucos homens podiam também merecer o título de "príncipe dos sábios", ele que viera a nós, pobres habitantes de Gurgan, triste cidadela perdida às margens do Mar Cáspio.

Eu decidira acompanhar aquele a quem devia a vida. Começou então uma longa andança através do Khorasan, através de seus desertos, por sobre suas montanhas. Sempre convidado como consultor pelos emires que invejavam uns aos outros, algumas vezes devido a uma guerra de conquista com os vizinhos, outras venerado por sua reputação que o precedera, outras ainda intimado por soldados a acompanhá-los imediatamente, tal era o destino do príncipe dos médicos. E ao longo do caminho, estivéssemos a pé ou a cavalo, ele não parava de me ditar novos textos que abordavam todos os domínios da ciência.

Certo dia, quando chegamos a um vilarejo em cujo *bimaristan* (espécie de hospital universitário da Persa antiga[26]) ele havia dado uma conferência, para a satisfação de todos os estudantes, nós fomos interpelados na rua por uma mulher que berrava, pois seu marido acabara de cair morto. O Sheik examinou o homem por um bom tempo diante dos vizinhos alertados pelos urros da esposa. Depois, ele se virou para ela e lhe pediu:

– Esquente um pouco de água e adicione todo o mel que conseguir encontrar.

A mulher obedeceu, se perguntando o que ele iria fazer com seu marido. Mas um notável da vizinhança quis se interpor:

– O que você quer fazer? Não está vendo que este homem está morto? É indecente tocar num morto, e nós não o deixaremos fazê-lo.

O Sheik lhe respondeu muito calmamente, como sempre agia em caso de dificuldades:

– Vou tentar reanimar este homem, mas não posso ter certeza de que terei sucesso.

Enquanto argumentava com a multidão estúpida, retirou de seu saco uma espécie de seringa de lavagem e começou a enchê-la com água açucarada pelo mel, verificando a temperatura. Depois, virou o "cadáver" e efetuou a injeção do conteúdo da seringa dentro do reto do doente.

A multidão voltou a se inquietar:

– O que esse homem está fazendo é indigno. Não podemos tolerar isso!

O Sheik ergueu a mão em um sinal tranquilizador e retirou uma ampulheta do saco. Ele a colocou em funcionamento:

– Se este homem não acordar quando a areia tiver escorrido, isso significará que está morto e vocês podem enterrá-lo.

Em seguida, ele me sussurrou discretamente:

– Prepare-se para fugir, sem perder tempo.

Aproveitando a desordem gerada pelas discussões em torno da ampulheta, o Sheik reuniu seus parcos pertences e nós sumimos dali. Não pude me impedir de perguntar a meu mestre:

– Mas o que vai acontecer?

– Antes que a areia tenha escorrido totalmente, aquele homem vai despertar e se espantar com o que houve, e todo mundo vai acreditar que o ressuscitei e que sou um mago.

– Mas em seguida vão querer recompensá-lo pela sua proeza.

— Não se trata de uma proeza, Abu 'Ubaid, aquele homem tinha um desequilíbrio em seus humores, ele carecia de água e de açúcar. Já constatei em casos assim que se pode reequilibrar seu interior graças ao mel diluído na água, e a recuperação é imediata.[27]

— Mas por que então fugimos, se o senhor estava seguro sobre o resultado?

— Reflita e veja as coisas um pouco mais longe do que suas sandálias: essa gente é estúpida e vai imaginar que sou capaz de ressuscitar os mortos em todas as circunstâncias, o que não é realmente o caso. Um senhor local vai me intimar a fazê-lo por alguém de seu círculo, que estará morto de um jeito ou de outro e, então, nossa vida não valerá grandes coisas, se eu fracassar. É por isso que fugimos mais uma vez.

Quando chegamos a Hamadá, o emir Shams el-Dawla nos aguardava para uma consulta decisiva. Já havia algum tempo, ele sofria de uma dor ora abdominal, ora torácica, que, apesar dos tratamentos indicados por seus médicos, só aumentava e o condenava ao repouso. Infelizmente, não era um bom momento para Shams ficar aconchegado entre almofadas: os inimigos se agitavam em suas fronteiras, os curdos de um lado, os Gaznavides do outro, sem contar os senhores mais modestos que tentavam se apropriar de uma herança e contavam com um exército de escravos para recuperar as terras de seus vizinhos. A desordem era completa nessa sociedade em incessante movimento, submetida aos apetites de uns e de outros, que os árabes, ocupantes do lugar havia três séculos, mostravam-se incapazes de domar.

Desta vez ainda, meu mestre atraiu a ira da comitiva do emir, pois diagnosticou uma úlcera estomacal, cujos sintomas ele conseguiu logo curar mediante um regime adequado e um curativo gástrico de sua própria composição: cerusa diluída no leite de ovelha. Curado desse modo, Shams pôde partir em guerra.

Mas ele exigiu ao Sumo Sheik (e a mim mesmo) acompanhá-lo em sua campanha para cuidar de sua saúde. O que aconteceu durante essa campanha, por sinal vitoriosa, foi imprevisível: o emir buscava cada vez mais a presença de Ibn Sina, não apenas para tratar dele, mas também para falar sobre matemática, astronomia ou religião, temas esses nos quais o príncipe dos sábios era bem versado. Shams não tomava mais sequer uma decisão sem consultá-lo, e uma amizade profunda e realmente recíproca estava se instalando entre esses dois homens.

Ao voltar para Hamadã, o emir Shams el-Dawla convocou cerimoniosamente Ibn Sina diante de toda a sua corte e lhe pediu para se aproximar de seu trono. O Sheik se ajoelhara segundo a tradição, quando ouviu o emir se dirigir à audiência com voz solene:

— Aqui está vosso novo vizir! Não é somente um ministro que ofereço a vocês, mas um sábio e sem dúvida o maior médico de todos os tempos. Um espírito universal que através de sua sabedoria trará a felicidade a nosso povo.

A assembleia aprovou a decisão com uma salva de palmas. Quanto a mim, minha impressão era a de sonhar com um mundo maravilhoso onde, enfim, todos alcançariam o ideal que Alá desejava ver na terra.

Eu estava enganado.

Ao lado dos admiradores de Ali ibn Sina, eram inúmeros aqueles que, sem de fato o criticarem abertamente, pois seu sucesso era conhecido, não hesitavam em sussurrar seus pontos fracos. O vinho, para começar... O Sheik não podia conceber sua vida sem essa bebida, embora fosse menosprezada por Maomé. O que ela trazia? Calor, serenidade, uma vertigem. Eu nunca soube. Mas, em todo caso, ele não podia escrever sem uma jarra de vinho ao seu lado e, após uma noite de trabalho, desabava sobre seus livros para dormir algumas horas, que habitualmente lhe bastavam. Depois, as mulheres... O que lhe valia a fama de farrista. Quando estava apaixonado, meu mestre era fiel. Ele amou Yasmina, mulher de uma beleza lendária, antiga favorita do califa de Bagdá, escrava em fuga do harém e sempre perseguida pelo seu mestre, o que nos rendeu um bocado de aventuras. Quando não estava, ele precisava satisfazer suas pulsões com regularidade, mesmo que fosse com as mais vis das escravas ou prostitutas. Às minhas observações e críticas, ele respondia:

— Veja, Deus criou a alegria de nossos sentidos para que aproveitemos. Seria tão tolo renunciar a comer quando temos fome quanto se conter a dar prazer quando somos acolhidos com alegria.

Enfim, a crítica mais horrível que lhe faziam era a de heresia. No entanto, Ali cumpria com rigor todas as obrigações de um crédulo. Fui testemunha de sua assiduidade às preces, de seu respeito ao jejum e de seu perfeito conhecimento da palavra do Profeta, como bom muçulmano xiita. Mas sua devoção real era sempre questionada, diziam que seu pai optara pelo ismaelismo e que sua mãe era judia. Na realidade, a religião não podia ser senão estreita demais para um espírito assim tão universal, e sua reflexão o levava cada vez mais no sentido da gnose herética que acabou condenando sua obra filosófica.[28]

Ibn Sina não tinha sido feito para ocupar as funções de vizir. Ele se saiu bem, contudo, com um bocado de sabedoria e justiça, mas teve a infelicidade de questionar os privilégios dos poderosos, em particular aqueles do exército. Mais uma vez, fomos obrigados a tomar o caminho do exílio e, depois, capturados pelos mamelucos, fomos logo lançados dentro de um cárcere gelado, onde Ali, meu mestre, desesperado, tentou até mesmo pôr fim aos seus dias.

Isfahan foi nossa derradeira etapa. Dizem mesmo que o príncipe de Isfahan, Ala el-Dawla, declarou guerra a Hamadá para libertar o Sheik. Talvez seja verdade, ou então se tratava apenas de um álibi para uma nova conquista. Em todo caso, Hamadá foi tomada e nós voltamos a nos encontrar no bairro de Kay Kounbadh, entre a mesquita e o palácio do príncipe de Isfahan, hospedados numa residência luxuosa no coração de um grande jardim iluminado pelo sussurro das fontes e perfumado pelas fragrâncias de jasmim.

Apesar de imensas dificuldades, pude salvar a maior parte dos manuscritos de Ibn Sina. Alguns, contudo, tinham sido perdidos. Falei disso com meu mestre:

– Não se preocupe, Al-Juzjani, eu os ditarei novamente para você.

E era verdade. A memória excepcional do Sheik lhe permitia conservar em sua cabeça tudo o que relatara e trazê-lo à tona imediatamente. O caso era o mesmo para os livros que lera no passado. Assim, quando me ditou os cinco tomos do *Qanun*, que é a conclusão de sua experiência médica, mas também a síntese de todas as suas leituras dos autores antigos,[29] jamais ele consultou um documento, jamais recorreu a qualquer anotação; tudo estava impresso em sua mente e ressurgia quando o desejava com uma fluidez fantástica.

Foi nessa atmosfera de paz reencontrada que vivi sem dúvida a experiência médica mais extraordinária do meu mestre, o Sumo Sheik.

Ele fora chamado durante a noite pelo próprio emir, pois sua rainha, que devia parir, se contorcia de dores na cama. O médico pessoal de Ala el-Dawla tinha sido claro:

– A criança não consegue sair, Majestade, está mal posicionada. Para salvar a rainha, é preciso sacrificá-la.

O emir se virou para Ibn Salin.

– É preciso salvar minha esposa e salvar a criança, Sumo Sheik, eu necessito dessa criança para garantir minha dinastia.

– Mas diga-lhe, Sumo Sheik, que isso não será possível. Precisará escolher... – insistiu o médico da corte.

– Seu médico tem razão – concordou calmamente Ibn Sina, examinando com atenção o ventre proeminente da rainha para identificar a posição exata do bebê.[30] – Em geral, não se pode salvar a mãe e a criança nestas circunstâncias...

Ele observou a princesa Leila, cuja beleza excepcional ainda transparecia através da máscara de sofrimento. Ibn Sina nunca vira uma mulher tão linda.

– A menos que...

– A menos que... O quê? Fale, príncipe dos médicos, se conseguir salvar minha esposa e meu filho, terá meu reconhecimento eterno!

– A menos que... Eu tente uma operação bem delicada, cujas chances de sucesso são extraordinariamente pequenas, faço questão de deixar isso bem claro...

– Não importa! Faça o necessário, eu aceito os riscos para ter um filho – respondeu Ala.

– Você está bem consciente de que pode se tratar de uma filha – acrescentou o Sheik com um sorriso.

– Isso está nas mãos de Alá. Faça o que é preciso, doutor.

Todos saíram. Ali ficou somente com o médico do príncipe para ajudá-lo, além da esposa deste, Yasmina, que estava acostumada a auxiliá-lo nas intervenções cirúrgicas. Ele exigiu também alguns grãos de papoula, um fogareiro para aquecer seus instrumentos, tecidos limpos e vinho, um bocado de vinho...

Pensei que, como de costume, ele quisesse animar-se e tomar coragem, mas desta vez o vinho serviu para embeber os tecidos que utilizaria na operação. Ele fez a rainha beber uma grande quantidade de decocção de papoula, o que logo a adormeceu. Ele então apanhou uma de suas facas bem afiadas, aqueceu-a nas brasas e fez uma incisão na barriga. Yasmina estava pronta para deter a hemorragia provocada pelo corte: com uma ponta ainda ardente, ela cauterizou as laterais da parede, o que produziu hemóstase, estancando o sangramento. A rainha praticamente não se mexera e não soltara sequer um grito.

Ali começou a cortar o útero, permitindo que a água escorresse na ferida. Ele deu pequenos retratores ao médico, recomendando-lhe a não forçar demais, a fim de não alargar a incisão, e logo eles descobriram a criança.

— Mas ele está morto! — exclamou o médico, pois o bebê não se mexia.

— Não — replicou Ali, sempre seguro de si, — ele está dormindo. Também ingeriu a papoula...

Ele retirou cuidadosamente a criança do útero da mãe, como se fosse um tesouro, suspendeu-o pelos pés, de cabeça para baixo, e lhe deu várias palmadas nas nádegas. A criança começou a chorar, de início sem muita força e, depois, cada vez mais alto. Ali o entregou a Yasmina e disse ao médico do príncipe:

— Agora, é preciso salvar a mãe!

Mais uma vez ele enfiou a mão no útero para remover os fragmentos da placenta, o que despertou Leila. Ele lhe disse palavras reconfortadoras:

— Salvamos seu filho, princesa. Agora vou salvá-la também, seja corajosa.

Em seguida, começou a costurá-la, utilizando agulhas com um longo fio de palmeira, preparadas por Yasmina e embebidas em vinho. A princesa novamente entrou em coma.

Ao terminar, ele saiu para ver o príncipe Ala el-Dawla:

— Príncipe da nação, os Buídas têm um herdeiro e é um menino. A princesa Leila está viva, mas os próximos dias serão difíceis. Agora, está nas mãos de Alá.

O príncipe então abraçou o Sheik e começou a chorar como uma criança.

A princesa Leila sobreviveu após uma semana de combate contra a morte, e o reconhecimento do emir de Isfahan foi à altura da extraordinária proeza de Ibn Sina. Mais uma vez, o Sheik se achava no auge de sua glória, depois de ter sofrido tantas ameaças e prisões de todos os tipos. E as aventuras do príncipe dos sábios prosseguiram até sua morte. Esta foi brutal e dramática: não se sabe ao certo se envenenou a si mesmo ao se tratar de uma pavorosa gastroenterite ou se um confrade invejoso não teria exagerado um pouco nas doses...

Sua grande preocupação no momento em que morria foi saber o que seria de sua obra tão espalhada e já sujeita a críticas a torto e a direito. Al-Juzjani, ao seu lado nesse último momento, prometeu-lhe se responsabilizar por ela e garantir sua perenidade. Ele cumpriu sua promessa.

Foi no ano 428 do Egire,[31] *o Sheik estava com 57 anos.*

A última dissecação de André Vésale

Uma dissecação de cadáver na faculdade de medicina me obriga a mergulhar na história da primeira descrição exata da anatomia humana • Sob o olhar severo de meu professor, descubro que Vésale, que se tornou professor de anatomia aos 20 anos, estabeleceu a dissecação como um ato fundamental da medicina, redigiu um dos best-sellers *do Renascimento e morreu aos 50 anos, condenado pela Inquisição a realizar a grande peregrinação da qual jamais retornou!*

Meu encontro com Vésale ocorreu quando eu mesmo era estudante do segundo ano de medicina.

No pavilhão de anatomia, éramos quatro dissecando um mesmo cadáver. Tinham-me atribuído o membro inferior direito de uma pobre idosa, enrugada pela injeção de produtos conservantes, apelidada por nós de Sophie, sem dúvida porque aquele pobre corpo iria nos transmitir a sabedoria. Todas as tardes, nós devíamos absorver os rudimentos da anatomia humana sob a égide experiente do professor-assistente, chefe de nosso setor. Os cadáveres estavam dispostos sobre mesas de pedra preta. Havia umas vinte mesas em cada pavilhão. Eu abordei o trígono de Scarpa direito, no alto da coxa, caminho clássico para acessar lesões da artéria femoral sob a dobra da virilha. A região fora desenhada anteriormente no quadro-negro, os elementos coloridos segundo um código preciso: artérias em vermelho, veias em azul, nervos em amarelo, músculos em marrom, aponeuroses (membranas que envolvem o músculo) em verde. Em seguida, devíamos encontrar no indivíduo os órgãos que, naturalmente, não eram coloridos por natureza. Cortar um nervo levava a perder dois pontos, seccionar por engano uma artéria equivalia a um zero... Eliminatório!

A anatomia era o pesadelo dos estudantes de segundo ano: memorizar todos aqueles nomes e recitar suas relações íntimas era desgastante. Descrever vá lá. Mas memorizar! Por que a palavra que nomeava sem explicar seria útil para a descrição e a memorização? Havia nisso um papel e, digamos, uma propriedade da palavra dos quais os anatomistas faziam uso com prazer: a confluência dos seios (Herófilo), a veia de Galeno, o aqueduto de Sylvius, o tubérculo de Lisfranc, a válvula mitral (porque ela parece uma touca de bispo), a artéria pudenda (porque se dirige ao pênis!), o canal deferente (que conduz o sêmen), a rede admirável (que encantara aquele que a descobrira!)... E quando não achavam uma propriedade, ou não escolhiam o próprio nome ou o de um colega ilustre, para nomear uma estrutura, eles decidiam chamá-la pela ausência de um nome: assim "o tronco venoso inominado" designava a veia larga que atravessa a parte superior do tórax.

— Anatomia, a ciência dos asnos!

Todos os intelectuais da medicina sonhavam apenas em compreender o funcionamento dos órgãos ou as mecânicas íntimas da biologia molecular, e a anatomia os repelia como um vestígio inútil do passado. Eles sabiam, contudo, que os exames de imagem modernos (a tomografia computadorizada, particularmente, que acabava de ser desenvolvida) demandavam sólidos conhecimentos para ser interpretados corretamente. Haveria outros para fazer isso no lugar deles... Os radiologistas, por exemplo. Somente os futuros cirurgiões calavam a repulsa coletiva diante do cadáver e fingiam sentir prazer naquilo, como se já pudessem operar, aproveitando-se inteiramente dessa vantagem sobre seus camaradas.

Uma de minhas colegas, justamente à minha frente, pois lhe tinham atribuído a dissecação do Scarpa esquerdo de Sophie, acabava de me suplicar para que fizesse o procedimento no seu lugar:

— Eu não posso tocar nesta velha senhora. Por favor, faça essa gentileza. Faça esse trabalho para mim. Eu faço o que você quiser depois...

Concordei discretamente (a proposta era tentadora), sem atrair a atenção do professor-assistente, que passeava entre as mesas, procurando estudantes com dificuldades. Ela era bem bonita, a Françoise. Pequena, de cabelos pretos e curtos, verdadeira vedete de nosso anfiteatro, ela realmente irradiava foliculina (hormônio sexual ovariano) e arrastava atrás de si uma comitiva solícita. Até então, ela nunca demonstrara interesse por mim, mas ao acaso da ordem alfabética eu me tornava um vizinho tão indispensável quanto inevitável.

Comecei então a dissecar os dois lados ao mesmo tempo. Não sem dificuldade. Principalmente do lado dela, o esquerdo, pois era preciso fazer uma ginástica intelectual de simetria, já que todas as demonstrações teóricas eram sempre efetuadas à direita.

– É melhor você segurar os instrumentos, pelo menos, senão seremos descobertos – sussurrei para ela. – Tome, pegue o afastador Farabeuf, assim ao menos você me ajuda um pouco!

Ao final do dia, o professor-assistente passava, dava notas à tarefa e ao estado de progresso da dissecação. Era um jovem cirurgião com porte de esportista, sem dúvida assistente num dos serviços importantes da Assistência Pública. Nada mais sabíamos sobre ele, exceto algo que nos preocupava a todos: ele tinha uma reputação sólida de ser "um garanhão"! Após ter feito uma pausa diante da Scarpa de Sophie, ele não disse nada sobre a simetria perfeita de nosso trabalho.

– Eu detesto a arrogância desse cara! – exclamou Françoise, depois de sair do pavilhão.

Passaram-se alguns dias. Nossos jalecos estavam impregnados do odor repulsivo de morte e de produtos de conservação. Calçar as luvas antes de cada sessão se tornava um suplício. No entanto, artéria e veia estavam presas numa fita, o nervo safeno interno não estava cortado, o crural, nervo da coxa, tinha bom aspecto no esplendor de sua eflorescência e o músculo sartório estava reclinado, isto é, em posição posterior e de lado, como no desenho do quadro.

No momento de dar a nota definitiva, o professor-assistente se dirigiu à nossa mesa com um sorriso irônico...

– Muito bem, vocês dois... É sua vez!

Eu e Françoise estávamos aflitos, pois ele tinha sido severo ao dar notas a nossos colegas, e vários entre eles já sabiam que deveriam recomeçar no próximo ano. Aqueles que tinham dividido conosco a mesa, trabalhando nas cavidades axilares de Sophie, normalmente brilhantes, tinham acabado de receber notas horríveis, com direito a comentários sardônicos.

– Vocês não imaginaram sequer um instante que tivessem me ludibriado, não é? Não se pode dizer que tenham realizado o que chamamos de um trabalho pessoal. Na sua dupla, havia um cirurgião e seu assistente. Ora vamos, senhorita, em nome de Farabeuf! Estou com vontade de dar zero aos dois...

Eu estava resignado. Isso me ensinaria a não bancar o cavalheiro atencioso e a ser menos sensível ao charme feminino.

– No entanto, é uma pena, pois vocês fizeram a melhor dissecação. Parece uma ilustração do livro de Vésale.

Magnífica em seu papel sob medida de donzela indefesa, Françoise teve então uma ideia genial. Com toda a ingenuidade de que era capaz, perguntou:

– Mas quem é Vésale? Eu estudei Rouvière, Brizon, Castaing e até Testut, mas Vésale eu não conheço. Quem é ele?

O professor virou-se para ela, um tanto perplexo, certificando-se de que não estava zombando dele. Sem esforço, Françoise conservava a aparência de uma perfeita idiota. Eu não me saía muito melhor, com meu ar de natureza morta. Em seguida, sorrindo, ele nos fez sinal para segui-lo até seu escritório, adjacente à sala de dissecação, e nos pediu para nos sentarmos. Françoise acabara de tocar num ponto sensível:

– Jovens ignorantes, vou contar para vocês quem foi Vésale...

– Vésale é o homem típico do Renascimento, o homem do século XVI, um desses homens que iria colocar em xeque as ideias preconcebidas daquele tempo através da originalidade e da experiência. E, para ele, a experiência era o que vocês acabam modestamente de fazer: ou seja, dissecar cadáveres para ver, enfim, aquilo que todos repetem somente após o terem lido nos livros. Mas para dissecar nos anos 1530, na Bélgica, era preciso coragem, um bocado de coragem...

– Porque as pessoas eram sensíveis demais... – arriscou-se Françoise, conservando seu ar de modéstia amedrontada.

– Não, porque era proibido e porque a Inquisição vigiava. O risco era sério. Podia-se ser condenado à morte e queimado como um herético. A Igreja, muito tempo antes, tinha deixado claro que o que dissesse respeito ao nosso sangue e corpo era abominável; ela proibira aos médicos se envolverem com a cirurgia e, por consequência, descobrir o interior dos corpos humanos, estivessem esses vivos ou mortos. O pequeno André, André Van Wesel,[32] vivia em Louvain, na casa de seu pai, que era boticário de Margarida da Áustria e cuja residência familiar se situava perto da forca! Portanto, o pequenino André estava habituado a ver cadáveres. Por conta de sua sensibilidade, sua atenção foi imediatamente absorvida pela configuração dos músculos, das vísceras e dos ossos, pois ele contemplava todos os dias os enforcados destituídos progressivamente de sua matéria pelos corvos.

– Mas isso é horrível – exclamou Françoise, escondendo o rosto com as mãos. – Pobre menino!

– Horrível, talvez – retomou o professor. – Na verdade, André não deu sinais de ter sido traumatizado. Aos 18 anos, de fato, ele perguntou ao pai se podia ir estudar medicina em Paris. Permaneceu três anos na Sorbonne, no Quartier Latin da Paris de Francisco I. No entanto, acasos da vida, ele achou onde morar na Rua de Grange-aux-Belles, ao lado da forca de Montfaucon. Parece que certas pessoas são predestinadas...

"Os estudos o decepcionaram. Comentavam-se sobretudo os textos dos antigos, Aristóteles e Galeno. Dissertavam sobre o equilíbrio dos humores horas a fio, de tal forma que Vésale deixou rapidamente a Rua Saint-Jacques para ir negociar, com os coveiros de Montfaucon, pedaços de cadáveres, que ele começou a dissecar secretamente. Não tardou para reunir uma coleção de fragmentos de esqueleto e constatou, com o auxílio dos livros, a quantidade de erros acumulada nos tratados e outros compêndios. Na verdade, bastava olhar para saber. E Vésale construiu rapidamente uma reputação de especialista em anatomia entre seus colegas.

"A faculdade, por sua vez, só organizava duas dissecações por ano, apenas no inverno, que só podiam durar três dias, pois não se sabia ainda conservar os corpos. Tinham perdido as receitas dos grandes embalsamadores do Egito Antigo. Em geral, a demonstração era confiada a um barbeiro ignorante que seguia estritamente a leitura das obras de Galeno. Ele precisava encontrar com as mãos nuas e a lanceta os órgãos que o leitor enunciava, para mostrá-los aos espectadores, sob o olhar em geral indiferente do professor."

O professor calou-se por um instante:

– Vejam como as coisas mudaram! E como esses barbeiros, que já chamavam de dissectores, não sabiam nada, essa dissecação logo se transformava num açougue, diante de estudantes brincalhões e da boa gente que se entregava à emoção diante desse espetáculo dos horrores, já que as dissecações eram realizadas publicamente num anfiteatro.

Françoise entrou no jogo e soltou um riso afetado:

– Hoje em dia, temos sorte, pois os dissectores são sábios e cultos...

Sem lhe dar atenção, ele prosseguiu com um sorriso no canto dos lábios:

– Mas como, certo dia, o barbeiro adoeceu, a dissecação teria que ser adiada. Os inúmeros estudantes recusavam que fosse postergada uma demonstração assim tão rara. Sylvius, o professor, não fazia questão de pegar a lanceta. Então, ouviu-se um murmúrio crescente no anfiteatro, e logo todos entoaram: "Vésale, Vésale, Vésale!". O professor Sylvius, aliviado por achar uma solução para seu problema, lhe disse: "Meu amigo, você foi escolhido pelos seus camaradas. Mostre-nos que é digno dessa confiança". Vésale começou a dissecação, totalmente tranquilo.

– Isso é incrível! – exclamou Françoise.

– E o mais inacreditável foi que Sylvius jamais vira alguém dissecar com tanta perícia e habilidade, jamais assistira a uma demonstração assim tão precisa e inteligente, e ele mesmo se surpreendeu ao descobrir dessa forma elementos que nunca compreendera antes... Aos 20 anos, Vésale construía para si uma reputação de mestre em anatomia; e as dissecações da faculdade de medicina de Paris lhe seriam confiadas dali em diante. Nos bancos, nesse mesmo dia, um de seus colegas da Faculdade de Montpellier, de passagem pela Sorbonne, ficou bastante impressionado. "Jamais vi algo assim, é alguém como você que pode nos mostrar o caminho, tenha certeza de que nunca esquecerei!" André sentiu-se constrangido e sorriu ao homem que lhe dissera isso. "Obrigado, como você se chama?" Erguendo sua orgulhosa carcaça, ele lhe respondeu: "Servet, eu me chamo Michel Servet e sou espanhol". Os dois homens apertaram as mãos longamente, adivinhando que seus destinos voltariam a se cruzar, naquela nova Europa do saber que se construía graças a eles.

– Servet, aquele que foi queimado por Calvino? – perguntei.

O professor pareceu irritado com minha intervenção, que visava apenas fazer com que ele percebesse que éramos ignorantes, de fato, mas não completamente.

– Você, bom aluno, não estrague minha história! Mas está certo, ele foi queimado por Calvino como herético, assim como seus livros. Quando eu lhes dizia, agora há pouco, que ser anatomista nessa época trazia certos riscos...

– E que risco! – completou Françoise. – Mas voltemos a Vésale. Então ele se tornou professor de anatomia em Paris aos 20 anos de idade?

– Isso poderia ter acontecido. Mas a política entrou no caminho – continuou o professor. – Na verdade, a guerra acabava de se inflamar entre a França de Francisco I e a Espanha de Carlos I. Sendo flandrense, Vésale pertencia ao Sacro Império, portanto à família dos Habsburgo. Precisou voltar rapidamente a Louvain e aproveitou para defender sua tese de doutorado. Ele se tornava então médico, mas todas as suas aspirações o orientavam antes à cirurgia e, principalmente, à anatomia, o que era totalmente contrário aos hábitos daquele tempo...

– E por quê? – eu quis saber.

– Porque, conforme lhes disse, a cirurgia era censurada e proibida pela Igreja e confiada apenas aos barbeiros. Jamais um verdadeiro médico, que sabia falar latim e conhecia os Antigos, se rebaixaria a cortar a carne humana. Mas a questão nem chegou a se apresentar. Vésale era ávido por ciência e, com o diploma no bolso, só tinha um desejo: ir aonde as coisas realmente estavam acontecendo, lá onde o espírito daquela época soprava – a Itália e, mais particularmente, Pádua. E lá permanecerá durante dez anos.

– É incrível como essa gente viajava! – observou Françoise.

– Estavam sempre atravessando montes e vales, você quer dizer. Eles viajavam imensamente e, no entanto, as viagens não eram livres de perigos, tamanha a quantidade de assaltantes, ladrões de todo tipo, desertores, saqueadores e outros larápios que tentavam sobreviver atacando os viajantes nas florestas dos grandes percursos.

"Mal chegou a Pádua, André Vésale submeteu-se às provas para se tornar professor de anatomia. Sua reputação já o havia precedido, mas ainda assim esse era um passo necessário. Queriam verificar o que ele tinha a oferecer. E isso não lhe faltava: tornou-se professor de anatomia e cirurgia, sucedendo a Colombo.[33] Estava com apenas 21 anos! Na descrição de suas funções estava claramente estipulado que deveria realizar várias dissecações públicas por ano. Era insuficiente. Vésale sabia a energia que trazia em si, agora faltava-lhe a matéria-prima. Faltavam-lhe cadáveres e mais cadáveres..."

*

A noite caiu sobre o pavilhão de anatomia. Na escuridão, adivinhamos quais eram nossos indivíduos sobre as mesas de dissecação. Os assistentes limparam o chão, cheio de detritos de todos os gêneros, com jatos d'água e fecharam as portas. Um silêncio sepulcral se instalou. Estamos atentos às palavras do professor. Ele esqueceu tudo, hora, lugar, os dois estudantes à sua frente. Percorre as ruas de Pádua com Vésale. Ele é Vésale...

Vésale começou suas demonstrações; o sucesso é enorme. Os estudantes se precipitam sobre elas, o público as transforma em fenômeno da moda. Mesmo as lindas mulheres de olhos profundos pela atropina — extraída, por exemplo, das folhas da beladona — aparecem ali para se exibir.[34] Ele obtém das autoridades de Pádua um suprimento regular de corpos. Não somente lhe são reservados os cadáveres dos condenados à morte, mas até mesmo as datas de execução são inscritas no desenvolvimento de seu trabalho, em especial no inverno. Local abençoado, Pádua, protegido pelo todo poderoso Sereníssimo Principado — onde sequer a Inquisição pode legislar —, atraindo todos os espíritos desgarrados daquele tempo, que se protegiam assim dos rigores clericais! Vésale encontrou um lugar favorável para se desenvolver. Pois, no fundo de si mesmo, ele carrega uma grande obra, dessas que amadurecem como um alquimista. Ele carrega um livro considerável... Este será o *De humani corporis fabrica*, ou, simplesmente, *Fabrica*.

A ideia principal de Vésale é que a anatomia deve ser vista tanto quanto descrita. Basta de desenhos alegóricos acompanhados pelos signos do zodíaco e de interpretações sem fundamento. Não se pode trapacear com um desenho efetuado diretamente na sala de dissecação. Para isso, é preciso um artista que desenhe a partir de um modelo, sem interpretar. Ele conhece um, seu amigo e compatriota Jan van Calcar, que estudou no ateliê de Ticiano. Um talento! Eles conversam.

– Vamos fazer o primeiro grande tratado de anatomia desde Galeno. Mas algo totalmente novo, pois as pranchas que você fará serão exatas, efetuadas diante de minhas dissecações. Estaremos juntos para realizar tudo isso. Para o frontispício, você fará...

– Espere – reagiu Calcar –, vamos pedir isso ao próprio Veronese. Vi-o há pouco tempo em Veneza. É um mestre. Ele fará a capa. Vou apresentá-lo a você. Tenho certeza que ele o apreciará.

– Perfeito – respondeu André. – Direi também na minha introdução o que penso do ensino atual e do desprezo que os médicos têm pela anatomia. Tome, leia isso que preparei. Cabeças vão rolar – vai ser sangrento!

E Jan van Calcar leu com olhos esbugalhados a prosa de André:

Como os médicos julgaram que somente o tratamento de enfermidades internas era de sua responsabilidade e pensavam que o conhecimento das vísceras lhes bastava amplamente, eles negligenciaram, como se não lhes dissesse respeito, a estrutura dos ossos e dos músculos. Acrescente-se a isso que o abandono da anatomia aos barbeiros fez com que os médicos perdessem não só todo o conhecimento real das vísceras, mas também toda a habilidade na dissecação, a tal ponto que já não a praticam mais. Assim, os médicos, à moda dos papagaios, falam de coisas que jamais abordaram de perto, mas que apanharam dentro dos livros e guardaram na memória, sem jamais observar os objetos descritos, vangloriando-se, empoleirados em suas cátedras, de seus discursos requentados. Quanto aos barbeiros, eles são tão ignorantes em línguas que são incapazes de oferecer aos espectadores explicações sobre as peças dissecadas; acontece também de lacerarem os órgãos que o médico lhes ordena mostrar. Este, por sua vez, que nunca pôs a mão numa dissecação, contenta-se em comentá-la. Assim, tudo é ensinado de maneira errada; as aulas passam com questões ridículas e, nesse tumultuo, apresenta-se à audiência menos do que um açougueiro no matadouro poderia mostrar a um médico, e não falo aqui de Escolas às quais a ideia de dissecação do organismo humano jamais ocorreu: aí está a que ponto a antiga medicina, depois de vários anos, viu desbotar seu antigo esplendor.

– Você vai mesmo publicar isso? – perguntou Jan, assustado com o texto do amigo.

– Sim, publicarei. E no livro demonstraremos pelo menos duzentos erros de Galeno...

Enquanto preparavam o *Fabrica*, André e Jan tiveram uma ideia genial, que revolucionaria o ensino da anatomia. É o *Epitoma*, livro destinado aos estudantes de medicina e cujo conceito nada deixa a desejar a nossos ensinamentos ilustrados mais modernos. As pranchas de anatomia se compõem de duas folhas; sobre uma, o desenho dos órgãos feito para ser recortado, sobre a outra, uma ilustração com os músculos à mostra, na qual se devem colar os órgãos para criar maquetes em três dimensões.

Acompanhado de um texto bem curto, como: "a anatomia para os leigos", e não em latim, em alemão! É uma provocação ao mundo universitário, mas um imenso sucesso. Vésale passa de dissector superdotado a "estrela". O mundo inteiro fala dele. É adulado, convidado e abundantemente copiado.

– Estão nos plagiando, portanto nos honram – ele repete a Calcar, que parece por vezes aborrecido pelas edições que descobre na Inglaterra, na França, na Suíça, na Espanha e mesmo no país deles, Flandres.

É claro, o grande Leonardo também tinha compreendido, alguns anos antes, a importância da imagem para expor a anatomia. Mas curiosamente, neste domínio, Leonardo da Vinci se conduz mais como artista, como simples observador (sem dúvida genial!) do real do que como um verdadeiro cientista, por uma simples e boa razão: ele não dá nomes. Nomear significa abstrair. Nomear é memorizar. Vésale sabe disso. Não há anatomia moderna sem esse fecundo e sutil casamento da imagem que revela e da palavra toda poderosa que define.

Isso não impede Calcar de se inspirar amplamente nas pranchas osteológicas de Da Vinci. Calcar detém o dom da reprodução.

Calcar e Vésale chegam a publicar pranchas de anatomia sobre folhas separadas a fim de popularizar seu ensinamento. Isso lhe valerá a fúria do antigo mestre de André, Sylvius, que não pode aceitar que seja maculada uma ciência que só deve ser reservada aos doutores e futuros doutores. Nada de popularização! Ele exige uma retratação pública das críticas contra Galeno e chama seu antigo e estimado aluno, aquele a quem confiou a responsabilidade das dissecções em Paris, de "André Vaesanus", ou seja, André, o doido varrido; É provável que Vésale tenha sido afetado.

Pouco importa, a posição a que ele aspira é exatamente a de mestre. Ele entendeu que a ciência que não se transmite pode apenas permanecer estéril. E será ele que consertará a realidade do homem para todos os séculos!

Se o sucesso não lhe roubar todo o tempo...

Na verdade, rapidamente André se torna médico pessoal de Carlos I, o homem mais poderoso de sua época, o homem cujo império é tão vasto que está sempre iluminado pelo Sol! Sejamos claros, era o que ele queria. Podemos até dizer que ele procurou. Ele se reconcilia com a tradição de sua família, médico ou boticário dos reis! Mas, por outro lado, deve acompanhar seu imperial paciente em todas as suas residências, em todas as suas campanhas... É um outro ofício: ele não é mais um pesquisador, tornou-se cirurgião da corte. Incessantemente, o chamam para consultas; até mesmo Ambroise Paré deseja seu conselho, quando Henrique II da França recebe um golpe de lança no olho durante um torneio.

Quando Carlos I abdica, ele nomeia Vésale conde palaciano a serviço de seu filho Filipe II de Espanha, o que lhe permite desfrutar de uma posição mais do que brilhante na corte de Madri.

Vésale, sem ousar dizê-lo, sabe que traz em si um pecado mortal; pecado mortal para o pesquisador que continua sendo em seu íntimo. Apesar de seus ares de justiceiro, de incorruptível, de valentão da ciência, ele não foi tão longe quanto devia. Foi sensível às críticas e aos invejosos: na primeira edição de *Fabrica*, cedeu alguns pontos aos galenistas, faltou-lhe coragem para ir ao final de suas refutações a Galeno... Agora, sua posição é suficientemente forte. Pode arriscar-se. *Fabrica* é sua obra. Ele não escreve para os medíocres de seu tempo. Sabe que escreve para a história.

E virá a segunda edição de *Fabrica*, a de 1555. Nesta, então, ele se solta completamente:

Não, o septo do coração não pode ser atravessado pelo sangue, que passaria de um ventrículo ao outro!

Sim, Ibn al-Nafis[35] tinha razão, existe uma pequena circulação na direção dos pulmões!

Não, o útero humano não é fendido em duas partes, como o dos animais!

E danem-se as reações e as panelinhas de uns e de outros. Ele está acima de qualquer ataque.

Pelo menos, é o que pensa...

As horas passavam. Era preciso concluir a história. Como um senhor importantíssimo, o professor nos convidara a jantar no Lipp, a dois passos da faculdade de medicina da Rue des Saints-Pères. Françoise bebia as palavras dele, engolindo um bife tártaro regado a vinho Brouilly frutado. Não havia dúvida, agora ela via a anatomia com outros olhos:

— E o que aconteceu com o coitado do Vésale?

— Uma triste história, se for exata. Alguns historiadores modernos a debatem – prosseguiu o professor. – Vésale foi chamado para consultar uma aristocrata da sociedade de Madri. Antes que pudesse tratá-la ou mesmo estabelecer um diagnóstico, a paciente morreu subitamente. E, no dia seguinte ao falecimento, ele organizou uma autópsia com a concordância da família. Abriu então seu corpo na presença de outros médicos e familiares próximos. Não podia saber que se tratava de sua última dissecação. Tampouco se sabe se foi possível realizar um diagnóstico preciso. Mas ele foi brutalmente agarrado pelo irmão da falecida, que acreditara ter visto o coração se mexer várias vezes. E pronto, Vésale foi acusado de dissecar uma viva!

— Mas isso não é possível!

— Não, provavelmente não. Tratava-se de uma cilada ou de circunstâncias fortuitas... De qualquer modo, Vésale desta feita foi levado ao tribunal da Inquisição. O que este ansiava havia muito tempo!

— E ele foi condenado? – inquietou-se Françoise.

— Foi, foi simplesmente condenado à morte. E mesmo a ser queimado vivo. Não se perdia tempo com os diabólicos! Os elementos da acusação reuniam todas as coisas pelas quais a Igreja podia censurá-lo: ter dissecado um ser humano vivo, certamente, mas também ter escrito que a mulher tinha o mesmo número de dentes que o homem, ter refutado Galeno, ter difamado os médicos no prefácio de *Fabrica*... Morte ao flandrense! Uma festa!

— Mas o que fez o imperador, que até então o protegera?

— Filipe II interveio, de fato. Conseguiu alterar a pena. No entanto, uma penitência à altura de tamanho erro se impunha para todos, e o imperador em pessoa não o pôde evitar, arriscando-se a se opor frontalmente à Igreja todo-poderosa. Ele teria que efetuar a grande peregrinação.

— O que é a grande peregrinação? — perguntei.

— Uma viagem a Jerusalém, aos lugares onde o Cristo sofrera pela remissão de seus pecados. Era uma verdadeira expedição, cujos perigos eram bem reais. Vésale tinha consciência disso, mas precisou ceder, deixando sua família e todos os seus bens. A viagem até lá não foi tão ruim. Ele embarcou na frota de Veneza comandada por Malatesta, que rumou para Chipre, e foi desembarcado na Terra Santa sem problema. Mal chegara a Jerusalém, ele recebeu uma mensagem do Senado de Veneza que lhe pedia para aceitar um novo posto de professor de anatomia em Pádua, desocupado após a morte brutal de Gabriel Fallope. Fallope estava morto, seu antigo aluno! Quando Gabriel falava dele, tratava-o sempre, com respeito e ironia, por "papa da medicina". Gabriel, tão jovem, tão brilhante... Ele fizera a peregrinação imposta, mesmo que suas devoções tivessem sido breves. Agora, precisava voltar bem rápido! Era para Vésale uma maneira de se reconciliar com o que verdadeiramente amava, ou seja, o ensino e a pesquisa, mas também um jeito de retornar ao mundo civilizado, voltar à Itália, mãe de todos os gênios, longe das intrigas da corte madrilenha, para as quais ele realmente não levava jeito. Ele embarcou no primeiro navio disponível, um barco de peregrinos cuja tripulação era mal preparada para aquele tipo de travessia. A viagem de volta foi um pesadelo. Ventos contrários no Mar Jônico e uma tempestade que se desencadeou brutalmente. Uma travessia turbulenta que parecia durar para sempre. Alimentos deteriorados e insuficientes. Suas gengivas começaram a sangrar, ele percebeu, como a de outros passageiros, acometidos pelo escorbuto. Depois a febre se abateu sobre ele e persistiu por vários dias, subjugando suas últimas forças; era o tifo. Seu corpo se esvaziava. O capitão do navio não hesitou: desembarcou-o, moribundo, mesmo se tratando de um grande cirurgião, à margem da ilha de Zante, ao largo do Peloponeso, e seguiu em seu périplo caótico! Vésale morreu de esgotamento após agonizar por vários dias, em algum lugar dessa ilha selvagem do fim do mundo, sem ter sido socorrido. Conta-se que ele teria sido enterrado numa pequena igreja, desde então demolida. Mas, de fato, nada mais se sabe sobre ele, nada mais sobre o grande Vésale... A Inquisição vencera!

Françoise e eu ficamos chocados.
A dissecação que tínhamos realizado naqueles últimos dias ganhava outra dimensão... Deixamos o professor, após balbuciarmos as felicitações habituais.
Não importava a nota que viria a nos dar.
Eu só tinha um objetivo. Ver, consultar o grande livro de Vésale. Descobrir as pranchas de Calcar. Tocar no primeiro grande livro de anatomia da história. Isso foi uma aventura! Não se consegue chegar perto de um livro assim sem boas credenciais.
Não vi o professor novamente. Na verdade, vi, sim, uma vez. Foi no ano seguinte. Quando ele se casou com Françoise na Notre-Dame de Paris...

*

Honra aos barbeiros!

É bem difícil imaginar hoje em dia que a cirurgia foi outrora um trabalho atribuído aos barbeiros. No fundo, nada há nisso de surpreendente, por diversas razões:
Se é preciso utilizar uma lâmina, é melhor saber como fazê-lo! Na Idade Média, os barbeiros eram os únicos a possuir lâminas realmente cortantes, cujo fio eles mantinham com cuidado, pois essas "lancetas" eram a própria alma do ofício de pelos e barbas. Tratava-se de pequenas lâminas muito bem afiadas, protegidas por duas plaquetas de madeira entre as quais elas se enfiavam: um ancestral de nossas navalhas. Em suas boticas, sob o brasão de uma bacia de barbear, acudiam assim aqueles que precisavam cortar as barbas e os cabelos. E depois também,

naturalmente, aqueles que necessitavam de uma boa sangria na dobra do cotovelo, recomendada pelo médico, benfeita, com um instrumento bem afiado! Havia igualmente aqueles que precisavam que lhes perfurassem um abcesso doloroso demais, e aqueles que tinham que extrair um dente (quem usa faca pode usar pinça!), etc. A ordem em que tudo isso era feito não levava muito em conta as práticas modernas de higiene, mas o resultado era enfim "globalmente satisfatório". Na verdade, nessas boticas de barbeiro, conversava-se um bocado, circulavam informações sobre as histórias da cidade, as misérias eram todas expostas! Bastante semelhante aos nossos salões de beleza...

A segunda razão: a quantidade de intervenções cirúrgicas realizáveis era bem baixa, de tal maneira que os médicos podiam muito bem subcontratá-los sem, com isso, parecerem incapazes. O ato mais frequentemente praticado, conforme vimos, era a famosa sangria, oriunda das teorias de Hipócrates e de Galeno sobre o equilíbrio dos humores. A incisão e a drenagem dos abcessos de todos os tipos eram recorrentes. Quanto ao tratamento das hérnias e à prática da litotomia[36] e de alguns outros atos na realidade bem raros, as receitas eram transmitidas de pai para filho ou de mestre para discípulo. Fraturas, luxações e entorses ficavam a cargo do curandeiro. No entanto, já conscientes de sua arte, certos barbeiros se declaravam também competentes nos casos ortopédicos.

Por fim, e sobretudo, os médicos, em sua maioria clérigos, tinham sido proibidos formalmente pelo Concílio de Tours de realizar quaisquer atos cirúrgicos. "A Igreja reprova o sangue!" Era a fórmula utilizada. Os médicos então tagarelavam em latim, repetindo os ensinamentos dos Antigos e deixando aos incultos barbeiros e aos engenhosos a tarefa de cortar a carne viva!

Eu sou o descendente desses barbeiros. É preciso assumir nossas origens.

No novo e cintilante bloco cirúrgico do Hospital Georges-Pompidou, repleto de aparelhos sofisticados, com o ar condicionado e esterilizado, um doente que deve se submeter a uma cirurgia cardíaca acaba de ser conduzido e instalado sobre a mesa de operação. O anestesista identificou as vias de acesso, sedou o paciente e entubou a traqueia para garantir a respiração artificial. Por hábito, eu examino o tórax, a zona onde será feita a incisão. A raspagem preparatória não foi benfeita e restam pelos sobre a pele.

Uma ocasião imperdível. Chamo o residente:

— A raspagem do paciente não foi feita corretamente. É o momento de você se lembrar do tempo em que era barbeiro e retomá-la antes de besuntar...

Ele me olha sem ousar dizer palavra, mas eu sei o que está pensando: "O que é que o preceptor está falando com essa história de barbeiro? Eu não estudei tantos anos para barbear um paciente!"

Eu aguardo que ele termine. A enfermeira lhe entrega imediatamente uma pequena lâmina mecânica, prontinha dentro de uma das gavetas da sala de operação, pois isso ocorre com frequência.

— Você sabe que não faz tanto tempo assim que nós deixamos de ser barbeiros.

— Quanto tempo faz? — pergunta ele, espantado.

— Apenas trezentos anos. Por causa da história de um cu... Um cu ilustre, é claro. Contarei isso para você quando tivermos terminado nossa operação.

6
O processo de Galeno

Vésale encontra Guillaume Rondelet na Sorbonne • Os dois estudantes conversam incessantemente sobre as qualidades e os defeitos de Galeno, a suprema referência de seus mestres • Vésale promete a si mesmo provar os erros do anatomista enquanto Rondelet desponta como aquele que seguirá a via galênica da farmacopeia.

Em 1532, André Vésale resolveu, com a anuência de seu pai, empreender seus estudos de medicina na Sorbonne, conservando profundamente ancorado em seu espírito o sentimento de que a cirurgia era sua vocação e que somente a anatomia humana permitia alcançar os objetivos que ele estabelecera. André, embora só tivesse 18 anos, já estava convencido que a anatomia segundo Galeno, a única ensinada à época, estava repleta de erros, associados ao fato de o mestre de Pérgamo ter trabalhado essencialmente sobre animais e nunca com indivíduos humanos.

"Cadáveres, cadáveres..." Ele precisava dissecar cadáveres humanos! Infelizmente, assim como na Antiguidade, os tempos não eram favoráveis aos anatomistas, e a Igreja proibia que se abrisse o corpo humano, considerado mais ou menos um sacrilégio. Apenas três miseráveis dissecações invernais eram toleradas para o curso dos estudantes parisienses da Sorbonne, e olhe lá...

Entretanto, existem vocações predestinadas. Como André procurava um lugar para morar naquela Paris de Francisco I, um tanto populosa, entulhada e apaixonante, acabou achando alojamento na Rua da Grangeaux-Belles, ou seja, a dois passos da forca de Montfaucon... Isso seria bem importante para o que viria a seguir.

O ensino da Sorbonne lhe parecera decepcionante: repetir até aprender de cor os textos em latim de Galeno e Aristóteles o repugnava visceralmente. Não havia dúvida, eram dois gigantes. Sua obra era imensa. Eles tinham, por assim dizer, visto tudo, descrito tudo; em todo caso, era o que afirmavam os padres da Igreja. E desde a morte de Galeno, quer dizer, 1.500 anos antes, nada mudara. O que incomodava o espírito crítico de André não era tanto que nada houvesse mudado, mas que tudo estivesse disposto de modo que nada pudesse ser mudado! Mas ele sabia o que precisava fazer. E ninguém o impediria.

André, cujo caráter não era de extrema flexibilidade, conseguiu assim mesmo fazer um amigo: Guillaume Rondelet, originário de Montpellier e da mesma idade de Vésale, que viera a Paris, como ele próprio viera de Louvain, para frequentar os mestres da Sorbonne e se curvar aos ensinamentos de Günther Von Andernach e Jacques Dubois, chamado de Sylvius (a latinização obrigatória do nome!), professores de anatomia no Colégio Real de Medicina.

Guillaume, um rapaz encantador e intenso (a quem todos os estudantes do curso de Sylvius chamavam de "Rondibilis"), e André tinham o hábito de se encontrar todas as noites num bar do Quartier Latin, cujo brasão era um "Escudo".

— Mas por que os padres da Igreja confiam tão cegamente nos ensinamentos de Galeno?[37] É certo, foi um mestre, escreveu numerosos livros, foi o médico do imperador Marco Aurélio... Mas de onde vem então seu prestígio junto à religião?

Dizendo essas palavras, André virava a cabeça, a fim de se certificar de que não o estavam espionando. Podia-se ser denunciado por menos que isso, e esta simples dúvida sobre o dogma da infalibilidade do grande homem podia custar caro aos ouvidos dos inquisidores. Rondelet, por sua vez, sabia tudo, adivinhava tudo. Era ele o mais maduro de todos os estudantes do curso do professor Sylvius. Antes huguenote, um protestante francês, como todos os homens das montanhas Cevenas, ele sabia usar a dialética oratória para se proteger. E, obviamente, ele conhecia a resposta à pergunta de André... Aliás, Rondibilis tinha sempre uma resposta às perguntas de seus camaradas, ou quase:

— Porque Galeno acredita em um Deus único, e é isso que os padres da Igreja retiveram. Porém, ele vai ainda mais longe e acha também que a obra de Deus é compreensível. Neste ponto, ele certamente se afasta de muitos clérigos que nos cercam e que estão prontos a aceitar como dogma muitos fatos que não conseguem explicar. Porque o grande Galeno está convencido que a mensagem de Deus é compreensível para o homem. Ele é como você, André. Ele acredita profundamente no conceito segundo o qual os objetivos de Deus são explicáveis através da observação da natureza...

— Neste caso, será preciso seguir seu exemplo ficando o mais próximo possível da natureza e trabalhar para corrigir os erros que ele cometeu.

— Erros de Galeno? Você vai rápido demais! — replicou Guillaume com seu sorriso maroto.

— Está vendo! — exclamou André, elevando o tom. — Até você está impressionado e ainda assim não aceita, você, o grande Rondibilis, o mais sábio dos estudantes, não aceita que eu possa questionar a infalibilidade do mestre...

Girando a cabeça para todos os lados para ter certeza de que não estavam sendo observados, ele continuou, mais baixo:

— Venha à minha casa, quero que veja algo...

Eles subiram as escadas trêmulas do prédio com vigas expostas da Rua da Grange-aux-Belles. A porta não estava fechada, e visivelmente isso não era necessário: um odor de podridão agarrava a garganta quando se entrava no cômodo. Rondelet ficou perplexo diante do espetáculo sobre a mesa de seu amigo: várias ossadas, um crânio e um membro superior tinham sido deixados expostos em meio a uma provável dissecação. Sem prestar atenção sequer um instante nessa cena inverossímil, André levantou a tampa de uma arca e apanhou com as próprias mãos um crânio humano, mostrando-o a Guillaume:

— Está vendo. Aqui tenho a prova de que Galeno se enganou: ele descreve a mandíbula como formada por dois ossos e, como eu, você está vendo que só existe um... Na verdade, ele só dissecava macacos. No Império, não se podia abrir corpos humanos. No fim das contas, hoje em dia as coisas não mudaram muito...

Guillaume mal o escutava, eletrizado pelo ambiente de tamanha confusão e francamente irritado pelo cheiro, que parecia não alcançar as narinas de André.

— Mas onde foi que você achou tudo isto?

André varreu a pergunta com um gesto da mão, como se elucidasse a questão:

— Eu me tornei amigo dos coveiros do Cemitério dos Inocentes. – Com o braço, ele indicou a direção lá fora. – Eu molho a mão deles e eles me fornecem as partes de cadáveres que ainda posso usar para dissecações. Eu sei, as carnes vêm por vezes apodrecidas, mas os detalhes anatômicos permanecem precisos e posso verificar vários aspectos.

Guillaume Rondelet estava atônito com os riscos corridos por André e por seus "amigos", como os chamava, estranhos camaradas com os quais um dia poderia se encontrar no crematório! Já ele, Guillaume, era apaixonado pelas plantas, o que era muito menos perigoso. Ele adorava a sutileza das fragrâncias das plantas simples que cresciam em sua vegetação rasteira meridional e, por ora, sentia-se cada vez mais incomodado pelo odor de carniça que pairava dentro do quartinho de André. Estava longe dos odores de sua Provença natal! Quanto a André, ele não parecia sentir coisa alguma. Talvez fosse incapaz disso. Essa anosmia, diminuição ou perda do olfato, existia de nascença em certos seres humanos, lembrou-se Guillaume. Devia ser o caso de seu amigo, o que explicava tudo. O detalhe era que essa anomalia também tinha tendência a deixar seu portador impotente. André parecia, no entanto, bastante atraído pelas moças e mesmo pelas prostitutas. Ainda assim, Rondelet custava a crer que se pudesse dormir ao lado daquelas carnes, interessantes, certo, para o barbeiro apaixonado pela anatomia que era André Vésale, mas que emanavam sua putrefação de maneira repugnante.

— Vamos sair – disse Rondelet, puxando Vésale pela manga. – Eu o convido a beber um pouco de vinho no "Escudo". Continuaremos a falar sobre isso.

André o seguiu a contragosto, como se lhe fosse custoso abandonar por alguns instantes aquelas maravilhas de seu paraíso cadavérico.

Eles sentaram-se à mesa diante de uma garrafa de vinho Claret e continuaram uma de suas intermináveis diatribes. De fato, Rondibilis dedicava um culto religioso a Galeno, o qual via como mestre incontestável dos remédios, que viajara muito tempo para encontrar inúmeros componentes, relatados em seu tratado: *Misturas e a propriedade dos medicamentos simples*.

— Ele chegou mesmo a se dirigir por vontade própria à ilha de Lemnos – explicou ele –, a fim de aprender a fabricar os famosos comprimidos de terra de Lemnos, uma terra amarela que não é propícia a vegetação alguma, mas que deve ser misturada ao sangue de bode para curar as chagas malignas e pútridas. Você não pode negar o quanto Galeno fez progredir a farmacopeia.

— Com certeza — respondeu André. — Podemos compreender que aquele que tratou das feridas dos gladiadores de Pérgamo tenha se dedicado a favorecer a cicatrização das chagas.[38] Mas, seja qual for a amplitude de sua obra, sou incapaz de admirá-lo e apreciá-lo realmente.

— Ora, ora, você é o único de seu tempo a se opor a tamanho monstro sagrado...

— Eu detesto a maneira como ele se coloca em cena em suas obras e demonstra que é o melhor em todos os lugares. Seu ego desmesurado é para mim insuportável e leva a duvidar de suas capacidades para abordar de modo salutar o conhecimento médico. É por isso que ele se engana e, além disso, jamais questiona a si mesmo.

Rondibilis sorriu gentilmente. Se havia um homem com uma elevada ideia de si mesmo, este era justamente seu amigo André. Se havia alguém tão certo de que tinha uma obra imponente a concluir, este também era ele! E Guillaume estava profundamente convencido de que esse louco da anatomia revolucionaria os conhecimentos de seu tempo. Quanto a suas capacidades de autocrítica, Guillaume se permitia duvidar seriamente... Mas ele retomou com calma a palavra:

— É incontestável, você há de concordar, que Galeno foi um autor prolífico e que, através dessa obra imensa e bem sintética, ele nos trouxe grandes lições sobre os antigos médicos, misturando ao mesmo tempo a isso suas experiências pessoais, que não foram desprezíveis. Fala-se de mais de quinhentas obras escritas ao longo de sua vida, das quais nos restam apenas 150 volumes e, assim mesmo, contando aquelas que chegaram a nós via tradução dos árabes. As outras foram perdidas ou queimadas.

— Não discuto sequer um instante suas capacidades para a argumentação científica ou, melhor ainda, seu saber enciclopédico, mas sim os erros na interpretação dos fatos. Sua anatomia é deplorável e, aliás, ele despreza a cirurgia. Para um homem que realizou tantas dissecações públicas e extraiu tantas glórias vãs e pessoais! Por exemplo, ele escreveu um livro sobre o útero e o acredita ser fendido em dois, como o dos animais que ele disseca. Ele pensa também que as vias biliares são duplas e confunde o ducto cístico e o colédoco. E, sem dúvida, outros erros sobre os respectivos papéis do fígado e do coração sobre os quais preciso refletir, tão logo consiga cadáveres frescos."[39]

André tinha certeza de que a anatomia deveria ser a base da compreensão do corpo humano!

Ao contrário, Rondelet permanecia abismado pelas teorias hipocráticas que retomara Galeno:

— Você vai admitir, como todos os antigos, que toda matéria é formada de terra, água, ar e fogo, e que o corpo humano é animado pelo impulso vital que permite o equilíbrio dos quatro humores: o sangue, a bile amarela, a fleuma e a atrabílis, ou bile negra. Esta é a base de toda a compreensão da vida, sobre a qual poderão agir os médicos...[40]

Vésale não respondeu, absorto em sua reflexão. Visivelmente, contudo, essa fisiologia não lhe convinha. Ela não era "mecânica" o bastante a seu ver. As coisas deviam ser mais simples, e a explicação de tudo se encontrava na disposição dos órgãos, uns em relação aos outros, de onde se podia deduzir com segurança a função de cada um... Mas ainda assim, era preciso observar, portanto, dissecar. Bruscamente, ele abordou outro domínio:

— E depois, Galeno se salvou diante da peste dos Antoninos. Ele preferiu voltar para o seu ninho em Pérgamo a enfrentar o horror... Por sinal, você há de concordar que a descrição que ele fez da doença é bastante variável e que ele não descreve realmente a peste que conhecemos depois de Marselha.

— Não se sabe de fato se ele fugiu da peste ou se recusou-se a acompanhar Marco Aurélio em sua campanha contra os bárbaros. Mas admito, não é o episódio mais brilhante de sua vida, pois ele o mostra mais como um médico dos ricos romanos, e não como aquele que acompanha os miseráveis na infelicidade e no sofrimento. Quanto à doença de que você fala, tudo leva antes a pensar que se tratava de varíola; mas, como você sabe, todas as febres daquela época eram qualificadas de peste. O grande Rasis[41] ainda não havia passado por lá.

Os dois amigos tinham terminado o vinho e André já sentia a cabeça girando. Eles continuavam firmes em suas posições, como dois adversários num combate.

– No entanto, continuo convencido de que Galeno foi aquele que, em seu tempo, melhor manipulou os remédios – disse Rondibilis, sempre conciliador. – Marco Aurélio não se enganou, pois, acima de tudo, ele apreciava toda a sua teriaga,[42] em cujas virtudes tinha plena confiança. E não esqueça também, meu camarada, que ele foi igualmente um professor magnífico e que conseguiu transmitir um bocado de conhecimentos que, sem ele, se teriam perdido. Digamos que sua anatomia merece ser revista por aqueles que, amanhã, dissecarão cadáveres humanos. Esta breve síntese de nossa conversa é conveniente para você?

– Penso que tudo o que você disse é sábio e verdadeiro, mas que, pelo seu próprio peso, Galeno paralisou a progressão das ciências durante mais de mil anos. É hora de nos separarmos dele e de alguns ousarem finalmente questionar o que ele escreveu – respondeu Vésale.

– Presumo que você será um deles – acrescentou Guillaume.

– Estou me preparando, meu amigo. Mas sei que precisarei de muita coragem.

Vésale não poderia ter se exprimido melhor. Alguns anos depois, tendo se tornado professor de anatomia em Pádua, ou seja, na cidade onde se produzia realmente a progressão do saber na Europa, Vésale se entregou à redação de sua grande obra: *De humani corporis fabrica*, ou mais simplesmente, *Fabrica*.

Na primeira edição (1543), ele corrigiu certos erros de Galeno, mas não chegou a refutar alguns pontos fundamentais, como a comunicação entre os dois ventrículos do coração, deixando claro que, apesar de seu espírito crítico, ele não conseguia cortar totalmente o cordão umbilical.

Foi necessário aguardar a segunda edição, de 1555, para que a "pequena circulação" fosse corretamente descrita e que o septo intraventricular fosse fechado.

O misterioso manuscrito
de Andrea Alpago

Andrea Alpago se torna espião do Doge de Veneza na corte do vice-rei de Damasco • Ele descobre um texto de Ibn al-Nafis que lhe revela um fato totalmente desconhecido dos médicos de seu tempo • Seu sobrinho Paolo é encarregado de transmitir esse novo saber a Servet, Vésale e ao outro Colombo.

Damasco, 1512

– Mas eu não entendo nada do que ele está dizendo!

O mestre Andrea Alpago coçava energicamente os pelos de sua barba branca. Não apenas ele não entendia nada no texto daquele manuscrito árabe, como tampouco era capaz de imaginar as palavras em latim que teriam podido expressar o que tentava traduzir... Ele se levantou para dar alguns passos dentro de seu escritório. A noite trazia um frescor relativo e uma brisa se infiltrava pelos cobogós, fazendo tremular a chama das velas. Sobre a mesa maciça que lhe servia de escrivaninha, acumulavam-se desordenadamente dezenas de rolos de pergaminhos antigos.

Embora situada no centro de Damasco, a casa de mestre Andrea Alpago, médico do consulado de Veneza da cidade, respirava a calma e a paz. No entanto, ela dava para a rua principal, a dois passos do mercado, extremamente movimentado durante o dia. Protegida por suas grossas paredes, não se imaginava a algazarra permanente no exterior, logo depois do pátio central, pontuada pelos gritos e impropérios dos carreteiros que carregavam suas mercadorias na direção da grande porta monumental da cidade. No meio do pátio, como era costume, rumorejava o jorro d'água que alimentava um pequeno tanque octogonal decorado de mosaicos. Essa simples fonte e o ruído da água colaboravam para instaurar uma benvinda aragem. Todas as janelas da casa davam para esse *kaa*, espécie de pátio-jardim onde floresciam as mais lindas rosas do Oriente. Mesmo sob o mais intenso calor do verão, a casa estava sempre ventilada por uma brisa perfumada que contrastava com o mormaço e os odores azedos da rua. Mestre Andrea instalara seu gabinete de trabalho num vasto cômodo do segundo andar, onde se atulhavam rolos de pergaminho sobre longas mesas de madeira africana.

– Mas o que quer dizer esse Ibn al-Nafis? O que narra está em total contradição com o que todo mundo aprendeu e o que todo mundo ensina desde Galeno...

De fato, Andrea começara a tradução de um manuscrito até então desconhecido de um certo Ala-al-din abu Al-Hassan Ali ibn Abi-Hazm al-Qarshi al-Dimashqi, mais conhecido pelo nome de Ibn al-Nafis, nascido em Damasco, que fora médico no Cairo dois séculos antes. Seu manuscrito se intitulava *Comentários sobre o Cânone de Avicena*;[43] o célebre *Cânone* de Avicena, livro cultuado sobre o qual Andrea trabalhara durante vinte anos. Era, portanto, lógico que ele abordasse essa obra, que era uma referência. Mas, surpreendentemente, esse livro nada tinha a ver com simples comentários sobre a obra do mestre; antes, ele expunha com vigor ideias totalmente inovadoras de seu autor. E a passagem na qual Andrea acabara de tropeçar recolocava em questão o grande Galeno em pessoa... Era toda a medicina que se via questionada!

Andrea sentou-se outra vez à mesa de trabalho, imaginando todas as implicações do que acabara de ler... O mínimo que se podia dizer, se fosse verdade, era que essa revelação não ia agradar seus mestres, os grandes professores de Pádua, sempre fiéis aos ensinamentos de Galeno, e tampouco aos membros da Santa Inquisição... E, desses aí, Andrea sabia que nada podia esperar de bom. Esse texto era como o pó infernal dos chineses, uma verdadeira bomba...

Preciso guardar segredo absoluto, pensou ele. *Só poderão ser avisados aqueles capazes de compreendê-lo e dele fazer bom uso. Está fora de questão publicá-lo com o resto das minhas traduções...*

Andrea, cinquenta e tantos anos, raciocinava como homem de experiência que rompera com todas as intrigas da diplomacia oriental.

Ele não queria correr risco algum para si nem para os seus, pois, desta vez, pressentia a gravidade das coisas.

*

Na realidade, tudo começara em Veneza, em 1486, ou seja, vinte e seis anos antes, quando Agostino Barbarigo acabava de ser eleito Doge, autoridade máxima da República. Nesse dia, o novo mestre de Veneza convocara Andrea, o jovem conde de Belluno, a quem pensara confiar uma missão ao mesmo tempo secreta e estratégica. Precisava de um jovem excepcional e, se sua escolha recaiu sobre Andrea, não foi nem um pouco por acaso.

Andrea estava em pé diante do novo Doge, um rapaz frágil e magro intimidado dentro de sua túnica preta, com um barrete quadrado sobre os cabelos desgrenhados. Convém ressaltar que Agostino era uma figura imponente. Podia fingir ser o papa, se quisesse. Usava permanentemente sua touca forrada, e uma túnica de seda com pregas amplas já não tentava ocultar seu ventre proeminente. Um grande gato barrigudo...

E quanto à sensibilidade política: um *expert*.

É necessário deixar claro também que Andrea Alpago não era um jovem qualquer; antes, ele representava um caso bem particular. Na verdade, ainda que oriundo de uma das mais antigas Famílias de Belluno, os Bongaio, da qual herdara o título de conde de Belluno, ele decidira se tornar... Médico. Algo no mínimo surpreendente! Ele tinha até sido formado na grande Universidade de Pádua, um farol da ciência da época, essa cidadezinha-irmã da grande cidade marítima. Ainda mais surpreendente, sobretudo quando comparado aos outros jovens aristocráticos de sua geração. Ele também aprendera o árabe e o falava fluentemente. O que o tornava ainda mais excepcional!

Mas era ele o homem que Agostino procurava; seria absolutamente necessário que ele se tornasse seu "infiltrado". A missão que lhe confiava o Doge de Veneza era compreender as intenções instáveis dos otomanos, dos mamelucos e dos persas a respeito da atividade comercial de Veneza, tornando-se o que é preciso chamar de um espião na corte do Na'ib (vice-rei) de Damasco. O momento era favorável, pois era preciso substituir Geronimo Ramusio, médico da delegação, que acabara de morrer.

Muito contente, Andrea escutava as explicações incoerentes do Doge:
– Mas você entende, quando falamos em espião, falamos também em atividades disfarçadas. Então pensei numa coisa. Diga-me o que acha.
Em seu íntimo, Andrea admirava Agostino por sua sagacidade e sua atenção ao detalhe. Qualidades indispensáveis, de fato, para se tornar Doge da Sereníssima.
– Evidentemente, você não só será o médico da delegação veneziana, mas também será anunciado a todos, a fim de evitar suspeitas, que, como médico que domina o árabe, você está encarregado pela Universidade de pesquisar os antigos textos de medicina. Você sabe, todos esses médicos do Oriente que, ao que parece, eram sábios... O seu predecessor, o louco do Ramusio, tinha começado. Mas nunca concluiu. Aliás, como tudo o que empreendia! Você será encarregado de continuar, isso justificará suas peregrinações...

Andrea ainda se recordava de sua chegada diante do novo cônsul, Nicolo Malipiero, no ano seguinte, em 1487. Ele ainda era um jovem inocente, apesar dos conselhos políticos de Agostino. Em seguida, ele se tornou presença indispensável da política ocidental no bem-aventurado Oriente. Com todos os riscos que tal posição supunha... Quanto aos médicos de Damasco, após alguns embates oratórios à cabeceira dos doentes ricos e influentes, eles logo acabaram aceitando Andrea como um "eminente" confrade, de diagnóstico até conveniente e conhecimentos seguros, cujo vinho (que ele servia fartamente a seus amigos e colegas), levado a ele pelos marinheiros venezianos, era de excelente qualidade! E, depois, Andrea conheceu Shemseddin Ibn Mekki, grande clínico reconhecido em Damasco e em toda a Síria como um sábio da medicina, e eles se tornaram amigos.
Assim, foi com sua ajuda que Andrea começou a pesquisar o trabalho de Geronimo Ramusio, seu predecessor em Damasco. Este havia de fato empreendido a tradução do *Cânone* de Avicena, conforme o Doge – sempre bem informado – o avisara. Mas, após uma rápida análise, Andrea e Shemseddin concluíram que seria preciso começar tudo de novo.

A tradução do *Cânone* por Geronimo era ilegível e inutilizável. Ele transcrevera desajeitadamente o texto original, um monumento da medicina árabe, hesitando quanto às formas a dar aos caracteres e colocando pontos diacríticos ao doce sabor do acaso. Além disso, entre as linhas, ele fizera corresponder a cada palavra árabe sua tradução latina... Método um tanto elementar. E sendo uma tradução literal, era difícil fazer melhor!

No todo, era um completo caos: Ramusio colocara o prólogo entre a Doutrina 1 do primeiro capítulo, que tratava de diferentes tópicos da medicina, e a Doutrina 2, dedicada aos elementos. Depois, ele abandonou o Capítulo 1, pulando toda a anatomia para mergulhar diretamente numa exposição sobre o pulso e a urina. E, então, passou o Capítulo 4 para voltar à anatomia do Capítulo 1... Uma bagunça fantástica!

Andrea sorria:

— Geronimo se encontra inteirinho aqui, em meio a essa desordem e essa poesia.

Na verdade, Geronimo Ramusio,[44] médico como ele na Universidade de Pádua, tinha sido seu predecessor por causa de um tremendo acaso. Os estudos de medicina de Geronimo não tinham sido brilhantes, ele sequer defendeu sua tese. Geronimo era sobretudo um poeta e um sonhador, capaz do melhor e do pior. Seus versos lembravam por vezes o grande Petrarca, mas com frequência eles escorregavam num estilo mais vulgar de canções estudantis.

Andrea investigara e reunira informações: a vida de Ramusio o fascinava. Toda vida esconde um segredo, e ele pudera descobrir o de Geronimo: ele fora apaixonado por "Catta", uma moça magnífica e célebre[45] que morreu aos 20 anos, na flor de sua juventude e de sua beleza. Geronimo nunca se recuperou. Quando Catta morreu, ébrio de desespero, Ramusio abandonou todas as esperanças de concluir seus estudos: ele embarcou num navio mercante como médico de bordo, e o périplo da sua vida então começou. Ele percorreu todos os portos do Mediterrâneo e, fiel à sua reputação, se tornou anfitrião de bordéis de marujos nas principais escalas da navegação veneziana. Uma mulher em cada porto.

Mas Geronimo, em sua eterna busca pelo esquecimento, fez certo dia escala em Alexandria. Lá, foi amor à primeira vista: o Oriente, seus mistérios, suas cores, seus odores e suas mulheres... Sob o véu eram ainda amais atraentes, capazes de evocar todas as mulheres, mesmo aquelas que haviam desaparecido. Ficou então sabendo que, em Damasco, procuravam um médico para a comunidade veneziana que crescia, ocupando-se de negócios prósperos com os turcos e os árabes. Ele não era um médico muito bom e sabia disso. Não falava um árabe perfeito e todo dia comprovava esse fato. Mas sua lábia e as receitas aprendidas na Itália compensavam tudo, e ele se tornou o médico do consulado, tirando vantagem da ínfima concorrência.

Ainda assim, Ramusio parecia insatisfeito. Era bom ser médico, mas prescrever poções aos negociantes venezianos da delegação era algo redutor para um homem que se achava um igual de Bocage. Teve então uma ideia, que devia na sua opinião redimir a mediocridade de sua vida: construir uma grande obra para deixar seu nome na história de Veneza. Ele resolveu se lançar na tradução da obra maior da medicina desse Oriente que tanto amava; o *Cânone* do grande Ibn Sina, livro do qual tanto falavam em Pádua durante seus estudos inconclusos, livro quase mítico e tão mal traduzido pelos clérigos dois séculos antes...[46] Se tivesse êxito, seus colegas de Pádua não se lembrariam mais dele apenas como o alegre rapaz que animava suas bebedeiras com seus versos ruins!

Andrea sofrera um bocado para terminar esse trabalho; várias vezes pensou em desistir. Pois o mestre Alpago tinha um árabe bem superior ao de Geronimo Ramusio e descobria perpetuamente seus erros e mesmo suas divagações... Na verdade, era preciso recomeçar tudo naquela miscelânea linguística, pois, para traduzir certas palavras, Ramusio se inspirara com mais ou menos felicidade na tradução hebraica do livro de Avicena, pedindo ajuda a seus colegas judeus, numerosos em Damasco. Principalmente, ele seguira passo a passo a tradução de Gerardo de Cremona, sem muito ousar se desviar dela. Mas o monge de Toledo, que ignorava a medicina e a anatomia, propunha com frequência termos totalmente inadequados, levando Geronimo a cometer infidelidades. Na realidade, as pretensas transliterações[47] de Gerardo causavam quase sempre problemas delicados de interpretação, pois não eram sempre devidas a uma mera ignorância medieval: na verdade, o toledense havia sobretudo procurado reencontrar a tradição da ciência grega nos escritos de Avicena, inserindo no original contribuições pessoais do autor do *Cânone*.

Assim, Geronimo nem sempre achava equivalência latina para uma palavra do livro ou, para ser claro, não conhecia a palavra árabe, principalmente quando extraída do dialeto persa. O que fazer então? Como Gerardo de Cremona, ele se contentou com o mais simples, fosse utilizando a mesma palavra que Avicena, fosse inventando por completo um equivalente em latim. Por outro lado, ele se inspirou em termos que lhe evocavam sua vida no Oriente. No capítulo dos humores, por exemplo, Avicena, bom aluno de Galeno, descrevia o trajeto do sangue, que a partir da veia cava se espalha pelo corpo correndo dentro de vasos cada vez menores. Entre as palavras que designavam esses vasos figuravam *gadawil* (córrego) e *sawaquin* (rego ou canal de irrigação). Ramusio tinha substituído com felicidade a transliteração *gedeguil* por *rivuli*. Mas ele não encontrou o equivalente em latim da segunda palavra. Entendendo que Avicena usava uma metáfora, pensou que ele se referia à *saqiya*, "a roda hidráulica dentro da qual se acham inúmeros pequenos recipientes que absorvem água e a despejam de uma a outra sucessivamente". Uma bela imagem que, ao mesmo tempo evocando o meio oriental de irrigação, associava ao sangue a ideia de um movimento circular. Mas Andrea, por sua vez, preferirá trocar os pequenos córregos de Ramusio por pequenas ramificações (*ramuli*). A ideia de que o sangue pudesse ter um movimento circular lhe era totalmente desconhecida e nada evocava para ele.

Pelo menos, até se deparar com o manuscrito de Ibn al-Nafis...[48] E o que tinha lido, cujas implicações ainda desconhecia, não lhe saía mais da cabeça, levando-o a duvidar de tudo o que acreditava saber...

Os convidados, discretamente reunidos na casa de mestre Andrea naquela noite, escutavam com atenção sua leitura. As velas odoríferas clareavam as mesas em que os empregados domésticos tinham reunido os pratos mais delicados que o Oriente tinha a oferecer e as últimas novidades, como um macarrão bem fino que Maestro Martino da Como inventara na corte de Nápoles.

Andrea reunira os melhores médicos de Damasco, árabes e judeus que trabalhavam cordialmente na cidade. Shemseddin Ibn Mikki,[49] que ele considerava como seu mestre, estava sentado ao seu lado. Seu amigo Ibn Ishaq, descendente do famoso Hunain Ibn Ishaq, que traduzira os aforismos de Hipócrates em árabe, viera de Alepo... Uma dezena de cabeças grisalhas com barbas brancas e cobertas com lenços de musselina branca envolvendo barretes vermelhos e pontudos, confrades e com frequência adversários nos combates oratórios à cabeceira de notáveis doentes, pareciam felizes por terem sido reunidos na residência do veneziano. O que não dava margem a antecipar suas capacidades de confronto e... de perturbação.

Ao final de sua leitura, Andrea virou-se para a assembleia:

— Caros e honrados confrades, como vocês ouviram, o que escreveu Ibn al-Nafis é particularmente grave e põe em questão todos os nossos conhecimentos. Vocês já ouviram falar disso? E o que pensam a respeito?

— Se entendemos bem o que acabou de ler, e cuja fonte e conteúdo eu ignorava, Ibn al-Nafis teria provado, faz agora dois séculos, que o espírito vital foi formado pela mistura do ar inspirado com o sangue que se produzirá dentro... dos pulmões! Que o sangue seria impelido por um longo duto desde o ventrículo direito do coração, e lá ele seria preparado e misturado com o ar inspirado, e depois reconduzido ao coração esquerdo por diversas veias pulmonares. Ele teria dito, igualmente, que não havia comunicação entre os ventrículos do coração e que o septo interventricular estava fechado, contrariamente a tudo o que sempre foi escrito. Ele acrescenta que a diástole serve para atrair essa mistura até o coração, o que é totalmente impossível, pois as aurículas são finas demais para mobilizar um líquido. Tudo nos diz que ele vê também uma comunicação dentro do pulmão entre a artéria e a veia pulmonar, o que não passa de uma invenção de sonhador, pois ninguém pode enxergar vasos tão pequenos assim.

A assembleia começava a se animar e os médicos presentes no gabinete de Andrea, impregnados da doutrina de Galeno ensinada por Avicena, pareciam chocados com tantas inépcias.

Andrea tentou acalmar a audiência, tomando a posição do advogado do diabo:

— Ibn al-Nafis, estimados confrades, praticava a vivissecção em animais e observava os vasos da base do coração durante o ciclo da contração dos ventrículos. Eu cito sua demonstração: "...que a comunicação e a preparação se façam, pois, pelos pulmões, isso é ensinado pela comunicação da artéria pulmonar com a veia pulmonar dentro dos pulmões. Isso é comprovado pela amplidão considerável da artéria pulmonar, que, não fosse ela assim tão ampla, e o coração não tivesse enviado tamanha potência de sangue somente para alimentar esses pulmões...". Vocês não acham que essa observação é sensata? Ibn al-Nafis ficou impressionado com o tamanho dessa artéria pulmonar, quase tão grande quanto a aorta... O que de fato não faria sentido se, como acreditava Galeno, seu papel fosse apenas a alimentação do pulmão...

Essa observação pareceu afetar Ibn Ishak de Alepo, que assentiu com a cabeça. Mas Al-Rashid, com fúria no olhar, explodiu brutalmente:

– Vocês todos perderam o juízo! Esta discussão, mestre Andrea, não faz sentido. Não se podem rever os ensinamentos de Galeno e de Averróis. Eles disseram tudo, e se opor a eles é ao mesmo tempo pretensioso e ridículo. É esse calor de impulso vital que caracteriza a vida. O ser vivo é quente, o ser morto é frio. Quem ainda não fez essa constatação evidente?

Os demais médicos presentes à reunião se viraram para Al-Rashid, que prosseguiu:

– E Galeno pensa que esse espírito vital é animado pelo coração, trazendo esse calor pelos seus movimentos permanentes, garantindo seu funcionamento através de golpes violentos repetidos. Os pulmões estão lá para atiçá-lo como os foles, se necessário, ou para refrescá-lo, quando ele se embala e o corpo transpira... Não é compreensível como o espírito vital poderia se formar em outro lugar.

O gordo Gamal, que adorava discursar diante de seus alunos, não pôde se impedir de acrescentar:

– No seu tratado *De usu partium* (*Da utilidade das partes*), Galeno indica que o sangue existe em dois estados, venoso e arterial, respectivamente distribuídos dentro do corpo a partir do fígado e do coração por intermédio das veias e das artérias. O sangue arterial carregado de pneuma transporta o calor, como acaba de precisar nosso honrado colega, enquanto o sangue venoso, proveniente dos alimentos, transporta os nutrientes da alimentação. Assim, a parte útil dos alimentos digeridos no estômago e nos intestinos é transportada até o fígado, onde sofre uma cocção que o transforma em sangue venoso. O que explica por que os excrementos são resíduos da digestão intestinal e as urinas, o resíduo da formação hepática do sangue venoso.

Evidentemente, todos tinham em mente o esquema da circulação segundo Galeno e o consideravam perfeitamente lógico. Nada mais havia a dizer sobre isso. O sangue escuro e espesso era produzido pelo fígado e escorria pelas veias na direção do conjunto do organismo. Uma parte desse sangue passava pela veia cava na metade direita do coração e, de lá, uma fração chegava pela "veia arteriosa" (ou seja, a artéria pulmonar) aos pulmões, onde era "consumida".

Uma outra fração era vertida através dos poros da parede intraventricular na metade esquerda do coração. O ventrículo esquerdo era a sede do calor inato, era a função de caldeira do coração, sobre a qual Al-Rashid insistia de antemão. Uma nova cocção do sangue se operava: ele se tornava mais vermelho, espumoso, e era a misturado com o ar que provinha dos pulmões pela "artéria venosa" (ou seja, a veia pulmonar). Por esse mesmo vaso eram eliminados os resíduos da formação cardíaca de sangue e calor. Isso significava que a válvula que controlava a entrada do ventrículo esquerdo permitia uma circulação em sentido duplo na veia pulmonar. Essa válvula (que em Pádua chamavam de mitral, pois se assemelhava à mitra de um bispo) só comportava, por sinal, duas cúspides (e não três, como as outras válvulas) o que comprovava que ela era feita para vazar...

Todos concordavam. Eles assentiam quando lhes falavam de Galeno. Era algo seguro, sólido... Ao passo que Ibn al-Nafis, muitos sequer o conheciam antes de entrar na casa de Andrea.

Este último compreendeu então que não poderia convencer ninguém. Ele fez servir o chá e evitou o vinho resinoso para não chocar os zelosos servidores do Profeta. Falando em profeta, ninguém o é em sua própria terra, e Ibn al-Nafis confirmava o ditado. No entanto, apesar da opinião unânime de seus confrades, Andrea sentia que havia algo de profundamente exato e novo nas asserções do médico do Cairo. Já que os árabes pareciam não acreditar, seria preciso submeter o texto aos médicos de Pádua...

Mas atenção, com uma prudência infinita! O risco ainda era imenso. Não se estava mais no liberalismo do Império Árabe. Se fosse preciso criticar Galeno, entrava-se em conflito com o ensinamento da Santa Igreja... Era necessário agir com uma dose de sutileza, à veneziana, e escolher bem aqueles que podiam ser informados.

Na sua cabeça, Andrea resolveu chamá-los de "os eleitos". Mas quem poderiam ser agora? Havia tanto tempo que deixara Pádua... Enfim, ele esperava retornar em breve... Ainda alguns problemas a resolver por conta do Doge, negociar a libertação do cônsul junto ao sultão, preparar os europeus para uma reviravolta da aliança com delicadeza e calma. E, depois, seria preciso voltar a Veneza; a guerra eminente o forçaria.

Além disso, não esquecer de preparar Paolo para tudo aqui, em caso de...

Andrea voltou finalmente para Pádua em 1520 com um cargo de professor na faculdade. Estava acompanhado de seu sobrinho, Paolo. Mas, infelizmente, ele morreu no ano seguinte ao seu retorno, durante uma refeição fabulosa, deixando a Paolo o dever de publicar suas traduções. Paolo então se pôs ao trabalho. Ele se lembrava de todas as lições de Damasco, quando seu tio lhe falara de seus trabalhos, depois quando ajudara a classificar os preciosos documentos, época em que se encontrava na Nicósia, após a invasão otomana: tudo estava cuidadosamente conservado dentro de arcas lacradas. O primeiro texto que devia publicar era a tradução do *Cânone* de Avicena. Ele se deu ao trabalho de precisar com exatidão a originalidade e a qualidade da obra de seu tio, desde o título, o que a diferenciava de tudo que a precedera. Ele também teve que acrescentar o léxico das palavras árabes que Andrea elaborara e que apontava os erros de interpretação de Gerardo de Cremona.

Enquanto isso, Paolo foi obrigado a concluir o seguinte: seu tio tivera de fato contas a acertar com o clérigo de Toledo e não conseguia suportar a imprecisão médica de seu trabalho, ao passo que Gerardo se vangloriava de dominar perfeitamente todas as ciências de seu tempo. A prova lhe foi trazida quando Andrea traduziu o *Pequeno Compêndio* de Johannes Sérapion, grande sucesso em sua época graças ao seu aspecto prático e completo (*Serapionis medici Arabis celeberrimi Practica*), pois ele não pôde se impedir de assinalar todas as competências que o tornavam muito mais digno de confiança do que os tradutores que o tinham precedido. E deixara claro a partir do frontispício do livro que ele era ao mesmo tempo médico (de Belluno) e versado em ciências (*Bellunensis medicus & philosophus*), declarando sua perfeita competência como tradutor da língua árabe, permitindo que jorrasse enfim a luz, deixando subentendido, assim, que o pobre Gerardo os havia até então deixado no obscurantismo mais imundo... O que era de fato verdade, mas totalmente pretensioso. Convém dizer que Ibn Sarabiyun (Sérapion) era médico e cristão, vivera no século IX e transmitira de maneira bem exata uma grande quantidade de conhecimentos vinda de seus predecessores, os quais Gerardo interpretara de modo bastante questionável, o que irritava Andrea, visto que este respeitava, enquanto médico, a obra de Sérapion.

Então, Paolo empreendeu um esforço considerável para garantir toda a celebridade possível para o trabalho de seu tio, e, após ter se desentendido com Lucantonio Giunta, o tipógrafo mais famoso de Veneza, ele publicou o conjunto da obra entre 1527 e 1555, período em que a efervescência da Universidade de Pádua, associada à chegada de Vésale, encontrava-se em seu auge. Mas foi só em 1547 que ele publicou o famoso comentário que colocava outra vez em questão a circulação sanguínea...

Michel Servet foi o primeiro a publicar a descrição perfeita da "pequena circulação", em 1553, em Restituição do Cristianismo, *pouco antes de ser queimado por Calvino. A segunda edição do* Fabrica *de Vésale saiu em 1555 e Realdo Colombo publicou* De re anatomica *em 1559. É muito provável que todos os três tenham tido conhecimento das traduções de Alpago, mas nenhum deles o cita ou evoca os trabalhos de Ibn al-Nafis... Assim caminha a ciência... Por caminhos distorcidos.*

Foi preciso esperar que um estudante egípcio, Muyyedine Al Deen Al Tawi, descobrisse por sua vez, num puro acaso, ao redigir sua tese, o manuscrito de Ibn al-Nafis em 1924, em Berlim, para que se voltasse a se questionar a paternidade dessa descoberta fundamental.

Mas essa é outra história...

O fiofó do rei ou
o nascimento da cirurgia

O mundo acredita que o Rei Sol está morrendo pois sofre de um mal dos fundilhos • Os médicos, impotentes para curá-lo, são obrigados a dar lugar a Félix, o barbeiro profissional • Félix cura o rei graças a uma operação que ainda hoje é chamada de "a cirurgia real" e lhe pede como recompensa instituir a cirurgia como profissão.

Fevereiro de 1686

O rei da França caçava nos campos de Peq. Seguindo a matilha de bem perto, acabara se distanciando dos demais caçadores. Parou por um instante. Estava banhado de suor, embora o ar matinal de fevereiro estivesse glacial. Como de costume nessa estação, o Rio Sena estava completamente congelado. Luís sentia uma quentura na nádega, que o incomodava desde o início da cavalgada. Ele se massageou um pouco sob a calça. O resto da tropa de caçadores já o alcançava.

– Está tudo bem, Majestade? – perguntou o rastreador-mor.

Sem responder, o rei se empertigou nos dois estribos e, apontando o dedo na direção dos cães, avançou no cavalo, gritando:

– Vamos pegar aquela raposa!

Se havia uma paixão que Luís XIV colocava acima de todas as outras, era exatamente a caça. Verdade, os assuntos de Estado tinham prioridade sobre os lazeres e os relaxamentos. Verdade, entre os prazeres, as mulheres sempre ocuparam amplo espaço no passado, mas, agora, Madame de Maintenon tinha conseguido canalizar seus ardores... A caçada, portanto, era o que mais o atraía. As longas cavalgadas pelos bosques para capturar um cervo ou uma raposa. Não perder os cães de vista. Parar a fim de sentir o odor do húmus e ouvir os latidos da matilha. Encurralar o animal. O rei tinha a impressão de se reconciliar com seu passado profundo, com os caçadores conquistadores que tinham erguido seu império. Aqueles chefes ancestrais, maltrapilhos e estridentes, que haviam imposto sua vontade aos povos vencidos. A liberdade que os guiara. A sede de vencer que os conduzira das florestas da Germânia até as planícies de Île de France...

De volta à realidade cotidiana, o rei começava a se preocupar com a dor em seus fundilhos. No início, não parecia grave. Mas foi ficando cada vez mais intensa. Ele passara a mão sob a calça e apalpara um inchaço dolorido entre as nádegas.

Talvez a fricção contra a sela tivesse feito o assento se aquecer; as últimas caçadas tinham sido longas, e também houve a extenuante campanha de Flandres. Ele falaria sobre isso a Aquin e a Fagon. Eles sem dúvida lhe dariam purgantes para eliminar os humores maléficos de seu corpo. Já podia ouvi-los dizendo:

— Ora, Majestade, excesso de assados, galinhas de Brest, aves temperadas e muitos vinhos fortes, é preciso se conter para clarear o sangue!

Dizer isso era fácil para aqueles médicos. Principalmente Fagon. O homem era só pele e osso. Capenga e torto, não apreciava os repastos nem as mulheres; ele preferia a água de Châteldon aos vinhos da Borgonha... É fácil dar conselhos quando se é devoto![50]

Foi então Aquin, primeiro-médico da Corte, que examinou pela primeira vez o abcesso glúteo do rei. A visão de seu ânus lhe era familiar, pois o clister era uma de suas terapias favoritas. Ele preparava apaixonadamente a composição e sabia misturar as plantas capazes de raspar a parede do cólon. Era preciso purgar até sangrar, a fim de extirpar os humores mórbidos, que eram os mais perniciosos. Luís se deixava purgar sem se queixar demais. O que ele mais detestava era a sangria. Nesse ponto, quando Aquin exagerava, ele podia protestar!

O rei Luís foi então lavado e, entre duas lavagens, devidamente repreendido:

— Majestade, isso é consequência de sua natureza demasiadamente generosa. O senhor come de maneira abundante e, às vezes, rápido demais. — Na verdade, Aquin não ousava dizer ao rei o que ele de fato era, ou seja, um glutão! — Seu gosto pelas cavalgadas traumatiza sua região glútea... E somando os dois, o resultado é esse tumor e essa indisposição geral...

Nenhum médico chamou a atenção do rei para sua higiene corporal, embora essa fosse deplorável. Luís estava convencido, como muitos outros em sua época, de que se lavar não era bom para a saúde. Pois o amolecimento da pele com água favorecia incontestavelmente a penetração das doenças. Assim, ele nunca se lavava, somente um pouco d'água no rosto pela manhã. Isso gerava alguns inconvenientes. Entre eles, ele próprio sabia, de seu corpo emanava um cheiro forte, quase insuportável para o séquito, apesar dos perfumes que borrifava abundantemente sobre si. Ele então se habituara, assim que entrava num cômodo, a abrir amplamente as janelas, sob o pretexto de melhor respirar, e isso independentemente da temperatura exterior. Dessa forma, provocava murmúrios nas senhoras da Corte, que morriam de frio em sua presença, sem, contudo, ousar reclamar. Sua cama era o ninho de uma abundante colônia de pulgas, e os valetes da parte da manhã contemplavam os insetos pulando sobre os lençóis sem os remover, visto que o rei jamais se queixava. Quanto à Madame de Maintenon, embora reservadíssima nas questões corporais, ela confessava, alguns anos após a morte do rei, que seu amante real tinha um cheiro... francamente ruim.

Nos dias que se seguiram à caçada em Peq, o rei foi obrigado a ficar na cama.[51] E até mesmo a adiar um conselho ministerial. Algo bem incomum. A febre subira gradualmente, tipo uma febre terçã, segundo os médicos. Certa vez, no meio da noite, enquanto agonizava, o rei sentiu bruscamente uma dor aguda na altura de seu inchaço, seguida por um escorrimento quente que lhe banhou as nádegas. E então, uma sensação maravilhosa de relaxamento muscular, de sedação generalizada, e o desaparecimento daquela tensão insuportável que o impedia de dormir havia vários dias.

Ele estava curado.

No dia seguinte, Aquin pressionou um pouco o abcesso para extrair dele o derradeiro pus malcheiroso. Ele fez isso com repugnância, prendendo a respiração e reprimindo a náusea, sem avisar ao primeiro-cirurgião. De fato, achava mesmo que esse gesto era indigno e que no futuro, orifício real ou não, Félix bastaria para efetuar essas vis tarefas. Aquin, como todos os médicos de seu tempo, tinha feito estudos universitários (no seu caso, em Montpellier), falava latim, usava uma túnica longa e se considerava um sábio, pois conhecia perfeitamente – entre outros – Aristóteles e Galeno. Era com desprezo que ele via os cirurgiões ou barbeiros-cirurgiões, que considerava ignorantes, servindo apenas para realizar sangrias, quando os homens da arte, como ele próprio, estimavam necessário e quando, e só neste caso, estes dessem tal instrução.

Já no dia seguinte, o rei ressurgiu, elegante, jovial e vivaz como de costume, e todos pensaram que ele havia mais uma vez vencido a doença. Teve mesmo que ir até a plebe para efetuar os toques tradicionais que curavam as escrófulas (tuberculose linfática). Esse costume datava da época de Clóvis, que recebera de Deus, sem dúvida por causa de sua conversão, o dom de curar os escrofulosos. Eram de fato orifícios de escorrimento dos gânglios infectados do pescoço, testemunhos da cura da doença, mas objeto de repulsa por parte da vizinhança e que podiam cicatrizar mediante o toque das mãos do rei. Felizmente, não havendo infecções secundárias, essas escrófulas saravam espontaneamente, mesmo na ausência do toque das mãos reais.

Assim são as reputações!

Algumas semanas depois, porém, tudo pareceu se reproduzir identicamente com o surgimento de uma febre, quartã desta feita. E o rei voltou a ser acamado. Aquin, primeiro-médico do rei, se reuniu com seus confrades, e com Fagon em particular, que secretamente ambicionava seu posto, a fim de definirem a conduta adequada. Eles não concordavam sobre coisa alguma, exceto um ponto: o tratamento não devia ser cirúrgico!

É hora de explicar o que é de fato uma fístula anal.

O ânus, como todos sabemos, é a parte final do tubo digestivo, vindo após o cólon e o reto. Ele forma o canal anal, delimitado por dois esfíncteres. Um interior, outro exterior. Ambos são músculos que permitem reter as fezes ou, ao contrário, expeli-las. Hoje em dia, é fácil entender, mas era bem menos no século XVII.

Ora, existem pequenas glândulas próximas do ânus que podem se infectar. É nelas que se encontra a origem da fístula anal: a infecção de uma dessas glândulas anais formando um acúmulo de pus, ou seja, um abcesso entre os dois esfíncteres. Esse abcesso forma um inchaço bem avermelhado, pustuloso, muito doloroso, ardente, provocando por vezes a emissão de sangue nas fezes.

Esse pus vai se eliminar formando um duto entre o ânus e a pele ao redor, onde se abre, se drena e dá a impressão de sarar. Mas após essa drenagem, quando a pele da nádega volta a se fechar, o abcesso se reforma, até que possa se drenar novamente pela mesma via, e assim por diante.

Portanto, existe apenas uma solução, e ela é cirúrgica: é preciso abrir tudo, aplainar, ou seja, abrir extensamente o abcesso para a drenagem, e obrigar a cicatrização a se fazer pelo fundo da ferida fresca assim obtida. Podemos imaginar o quanto Luís XIV deve ter sido incomodado por essa enfermidade, ainda mais porque os tratamentos estavam longe da perfeição à época, como veremos em seguida...

Apesar de suas reticências, diante da reincidência da enfermidade e da impotência dos unguentos, os médicos tiveram que se decidir e chamar os cirurgiões do rei para uma consulta, pois o abcesso se tornava outra vez doloroso e a incisão se fazia necessária. Félix, primeiro-cirurgião do rei, foi intimado por Antoine d'Aquin a utilizar sua lanceta para abrir amplamente o abcesso e assim tratar a chaga em profundidade, a fim de permitir uma melhor drenagem. Félix teve que obedecer porque um cirurgião daquela época só podia agir segundo as orientações dadas pelos médicos diplomados da faculdade, dos quais ele dependia totalmente. Mas Félix, que era um homem experiente, sabia que esse tratamento se revelaria ineficaz.

Homem honesto e modesto, Charles-François Félix tinha sucedido a seu pai, o barbeiro-cirurgião que recolocara no lugar o "deslocamento integral do braço esquerdo" do rei (sem dúvida uma luxação anterointerna do ombro), causado por uma queda de cavalo alguns anos antes. Em vez de se comportar como "filho de patrão", ele fez longos estudos nos hospícios de Paris e no exército, depois se submeteu às provas de todos os aspirantes que se apresentavam diante dos mestres cirurgiões. Ainda que fosse o primeiro-cirurgião do rei, ele oferecia seus cuidados a todos e, com frequência, gratuitamente. No mundo fechado da corte, ele parecia ser bem popular e todos o escutavam.

No caso preciso da fístula do rei, ele sabia que não haveria salvação se não realizassem essa "grande operação" que permitia aplainar totalmente o trajeto fistuloso. No entanto, isso requereria um corte longo e profundo efetuado à lanceta até o orifício anal da fístula, seccionando o músculo esfíncter externo do ânus.

Os médicos do rei não viam as coisas da mesma forma. Eles preferiam, antes, lambuzar o orifício real com pomadas e unguentos, e prescrever curativos de estopa, acompanhados de sangrias.

Foi então assim que procederam.

As razões pelas quais os médicos não contemplavam o tratamento cirúrgico eram múltiplas. Era verdade que a "operação crucial", defendida por Félix, não tinha boa reputação e que poucos práticos tinham de fato alguma experiência. Mas o que os ofendia ainda mais teria sido reconhecer que uma afecção só pode ser curada graças aos cuidados de um operário: isso daria importância demais àqueles "pequenos lacaios" que eram os barbeiros-cirurgiões...[52] Assim sendo, era preciso tentar tudo para que o tratamento fosse medicinal. Fagon, que acreditava firmemente no efeito das águas termais, enviou quatro de seus pacientes que sofriam do mesmo mal para beber as águas sulfurosas de Barèges, enquanto outros bebiam durante três meses as águas salinas de Bourbonne. Para a grande desilusão dos médicos, a experiência não se revelou conclusiva. Aquin tentou então um novo unguento maravilhoso contra as fístulas inventado por um monge, unguento este que se mostrou igualmente ineficaz.

Durante esse tempo, Félix teve que realizar sete incisões sucessivas para drenar os abcessos que voltavam a se formar, sabendo que elas não bastariam. Um dia, na ausência de Antoine d'Aquin, quando o rei lhe perguntou quantas incisões ainda seriam necessárias para a cura, ele não se conteve e abriu seu coração:

— Majestade, nós só poderemos curá-lo se ousarmos proceder a uma operação "crucial".

Ele explicou ao rei e a Louvois, que assistia ao tratamento, do que consistia a operação. Louvois mostrou-se bem favorável a essa solução, ainda mais que começavam a se espalhar rumores em Paris e em todas as cortes da Europa. Para se ter uma ideia, algumas pessoas disseminavam boatos dizendo que o rei estava à beira da morte. Era, portanto, preciso agir rapidamente e de maneira eficaz. A política interferia no prognóstico médico... Luís voltou a interrogar Félix, que respondeu:

— Majestade, eu sei como proceder, mas falta-me a prática e eu deveria antes me exercitar.

— Os hospícios e meus quartéis estão de portas abertas para você, se é uma questão de prepará-lo para intervir – concluiu o rei.

Munido dessa autorização, Félix repetiu várias vezes a operação, pois não faltavam fistulosos, visto que higiene anal era mais do que sumária na época. Tendo confirmado sua eficácia, ele tomou a decisão, não sem apreensão, de se interessar de fato pelo traseiro real.

Foi na manhã de 18 de novembro de 1686, no Castelo de Fontainebleau, que a intervenção se realizou. Somente seis pessoas tinham sido avisadas: Louvois, Monsenhor Dauphin (que preferiu ir caçar), a marquesa de Maintenon, o padre La Chaise, confessor do rei, assim como, obviamente, seu cirurgião e seu médico. Quatro boticários foram também convocados, sua função sendo a de segurar o paciente, caso isso se revelasse necessário.

Após a missa, durante a qual o rei se pôs nas mãos de Deus, ele se dirigiu ao quarto e se ajoelhou, deixando seu traseiro exposto à janela, a fim de aproveitar toda a luminosidade daquele fim de outono. Depois, segurou a mão de Louvois, sentado ao seu lado.

Depois da instalação do dilatador anal, a primeira fase da operação, que não era a mais fácil, foi dedicada a encontrar o trajeto da fístula graças a uma sonda estriada. Félix, que foi auxiliado por Bassières, cirurgião parisiense de grande reputação, procedeu com imensa delicadeza, sem jamais usar a força. Ele conseguiu posicionar sua sonda desde o orifício glúteo, no centro da chaga já fechada após múltiplas incisões precedentes do abcesso, até o orifício anal. Depois, apanhou sua melhor lanceta, uma lanceta de prata fabricada para a ocasião, perfeitamente afiada.

Ele preveniu o rei:

– Majestade, vou efetuar a incisão.

– Vá em frente – respondeu Luís.

Félix efetuou uma incisão com um gesto seguro no trajeto fistuloso e aplainou as fendas de sua ferida perineal com um par de tesouras. Sem nenhuma anestesia, diga-se de passagem... Luís não se mexeu, contentando-se em apertar com mais força ainda a mão de Louvois, até cravar as unhas em sua pele. Louvois tampouco se mexeu! O rei desmentiu assim o marquês de Sourches, que lhe atribuíra uma reputação de frouxo, descrevendo-o como "incomodado por todas as coisas". A estopa foi usada para comprimir a chaga, que começou a sangrar em abundância. Após alguns minutos de compressão, as coisas voltaram à ordem e um curativo foi colocado sobre o local. Todos os gestos dos cirurgiões foram anotados por um secretário real, que se aplicou a assinalar o heroísmo do rei. Sem dúvida, ele sabia que em seguida seria lido, relido e comentado...

Uma hora após a operação, o rei submeteu-se a uma sangria, imperativamente prescrita por Aquin, que estimava corretamente que a hemorragia da operação não havia sido suficiente. Na mesma noite, Luís insistiu em participar do conselho de ministros, no qual, infelizmente, ele era o único a ter o privilégio de ficar sentado, privilégio que assumiu com valentia! No dia seguinte, recebeu embaixadores, embora uma forte dor se manifestasse, arrancando-lhe algumas caretas. Mas o prestígio do rei estava em jogo e ele devia se mostrar bem aos olhos do mundo.

Não é para qualquer um ser Rei Sol.

O curativo foi trocado diariamente pelo próprio Félix, com tecidos umedecidos em vinho da Borgonha, ao qual o primeiro-cirurgião atribuía virtudes excepcionais. Durante todo esse tempo, Luís foi obrigado a permanecer no quarto, enquanto todas as manhãs, à missa, a corte rezava por sua saúde. Alguns dias depois, todos ficaram sabendo: Luís suportara bem a intervenção. Louvois tratou de difundir a notícia, calando assim os boatos que se tornavam nefastos para os interesses do reino.

No Natal, todos o consideraram totalmente curado. No entanto, alguns pequenos retoques com o bisturi foram necessários para obter um resultado perfeito, pois, com pertinência, Félix não queria que a chaga se fechasse rápido demais. De tal modo que a consolidação só foi obtida em 1º de abril do ano de 1687, data na qual Madame de Maintenon fez com que fosse cantada em Saint-Cyr uma ode solene, intitulada "Deus salve o Rei", composta por Jean-Baptiste Lully em homenagem ao retorno à saúde de seu esposo que, ainda que fosse fruto de um casamento arranjado, não deixava de ser o objeto de todas suas orações. Jaime II, o rei britânico deposto e exilado no Castelo de Saint-Germain, assistiu de perto à cerimônia. Ele ficou tão emocionado pela beleza do ar entoado pelas donzelas de Saint-Cyr que pediu permissão ao seu primo para tomá-la emprestada. Assim, através de um singular atalho da história, a ária composta por um maestro italiano para celebrar a cura do rei da França se tornou... *God Save the King* – o hino do Reino Unido.

*

A operação de Félix teve uma repercussão considerável; a fístula anal se tornou uma "moda" na corte francesa, os cortesãos não tinham mais vergonha de suas doenças e exibiam, ao menos em palavras, sua enfermidade "real". Aqueles que tinham alguns pequenos corrimentos ou simples hemorroidas não tardavam a apresentar seu traseiro ao cirurgião para que este fizesse as incisões "à moda da realeza". Mais de trinta cortesãos bem importantes exigiram que Félix os operasse, e ficaram furiosos quando ele os assegurou que não havia a menor necessidade disso...

O rei não se mostrou ingrato a seu primeiro-cirurgião. Ele recebeu a soma considerável de 150 mil libras, à qual se acrescentaram outras doações, o que lhe valeu um bocado de ciumentos. O rei lhe conferiu igualmente as terras de Molineaux, em Tassy, o que o enobreceu de fato.

Na realidade, Luís XIV apreciava muito o caráter eficaz, modesto e reservado de seu cirurgião, por quem guardou para sempre imensa estima e a mais elevada confiança. Ele recorria com frequência a Félix de Tassy para saber sua opinião sobre diversas questões, nem sempre relacionadas à medicina, tendo constatado sua sensatez e simplicidade. Um dia, Félix tomou coragem e fez ao rei um pedido que lhe atormentava havia muito tempo:

– Majestade, é preciso intervir pelas pessoas de meu ofício. A confusão atingiu seu paroxismo, e ninguém entende mais coisa alguma. Existem mestres-cirurgiões, barbeiros-cirurgiões, barbeiros-peruqueiros-cirurgiões e, ao lado deles, os médicos que querem tudo regulamentar. Talvez esteja na hora de separar a barbearia da cirurgia e organizar um ensino específico da cirurgia, a exemplo do que fizeste decretar para Dionis no Jardim Real, com professores juramentados. Isso conferiria a seus alunos a autoridade e a responsabilidade de sua prática.[53]

Félix propunha ao rei uma verdadeira revolução. *Ele lhe propunha criar a profissão de cirurgião!*

O fato é que a confusão reinava desde a Idade Média, e o termo "barbeiro" referia-se a três profissões diferentes:

- O barbeiro propriamente dito, aquele que tinha o direito de abrir um comércio para barbear e que tinha por brasão bacias brancas com a seguinte inscrição: "Aqui fazem-se os pelos adequadamente e se oferecem banhos e estufas";
- O barbeiro-peruqueiro, que só exercia seu talento nas cabeças principescas e pertencia ao quadro de servos domésticos das famílias importantes. Com a moda das perucas, ele se tornava relevante à época de Luís XIV;
- E o barbeiro-cirurgião, responsável pelas pequenas cirurgias, que tinha como brasão bacias amarelas.

O antigo ofício de barbeiro-cirurgião datava de uma época em que a cirurgia tinha sido condenada pela Igreja. Em 1163, no Concílio de Tours, a Igreja decretou: *Ecclesia abhorret a sanguine* (A igreja abomina o sangue). Em 1215, o quarto Concílio de Latrão aumentava a pressão e simplesmente proibia os clérigos de exercer a cirurgia. Esta proibição da prática da cirurgia pelos médicos, que em sua maior parte eram membros do clero, abriu as portas àqueles que se propunham a realizar, apesar de tudo, os atos necessários a todos e a cada um. Por força das circunstâncias, coube aos barbeiros, com suas lâminas e navalhas, o terrível papel de fazer garbosamente incisões nos abcessos, praticar sangrias (com frequência usando o mesmo instrumento!), reduzir as luxações e fazer cauterizações. Quanto aos arrancadores de dentes, estes frequentavam as feiras e as festividades, onde exerciam seus talentos...

Esses barbeiros-cirurgiões, como não dependiam da universidade (e por conta disso!), foram pejorativamente considerados como trabalhadores braçais ignorantes (o que em geral era verdade) e assim foram repelidos pelos médicos formados pelas faculdades de medicina. A cirurgia e a odontologia se viram assim relegadas a uma categoria inferior durante vários anos.

No entanto, ocorreu uma verdadeira individualização do ofício de cirurgião, graças a um certo Jean Pitard, que fora barbeiro-cirurgião de Saint-Louis, depois de Filipe, o Audaz, e, finalmente, de Filipe, o Belo (fazer a barba do rei supõe confiança e intimidade!). A fim de pôr um pouco de ordem, ele teve a ideia de reunir os cirurgiões parisienses numa corporação. Em 1268, Luís IX cria, a seu pedido, a Confraria de São Cosme e São Damião (padroeiros dos cirurgiões), que definia e organizava a profissão pela primeira vez.

Uma pequena igreja foi construída na esquina da Rua da Harpe e a Rua de Cordeliers (esquina atual do boulevard Saint-Michel e a Rua da École-de-Médecine). Os cirurgiões que ali se reuniam trajavam uma túnica longa e, na primeira segunda-feira de cada mês, davam consultas gratuitamente, às quais os aprendizes de cirurgião deviam assistir. Sobre essa base nasceu o Colégio de Cirurgia, batizado "Confraria de São Cosme". Os primeiros estatutos dessa confraria foram publicados em 1379. Sob a direção de seis cirurgiões-jurados, eram impostos exames a todos os barbeiros desejosos de praticar a *"cyrurgie"*.[54]

Este poderia ter sido o início de uma confraria saudável. Infelizmente, nos séculos que se seguiram, essa confusão só aumentou. E de decretos a editais, de editais a ordens judiciais, o ofício de barbeiro-cirurgião abrangeu de fato inúmeras competências diferentes, desde o simples barbeiro cabeleireiro até o verdadeiro charlatão, passando pelo mestre cirurgião da Confraria.

De tal forma que, no começo do século XVII, a desordem voltara a imperar, e os cirurgiões ficaram separados em dois grupos que se invejavam selvagemente:

- Os cirurgiões-barbeiros de túnica curta, cuja prática cirúrgica limitava-se a tratar de cravos, inchaços e carbúnculos. Eles deviam também raspar e cortar os cabelos, além de abrir abcessos, aplicar ventosas e, sobretudo, fazer sangrias. Em geral, eles tinham uma botica na cidade. Alguns, porém, eram "ambulantes". Personagens pitorescos, espalhafatosos, eles transmitiam de pai para filho, ou de mestre para aprendiz, o segredo de uma operação que realizavam às pressas de povoado em povoado. Esses só faziam "a hérnia" ou "a catarata", e praticavam de modo ilegal e oficioso, ainda que tolerado;
- Os mestres cirurgiões, que tinham direito de trajar a mesma batina longa e preta dos médicos (algo que os médicos não apreciavam nem um pouco!); eles eram chamados de túnica longa, reuniam-se com frequência em confrarias como a de São Cosme e praticavam as únicas operações possíveis à época.

Evidentemente, não falavam latim, não tinham estudado na faculdade e continuavam sendo desprezados pelos médicos. Alguns entre eles, pretensiosos, envolviam-se mais em combates oratórios com os médicos ou em vã dialética entre si, em vez de se dedicar a uma prática sã.

A subordinação aos médicos seguia sendo a regra, e para todos ela representava um peso insuportável. Assim, desde sempre, os cirurgiões de Paris iam todos juntos à faculdade de medicina um dia após a festa de São Lucas. Eram obrigados a pagar para todo o colégio um escudo de ouro em imposto, conforme os antigos contratos lavrados entre a faculdade e os barbeiros. O primeiro cirurgião do rei fazia, nesta condição, juramento sob as mãos do primeiro médico do rei...

Horrível submissão! A guerra prosseguiu...

E a decisão do Parlamento de Paris em 7 de fevereiro de 1660 tinha sido catastrófica para os cirurgiões. Bem orquestrada por Guy Patin, reitor dos médicos de Paris, ela rejeitava os cirurgiões de São Cosme, que tinham dado queixa contra os médicos. E impunha que os barbeiros-cirurgiões de túnica curta e os cirurgiões de túnica longa fossem reunidos em uma única corporação. Ela os proibia de se tornarem bacharéis, licenciados e ainda menos doutores. Na verdade, ela os condenava a abrir uma botica na rua e cuidar dos pelos de barba.

A desonra se abatia sobre a profissão.

Considerando que a questão havia ido longe demais, Luís XIV reagiu alguns anos mais tarde (1668), fundindo, a pedido de Félix, as funções do primeiro camareiro e barbeiro do rei às do primeiro-cirurgião. Esse título restituía ao menos uma autoridade dentro do ofício, uma vez que ele se tornava "chefe e guarda dos códigos, estatutos e privilégios da cirurgia e da barbearia do reino". Tinha direito de inspecionar todos os cirurgiões, parteiras e outros, exercendo qualquer parte que fosse da cirurgia e da barbearia. Cargo importante, certamente!

Mas isso não chegava a satisfazer completamente Félix, que nutria outras ambições para aqueles de seu ofício...

Em seguida, uma declaração de 19 de junho de 1670 ordenara que o primeiro-cirurgião fizesse juramento não mais à faculdade de medicina, mas diretamente ao rei, e que ele recebesse estes e outros cirurgiões ordinários e da vizinhança, assim como outros cirurgiões da família real e dos príncipes de sangue.

Também nessa ocasião, Félix marcara pontos importantes. Mas os protestos seguiam animados entre os médicos e em suas próprias tropas, que não viam com bons olhos a ideia de se separar da barbearia, que, por mais secundária que fosse, era ainda assim uma fonte de rendimentos consideráveis... Entretanto, Félix estava determinado e aproveitaria a atenção do rei para alcançar seu objetivo: criar um verdadeiro ofício de cirurgião!

Luís decidiu refletir por algum tempo e, finalmente, aceitou a proposta de Félix. Tendo inquirido sobre as oposições e os interesses em jogo, ele preferiu não erguer sobre um pedestal o ofício de cirurgião, o que teria magoado a faculdade. Escolheu então a opção bem política de criar uma profissão específica de barbeiros, que se tornava uma posição cobiçada, por conta do interesse financeiro dessa prática, proibindo os cirurgiões de cortar cabelos.

Assim, ele parecia valorizar a barbearia em detrimento da cirurgia...

Através de um édito publicado no mês de novembro de 1691, ele criou então o ofício de mestres "barbeiros-banhistas-estufadores-peruqueiros" em todas as cidades de cortes superiores ou de bailiado; ele proibiu ao mesmo tempo os "mestres cirurgiões-barbeiros, seus jovens aprendizes, assim como os filhos das viúvas de mestres falecidos, de se intrometerem em qualquer negócio de cabelos, e de fazer ou vender perucas, e aos barbeiros-banhistas-estufadores-peruqueiros de realizar qualquer ato de cirurgia; e a fim de manter cada uma dessas corporações dentro de suas funções...".

Evidentemente, os médicos, por sua vez, não foram tolos e não viram favoravelmente essas evoluções que, de fato, consagravam os cirurgiões às coisas da medicina. Eles tentaram então criar obstáculos a essas novas disposições, como se a arte de curar só pudesse ser conhecida por eles. De tal forma que essa decisão resultou numa reação adversa dos barbeiros e da faculdade de medicina ao mesmo tempo!

Félix cumprira sua missão. Graças ao fiofó do rei, pôde impor a profissão de cirurgião; ele preferiu então se retirar para suas novas terras e abandonar suas funções. Diziam que, traumatizado por todas essas emoções, não era mais capaz de segurar um bisturi sem tremer...

Para substituí-lo, ele escolheu Mareschal, o cirurgião da Charité, famoso litotomista (cirurgião que extrai cálculos), que ele considerava o melhor em Paris, e o rei aceitou a indicação, tamanha era sua confiança em Félix de Tassy.

Félix morreu em 1703, em consequência de uma desastrada intervenção uretral, que ocorreu quando ele quis efetuar em si mesmo uma sonda para retenção de urina – confirmando o fato de ele ser imprudente quando se tratava de cuidar de si mesmo.

O rei, por sua vez, morreu em 1715 de uma arterite dos membros inferiores que provocara uma gangrena. Mareschal aconselhara a amputação, mas os médicos se opuseram.

Mareschal sempre apoiara as posições de Félix. Era preciso ir mais longe ainda. Foi La Peyronie que lhe inspirou a ideia de criar postos de professores e de demonstradores em cirurgia, e em seguida agrupar seus principais membros numa Academia de Cirurgia.[55]

Em 18 de dezembro de 1731, realizou-se a sessão inaugural da Academia Real de Cirurgia. A publicação do primeiro livro de memórias da Academia ocorreu em 1741. Ele encerra destacando a utilidade das opiniões de La Peyronie, que se tornara o primeiro presidente da Sociedade. Por meio de uma declaração de 23 de abril de 1743, a estrutura jurídica em exercício da profissão de cirurgião foi homologada. Ela a distinguia claramente daquela do barbeiro. O grau de mestre das artes passava a ser exigido para o exercício da profissão e o rigor dos exames para a obtenção do mestrado aumentava.

Desde então, inúmeros cirurgiões de nações vizinhas tiveram a honra de se tornar membros da Academia. Em 1750, os aspirantes foram obrigados a fazer, durante três anos, um ciclo completo de estudos sobre todas as partes da cirurgia.

Na ordem social, o ofício de cirurgião tornava-se assim hierarquicamente igual ao de um médico.

O combate da circulação sanguínea

Encontramos o grande Molière, à beira da morte, tomando partido de um médico inglês no debate sobre a circulação sanguínea • Imaginamos Harvey, estudante em Pádua, se apaixonando pelos discursos de um tal de Galileu Galilei e revolucionando os conhecimentos médicos • Vemos o Rei Sol tomando partido no debate científico para impor sua opinião aos médicos.

Paris, 1672.

Tentando conter os acessos de tosse que lhe sacudiam todo o corpo, Molière tinha deixado cair sua pena de ganso, produzindo uma terrível mancha sobre a folha... justamente quando o senhor Diafoirus expunha aos olhos de Argan todas as qualidades e virtudes de seu filho simplório:

Senhor Diafoirus: Ele está seriamente envolvido na disputa, firme como um turco sobre seus princípios; não abandona jamais sua convicção, e persegue um raciocínio até os derradeiros desvãos da lógica. Mas, sobretudo, o que me agrada nele, e no que ele segue meu exemplo, é que ele adere cegamente às opiniões dos Antigos, e nunca desejou compreender ou escutar as razões e as experiências de pretensas descobertas do nosso século relacionadas à circulação sanguínea, assim como outras opiniões do mesmo tipo.

Molière estava satisfeito por enfiar na boca de um imbecil a grande polêmica que agitava todas as mulas enchapeladas que ele detestava e cuja ignorância verborrágica desprezava. E continuou:

Thomas Diafoirus: (Ele retira da bolsa um rolo de pergaminho com sua grande tese e o entrega a Angélica.) Contra os circuladores radicais, eu defendo uma tese que, com a permissão do senhor, ouso apresentar à senhorita, como uma homenagem que lhe devo do fundo da alma.

Angélica: Senhor, isso para mim é totalmente inútil, não entendo nada desse assunto.
Toinette: Dê-me então, pode sempre convir pela imagem, que servirá a decorar nossos aposentos.
Thomas Diafoirus: Também com a permissão do senhor, eu os convido a vir assistir num dia desses à dissecação de uma mulher, cujo exame preciso efetuar.

Tinha se tornado moda reunir-se em volta das mesas de dissecação. Espetáculo apreciado pelas damas elegantes e preciosas, que, se abanando e agitando os lencinhos perfumados, tentavam afastar os odores da putrefação...

Toinette: Será uma agradável diversão. Há aqueles que oferecem comédia às suas amantes, mas oferecer uma dissecação, ah, isso é muito mais galante.

Que desastrado! A tinta escorria pela parte inferior da folha...
Molière se levantou e deu alguns passos em seu quarto a fim de se acalmar, o lenço manchado de sangue apertado contra a boca. Podia sentir um chiado no fundo da garganta. Já fazia algum tempo que voltara a sofrer essas breves hemoptises.[56] Como fizera Harpagon dizer: "Não tenho grandes incômodos, graças a Deus: apenas essa congestão ativa que me ataca de vez em quando". Mas essa congestão o incomodava cada vez mais. Seguindo os conselhos de seu amigo, o doutor Mauvillain, já falecido então, ele se impusera um regime lácteo. Aparentemente eficaz... Aliás, quando o interrompia, sentia um recrudescimento inevitável de sua tosse.

Os médicos podiam muito bem discursar à sua frente, ele conhecia suficientemente o grego para entender suas malditas bobagens e o latim para decodificar suas palavras. Estava consciente de que sua saúde se deteriorava, e seus amigos, mesmo os mais próximos (que conheciam bem sua aversão a Hipócrates), insistiam para que fosse se consultar. Ora, o que iriam lhe propor esses pretensiosos de chapéus bicudos, senão sangrias e purgações?

Só Deus sabe o quanto ele os tinha esfolado em suas peças... Molière sorria só de lembrar delas. Não havia, por assim dizer, nenhuma em que não tivesse feito ao menos alusão a eles. Ele podia citá-la: *O amor médico, O médico voador, Médico à força* (a melhor, na sua opinião), *O senhor de Pourceaugnac*... E tome farsas... Mas mesmo em *Don Juan*, Sganarelle não podia se impedir de lembrar que os trajes bastavam para adquirir a ciência dos médicos. E até em *O Misantropo*, que fora antes intitulado o "melancólico apaixonado"... Estava na hora, com esta nova peça, de dar o golpe de misericórdia. Esta se chamaria *O doente imaginário*...

O prólogo já daria o tom:

Sua sabedoria não passa de quimera
Vãos doutores do chinfrim
Como curar em latim
Esta dor que me desespera?

Sangria e purgações, os dois únicos tratamentos que esses médicos medíocres e ignorantes conheciam.

Corriam rumores em Paris de que o médico pessoal de Luís XIV conseguira fazer quinze lavagens intestinais no rei num só dia.[57]

O rei precisava ter fundilhos bem sólidos!

Seria preciso utilizar isso na peça, para o final. Poderia fazer com que fosse cantado em latim vulgar por um bando de doutores-aprendizes em traje de gala, agitando nas mãos os clisteres, a fim de entronizar o doente imaginário no patamar de médico imaginário... Algo assim:

Os estudantes:
Clysterium donare, [Aplicar um clister,]
Postea seignare, [Depois sangrar,]
Ensuitta purgare. [E então limpar.]

O coro:
Bene, bene, bene, bene respondere: [Boa, boa, boa, boa resposta.]
Dignus, dignus est entrare [Digno, digno é de entrar]
In nostro docto corpore. [Para nossa douta corporação.]

Molière ria sozinho, esquecendo suas inquietações no instante precedente. Ele ia bater com força nos médicos que odiava, esses ignorantes,

O combate da circulação sanguínea | 113

esses pedantes e pretensiosos que só sabiam recitar seu Galeno, que consideravam como evangelho havia séculos!

Tinha bastado que um só entre eles, mais aberto ou mais inteligente, emitisse uma nova teoria para explicar como o sangue circulava no corpo para que esses Diafoirus tentassem amarrá-lo ao pelourinho. Ele não deixaria Boileau sozinho nesse combate. Daria também sua contribuição!

No fundo, Molière não compreendia muita coisa dessa história de circulação sanguínea. Afinal de contas, que o sangue possa circular sem cessar graças ao coração e não ao fígado, que existam uma pequena e uma grande circulação, que as artérias contenham sangue e não ar, que o sangue não circule nos dois sentidos dentro das veias, mas em continuidade nas artérias e depois nas veias, que não seja renovado permanentemente, mas represente, ao contrário, um volume constante em movimento perpétuo... Por que não? Algumas dessas afirmações pareciam extraídas dos limites da sensatez, e esse inglês, esse tal de Harvey, tinha um raciocínio bem original...

De qualquer maneira, Molière ficara espontaneamente convencido por duas razões incontornáveis: ele se opunha às teorias de Galeno, que considerava responsável por um bocado de estupidez recitada pelos médicos de seu tempo como se fossem papagaios, e, segunda razão, de fato decorrente da primeira, ele provocara uma reação de violência inédita na faculdade de medicina de Paris e a ira desmedida de um Riolan ou de um Guy Patin, dos quais Molière sempre zombara.

Para falar a verdade, desde a publicação, em 1628, de seu livro, no qual relatava a circulação sanguínea, Harvey tinha sofrido múltiplos ataques; as correspondências lhe chegavam de ambas as margens do Canal da Mancha. O mundo inteiro, começando pelos franceses, o agrediu; o fato de ser inglês e protestante colaborou para isso. Mas, sobretudo, ele batia de frente contra as teorias galenistas unanimemente defendidas pelas faculdades de medicina da Europa e pela Igreja Católica, reunindo assim uma grande quantidade de adversários potenciais... Seus colegas foram os primeiros a vomitar seu ódio.

Guy Patin, reitor da Faculdade de Paris: "A circulação sanguínea, seu trânsito circular pelos vasos, isso é a infantilidade de um espírito ocioso, uma verdadeira miragem que inflama os Íxions para procriar os Centauros e os monstros...".

Primeros, na Inglaterra: "Você observou, Harvey, uma espécie de coração pulsátil dentro das lesmas, das moscas, das abelhas e mesmo dos camarões. Nós o felicitamos pelo seu zelo: que Deus te conserve esse olhar tão perspicaz. Mas por que você diz que Aristóteles refutou a existência de um coração nos pequenos animais? Terá desejado dizer com isso que você sabe o que Aristóteles ignorava? Aristóteles observou tudo e ninguém deve ousar sucedê-lo".

Parisanus, na Itália: "Que assim seja! Amarre o braço de um infeliz, submeta-o a uma tortura para agradar a Harvey, e veja o que acontecerá. Esse inocente, submetido a tal suplício, sentirá dores cruciais nos braços e será praticamente morto sem poder descrever o que sente".

Todos os prisioneiros de seus estudos e da tradição, do sistema imposto pelos gregos, concordavam e afirmavam: "Prefiro me enganar com Galeno que seguir, na sua circulação, um charlatão como Harvey". Mesmo Riolan, o mais famoso anatomista da época, não pôde se impedir de se opor a Harvey. No entanto, ambos tinham se encontrado em Londres, conversado bastante sobre a medicina, e conheciam seus respectivos valores. Mas, galenista até o fundo de sua alma, Riolan, imbuído de seu novo título de médico pessoal da rainha da França, Maria de Médici, não pôde conter um tom paternalista ao se dirigir a Harvey:

"Louvo sua descoberta da circulação, mas, com sua indulgência, direi que o que propõe contém inúmeras asneiras e inúmeros erros".

Mais tarde, inflamado pelas suas ideias e pela acuidade da disputa epistolar, ele endurecerá ainda mais seu ataque:

"A circulação é paradoxal, inútil à medicina, falsa, impossível, ininteligível, absurda e nociva à vida do homem."

Guy Patin, sempre tão afável, também batia mais forte:

"A Bíblia não mencionando a circulação do sangue, é difícil admiti-la. Se o sangue circulasse, a sangria seria ruim: ora, a sangria é o melhor remédio que existe. Portanto, essa ideia de circulação sanguínea é absurda!"

Quanto a Descartes, ele foi um dos raros a aceitar de imediato o conceito de circulação sanguínea. Isso estava de acordo com suas teorias! Mas ele também se opôs a Harvey, pois pensava que "o princípio da vida" estava associado ao calor produzido pelos movimentos do coração e que a dilatação do sangue sob efeito desse calor era responsável pelo aspecto do coração em diástole.[58] Neste ponto ele se mantinha fiel aos Antigos e defendia que o "princípio" era preeminente sobre as experiências narradas por Harvey e que estas não tinham justificativas a menos que servissem a demonstrar seus fundamentos... Nem sempre cartesiano, esse Descartes!

Em todo esse combate, William Harvey deu provas de prudência e de uma fleuma bem britânicas, como se essas críticas não o atingissem. Sem desprezo, porém, ele respondia gentil e cientificamente, dando toda atenção à menor observação de seus colegas, ainda que esta fosse estúpida ou de má-fé. Ele resolvera se defender de modo bem universitário e publicou as *Cartas a Riolan*, dissertações sobre a circulação, nas quais ele retomava passo a passo as críticas que lhe tinham sido feitas.

Ora, de um conflito entre especialistas, o debate progressivamente se expandia com o passar dos anos. Os salões, formadores de opinião, tinham se apoderado dele. Os cancioneiros e depois os poetas tinham tomado partido. Mesmo os grandes nomes, como Boileau, La Bruyère ou La Fontaine haviam afiado suas penas mais cáusticas.

Em seu *decreto burlesco*, proferido na *grande sala do Parnasso a favor dos mestres em arte, médicos e professores de Universidade de Stagire, no país de Quimeras, pela manutenção da doutrina de Aristóteles*, Boileau escrevia: "A corte proíbe o sangue de vagabundear, vadiar e circular através do corpo, sob pena de ser inteiramente entregue e abandonado à faculdade de medicina. Proíbe a razão e seus adeptos de, doravante, vir a se meter no ato de curar".

Foi bem formulado, mas isso só afetava os intelectuais e os pretensiosos (ridículos ou não) dos salões parisienses! Era preciso bater ainda mais forte. Molière sabia que era ouvido, que era popular; que, se declamasse do alto das pranchas de seu teatro da Rua Richelieu, seria ouvido por todos, dos subúrbios até a corte!

Depois dos Diafoirus da vida, ele pisaria nos calos dos boticários, esses cúmplices interesseiros dos médicos. Seu farmacêutico se chamaria Purgão. Um programa completo: um Purgão purgando, magoado e rancoroso, pois não tinham obedecido a sua receita. Molière acabara de imaginar a situação:

Senhor Purgão: Acabo de ser informado sobre as boas notícias. Que zombam aqui de minhas receitas, e que se recusam a tomar o remédio que prescrevi.

Argan: Senhor, não fui...

Senhor Purgão: Que audácia! Uma estranha rebelião de um doente contra seu médico.

Toinette: Isso é terrível.

Senhor Purgão: Um clister que tive o prazer de compor pessoalmente.

Argan: Não fui eu...

Senhor Purgão: Inventado e fabricado dentro de todas as regras da arte.

Toinette: Ele está errado.

Senhor Purgão: E que deveria fazer maravilhas dentro das entranhas.

Argan: Meu irmão?

Senhor Purgão: Dispensá-lo com desprezo!

Argan: Foi ele...

Senhor Purgão: É uma atitude exorbitante.

Toinette: Isso é verdade.

Senhor Purgão: Um enorme atentado contra a medicina.

Argan: Ele é a causa...

Senhor Purgão: Um crime de lesa-faculdade, cuja punição nunca será suficiente.

Toinette: O senhor tem razão.

Senhor Purgão: Eu declaro que interrompo meu comércio com vocês.

Argan: É meu irmão...

Senhor Purgão: E que, para encerrar toda associação entre nós, aqui está a doação que eu fazia a meu sobrinho a favor do casamento.

Argan: Foi meu irmão que fez todo o mal.

Senhor Purgão: Menosprezar meu clister?

Argan: Faça que o tragam aqui, vou tomá-lo.

Senhor Purgão: Eu o teria salvado antes.

Toinette: Ele não merece.

Senhor Purgão: Eu ia limpar seu corpo, e evacuar inteiramente os maus humores.

Argan: Ah, meu irmão!

Senhor Purgão: Teriam me bastado uma dúzia de aplicações para esvaziar o fundo do saco.

Toinette: Ele é indigno de seu cuidado.

Senhor Purgão: Mas, visto que não quis ser curado pelas minhas mãos...

Argan: Não é minha culpa.

Senhor Purgão: Visto que infringiu a obediência que se deve a seu médico...
Toinette: Isso clama por vingança.
Senhor Purgão: Visto que se declarou rebelde aos remédios que prescrevi...
Argan: Não, nem um pouco.
Senhor Purgão: Devo lhe dizer que o abandono à sua má constituição, à intempérie de suas entranhas, à corrupção de seu sangue, à acidez de sua bile e à liquidez de seus humores.
Toinette: É bem feito.
Argan: Meu Deus!
Senhor Purgão: E quero que, antes de quatro dias, você se encontre num estado incurável.
Argan: Ah! Misericórdia.
Senhor Purgão: Que caia na bradipepsia.
Argan: Senhor Purgão.
Senhor Purgão: Da bradipepsia à dispepsia.
Argan: Senhor Purgão.
Senhor Purgão: Da dispepsia à apepsia.
Argan: Senhor Purgão.
Senhor Purgão: Da apepsia à lienteria.
Argan: Senhor Purgão.
Senhor Purgão: Da lienteria à disenteria.
Argan: Senhor Purgão.
Senhor Purgão: Da disenteria à hidropisia.
Argan: Senhor Purgão.
Senhor Purgão: E da hidropisia à privação da vida, aonde o terá conduzido sua loucura.

Molière, satisfeito com o ritmo da cena, sai de sua mesa de trabalho e senta-se na poltrona, fechando as abas de seu roupão para se proteger do frio do crepúsculo que já se instalava. Sua tosse se acalmara e ele se sentia ao mesmo tempo esgotado e eufórico. Não tinha acendido as velas e se deixou levar pelo delírio, contemplando os restos de lenha que se consumiam na lareira. Precisava concluir essa peça rapidamente. Tinha previsto estreá-la em fevereiro. O tempo de copiá-la, distribuí-la à trupe, decorá-la, acertar a encenação... Guardara para si o papel de Argan.

Exaustivo! Mas lhe caía bem.

Teria a força?

No fundo, Argan era seu contrário. Um doente imaginário que tinha medo da doença e que não queria aborrecer os médicos. Mas ele, Molière, estava realmente doente e se lançava de peito aberto no combate contra os enchapelados de túnicas longas. Na verdade, ele sabia muito bem que tudo isso era bem mais complexo e que ele era também um pouco seu personagem... Como na ocasião em que zombava de Arnolphe, aquele que queria se casar com Agnés, sua jovem pupila, quando ele mesmo tinha desposado Armande, a filha de sua amante, vinte anos mais jovem. Complexidade das relações entre os sentimentos e a razão!

Ainda deixando seus pensamentos à deriva, Molière procurava agora imaginar aquele que era o objeto de todas suas paixões, esse Harvey. Afinal, quem era ele?

Agora, fazia quinze anos que estava morto. Talvez fosse um grande médico? Talvez tivesse sido capaz de curá-lo?

Pádua, 1598.

William Harvey seguia apressado pelas ruelas sombrias do centro de Pádua, pois a noite caíra. A mão apertando um punhal curto, pronto a reagir à primeira ameaça. Ele ia para um albergue, o "Albergo", onde encontraria o pequeno grupo de amigos que frequentava quase todas as noites. Tempos maravilhosos na companhia de seus camaradas, sempre dispostos a rir e a refazer o mundo sacando as rolhas das garrafas.

Entre esses amigos e colegas, vindos para se divertir e esvaziar os copos, havia um que se destacava do bando como um ser excepcional. Um mestre, um verdadeiro mestre, cujas palavras Harvey sorvia: um jovem professor de mecânica na universidade que se chamava Galileu Galilei. Harvey estava fascinado pelo que ele dizia no pequeno círculo do Albergo. De fato, durante o dia, na universidade, ele ensinava o mundo segundo Ptolomeu, a Terra era plana e o Sol se deslocava ao seu redor... Mas à noite, no Albergo, tudo mudava, tudo ganhava outra dinâmica. Ele falava de um cônego polonês, Nicolau Copérnico, que vivera cinquenta anos antes e que descrevera um mundo revolucionário, onde o Sol tornara-se o centro do Universo. Ele dizia aos mais jovens à mesa, ao seu lado:

– Reflitam diferentemente. Nós nos enganamos com frequência porque observamos na direção errada. Pensem em Copérnico...

Harvey estava razoavelmente persuadido disso, ele que já achava que seu mestre Fabricius – que, no entanto, muito respeitava – se enganava totalmente quando interpretava o que via, os olhos embaçados por Galeno.

– Experimentem vocês mesmos – repetia Galileu. – Frequentemente, é bem simples. Eu utilizei a torre de Pisa para calcular a aceleração da gravidade e a cúpula da catedral de Florença para meu pêndulo...

Mais uma vez, Harvey via muito bem que algumas experiências com o ser vivo permitiriam facilmente verificar que Galeno tinha se enganado sobre certos pontos que diziam respeito ao papel do coração e aos movimentos do sangue! Mas ainda era preciso imaginá-los!

Todas essas conversas, digressões, elucubrações se faziam em latim. Pádua, nesse final do século XVI, época durante a qual Harvey fora estudante de medicina sob a direção do grande Fabricius, se impunha como a capital do mundo intelectual de seu tempo. Iluminada pelo brilho de Veneza, tão próxima e da qual dependia, a cidade vibrava em todas as línguas e em todos os sotaques da Europa, ainda que o ensino fosse transmitido em latim. Os professores eram famosos, as verdadeiras celebridades da época: Vésale, Colombo, Fallope tinham lecionado ali. Para Fabricius Acquapendente, orientador de William, tinham acabado de construir um magnífico anfiteatro de anatomia. Um fato essencial, a Inquisição tinha somente um papel secundário na Universidade de Pádua, graças ao liberalismo da todo-poderosa República de Veneza, o que permitia a pesquisadores como Galileu trabalharem e ensinarem em paz. Entre os 12 mil habitantes da cidade, um quarto era composto por estudantes. Em cada universidade, os alunos se agrupavam por nacionalidade e elegiam um representante, o "conselheiro", que participava da direção de ensino ao lado do reitor. Fazia três anos consecutivos que Harvey, considerado o mais brilhante de sua geração, era eleito. A vida de universitário, porém, nem sempre era fácil. Ela se assemelhava àquela dos monges, sobretudo para os mais pobres entre eles. Não era o caso de Harvey, cujo pai, *yeoman*[59] abastado e prefeito de sua aldeia, patrocinou o máximo possível os estudos de seus filhos.

Fabricius Acquapendente era aluno de Gabriel Fallope, morto à flor da idade, ele mesmo aluno querido de Vésale. Ele trabalhava sobre o que viria a ser a anatomia comparada e dissecava todos os tipos de animais. Procurava descobrir as relações, as semelhanças e as diferenças dos órgãos e da fisiologia das múltiplas espécies. Recentemente, acabara de descobrir no homem a existência e a função das válvulas venosas. Na verdade, as veias do corpo humano são equipadas com pequenas válvulas em todo o seu trajeto, o que impede o refluxo e favorece o retorno do sangue para o coração. Agora, sabemos que seu bom funcionamento nas veias dos membros inferiores impede, por exemplo, a formação de varizes.

Mas Fabricius vivia em seu tempo e acreditava profundamente nas doutrinas de Galeno. Não tinha sequer a escolha intelectual de refutá-la ou a ela se opor. A Igreja e seu braço secular, a Inquisição, mantinham-se vigilantes para que esse ensino fosse respeitado e repetido.[60] A mesma Igreja tinha, por sinal, garantido também que nada pudesse ser verificado, proibindo a maior parte das dissecações de cadáveres. Ele acreditava então que as veias levavam o sangue para a periferia, ao passo que as artérias ou a aorta[61] continham apenas ar...

Então, como ele poderia interpretar o que acabara de constatar, essas válvulas venosas que se opunham a um fluxo centrípeto?

"Penso", escreveu ele após ponderada reflexão, "que a natureza as criou para atrasar até um certo ponto o curso do sangue, para impedi-lo de escorrer caudalosamente ou em sua totalidade, semelhante a um rio, seja para as mãos, seja na direção dos pés...".

Fabuloso! Fabricius era considerado um dos homens mais inteligentes de seu tempo e sem dúvida, em certa medida, ele o era.

William retomou a experiência várias vezes com pacientes ou colegas. Precisava somente colocar um torniquete à base do braço, fazendo-o apertar um bastão. Ele constatou que a veias se inflavam da periferia para o centro do corpo, como se o sangue se dirigisse para o coração e não na direção dos dedos. Quando se soltava o torniquete, as veias se esvaziavam brutalmente. Não era possível ver como essas válvulas teriam sido posicionadas a fim de limitar a circulação de um fluxo inverso. Não, era preciso aceitar as evidências, as veias funcionavam no sentido contrário ao que descrevera Galeno, e as válvulas de Fabricius estavam corretamente orientadas para impedir o refluxo!

William nada revelou a seu chefe sobre todas essas observações e reflexões. Manteve com ele uma das melhores relações do mundo, e muito tempo após seu retorno à Inglaterra, com o diploma de médico no bolso, continuou a se corresponder com aquele que considerava, apesar de tudo, seu mestre. Guardara dele a experiência das vivissecções em pequenos animais a sangue frio, cujo sistema circulatório era bem resistente e lhe permitia provar aquilo que ocupava totalmente sua cabeça.

O sapo era seu animal predileto. Ele colocou as ligaduras sobre as veias cavas e constatou que o coração se esvaziava. Assim que as removia, ele voltava a inflar. Se, por outro lado, pusesse essa ligadura sobre a aorta, à saída do coração, ele inflava completamente, correndo o risco de se romper... Então, o coração era de fato um motor, a bomba de um sistema de circulação que se produzia na direção das artérias e que retornava pelas veias. Mas como o sangue passava de uma a outra dentro dos órgãos e dos membros? Harvey não conseguia ver os vasos capilares, então os nomeou "porosidades dos tecidos". Ele sabia muito bem que alguém viria depois dele[62] para descrevê-los. O sangue não era fabricado em permanência, como acreditava Galeno, mas a quantidade total de sangue era constante, e, medindo o volume dos ventrículos e o ritmo das contrações, depois multiplicando um pelo outro, obtinha-se a quantidade de sangue bombeada para o coração no período de um minuto, o débito cardíaco! Além disso, tendo tido a oportunidade de dissecar inúmeros cadáveres e de ler a obra do grande Vésale, ele havia verificado que a parede do coração era bem estanque entre as cavidades direitas e esquerdas, e não perfuradas. Ele constatara que Colombo[63] estava certo e que existia de fato uma pequena circulação que permitia ao sangue alcançar os pulmões e depois voltar ao coração...

Estava tudo pronto. Era tão revolucionário quanto a órbita dos planetas em volta do Sol das dissertações do Albergo e, intelectualmente, nelas se inspirava! Ele publicou *De motu cordis* em 1628, 72 páginas, nada a cortar, nada ou quase a acrescentar. Fitzer, seu editor, assumira todas as despesas, tal era seu entusiasmo com as proposições do autor.

Harvey sabia que iria desencadear uma tempestade. Prudente, não se esqueceu de nada. Nem de Servet queimado por Calvino em Genebra, nem de Vésale condenado à morte pela Inquisição, e se limitou a uma reação comedida a seus detratores, em atiçar as chamas da fogueira, sob a proteção de seu rei, Carlos I, que tinha o bom gosto de acreditar em suas teorias. Alguns anos mais tarde, o grande Galileu em pessoa foi forçado a abjurar suas declarações! *"E pur si muove!* (E, no entanto, ela gira...)",⁶⁴ teria ele acrescentado, após ter jurado que a Terra era plana! O perigo estava em todos os lugares, era preciso manter-se bem atento.

Mas era preciso ensinar, transmitir. William estava convencido disso. Para fabricar, se possível, gerações menos estúpidas, mais instruídas, mais tolerantes. Nada o impediria de ensinar a seus alunos.

Baixo, atarracado, sempre cortês, ele impressionava pelos olhos pretos, vivos e cintilantes, pelas frases contundentes, pontuadas por gestos amplos ao som de seu punhal italiano batendo na mesa, testemunho secreto de seus anos de juventude...

Paris, cerca de setenta anos depois.

Em 1672, ano em que Molière escrevia *O doente imaginário*, o conflito ainda não se apagara, longe disso. Mas o partido dos circuladores se reforçara. Ele vinha por vezes às vias de fato com o partido dos anticirculadores, mestres universitários, o que, eventualmente, necessitava da intervenção da polícia.

Depois dos salões parisienses, a corte também se irritou, e começam a surgir os argumentos agridoces em Versalhes, entre os partidários e adversários de Harvey.

Luís XIV começava a ficar irritado com essa confusão. Se o sangue circulava ou não, o rei não fazia a menor ideia, mas lhe parecia que precisava decidir a fim de calar essa querela ridícula que já durava demais. Sua faculdade, é claro, tomou partido contra, mas o rei sabia desconfiar daqueles que acreditavam ter sempre razão. Ele interrogou o cirurgião da rainha, Pierre Dionis, um homem que apreciava. Este, fiel a Descartes, estava convencido pelo mestre sobre a importância da descoberta de Harvey. Ele abriu seu coração para seu augusto paciente com paixão e delicadeza.

De tal modo que o rei, conforme já vimos, de uma maneira que não admitia discussão, impôs ao Parlamento abrir um Jardim Real onde seria ministrado um ensino que ele confiou a Dionis. As palavras de Luís XIV não permitiam concessão:

– Lá será ensinada a anatomia do homem segundo a circulação e as últimas descobertas.

O rei decidira. Era a primeira vez, na França, em que o poder político tomava o partido das ciências da vida. Era apenas o começo. Mas um começo em fanfarra!

Em fevereiro de 1673, Molière estreou *O doente imaginário*, como previra. O rei aplaudiu com entusiasmo a primeira apresentação da peça, provando assim sua reconciliação após o caso *Tartufo* (muitos devotos sentiram-se ofendidos com essa peça, que denunciava a hipocrisia dos "falsos religiosos", e ela quase foi proibida pelos tribunais de Luís XIV, onde aqueles tinham grande influência).

No entanto, Molière estava cada vez pior. Em cena, sofrera dores, enjoo e acessos de tosse. Os espectadores, habituados às performances de um tal ator, acharam simplesmente que ele representava magnificamente seu papel. Os atores da trupe, por sua vez, compreenderam que Molière estava além de seus limites. Na quarta apresentação, ele desmaiou. As cortinas caíram.

Ele foi levado para casa, na Rua de Richelieu, onde faleceu.

O combate estava terminado. Os anticirculadores, alunos de Hipócrates e Galeno, tinham perdido o batalha de retaguarda, e uma nova geração de médicos ia se impor.

Quanto a La Fontaine, sempre elegante e leviano, ele quis mostrar, em alguns versos, que ele, pelo menos, tinha compreendido perfeitamente a mensagem de Harvey!

Duas portas no coração; em cada qual uma válvula,
O sangue fonte de vida é por uma introduzido,
Pela outra porta, ele sai e circula,
Sem parar, das veias às artérias conduzido...

Harvey, um modelo de pesquisa médica

Ao final dos anos 1980, tive a chance de encontrar Gilbert Gadoffre. Ele me pedira para refletir sobre o que poderia caracterizar o ato criador da medicina, tendo em vista a próxima reunião do Instituto Colegial Europeu. Na realidade, fiquei muito lisonjeado que um intelectual do nível de Gilbert Gadoffre solicitasse ao jovem formado em cirurgia cardíaca que eu era a participar como orador numa assembleia assim tão prestigiosa. Lisonjeado, é claro, mas também aterrorizado!

Eu apreciava e admirava muito Gilbert. Sua erudição, sua profundidade, sua extrema civilidade, sua capacidade de escutar e seu vibrante entusiasmo faziam dele o mestre de pensamento ideal. Ele reunia todos os anos seus colegas e amigos em seu "Logis de Montains", em Loches, Tourraine. "Uma região realmente civilizada!", ele gostava de dizer.

O tema abordado era diferente a cada ano. O resultado desse colóquio devia ser uma publicação. Dessa vez, o tema escolhido era "o ato criador". Ele devia ser analisado em todas as atividades artísticas ou intelectuais, da arquitetura às matemáticas, passando pela escultura ou pela medicina. Uma série de conferencistas entre os mais célebres se anunciava e, atormentado pela vergonha, eu me sentia bem ignorante para falar diante de tal assembleia.

– Você resolveu tomar o caso de Harvey como exemplo. É uma ótima escolha. Será preciso explicar o que, no procedimento dele, se distingue das outras atividades de pesquisa em medicina – me tranquilizou Gilbert.

Nada de mais fácil do que se entusiasmar com a obra de Harvey, e muitos outros o fizeram antes de mim. No mundo da cardiologia, ele era uma celebridade inconteste. Mas distingui-lo dos outros médicos-descobridores era mais delicado. Isso supunha definir o que podia ter sido a pesquisa médica, tentar uma classificação sem com isso impor um ranking.

Após reflexão, optei por distinguir três grandes campos da pesquisa em medicina, sugerindo naturalmente uma certa hierarquia. Essa escolha, bem pessoal, ia provavelmente suscitar em meus sábios ouvintes observações e críticas. Mas, no fim das contas, isso fazia parte do jogo...

Eu expus primeiramente o mais simples: a pesquisa do médico-engenheiro que, copiando ou não a natureza, inventava uma prótese de órgãos, uma máquina que tratava ou enxergava mais profundamente o corpo humano. Os exemplos não faltavam: a prótese artificial da bacia, o laser para recolar a retina ou a fibra ótica que se deslocava pelo interior do tubo digestivo. Atrás de todas essas invenções se ocultava um médico, frequentemente obcecado por uma questão levantada pelos seus doentes e que procurava resolvê-la, recorrendo às competências dos engenheiros!

Em seguida, defini a descoberta do médico-observador. Saber observar é sem dúvida a qualidade mais importante do médico. Mas saber fazer perguntas pertinentes na infinidade de fatos que se contradizem ou se dissimulam é certamente mais difícil. Sempre admirei aqueles que se revelavam capazes de imaginar uma linha de pesquisa a partir da mais simples das constatações. Assim, o professor John Vane, com quem tive a sorte de trabalhar, levantou uma questão a partir de um fato evidente, quase uma obviedade: "O sangue coagula sobre todas as superfícies biológicas ou artificiais, mas não coagula dentro dos vasos sanguíneos!". Questão estúpida, se era de fato uma, visto que se o sangue fabricasse coágulos nas artérias e nas veias, obstruindo assim a circulação, a vida dos animais superiores não teria sido possível. E, contudo, John Vane, prosseguia seu raciocínio, acrescentando: "Se o sangue não coagula dentro dos vasos, é porque estes produzem uma substância que o impede de coagular. Vou descobri-la!", e, com seu cúmplice Moncada, ele examinou com esmero quilos de aortas de coelhos para descobrir finalmente essa substância mágica, capaz de impedir as plaquetas de sangue de aderirem, essa prostaglandina a que chamou de prostaciclina. De tal maneira que, finalmente, essa pergunta estúpida lhe valeu um prêmio Nobel.

E enfim, eu queria destacar alguns casos em que a descoberta, com frequência procedente, ela também, de uma observação banal, provocava uma tal perturbação dos conhecimentos que impunha a seu autor um esforço de imaginação e de criatividade que ia além da competência habitual do pesquisador.

Eu poderia ter escolhido Pasteur; porém, sendo cardiologista, preferi optar por Harvey.

Harvey que percebia muito bem, com seu mestre Fabricius de Acquapendente, que a colocação de um torniquete no braço fazia inchar as veias da extremidade do membro: observação básica! Mas que, contrariamente à interpretação de seu mestre, galenista fanático, conseguia imaginar que o sangue voltava por essa via ao coração de onde partira! Foram-lhe necessários vários anos para amadurecer essa ideia. De volta à Inglaterra, ele pôde elaborar as experiências que iam lhe provar a veracidade da hipótese. Pois seria bom lembrar que, três séculos antes dos Magendies e dos Claudes Bernards, Harvey estabelecia as bases da medicina experimental...

Essa circulação representa um formidável esforço de imaginação! Considerando que havia 1.500 anos que os médicos tinham enraizado em suas cabeças que o sangue se formava dentro do fígado a partir dos alimentos, que ele circulava pelas veias graças a grandes movimentos de fluxo e refluxo comparáveis à maré, que ele passava do ventrículo direito ao ventrículo esquerdo através de uma parede porosa,[65] que ele ali se abastecia de calor e que, enfim, tendo alcançado as extremidades do corpo, ele saía do organismo sob a forma de transpiração...

Realizei minha exposição diante de uma plateia atenta, um pouco impressionada no início, depois rapidamente satisfeita. Sempre me senti à vontade nos exames orais!

Depois disso, só me restava esperar as críticas.

Elas não vieram! Eu fiquei quase decepcionado. Ao contrário, chegaram elogios sobre minha descrição da obra de Harvey, sobre minha associação à presença de Galilei no mesmo momento em Pádua... Enfim, a bênção afetuosa do grande papa, Gilbert Gadoffre.

Em retrospecto, tenho observado com frequência que uma exposição sobre a coisa médica para não médicos provoca nestes uma reticência a se apropriar dos elementos desse discurso, como se as palavras da medicina, mesmo evitando os jargões, criassem uma distância e descrevessem fenômenos naturalmente envoltos em mistérios. Enfim, Diafoirus tampouco estava morto, e nós, seus descendentes, sabíamos, mesmo de modo inconsciente, como atuar sem embaraço...

O primeiro processo
do sangue contaminado

Procura-se abrandar as loucuras do senhor Du Mauroy fazendo-lhe uma transfusão de sangue de bezerro • Admiram-se as certezas de Jean-Baptiste Denis, que publica sua técnica e pretende generalizá-la • O processo movido pela senhora Du Mauroy vira uma decisão dos magistrados do Chatelet de Paris, na qual os cirurgiões continuam considerados como "responsáveis, mas não culpados".

Vilarejo de Val Girard, perto de Paris, inverno de 1667

Naquela noite, a esposa de Du Mauroy saíra outra vez em busca de seu marido. Na verdade, o pobre Antoine deixava com frequência cada vez maior o domicílio conjugal para se entregar a diversas farsas que começavam a se tornar bem inquietantes. Não, Antoine não fugia para se embriagar de vinho nas tabernas (no entanto, os bares eram numerosos em Val Girard, pois, na estrada dos Moulineaux, todo camponês que tocava seu jumento carregado de grãos moídos da safra fazia sistematicamente uma escala). Não, ele não ia aos bordéis procurar mocinhas desajuizadas ou um bando de camaradas para armar um golpe ilícito. Era mais grave. Como uma mania que o arrebatava de tempos em tempos, quando se esquecia de bater na sua mulher. Ele seguia sorrateiramente pela aldeia noturna, removendo um por um seus trajes e, nu como viera ao mundo, desfilava pelas ruas berrando e cantando, brandindo uma mecha de estopa em chamas com a qual tentava incendiar as casas. Felizmente, sempre conseguiam detê-lo e ele nunca alcançou seu objetivo. Entre essas crises, era antes um homem calmo, tímido, não perdia a cabeça e cuidava da vida sem problema.

Mas sua mulher começava a se preocupar seriamente. Ela falara à sua volta, consultara médicos e boticários, chegou mesmo a percorrer meia légua até Paris para consultar aqueles que tinham proximidades com o rei. Antoine Du Mauroy havia feito várias sangrias para eliminar essa efervescência maligna de seu sangue. Por sinal, o tratamento pareceu eficaz, no início, pois, após extraírem dele uma boa quantidade de sangue claro, ele parecia mais abatido e pálido em sua poltrona, aguardando a próxima crise. Que, infelizmente, se produzia, inevitável, sem que, no entanto, pudesse ser prevista.

Então, naquela noite, a mania demoníaca de Antoine Du Mauroy voltara a atacá-lo e, completamente nu apesar do frio glacial, ele riscava seu fósforo para fabricar um fogo de artifício com a casa ocupada por dois jovens membros da família Habert de Montmor. Não foi muito difícil para o jovem nobre, alertado pelos gritos, imobilizar Antoine, que, embora com boa saúde física (tinha apenas 34 anos), blasfemou muito, mas pouco se debateu. Montmor, informado sobre o estado do infeliz e se responsabilizando pelo problema, propôs à senhora Du Mauroy conduzir seu esposo a uma consulta numa academia administrada por sua família e onde um importantíssimo médico fazia, graças à transfusão de sangue animal, coisas maravilhosas.

– Certamente, ele será capaz de melhorar a vida desse pobre coitado e livrá-lo de suas loucuras.

Durante essa conversa, Antoine, muito abatido, mal escutava e logo seu corpo todo recomeçava a tremer, como se as garras do inverno que ele ignorava com soberba alguns instantes antes voltassem a se fazer sentir, testemunhando seu retorno às duras realidades do (triste!) mundo das pessoas "normais".

A Academia de Montmor tinha sido fundada por Henri Louis Habert de Montmor, herdeiro riquíssimo de seu pai, tesoureiro das poupanças do rei e profundamente interessado pela ciência. Desprezando a Academia francesa, que no entanto o elegera, conseguira reunir ao seu redor a nata do mundo científico de sua época,[66] que se reunia em sua casa, na Rua Sainte-Avoye. Todos entusiastas das experimentações, a paixão deles no momento eram os trabalhos de um médico: Jean-Baptiste Denis, doutor formado pela famosa Faculdade de Montpellier e médico de Luís XIV.

Academia de Montmor, Rua Sainte-Avoye, Paris, dezembro de 1667

Considerando o estado de exaltação de Antoine Du Mauroy, os sábios da academia e o grande doutor Denis resolveram proceder a uma transfusão utilizando sangue de bezerro.

— Na realidade — afirmava Denis —, que animal é mais plácido e mais gentil que um bezerro? Para obter um efeito curativo dos sinais de nosso paciente maníaco, penso que será essa a melhor terapia.

A discussão ocorreu em Paris, na presença do conde de Frontenac e do abade Bourdelot, durante uma sessão da famosa Academia de Montmor. Todos estavam intimamente convencidos de que a transfusão sanguínea ia transmitir as virtudes do animal doador, visto que só o sangue podia ser o vetor das virtudes e das qualidades de um organismo.

Na verdade, Denis não estava em sua primeira experiência. No ano precedente, no dia 15 de junho de 1667 exatamente, ele injetara cerca de trezentos gramas de sangue arterial de cordeiro num rapazinho de 15 anos acometido de uma febre debilitante, que tinha sido curada, pois era esse o costume, por meio de várias sangrias. Ele permanecera, contudo, extremamente enfraquecido, debilitado num estado de letargia... Denis atribuiu, não sem razão, às sangrias uma explicação para o estado do rapaz. Ele lhe extraiu três onças de sangue (cerca de cem gramas), que substituiu por nove onças de sangue de carneiro (cerca de trezentos gramas). E então, contra toda expectativa para um observador moderno, o jovem paciente teve uma boa melhora e pôde retomar rapidamente uma vida normal. Essa "primeira experiência" médica foi publicada um mês depois pela Royal Society de Londres sob forma de carta redigida em inglês. Pode-se dizer que a comunicação científica era bem rápida naqueles tempos.

Uma segunda transfusão de sangue de carneiro foi realizada pelo mesmo doutor Denis, cuja glória começava a raiar, num homem de 45 anos que logo se sentiu muito bem e retornou imediatamente a seu ofício de transportador de liteiras, trabalho cansativo por natureza. Houve uma terceira transfusão antes daquela a que se submeteu o senhor Du Mauroy. O receptor foi um jovem aristocrata sueco, o barão Bonde. Ele adoecera em Paris, durante uma viagem pela Europa. Estava tão mal que a maior parte dos médicos consultados deu sombrios prognósticos. Sua família tinha ouvido falar no doutor Denis; ela suplicou ao doutor que tentasse em último recurso uma transfusão. O bezerro foi escolhido. E, após uma primeira injeção, o paciente se sentiu melhor e pôde até voltar a falar, algo que sua profunda prostração havia tornado impossível. Infelizmente, essa melhora foi breve e ele faleceu durante a tentativa de uma segunda transfusão. Esse fracasso foi apenas relativo, pois todo mundo concordava que o caso do paciente era desesperador.

Um caso que despertava compaixão, de certo modo, e que não chegou a turvar o método de Jean-Baptiste Denis.

Foi então coroado por esses sucessos que ele empreendeu, com a ajuda de Emmerets, seu cirurgião, que trabalhava habitualmente em Saint-Quentin, o tratamento do senhor Du Mauroy com sangue de bezerro pelas razões que conhecemos. Du Mauroy, bem calmo nesse dia, foi levado pela esposa. O cirurgião lhe fez uma incisão numa veia do braço e introduziu um tubo prateado. Em conformidade com seu protocolo, Denis começou realizando uma sangria que foi, desta feita, um pouco mais intensa que as precedentes: ele retirou mais de 330 gramas! Sem dúvida, ele estimava, como bom galenista, que os humores nocivos deviam ser primeiramente extraídos, antes de introduzir o sangue novo, cuja transfusão conduziria à cura. Em seguida, ele conectou a outra ponta do tubo na artéria de um bezerro que tinham trazido pela escada até a academia, com muita dificuldade (o animal era mais irritável do que sugeria sua plácida reputação!), e injetou o equivalente a uma tigela de sangue no braço do paciente. Foi então que Du Mauroy pediu que parassem, pois estava a ponto de "desmaiar de fraqueza". Prudente, Denis interrompeu o procedimento.

Por sinal, nos dias que se seguiram, consideravam que o estado de Du Mauroy não melhorara de fato. Com que critérios pode se fazer esse julgamento? De todo modo, a senhora Du Mauroy afirmava: seu marido continuava, pelas suas palavras, tão pasmo quanto antes. Os acadêmicos julgaram que o efeito não podia ser alcançado, pois a quantidade transfundida fora insignificante, de tal modo que Denis e seus cúmplices resolveram tentar uma segunda transfusão alguns dias depois. Assim foi feito, na quarta-feira seguinte, 21 de dezembro. Mas dessa vez, no imediato decorrer dessa operação, que permitiu a injeção de 450 gramas de sangue de bezerro, o paciente apresentou sinais clínicos fortes de intolerância: uma aceleração do pulso, suores no rosto, uma fortíssima dor lombar e vômitos. Depois disso, ele adormeceu durante uma dezena de horas e, em seguida, passou um dia acamado com fortes dores musculares. Fato inacreditável, ele expeliu "um grande copo de urina escurecida, como se ela tivesse sido misturada à fuligem". Mas, após alguns dias, a recuperação pareceu completa. Antoine se confessou e comungou e recebeu com alegria a demonstração de amizade de sua esposa, o que não acontecia havia muito tempo. Todos acreditaram na cura.

O que pode, aliás, parecer surpreendente ou evidenciar uma constituição excepcionalmente robusta do pobre Antoine Du Mauroy, pois Jean-Baptiste Denis acabava de observar, sem o saber, o primeiro acidente hemolítico associado à destruição, pelo receptor, dos glóbulos vermelhos transfundidos. Cuja evolução poderia ter sido fatal...

Infelizmente para Denis (e sobretudo Antoine!), ao final de janeiro, o senhor Du Mauroy adoeceu. Sua esposa, que lhe fizera tomar alguns remédios, veio novamente ver o médico e, recriminando-o, o intimou a realizar de novo um tratamento que não havia de fato até agora demonstrado sua eficácia. Revelando toda a sua agressividade, ela insistiu para que Denis tentasse uma nova transfusão:

— Da última vez, o senhor não pôde ir até o fim. É por isso que ele continua doente...

Que ele tenha sido encorajado a recomeçar parece inverossímil. Porém, não precisava muito esforço para convencer o doutor Denis, persuadido em seu âmago sobre a eficácia revolucionária de seu método. No entanto, mal começara a nova transfusão e o pobre Antoine foi tomado de tremores em todos os membros, obrigando Denis e Emmerets a abandonar definitivamente suas tentativas.

Ele morreu durante a noite. A esposa de Du Mauroy, louca de raiva, acusou Denis de charlatanismo e incompetência e tentou extrair dele uma alta soma de dinheiro. Tudo isso só podia acabar num tribunal.

Paris, 17 de abril de 1668:
Primeiro processo de sangue contaminado

Antoine Du Mauroy tinha ingenuamente confessado ao doutor Denis, pouco antes da segunda transfusão, suas dúvidas sobre o comportamento de sua esposa:

— Ela quer me envenenar, doutor. Acho que ela me dá arsênico na bebida. É por isso que não me sinto tão bem quanto deveria, após seu tratamento...

Denis nada respondera, incapaz de compreender o distúrbio mental de Antoine, a agressividade de sua esposa e as contingências do ato médico em si. Evidentemente, tudo isso lhe ocorreu durante o processo.

Este foi realizado no Chatelet de Paris no dia 17 de abril de 1668. Denis acusou a senhora Du Mauroy de ter envenenado o marido a fim de se desembaraçar de um louco que a prejudicava. Ela se defendeu corajosamente, ainda que tivesse reconhecido ter lhe dado uma droga para que melhorasse, dizia ela, pois se tratava de um pó do senhor Claquenelle, boticário bem conhecido, excelente nesse tipo de caso.[67] Por outro lado, ela acusava diretamente Denis de ter sido responsável pela morte de seu marido, utilizando um método perigoso.

O que, digamos entre nós, não era totalmente falso!

O doutor Lamartiniére, principal representante dos antitransfusores, espalhou uma versão que culpava evidentemente Denis, a quem detestava. Tudo o que sabia vinha diretamente de Perrinne Du Mauroy. Assim, durante a última transfusão, a que precedeu à morte, ele narrou:

Aquele pobre coitado gritava:
— Pare, estou morrendo, estou me sufocando!
Mas os transfusores se obstinaram e prosseguiram sua obra, apesar dos pedidos do doente. Denis teria dito:
— O senhor ainda não recebeu o bastante!

Lamartinière foi ainda mais longe em suas acusações e revelou que a morte ocorreu durante a operação, e não na sequência desta, como afirmava Denis. E, pior ainda, ele teria tentado esconder essa morte e depois comprado o silêncio da viúva.

Diderot, ele mesmo apaixonado pelo processo, narrou em seu artigo da *Encyclopédie* a versão de Lamartinière, acusando Denis e seu cirurgião:

Surpresos e aborrecidos com essa morte, eles não se esqueceram de nada para dissimulá-la; empregaram inutilmente os odores mais fortes, as fricções, e após estarem convencidos de que ela era irreparável, ofereceram à mulher, segundo declarações desta, dinheiro para se abrigar em um convento, à condição de ela escamotear a morte do seu marido, e que ela alegaria que ele se fora para o interior: não tendo aceitado a proposta, ela deu através de seus gritos e suas queixas razão à sentença do Châtelet."

Denis contra-atacara revelando aos magistrados que, muito pelo contrário, a mulher lhe confessara ter recebido dinheiro para acusar a transfusão sanguínea e que, por sua vez, ele recusara a lhe dar. Ele então pedira a autópsia do cadáver e disse que não lhe foi possível obtê-la.

Resumindo, como o dizia Diderot:

É o caso de pensar que, para ambos, a defesa de sua posição tenha dado margem às falsidades, porque em todos os conflitos há erros dos dois lados.

Mas os juízes do Châtelet decidiram pela inocência de Denis e Emmerets. Por outro lado, Perrinne Du Mauroy foi condenada pelo envenenamento de seu marido com arsênico.

Um magistrado nem um pouco prudente!

No entanto, o julgamento:

...proíbe a todas as pessoas efetuar transfusão em qualquer corpo humano, se a proposição não tiver sido acolhida e aprovada pelos médicos da Faculdade de Paris, sob pena de prisão.

Sabendo que, de uma parte, Jean-Baptiste Denis não era membro do corpo de médicos da Faculdade de Paris, e que, de outra parte, estes últimos eram majoritariamente hostis à transfusão sanguínea, ele interrompia de uma vez a prática de qualquer outra transfusão na França. As notabilidades foram respeitadas, mas uma forte dúvida pairava sobre a eficácia e os fundamentos de seus métodos.

O que realmente aconteceu?

Podemos tentar compreender o que realmente aconteceu nessa Paris do século XVII à luz dos conhecimentos atuais. Hoje todos sabem que a transfusão sanguínea não é um gesto inofensivo. Mas, ainda assim, foi preciso esperar 1900 e a descoberta dos grupos sanguíneos por Landsteiner para saber que, mesmo entre humanos, a transfusão só é possível respeitando os grupos ABO. Eles são característicos de nossa genética e não se podem efetuar transfusões sanguíneas ou transplantes de órgãos sem levar isso em conta![68] Em 1940, o mesmo Landsteiner e seu colaborador Wiener colocaram igualmente em evidência outro grupo, o grupo Rhésus (fator Rh), nome de um pequeno macaco que serviu à experiência.

A chave desses enigmas é, portanto, bem recente, e Denis (beneficiado pela sorte de principiante?) estava bem longe de entender os mistérios com os quais brincava.

Entretanto, indo mais além, fazer transfusões entre espécies diferentes seria algo possível? Os grupos ABO e o fator Rh não existem no carneiro e no bezerro, animais utilizados pelo nosso colega Denis.[69] Mas os glóbulos brancos desses animais são portadores de antígenos de espécie que condenam qualquer compatibilidade em transfusão ou em transplante. Esses antígenos de espécie são desconhecidos pelo sistema imunológico humano. Durante uma primeira transfusão, portanto, não houve reação imediata e perigosa, pois não havia anticorpos prontos para agredir os intrusos. Por outro lado, os linfócitos reconheceram imediatamente esses antígenos que não se encontravam em seu registro e começaram então a fabricar anticorpos específicos. De tal forma que, nas transfusões posteriores, uma reação brutal se produziu, pois, desta vez, os linfócitos reconheceram imediatamente o estrangeiro e se encarregaram de destruir as células do doador, e em particular seus glóbulos vermelhos. A destruição desses glóbulos vermelhos liberou hemoglobina no sangue do paciente... Essa molécula, uma vez liberada no soro, apresenta um efeito tóxico sobre o rim, que pode parar de funcionar e conduzir à morte. É o equivalente de um acidente de transfusão no contexto de incompatibilidade ABO.

Mas, em suas observações, Denis relatava uma melhora temporária: o jovem submetido à sua primeira transfusão estava debilitado pelas sangrias muito intensas e, sobretudo, múltiplas. Isso é possível? Pois bem, sim. A transfusão animal, trazendo glóbulos vermelhos, ia melhorar temporariamente (enquanto esses glóbulos sobrevivessem no corpo do receptor) o transporte de oxigênio e podia assim, incontestavelmente, lhe proporcionar algum bem-estar. Por sorte, esse rapazinho não sofreu outras transfusões, que teriam sido da mesma forma tão catastróficas quanto as de Du Mauroy.

11
O negociante de tecidos que queria descobrir o infinitamente pequeno

Descobrem-se as recordações de um negociante de tecidos de Delft que inventa uma máquina para contar seus fios • Ele observa em seu esperma estranhos animálculos que se deslocam com um rabo em forma de chicote • Ele serve de modelo a um dos maiores pintores de seu tempo.

Eu, Antoine van Leeuwenhoek, mestre de tecidos em Delft, nos Países Baixos, venho enfim manifestar por escrito todas essas descobertas que enriqueceram minha vida, graças ao aparelho que fabriquei para controlar a tecelagem das sedas que recebia das Índias.

Foi tudo fruto do maior dos acasos. Tinha então 36 anos, quando me dei conta, brincando com as pequenas esferas que obtinha fazendo fundir as hastes de vidro (sempre gostei de ocupar minhas mãos!), que entre elas, em certos casos, formavam-se pequenas lentes de aumento... Elas eram lindas e também bem práticas, essas pequenas esferas, para verificar, por exemplo, a qualidade dos fios que eram meu negócio. Ao poli-las e as instalar sobre uma placa metálica, o que tornava o manuseio mais fácil, consegui fabricar uma espécie de lupa bem aperfeiçoada, utilizável para analisar todos os pequenos fragmentos de tecido. Tive então a ideia de associar uma haste de suporte; montada sobre uma rosca de parafuso que permitia manter a peça a ser examinada e a deslocar diante da lente para explorar o conteúdo. Eu criara um novo tipo de microscópio, como fizera antes de mim o oculista Janssen, sobrepondo duas lentes de vidro dentro de um tubo corrediço.[70] Mas eu, com minhas pérolas de vidro, consegui obter ampliações muito maiores que as dele, à condição de poli-las de maneira adequada. Pude assim fabricar ao longo de minha vida uma centena de aparelhos, mas devo confessar que jamais revelei o segredo de minhas lentes e do método de polimento que trazia tais resultados.

Voltando atrás, devo, porém, admitir que a falta de sorte da minha vida foi a morte de meu pai, quando eu era ainda uma criancinha, o que me privou dos estudos que me teriam trazido o conhecimento do latim junto a um bom mestre e que me teria permitido adquirir algumas noções, pelo menos, de história natural, disciplina que em seguida encantou toda a minha existência. Porque o ofício de tecelão que adotei pela força das circunstâncias em idade de aprendizado me pareceu bem insípido, quando compreendi que podia mergulhar, graças às minhas esferas de vidro, no mundo do infinitamente pequeno.

Então, tudo se tornou pretexto para deslumbramento e descobertas. Infelizmente, o que eu via era difícil de entender e ainda mais de interpretar dentro da realidade. Eu não era um sábio, era preciso que eu me persuadisse, e, para evitar o ridículo, decidi ficar no meu lugar, tentando simplesmente descrever o que via e submeter minhas observações à interpretação de outros, mais competentes do que eu.

É por isso que escrevi mais de trezentas cartas à Royal Society of London. Nesse ponto também, minhas lacunas me fizeram sofrer; só sabia escrever em minha língua materna, pois não conhecia nem o inglês nem o latim. E imaginava que por isso não me levariam totalmente a sério. Assim é o mundo, aqueles que não dominam o latim não podem conhecer Aristóteles nem os grandes autores, e não poderão jamais aspirar ao título de doutor. Eu era negociante de tecidos, fazia-se necessário tirar as conclusões que se impunham...

No entanto, o que eu vi ninguém havia descrito antes de mim! Com meus microscópios de fabricação caseira, descobri que podia observar o mundo ao meu redor e que nele existia uma infinidade de seres vivos tão minúsculos que nunca haviam sido imaginados até então. Eu, que nada aprendera na escola (talvez por isso!) e que não passava de um ignorante, pude, graças à minha paixão, trabalhar com os grandes espíritos do meu tempo.

A observação que me tornou conhecido por esses homens de ciência surgiu pelo maior dos acasos: eu queria ver se o efeito da pimenta sobre minha língua se devia a minúsculas agulhas na superfície dos grãos (hipótese ingênua, é certo, mas que me intrigava!). Foi realizando essa experiência que vi se deslocando estranhos e pequenos animais diante da minha lente, envolvidos por uma simples membrana, que pareciam ter vida própria. Os outros, os sábios, que pertenciam à Royal Society, consideraram que se tratava de uma forma elementar de vida autônoma, que chamaram de protozoários. Essa descoberta fez com que me levassem um pouco mais a sério e, para falar a verdade, me trouxe certa notoriedade no mundo dos sábios.

Na mesma época, percebi também que meu esperma, como o de outros mamíferos, continha animálculos bastante semelhantes aos precedentes, que se deslocavam em todas as direções com o auxílio de uma cauda, e me perguntei se não eram portadores da vida e garantiam a fecundação da mulher, mas eu não podia obviamente apresentar a prova.

E, depois, vi que muitos animais que acreditávamos nascerem espontaneamente de seu meio ambiente, como a areia ou a farinha, vinham na verdade de ovos minúsculos, frutos da desova das fêmeas. Isso lançava uma pedra, que foi mal acolhida, no jardim dos partidários da geração espontânea. Mas isso não me importava.

Vi também pequenos glóbulos vermelhos que passavam, roçando as paredes de ínfimos vasos capilares (mais finos que um fio de cabelo), que pareciam gerar uma comunicação entre as arteríolas e as pequenas veias, como predissera o grande Harvey em sua teoria sobre a circulação sanguínea.

Eu multiplicava todos os tipos de observações em todos os domínios,[71] o que atraiu à minha modesta moradia em Delft os grandes homens deste mundo, que queriam compartilhar a visão dessas maravilhas. Assim, recebi a visita da rainha Maria da Inglaterra, de Frederick, rei da Prússia e do czar Pedro, o Grande, a quem mostrei a circulação capilar na ponta de uma agulha. Mas também filósofos, sábios, médicos e até homens da Igreja me deram a honra de aproximar os olhos do meu microscópio.

Resumindo, as maravilhas do infinitamente pequeno encantaram minha vida. A tal ponto que o ofício de tecelão, que, honestamente, nunca me interessara, me pareceu uma ocupação que não me convinha mais. Eu não tinha muitas necessidades, minha segunda esposa morrera. Entre meus cinco filhos só sobrevivera a pequena Maria, e meus bens eram suficientes para dotá-la adequadamente quando estivesse na idade. Abandonei então meu negócio e obtive funções modestas, mas estáveis na administração municipal, o que me deixava todo o tempo necessário para me dedicar ao que se tornara minha paixão.

No entanto, não foi uma vida solitária: amigos me acompanharam e me apoiaram em todos os meus trabalhos; em vários desses fui particularmente honrado de poder contar com dois deles, pois um era o maior poeta e o outro, o maior pintor de nosso tempo.

Constantijin Huygens escrevia a meu respeito:

"Vocês veem como esse bom Leeuwenhoeck não se cansa de examinar tudo o que seu microscópio pode alcançar. Se muitos outros mais sábios quisessem se dar ao mesmo trabalho, a descoberta de belas coisas poderia ir bem mais longe."

Quanto a Vermeer, meu vizinho em Delft, ele me considerava como um tipo de sábio que eu não era e me escolheu como modelo em uma de suas pinturas, para representar o homem de ciência, geógrafo ou astrônomo, como se o infinitamente grande que ele evocava se encontrasse, em seu pensamento, com o infinitamente pequeno que eu escrutava.[72]

Durante quarenta anos, construí centenas de microscópios e fabriquei cerca de quinhentas lentes. Doei 26 à Royal Society of London, para que pudessem verificar meus dizeres, mas sei que nunca foram usados. No entanto, todos acabaram acreditando na minha palavra, já que fui admitido ao seio dessa nobre assembleia em 1680 (eu estava com 48 anos) e, 19 anos mais tarde, tive a grande honra de ser eleito à Academia Real de Ciências de Paris.

E tudo isso aconteceu porque eu queria contar com mais eficácia os fios dos tecidos que me enviavam!

A varíola e as leiteiras

Conhece-se Jenner, um dos médicos de província mais cativantes da história, confrontado pela epidemia de varíola na Inglaterra • Ao longo de suas visitas, ele observa que as moças do campo contraem uma doença das vacas, mas não são afetadas pela varíola • Ele inventa a vacinação sem saber o que é um vírus e sem ter a menor noção do que iria se tornar a imunologia.

A varíola, a pequena varíola, a grande assassina da história!

Hoje extinta (exceto em laboratórios de armas bacteriológicas), ela sem dúvida matou um quarto da população humana desde a criação do mundo. Onipresente, ela agiu em todos os continentes, se propagando quase mais rápido do que aqueles que a veiculavam. Igualitária, atingiu os camponeses e os reis, os ricos como os pobres, sem distinção ou preferência. Possessiva, deixou profundas cicatrizes de seu rastro indelével em todos os sobreviventes...

A peste antonina, em Roma, matou 5 milhões de pessoas, enfim, um milhão a mais ou a menos. Os historiadores pensam que se trata de um dos elementos que precipitaram a queda do Império. Esta peste (todas as febres eruptivas da Antiguidade e da Idade Média eram chamadas de peste) era a varíola.

Quando os espanhóis conquistaram o Império Asteca em 1518, essa região contava com 25 milhões de habitantes. Em 1620, a população foi reduzida a um milhão e meio. Cortés se servira de uma aliada bem mais poderosa em suas tropas, a varíola, que finalmente derrotou os astecas.[73]

Uma epidemia assustadora se abateu sobre a Europa no século XVIII: 400 mil pessoas morriam de varíola a cada ano. Na França, Luís XV também foi contaminado e morreu numa cena horrível, a carne ainda viva em decomposição. Os camponeses e os reis!

Voltaire escrevia: "A metade morre disso, a outra está desfigurada"; resumo um tanto precipitado, pois ele dizia tê-la sofrido, se recuperado e conservado um rosto amável...

Quanto à Inglaterra, ela foi particularmente atingida.

Neste momento, é preciso apresentar um personagem original desta história: o pequeno Edward. O pequeno Edward Jenner.

Aos 14 anos, ele foi empregado como aprendiz junto ao cirurgião de Soldbury, vilarejo de Gloucestershire, condado onde vivera desde seu nascimento. Este senhor Ludlow nada tinha de cirurgião tal qual se imagina em nossos dias: o essencial de seu trabalho consistia em utilizar lancetas, que ele mantinha e afiava com rigor. Esses instrumentos eram o verdadeiro símbolo de seu ofício de cirurgião ambulante. Com eles, perfurava abcessos, cortava veias dos braços para realizar sangrias receitadas pelos médicos locais e efetuava outros pequenos atos que necessitassem incisões, em todas as localidades e em todas as posições. E depois, ele também raspava as barbas, pois era preciso ganhar seu pão. Ele fazia parte da confraria real de "barbeiros-cirurgiões".

Esse trabalho agradava bastante Edward, e ele acompanhava seu mestre em todas as excursões, ajudando-o nas tarefas. Na verdade, o trabalho do assistente era sobretudo manter bem seguro o indivíduo em que se fazia a incisão, sem anestesia, para impedi-lo de se mexer e se machucar. Era preciso igualmente limpar e afiar os instrumentos: nada havia de pior, nada havia de mais doloroso do que uma incisão efetuada com uma lâmina cega... Edward era o responsável pelo fio das navalhas de seu mestre.

O senhor Ludlow logo percebera as sólidas qualidades de Edward. Para começar, nunca era necessário repetir-lhe as instruções, ele as compreendia desde a primeira explicação e, às vezes, mesmo antes. Em seguida, ele era observador: dominava a arte de descobrir a pequena pústula escondida no corpo de um paciente, identificar a área onde o abcesso estava mais mole, indicando que estava maduro e que a incisão podia ser feita de modo eficaz, pois o pus ali se acumulara.

Após oito anos de aprendizado, o senhor Ludlow lhe disse:

– Edward, você já sabe tanto quanto eu. É preciso partir para Londres e estudar. Você tem valor para ser mais do que um mero "barbeiro-cirurgião", como eu. Precisa aprender anatomia e cirurgia sob a autoridade de um grande mestre. A partir da próxima semana, você assistirá às aulas de John Hunter. Sua escola é a mais famosa de Londres.

John Hunter era de fato o mais notável anatomista-cirurgião de seu tempo. Estudara em Oxford para se tornar médico, mas decidira não defender sua tese, preferindo abraçar a carreira de cirurgião militar.[74] Após três anos de campanha, ele resolvera se dedicar à prática da cirurgia (ele se tornou mesmo o cirurgião pessoal do rei Jorge III) e sobretudo ao ensino. Depois de trabalhar como dissecador na escola de seu próprio irmão, ele abriu a sua em 1764. Quando Jenner se inscreveu, em 1770, em suas aulas e demonstrações, ele se encontrava no ápice de sua glória, cercado de discípulos muito atentos e curiosos atraídos pelos seus ensinamentos particularmente revigorantes.

Entre o grande John e o jovem Edward, que era seu pensionista, houve uma química imediata. Hunter, acostumado a formar seus alunos, logo percebeu as qualidades de Jenner. Com frequência, ele o chamava à parte e lhe pedia para acompanhá-lo em suas visitas na cidade e assistir às suas operações. Ele tentava lhe transmitir o melhor de sua experiência:

– Não acredite em nada, experimente... – repetia ele.

Edward observava com os grandes olhos azuis, contemplando o mundo com um belo sorriso, aparentemente distante das primeiras realidades. Entretanto, tudo era registrado na sua cabeça com uma precisão absoluta, e o mais surpreendente era que ele o fazia sem o menor esforço.

– Edward, você precisa continuar seus estudos. Defender uma tese na universidade – dizia-lhe John, sem parar de preparar seu milésimo cadáver.

Hunter tinha reunido nos amplos espaços de sua escola centenas de pedaços de corpos humanos e dissecações de indivíduos em posição anatômica, que conservava no glicerol. Essas preparações permitiam-lhe ilustrar suas aulas.

Nesse dia, diante de um cadáver fresco, ele dissecava uma aponeurose na parte baixa da coxa, que recobria a artéria femoral superficial.

– Está vendo, Edward, sob esta aponeurose[75] e embaixo dela, a artéria não está mais recoberta por nenhum músculo da coxa e se pode acessá-la facilmente, antes que ela se dirija para os côndilos[76] do osso femoral. Por falar nisso, Edward, você que sempre diz não passar de um camponês apaixonado pela natureza, o capitão James Cook nos trouxe, depois de sua viagem às Índias, um monte de plantas secas, animais mais ou menos bem conservados e todos os tipos de objetos. Sir Joseph Banks gostaria que os classificássemos. Com isso, você ganhará algum dinheiro...

Edward gostou. Ele idolatrava Hunter. Este se tornara seu pai espiritual. Teria feito qualquer coisa por ele, que por sua vez o tratava com reciprocidade. Havia, porém, um único ponto sobre o qual era intransigente:

– Serei médico de província em Berkeley.

– Claro que será – respondia Hunter. – Mas, antes disso, você tem muito a fazer...

– Mas, senhor, o que há de mais belo do que ser um clínico geral na província inglesa?

– Não sei, Edward – retrucou Hunter, que nunca se fizera tal pergunta. – No fundo, talvez você tenha razão.

Alguns anos se passaram e Edward, ainda determinado, se tornara médico de província em sua terra natal.

Certa manhã, Edward tinha selado seu cavalo, pois devia fazer uma visita em várias fazendas na vizinhança de Berkeley. Alguns casos de varíola haviam sido apontados. A grande assassina retomava seu trabalho no condado de Gloucestershire. Seria preciso tomar muito cuidado com o contágio. O que o angustiava não era ele mesmo adoecer, mas contaminar Catherine ou um de seus filhos.

Pois é, Edward se casara e estava muito feliz com sua esposa Catherine em "The Chantry", uma casa grande e linda que tinham comprado na sua cidade natal: Berkeley. O encontro com Catherine Kingscote tinha sido, convém dizer, no mais puro estilo de Jenner: romântico e inesperado. Na verdade, Edward, incitado por outro médico da região, decidira construir um balão para reiterar as experiências dos franceses Montgolfier, mas resolveu construir um balão em seda inflado a hidrogênio! Perigoso, mas eficiente...

E então nosso Jenner, o homem voador, sem dúvida um dos primeiros da Inglaterra, decolou das alturas do castelo de Berkeley, no céu de Gloucestershire, sem saber para onde os ventos o levariam.

Eles o levaram (Éolo, guardião dos ventos, tendo se aliado nesse dia a Eros, nosso conhecido Cupido) na direção do parque de propriedade do senhor Kingscote, a 35 quilômetros de Berkeley. Foi Anthony Kingscote, pai de três moças em idade de casar, que viu descer do céu, dentro de uma máquina inverossímil, o mais sedutor e simpático dos médicos ambulantes... Catherine era a mais gentil e mais bela das filhas de Kingscote; o negócio estava então fechado.

Conduzido pelo seu cavalo, o doutor Jenner se deixava distrair pelo espetáculo da natureza que tanto amava. Os pássaros, em particular, não tinham mais segredo para ele. Acabara de enviar um comunicado à Royal Society, descrevendo os hábitos do cuco, esse pássaro que usava os ninhos de outros e se livrava de seus ovos para viver livre e sozinho!

Entre os homens, havia também os cucos. Era uma outra história. E depois, ele observara igualmente que vários pássaros se reuniam ao final do verão a fim de migrar para outros continentes de além-mar. Acreditava-se, na Inglaterra, que eles se escondiam para hibernar!

Por ora, era a reincidência da varíola que o preocupava. Vários de seus pacientes da vizinhança já haviam morrido ao longo do mês precedente. Ele se recordou então de uma crença popular que recolhera, conversando com os camponeses da região: as camponesas nunca contraíam a varíola! Conversando com eles, um de seus hábitos (conhecia todo mundo desde a infância), citaram-lhe diversas vezes um ditado popular:

– Se quiser uma mulher que nunca terá cicatrizes no rosto, case-se com uma leiteira!

De fato, jamais constatara a varíola em qualquer dessas moças. No entanto, não se podia dizer que fossem limpas ou asseadas... Suas mãos eram sujas, frequentemente cheias de terra, com pústulas que subiam pelo antebraço. Estas às vezes se infeccionavam, e era preciso fazer curativos; ele já examinara um bom número delas. Fácil, pois em geral elas não eram tímidas. Ele podia despi-las completamente para procurar acnes em seus corpos brancos. Em pouco tempo, elas se livravam de suas saias, blusas e corpetes, o que ocasionalmente ocorria dentro de um celeiro. Exame que lhe era custoso obter com as burguesas, cujo pudor só permitia exibir a pele muito parcimoniosamente, e apenas na presença de seus maridos! Ele encontrara algumas que estavam prontas a lhe retribuir de imediato toda a gratidão que sentiam pelo cuidado com seu estado de saúde!

Ele examinara tantas delas, corcundas e mancas, mulheres robustas cheias de sinais de nascença, do nariz até o púbis, grávidas que ignoravam seu estado, outras que tossiam e já cuspiam o sangue e o pus de suas cavernas pulmonares, ou exibiam cancros sifilíticos no baixo ventre. Mas a varíola, refletindo bem, ele nunca detectara nessas moças...

Talvez se tratasse da doença das vacas, que chamavam de *cow-pox* ou "vacina", que podia ser transmitida ao ser humano por contato e portanto às ordenhadoras e aos rapazes da fazenda, sob forma de pústulas mais ou menos profundas sobre as mãos e nos antebraços?

Uma dessas moças, justamente, cuidava de Andrew Constable, que acabara de contrair a doença. Jenner o conhecia bem, tinham frequentado a mesma escola primária. Durante alguns dias, Andrew se sentiu febril com breves calafrios e uma forte dor de garganta. "Acho que peguei uma friagem, não vou incomodar Edward por tão pouco", disse a si mesmo.

No dia seguinte, ele sentiu dor de cabeça e, no outro, uma infinidade de pequenas vesículas confluentes surgiram em seu rosto, costas, tórax e nas palmas das mãos. Jenner foi vê-lo sem tardar. O diagnóstico pareceu-lhe evidente.

Ele colocou o doente em quarentena, proibindo o resto da família de se aproximar: a contaminação ocorria pela respiração ou contato direto. Ele pediu a Daisy, ordenhadora de vacas da fazenda vizinha, que cuidasse de seu amigo. Antes disso, certificou-se de que Daisy tinha tido "vacina", se havia nos antebraços as cicatrizes características, e de que ela nunca tivesse sido contaminada pela varíola.

Apesar das poções e dos unguentos, Andrew morreu, vítima anônima entre tantas, inumeráveis, da grande assassina. Mas Daisy estava em boa forma e, quinze dias depois, nada mudara, testemunhando triunfalmente sua imunidade.

Jenner reafirmava sua convicção.[77]

Na realidade, sabia-se havia muito tempo que a varíola em si, se não matasse o paciente, o imunizava. O retorno da infecção era de fato aparentemente impossível, e depois de um bom tempo, em vários países, praticava-se a variolização,[78] ou seja, injeções voluntárias do líquido de vesículas variólicas em indivíduos sãos a fim de evitar a doença. Deviam escolher o líquido proveniente de enfermos cuja doença havia sido branda. Infelizmente, os resultados seguiam aleatórios: algumas pessoas morriam, outras contraíam uma forma normal da doença com as cicatrizes medonhas, outras, uma forma atenuada, objetivo ideal da variolização. Enfim, efeito mais perverso, algumas pessoas não tinham sinal algum, mas, por outro lado, estavam sujeitas a contrair a enfermidade!

Era preciso ousar, Jenner ousou...

Sua consulente, naquela tarde, aguardava no vestíbulo de "The Chantry". Ela não se atrevia a se sentar, impressionada com o local. Era uma linda moça corpulenta, os cabelos louros brotando de seu chapéu de camponesa, ostentando um busto generoso de um branco leitoso dentro do corpete. Ela estava visivelmente tomada pela mais viva agitação e saltava de um pé para o outro. Quando Jenner veio vê-la, ela lhe disse, angustiada:

— Senhor Edward, será que vou ficar desfigurada pela varíola?

— Por que você me pergunta isso, Sarah? — quis saber Jenner, que já notara as pústulas no braço direito da moça e compreendera as razões de sua inquietação.

— Mas olhe só essas coisas estranhas no meu corpo...

Ela exibia várias pústulas na altura das mãos e cinco maiores no alto do braço. Tinha esperado antes de se consultar, pois sua família não era muito rica. O estado das vesículas havia passado amplamente e a doença encovava agora a derme para ali deixar sua indelével cicatriz. Jenner verificou com cuidado se não havia outras pústulas no resto do corpo de Sarah e a interrogou:

— Diga-me, Sarah, você é leiteira na fazenda de mestre Turner, na estrada de Sodbury?

— Sou sim, senhor.

— Você não viu uma vaca doente recentemente, com infecções nas tetas?

— Vi, com certeza, senhor. Eu vi a vaca Blossom com as tetas como o senhor disse.

— Escute, minha filha – disse Jenner. – Não somente você não ficará com pústulas no rosto, como também nunca será vítima da pequena varíola. Quanto às pústulas no seu braço, elas vão logo sarar. Volte amanhã na mesma hora, vou precisar de você!

— Com certeza, senhor Jenner, venho sim. E lhe daria até um beijo por causa dessa boa notícia...

No dia seguinte, 1º de julho de 1794, o tempo estava soberbo nos campos de Gloucestershire, fazia quase calor. Edward convocara a senhora Phipps e seu filho de 8 anos, James. Os Phipps eram agricultores sem-terra, empregados nas grandes fazendas das redondezas. Ele decidira inocular o líquido contido em uma das pústulas de Sarah no braço de James, que nunca tivera varíola e cuja mãe se mostrava inquieta diante da epidemia, tendo lhe perguntado várias vezes sobre o interesse de uma variolização de seu filho:

— Tenho muito medo pelo James. O senhor acha mesmo que a variolização pode ser perigosa?

— Muitos morreram, senhora Phipps. Mas tenho uma ideia que poderá ser bem melhor. Avisarei quando estiver pronto.

A robusta Sarah estava novamente muito intimidada. Ela estendeu o braço. Jenner removeu a crosta da pústula com sua lanceta e recolheu o líquido esverdeado e purulento no fundo da cavidade. Depois, efetuou com a mesma lanceta uma escarificação na face externa do braço de James, que soltou um grito de surpresa.

— Vamos, James, mostre à sua mãe, a Sarah e a mim que você é valente!

As duas mulheres, duas camponesas, imóveis, prendendo a respiração, estavam inclinadas sobre o braço do garoto, observando atentamente os gestos do cirurgião.

— O senhor tem certeza, doutor Jenner? – não se conteve a mãe de James.

— Tenho, minha senhora! – rebateu Edward.

Ele tomou todo o cuidado para espalhar o pus na pequena ferida que criara e encobriu tudo com um pedacinho de gaze limpa, enfaixando em seguida o braço do menino.

A etapa seguinte era crucial para a demonstração. Seria razoável? Após se certificar de que a "vacina" havia sido bem introduzida em James, era preciso ir até o fim e fazer tudo para que ele pegasse a varíola.

Hoje, tal demonstração leva a supor um procedimento complexo, para o qual a quantidade de comitês necessários presente consumiria várias páginas. Jenner optou por ser mais expeditivo. E ele efetuou o que agora se chamaria, com certa desaprovação, uma "experimentação humana".

De fato, seis semanas depois, Jenner inoculou deliberadamente em seu jovem paciente o líquido de uma vesícula variólica. Havia uma abundância de doadores. James suportou tudo isso sem se incomodar, tendo apenas uma febre baixa nos dias que se seguiram, e foi impossível infectá-lo com a terrível doença. Jenner recomeçou seis meses mais tarde, sem nenhuma reação.

Nascia assim a "vacinação".

Como todos os grandes descobridores, Jenner teve de enfrentar o ceticismo e a incompreensão. Seu relatório inicial sequer foi publicado pela Royal Society. Assim que seus trabalhos ficaram um pouco conhecidos pelo público, ele sofreu uma campanha dos jornais contra sua vacinação, pois uma boa quantidade de gente, ao menos segundo os caricaturistas, temia que ela fizesse nascer chifres de vaca na testa!

Entretanto, muitos de seus colegas o apoiaram e, após uma investigação parlamentar, ele obteve do rei um financiamento de 10 mil libras esterlinas para prosseguir sua pesquisa sobre a vacinação. Somente em 1840 a vacinação se tornou recomendada na Inglaterra e a variolização, proibida.

Napoleão logo percebeu o interesse de tal descoberta. Logo ele, que se preparava para invadir a Inglaterra! Em 1804, temendo mais o vírus inglês do que suas balas, ele propõe a vacinação do Grande Exército no campo de Boulogne.

Ninguém é profeta em sua própria terra!

Visita à ambulância de Larrey na noite de Eylau

Larrey passa o dia sentindo um frio glacial, coldre de cirurgião no ombro, tentando reconfortar os soldados no campo de batalha • Ele é obrigado a desobedecer ao imperador, que o ordena a embalsamar o corpo do general Dahlman, num momento em que está sobrecarregado com a quantidade de soldados a amputar • Napoleão, metido em seu casaco revestido de peles, percorre o campo de batalha e percebe então a dimensão da carnificina.

Na noite da Batalha de Eylau, em 8 de fevereiro de 1807, o termômetro caiu a -20 °C.

Dentro de sua ambulância, Larrey, o cirurgião-chefe da guarda imperial, escrutava do alto de sua pequena estatura a planície sob um manto de neve que parecia se mover na escuridão, animada pela massa de feridos que os enfermeiros ainda não haviam socorrido. Um lamento surdo soava sobre um fundo contínuo de choros, do qual escapava o grito lancinante de milhares de inválidos ou moribundos. Em todo canto, percebiam-se os canos dos fuzis partidos, as armas, as couraças, os corpos de cavalos eviscerados. Uma verdadeira chacina.

O dia todo, durante a batalha, Larrey, com seu coldre de cirurgião contendo sua serra e suas facas de amputação pendurado no ombro, enfrentando todos os riscos, tinha operado os soldados feridos, antes mesmo de levá-los para a retaguarda. Durante todo o dia ele se sentiu possuído por uma força sobrenatural. Mas, ao entardecer, o cansaço e o desespero se abateram sobre ele. No entanto, tudo estava apenas começando!

Na cidadezinha de Eylau, Larrey requisitara uma casa, cujo teto não estava destruído demais, para servir de sala de operação. Ao longo das paredes, centenas de cadáveres se amontoavam à altura das janelas. Alguns soldados sobreviventes utilizavam a madeira das portas e janelas para acender um fogo, perto do qual se aqueciam um pouco, ao mesmo tempo em que assavam pedaços de cavalos mortos.

A noite ia ser longa. Larrey conseguiu finalmente se afastar desse espetáculo e voltou para sua ambulância.

– E Percy e suas ambulâncias, que ainda não chegaram ao campo de batalha. Ele me seria muito útil – resmungou ele, tentando aquecer os dedos entorpecidos dentro do casaco. – Desta vez, ele teria sido útil para recolher esses pobres coitados!

A regra de Larrey, cirurgião-chefe da guarda imperial, era a amputação para todas as fraturas abertas nas pernas. Um pouco acima da ferida. Era o único meio de evitar a infecção e a gangrena, ou seja, a morte. Para Percy, cirurgião-chefe do Grande Exército, ao contrário, era preciso evitar a amputação e tentar enfaixar o ferimento! Nada era simples no mundo dos cirurgiões militares!

Ele apanhou sua faca longa de amputação. O jovem soldado estendido à sua frente tinha engolido meia garrafa de aguardente. Dois enfermeiros mantinham seus braços firmemente imobilizados, outro segurava sua perna sadia e o membro ferido bem apoiado sobre a mesa operatória de campanha. O cirurgião se aproximou e verificou o torniquete apertado sobre a raiz do membro:

– Há quanto tempo você colocou esse torniquete? – perguntou Larrey.

– Há alguns instantes apenas – respondeu seu assistente.

– Por esta noite, será o bastante[79] – retorquiu Larrey, dando de ombros.

Depois, se dirigindo ao jovem soldado da 15ª linha, perfeitamente imobilizado, que o olhava, assustado:

– Então vamos, meu rapaz. Trinque com força seu cachimbo entre os dentes e pense na sua namorada. Logo você voltará a vê-la!

Larrey enfiou a faca na face lateral da coxa, buscando o contato com o osso fêmur. Depois, com um gesto seco, talhou obliquamente a carne, arrancando um grunhido do soldado que, mesmo assim, não relaxou a mordida. Larrey então procurou com os dedos a artéria femoral, que pôde identificar pela palpitação e que apertou com uma pequena pinça para evitar a hemorragia. O assistente se aproximou com várias crinas que acabara de arrancar do rabo de um dos cavalos da ambulância e as enrolou em torno da pinça.

– Nada há de mais resistente do que essa crina – comentou Larrey com seus ajudantes. – A ligadura permanece sólida e não cai após alguns dias, como a crosta deixada por uma cauterização.

Enquanto falava, ele efetuava a segunda bivalve, a posterior, ajustando o retrator que seu assistente lhe dera.

Os dois ajudantes pressionaram então os músculos para cima, enquanto ele começava a serrar o fêmur. Após algumas rápidas idas e vindas, a perna caiu e foi recuperada pelo cirurgião assistente, que a jogou lá fora, sobre a pilha de cadáveres. O retrator foi removido. Os assistentes reaproximaram os músculos e a pele. O cotoco foi enfaixado com gaze e comprimido até que o sangramento cessasse. A operação durara poucos minutos. Então, um baque surdo se produziu sobre o chão da sala: o cachimbo que o soldado mantinha cerrado entre os dentes acabara de cair e o forno de argila se partira em pequenos pedaços.

– Ele quebrou seu cachimbo! – exclamou Larrey.

– Ele está morto! – acrescentou seu ajudante.

– É a mesma coisa[80] – resmungou Larrey, enxugando as mãos cheias de sangue em seu avental, enquanto preparavam o soldado seguinte.

Finalmente, o dia raiou, com o mesmo céu cinzento, triste e frio da véspera. Descobriu-se então o que já se imaginava: um verdadeiro terror se oferecia aos olhos. Na planície, milhares e milhares de cadáveres.[81] O imperador, enfiado em seu casaco de pele, tinha decidido percorrer o campo de batalha a cavalo. Mas seu animal custava a evitar os cadáveres amontoados na neve, entre os quais se encontravam feridos que ainda não haviam sido socorridos e que pediam ajuda. A fim de manter uma boa postura, pois ele parecia de fato comovido, deu ordens para que fossem ajudados.

A equipe de Larrey não aguentava mais. Tinham trabalhado a noite toda e os enfermeiros das ambulâncias descansavam um pouco, antes de retornar ao campo de batalha. Eles também sofriam com o frio.

Mais adiante, cavavam-se com dificuldades enormes fossas, verdadeiras trincheiras que eram enchidas de cadáveres e cobertas em seguida com terra congelada e neve. Assim foi enterrada a 14ª linha inteira, com o coronel do regimento por cima para dar um bom exemplo.

A maior parte das tropas estava a postos no local onde havia combatido e acampado. O imperador se viu então diante do resto do regimento do coronel Putigny, da divisão Friant:

— Coronel, é este seu regimento?

— Sim, Majestade. Tudo o que sobrou. Perdi trezentos homens ontem.

— Entre eles, quantos se ausentaram para transportar os feridos?[82]

— Poucos, Majestade. Eu os proibi expressamente.

— Você perdeu muitos homens. Seu regimento é um dos mais valentes do meu exército e hoje ele cumpriu uma missão bem difícil. Repousados e restabelecidos, outros homens virão preencher suas fileiras.

Então, recuperando um pouco de suas forças, esses sobreviventes se levantaram e clamaram em uníssono:

— Viva o imperador!

Lá estava ele com seu casaco revestido de peles. A mão esquerda segurava as rédeas e, com a direita, ele esboçou um gesto de silêncio ou de bênção.

Durante essa inspeção, Larrey acabara de fechar os olhos havia menos de dez minutos, quando lhe trouxeram o general Hautpoul sobre uma maca.

— Senhor, o imperador quer que examine imediatamente o general. Sua perna foi atingida por um biscaio!

Hautpoul era uma figura célebre.

General de divisão da couraceiros, ele era, desde as guerras da Revolução, aquele que encarnava verdadeiramente a grande cavalaria pesada. Fora ele quem atacara Pratzen, e Napoleão sabia que tinha sido um artesão da vitória em Austerlitz. Ainda no dia anterior, ele desferia três investidas à frente de seus homens como um louco, como um jovem insensato e invencível, a crina de seu capacete ao vento, a espada erguida, quando foi interrompido brutalmente por um cruel tiro de mosquete.

Larrey se aproximou do ferimento na coxa, de onde o sangue escorria lentamente, formando uma poça.

— É preciso amputá-lo, meu general — disse Larrey calmamente, passando o braço em volta de seus ombros.

— Nunca. Está me escutando, Larrey, jamais. Onde já se viu um soldado montar a cavalo sem uma das pernas?

Larrey calou-se. Jean-Joseph d'Hautpoul tinha o direito de escolher seu destino. Para ele, a cavalaria era mais importante do que sua vida. E depois, seu adjunto viera lhe sussurrar que o imbecil do Percy, que acabara de chegar, já vira o ferimento e aconselhara simples curativos. Que incompetente! Evidentemente, era sua opinião que seria respeitada. Vendo-o se afastar em meio à balbúrdia dos enfermeiros, o cirurgião sabia com certeza que o general morreria em alguns dias.

Enquanto Larrey continuava amputando os soldados que lhe traziam, Percy se dirigira ao imperador no campo de batalha, ávido pelos elogios do grande homem.

– Você tem muitos feridos? – perguntou Napoleão, com seu sotaque italiano.

– Majestade, acho que já socorremos 4 mil.

– Os ferimentos são graves?

– Mil deles são de extrema gravidade.

– Quantos desses feridos podemos perder?

– Um terço, porque as balas e os estilhaços de obuses foram devastadores.

Napoleão parecia de fato bastante abalado, o que não ocorria em todas as batalhas. Podia constatar também a falta de enfermeiros. Sabia que esse regimento médico não era suficientemente valorizado. Era preciso resolver isso. Falaria com Lombard, comissário de guerras.

À tarde, a atividade seguia intensa, as operações continuaram sendo feitas ao ar livre, apesar do solo gelado. Alguns médicos russos que tinham sido detidos vieram ajudar.

Larrey, aparentemente insensível a todos esses sofrimentos, tentava organizar o socorro com a ambulância. A água estava gelada e era preciso manter o fogo aceso sob as enormes panelas para fins cirúrgicos. Mas os feridos que aguardavam para ser tratados só podiam saciar sua sede com a neve mais ou menos suja, recolhida no chão.

Foi em meio a essa extrema penúria, quando estava ocupado com Billon consertando uma janela, que ele foi incomodado por um coronel do Estado-Maior, portador de uma ordem por escrito, assinada pelo imperador: era preciso que ele viesse imediatamente para embalsamar o corpo do general Dahlmann, ferido na véspera por estilhaços de obuses no rim esquerdo. Larrey avisou logo que se tratava de um ferimento fatal.

Larrey leu a ordem, escrita pela mão de Napoleão, sempre descuidado na ortografia, e que escrevera o nome do general "d'Allemand", no lugar de Dahlmann... Empertigando-se para compensar sua pequena estatura, que contrastava com a do coronel, ele lançou:

— Volte e diga à Sua Majestade que não abandonarei setecentos a oitocentos feridos, metade dos quais poderei salvar, para cuidar de um morto, por mais gloriosa que seja sua memória.

— Devo transmitir sua resposta nesses termos? — exclamou o coronel.

— Nestes termos — repetiu Larrey, furioso e exausto.

Era, sem dúvida, um dos únicos no Grande Exército a poder desobedecer a Napoleão, quando julgava que sua missão era prioritária. Ele, que o havia acompanhado desde a primeira campanha da Itália, quando era ainda o jovem Bonaparte, promovido pela vontade de Barras, ao comando de seu exército maltrapilho! "Você vale uma divisão!", lhe dissera, de tanta confiança que sua presença trazia aos soldados, certos de serem socorridos em caso de ferimento. Foi lá que ele testou as primeiras ambulâncias para recuperar os feridos durante o combate.

Agora, era esperar para ver. E Larrey voltou a seus pacientes.

Napoleão permaneceu em Eylau até o dia 17, pois percebia que sua presença era importante junto às tropas, após uma carnificina. No momento de partir, ele passou à frente de Larrey, que também se preparava para se unir novamente à Guarda, já acampada em Osterode.

— Senhor Larrey, não carrega sua espada?

— Majestade, ela me foi roubada na ambulância!

Sacando a sua própria, Napoleão a entregou a ele:

— Fique com esta em lembrança dos serviços prestados na batalha de Eylau!

Esse presente pessoal do imperador, assinando a reconciliação após o episódio Dahlmann, reconfortou toda a equipe do cirurgião-chefe.

Enquanto o imperador se afastava em seu cavalo, Billon se aproximou de Larrey:

— Então, que lições o senhor tira dessa batalha?

— A lição de jamais ter sido submetido durante minhas campanhas a uma prova tão rude. Mas aprendi também que o frio, se ele foi nosso inimigo, por outro lado ajudou a reconfortar nossos feridos na dor intensa das amputações. Há no frio uma espécie de anestesia, e será preciso se lembrar disso!

Por que Larrey?

É preciso admitir suas fraquezas. Como todos os cirurgiões, eu dedico um culto sentimental a Dominique Larrey. Ao "barão", como dizemos entre nós.

O nome de Larrey evoca a cirurgia de urgência, a habilidade incrível daquele que realizava uma amputação em menos de um minuto, o sopro da epopeia napoleônica, a vibração das grandes ideias humanitárias apesar do horror cotidiano!

Larrey é a epopeia da cirurgia.

É verdade que poucos cirurgiões podem se orgulhar de ter seu nome gravado sobre o Arco do Triunfo! Através do barão, é toda a cirurgia que é homenageada.

O imperador dizia a seu respeito que jamais conhecera homem tão virtuoso. Deixemos para ele a qualidade de saber julgar os homens: isso era certamente verdade, visto que a vida de Larrey foi uma sucessão de atos de bravura, inteligência médica e virtude familiar.

Sua grande ideia, desde o início de sua carreira, tinha sido compreender que, quanto mais precoce fosse o tratamento, melhores seriam as chances do ferido. Ora, durante as guerras revolucionárias, o dogma militar ainda impunha aos cirurgiões permanecerem pelo menos uma légua afastados do campo de batalha e só intervir ao final dos combates. Perda de tempo e perda de chances consideráveis! Aperfeiçoando as ambulâncias leves que Larrey propusera para carregar macas e material, ele imaginou as ambulâncias ligeiras, destinadas desta vez ao transporte de feridos, que podiam ser operados após terem sido resgatados no meio dos combates.

Um progresso formidável, pois toda a noção de urgência cirúrgica se encontra neste ato!

A garantia de ser socorrido tranquilizava os soldados, que o consideravam como a "Providência", e, quando Napoleão dizia a Larrey que ele valia toda uma divisão, ele estava apenas lançando mais algumas palavras para a história.

Outra de suas grandes ideias, à qual pouco se deu atenção, era a de que um ferido não tinha uniforme. Ou seja, era tão lógico cuidar de um francês quanto de um russo ou de um austríaco, a partir do momento que ele estivesse em perigo e ao alcance de tratamento. Essa atitude foi evidentemente criticada na sua época. Persistente, Dominique Larrey tentou até mesmo, após 1815, com o inglês Sydney Smith, constituir um organismo neutro supranacional a fim de se encarregar dos feridos de guerra... Era cedo demais. Foi preciso esperar Dunant e a primeira Conferência de Genebra, em 1864, para que essa ideia se concretizasse.

Mas, graças a Larrey, uma noção da medicina humanitária acabava de nascer!

Enquanto isso, ironia do destino, a ideia lhe salvou a vida. Na Batalha de Waterloo, Larrey foi detido pelos prussianos que queriam executá-lo. Em circunstâncias dignas de um romance de Alexandre Dumas, ele foi reconhecido pelo marechal Blücher em pessoa, que se recordou, in extremis, *que Larrey salvara a vida do seu filho, socorrendo-o num campo de batalha alguns anos antes.*

Finalmente, ele tomou a defesa dos soldados que, em 1813, foram acusados de se automutilar para escapar da grande matança. Esses soldados deviam ser fuzilados. Larrey usou toda a sua influência junto ao imperador para impedir esse castigo.

Responsável e defensor dos feridos... Que homem, que personagem!

Por isso Larrey continua sendo o rei dos cirurgiões franceses!

14
França, país de varicosos

Ficamos sabendo que a França é o país em que a incidência de varizes nos membros inferiores é a mais elevada do mundo • Descobrimos a inquietação dos órgãos pagadores estatais diante do consumo de remédios e de atos cirúrgicos que essa enfermidade impõe • Os médicos da saúde pública se arriscam em hipóteses históricas diante de uma doença genética que teria sido favorecida pelas instruções dos oficiais recrutadores do império.

— Eu lhe peço expressamente para realizar esse estudo sobre esse remédio contra varizes! Eu entendo, Alexandre, que isso não lhe interesse, mas quero muito conhecer a dimensão do desastre.

— Mas, senhor diretor, o estudo está em andamento e, conforme suas instruções, já estamos na fase de redação. Vamos submeter os resultados à sua apreciação. O senhor não ficará desapontado.

Essa conversa ocorria dentro do gabinete do diretor do Órgão Nacional de Prescrição e Consumos de Remédios, no início de 1999. O doutor Alexandre Delamare tinha sido encarregado de efetuar os estudos sobre os remédios mais consumidos na França e tentar encontrar explicações para esses deslizes a fim de reduzir (se possível!) o déficit abissal da Previdência Social... Para tanto, era preciso se dedicar a uma infinidade de investigações junto aos órgãos pagadores, os hospitais e os médicos instalados nas cidades, e também comparar o consumo com o de outros países ocidentais, na esperança de descobrir uma maneira de fazer economias.

— E então, você descobriu por que os franceses consomem cinco vezes mais remédios contra as varizes que os demais países da OCDE?[83] Isso nos custa 4 bilhões de francos[84] por ano, é muito mais do que todos os países da Europa juntos e sem comparação com o que se gasta nos *States*. — Ele dizia *States* com um sotaque americano para lembrar ao seu subordinado que tinha um *Master of Business* de Harvard... — Sem

mencionar as operações de *stripping* (termo em inglês para a remoção de veias varicosas). Elas sustentam a maioria dos cirurgiões vasculares. Quantas intervenções foram feitas no ano passado?
– Cerca de 300 mil, senhor.
– Trezentos mil, é ainda mais do que eu pensava. E no meio disso, eu suponho que não estejam incluídos todos os pequenos atos como a esclerose, as sessões de *laser* e outras coqueluches.
– De fato, senhor.
– A CPAM[85] está furiosa, Delamare, está cansada de reembolsar atos cirúrgicos como esses, que são praticamente intervenções estéticas. Você imagina o custo, chega a bilhões de francos!

Delamare sabia o valor exato, com uma margem de 100 milhões. Considerando o ambiente, ele preferiu preservá-lo para a demonstração definitiva dos resultados. O diretor deu uma volta completa em sua poltrona, depois apoiou os cotovelos sobre a mesa, cruzou as mãos e, com os olhos por cima dos óculos com lentes em meia-lua e aros dourados fixando seu colaborador, perguntou:
– Então, doutor Delamare, achou a causa dessa prevalência inacreditável da doença varicosa nos franceses?
– Creio que sim, senhor!
– E então qual é a causa dessa doença tipicamente francófila?
– Napoleão, senhor.
– Está brincando, Alexandre! A culpa é de Napoleão. Essa é velha. Precisa achar outra coisa.
– Se não se importar, senhor, permita-me primeiro tentar expor minha hipótese...

Convém dizer que a constatação era severa. Vejamos só: 18 milhões de receitas de tônicos antivaricosos por ano, na França, 110 mil caixas vendidas em 1994. Em 1997, entre os cinquenta produtos mais vendidos em faturamento apareciam três remédios para insuficiência venosa. A análise de valor mostrava um forte crescimento entre 1993 e 1994 (aumento de 215%, contra a média anual de 11%), ou seja, 3 bilhões e meio de francos em 1994. Por sinal, as vendas desses remédios reembolsáveis correspondiam, incluindo as margens dos atacadistas e dos farmacêuticos e o imposto TVA, a 4,4 bilhões de francos (preço público, todos os tributos inclusos). Podia-se estimar um custo para os regimes de previdência de saúde de cerca de 1,6 bilhão de francos (por volta de 240 milhões de euros), levando em conta a parte dos remédios reembolsáveis comprados em automedicação e a taxa de cobertura dos custos da Previdência Social.

Quanto à cirurgia, o diretor estava com a razão, era uma quantidade ilimitada de intervenções. Havia clínicas que se dedicavam unicamente a essa atividade. Algumas, ignorando o código de deontologia, chegaram a criar "a clínica da bela perna" e começavam a pôr anúncios na Internet. Mas em relação aos atos cirúrgicos, a partir do momento em que as pessoas desejavam ser operadas, não havia nenhuma ação prática a ser tomada.

Delamare passara tudo pela peneira.

Primeiro, ele verificara junto à HAS[86] que se tratava de fato de uma das patologias mais frequentes da população adulta, visto que 75% dos franceses se declaravam portadores dessa enfermidade e que 25% dentre eles necessitavam de cuidados médicos ou cirúrgicos.

Em seguida, ele verificara o faturamento em dólares de remédios contra as varizes em todos os países, a fim de efetuar uma comparação rigorosa da evolução do mercado francês com a dos principais mercados estrangeiros. A evidência saltava aos olhos: sozinha, a França representava 70% do mercado mundial desses remédios (cerca de cinco vezes mais do que o mercado alemão, oito vezes mais do que o mercado italiano). Quanto aos mercados americano e inglês, estes praticamente não existiam!

Para relembrar sua época de medicina clínica, que por vezes lhe escapava um pouco, agora que se tornara médico de saúde pública, Delamare voltou a pesquisar suas anotações de estudante. Na pilha, ele encontrou uma pasta amarelada na qual se lia "Patologia externa", do tempo em que preparava um projeto de residência hospitalar, com a seguinte inscrição na capa: "Varizes dos membros inferiores, sinais, diagnóstico e tratamento". O dossiê não era volumoso, portanto, tratava-se de uma questão pouco comum nos concursos!

Na primeira página, ele encontrou resumida a definição de Arnoldi: uma variz é uma veia dilatada, tortuosa ou de comprimento aumentado tocando uma veia subcutânea, excluindo as varicosidades intradérmicas.[87] Havia outras definições: por exemplo, uma variz pode dizer respeito a "qualquer veia superficial proeminente" ou "qualquer veia que tenha perdido sua função valvular, com dilatação permanente verificável ao tato".

Delamare se lembrava daquelas pacientes com as pernas espessas, deformadas por monstruosas dilatações. Ele se recordava do professor X., diretor de um de seus estágios externos em cirurgia, que se especializara nessa operação, enfiando seu *stripper* na veia por meio de uma pequena incisão sobre o calcanhar e o recuperando na altura da virilha. Em seguida, ele colocava uma esfera (que chamávamos de azeitona) numa das extremidades e arrancava (não havia outro termo para designar essa prática bárbara) a veia da dimensão do membro. Um fluxo de sangue escurecido escapava pelas incisões. Então, ele levantava a perna, massageava várias vezes sobre o trajeto do *stripping* para extrair o sangue que escorria ainda pelas colaterais da grande veia safena e enfaixava a perna. O resultado era espetacular. Os médicos residentes de seu serviço diziam entre si que sua linda casa de férias, no sul da França, poderia se chamar "Saphena Magna"...[88] Piada de estudantes de medicina!

Delamare se lembrava também das verdadeiras complicações dessa doença, que de fato não eram fatais, mas que incapacitavam consideravelmente aqueles que dela sofriam: a desesperadora úlcera varicosa na sua cronicidade degradante, a horrível dermatite que transformava as pernas em dois troncos recobertos de pequenas crostas e a famosa trombose, terrivelmente dolorosa, quando a veia se obstruía e era preciso extrair o coágulo por meio de incisões. Doença benigna, é claro, como dizia o diretor, mas que traz consigo seu cortejo de desgraças, sobretudo para aqueles que não se tratam! Poucas chances de a Previdência Social fechar suas contas nas horas dessas complicações...

Um ponto fundamental chamava atenção em toda essa documentação: a doença venosa era uma doença de família. Havia famílias varicosas: a mãe a transmitia à filha como um presente que ela mesma recebera da avó! Quanto aos homens, eles não estavam excluídos, muito pelo contrário. Mas é preciso dizer que se queixavam menos, as calças compridas podiam explicá-lo! O caráter pouco estético da doença em seu início incomodava menos esses senhores, que contavam com seus pelos e suas ceroulas. Entretanto, havia descrições, no caso deles, de formas mais intensas, com pernas deformadas por verdadeiros cachos de uvas, ao passo que o incômodo funcional estava totalmente ausente e não impedia uma vida normal, e mesmo a prática de esportes.

Doença de família: traduzindo isso em linguagem atual, seria melhor falar de doença hereditária, e alguns indivíduos já haviam demonstrado anomalias genéticas na síntese do colágeno que constituía a parede da veia dos varicosos.

– Doença genética... Você disse doença genética?

Num dia de janeiro de 1809, Jean-Baptiste Duchemin foi levado pelo pai, na charrete da fazenda, para a loteria que se realizava na sede da província. Um recrutamento de 80 mil homens na classe de 1810 tinha sido decidido por uma consulta do senado em 10 de setembro e pelo decreto de 12 de setembro de 1808. Sua província devia fornecer quarenta homens, entre os 120 recrutas da classe de 1810: entre eles, Jean-Baptiste Duchemin. A lista de recrutas, estabelecida em fins de setembro, permaneceu exposta em cada comunidade durante o mês de dezembro; a maioria deles era, como ele, formada por agricultores.

– Meu rapaz, você vai se virar para tirar um bom número – disse-lhe o pai, sempre rabugento com seus filhos.

Jean-Baptiste sentiu vontade de vomitar: ele o chamara de "meu rapaz!", algo de inusitadamente afetuoso vindo da boca de seu pai.

– Só faltava agora você ir à guerra... Preciso de você na lavoura! Além disso, sua mãe não é de muito préstimo com aquelas pernas que não a sustentam mais.

Jean-Baptiste, em seu íntimo, hesitava: evidente que era um pouco triste deixar sua mãe, seus irmãos e irmãs. Mas partir para o Grande Exército do imperador, trajar um belo uniforme, como via nas imagens que traziam os vendedores de almanaques, e conquistar o mundo... Era certo que Rose, a filha do mestre-ferreiro, por quem estava apaixonado, ficaria bem impressionada se o visse de polainas e fuzil com baioneta! Assim, ele eliminaria seus rivais da aldeia, já que não era o único a flertar com Rose. Ela o esperaria, certamente. Como ele sabia ler e escrever um pouco, havia mesmo a chance de se tornar oficial. As promoções eram rápidas nas tropas do Império.

A loteria se realizaria na prefeitura, com a presença do subprefeito, o oficial de recrutamento, o oficial de polícia, os prefeitos de cada comunidade e de todos os conscritos da província, enfileirados por ordem alfabética.

Os recrutas foram chamados sucessivamente, na ordem das comunidades, para retirar de uma urna um dos boletins numerados de 1 a 120. O subprefeito, no decorrer do sorteio, elaborava a lista de designação da província, dando, em relação ao número obtido, o nome de família do recruta, seus nomes, seu domicílio, o de seus pais, sua profissão. Quanto mais elevado fosse o número, maiores eram as chances de os recrutas se livrarem do serviço militar e conservarem seus trajes civis.

Jean-Baptiste não podia ter tirado pior número: o 4! Sua partida era certa... O pai ia ficar enfurecido!

Imediatamente após o sorteio, os jovens eram examinados pelo subprefeito e pelo oficial de recrutamento. Aqueles cuja estatura fosse inferior a 1,54 metro ou que sofresse de invalidez evidente eram logo reformados.

Quando chegou a vez de Jean-Baptiste, o oficial de recrutamento mostrou as pernas ao subprefeito. Elas eram bem retas e sólidas, porém cheias de inchaços, particularmente na face posterior da panturrilha, com monstruosos cachos de varizes.

— Este aí não serve! Todos os que têm pernas ruins devem ser reformados. As instruções são formais. O imperador deixou bem claro: "Quero soldados que possam marchar. Minha melhor arma são suas pernas!".

Cabe dizer que ele fez o que dissera, levando-os a marchar nos Alpes, primeiramente, depois de Boulogne a Austerlitz, e em seguida até Varsóvia, passando por Viena...

Jean-Baptiste era um incansável caminhante. Pernas como as dele quase todos tinham na família, e nunca impediram ninguém de andar, ou mesmo correr. Mas não queriam saber de sua opinião, e nem ele a deu. Restava-lhe voltar até o pai, que o aguardava na praça da prefeitura.

— E então?

— Reformado!

— Melhor assim.

E prosseguiu, falando sozinho:

— Não se cria uma criança, com tudo que isso custa, para se fazer dela bucha de canhão!

Depois, o homem sentou no banco da charrete, disse algumas palavras grosseiras para o cavalo e eles tomaram o caminho de casa.

As guerras da Revolução e do Império iam mobilizar, no campo francês, 3.587.000 homens. A quantidade média de recrutas oscilava, até 1812, entre 30 mil e 80 mil por ano. Durante as guerras imperiais, de 1800 a 1815, o número de soldados mortos em combate ou em consequência de seus ferimentos pode ser estimado em 427 mil. A isso, convém adicionar os soldados feitos prisioneiros que não regressaram e os soldados mortos por doença, que são estimados em cerca de 550 mil. No total, aproximadamente um milhão de homens jovens que não voltarão a ver seus lares.

A França é então um dos países mais populosos da Europa (27 milhões de habitantes, ao passo que os britânicos são 12 milhões e os russos, entre 35 e 40 milhões). E as taxas de mortalidade ligadas à guerra devem ser associadas à evolução da curva demográfica para o mesmo período: em dez anos, o Império francês registrou 387 mil casamentos, e o número de nascimentos está perto de um milhão. De tal forma que é preciso relativizar a perda de homens.

Entretanto, é indiscutível que, durante cerca de vinte anos, todos os homens portadores de varizes foram eliminados do serviço militar e se tornaram os genitores privilegiados das gerações seguintes. Os outros, aqueles cujas pernas eram saudáveis, foram obrigados a enfrentar a hecatombe.

— Delamare, você está brincando! — exclamou o diretor.
— De modo algum, senhor. Se examinamos os números, trata-se de uma hipótese plausível.
— Jamais nosso serviço sustentará uma explicação assim.
— Então continuaremos nos perdendo em conjecturas sobre os franceses, povo de varicosos.

Semmelweis e Destouches: dois destinos malditos

O doutor Destouches encontra o tema de sua tese, mergulhando na história de Ignace Semmelweis • Vê-se Ignace Semmelweis descobrir que é possível prevenir a infecção de jovens parturientes simplesmente lavando-se as mãos • Os médicos de Viena o rejeitam por ser perigosamente perturbador • Destouches decide que se tornará médico sanitarista!

— Nada mal, o objeto de estudo do sogro. Bom mesmo. Como o manjar, eu gosto... Esse Ignace, que figura! No excremento dos insetos de residentes que não se lavam as mãos entre a dissecação dos mortos da noite e o parto das mulheres de manhã... E os grandes eruditos. Sempre rançosos... Que um jovem médico esfregue em seus narizes seus erros e, pronto, logo é a máfia que se manifesta! Vamos eliminá-lo de uma vez... Se além disso ele tiver um sotaque húngaro e não falar o alemão como Goethe! Ele vai ver só o que o espera... No entanto, é um bom tema de estudo, esse Ignace. Só me resta contar tudo isso no estilo acadêmico. Afinal de contas, é uma tese para me tornar doutor...

Louis Destouches só precisava redigir sua tese para se tornar médico. O assunto que acabara de lhe confiar seu sogro, chefe do serviço de medicina em Rennes, era a biografia de Ignace Semmelweis, médico húngaro que desempenhou suas atividades em Viena, um dos primeiros a intuírem a contaminação transmitida pelas mãos.

— É um bom tema de tese para você, Louis. A higiene lhe interessa desde o início de seus estudos. Semmelweis permanece injustamente pouco conhecido em nossos dias. Vamos, ao trabalho! Você poderá defender sua tese na próxima primavera.

Louis tirara vantagem do regime especial dos antigos combatentes da Primeira Guerra Mundial e pudera se matricular na Faculdade de

Medicina de Rennes, em 1920. Ele podia fazer em dois anos os estudos que levariam cinco para os estudantes regulares. As portas pareciam se abrir à sua frente e ele era apreciado nos estágios que fazia. Tinha se casado com Edith Follet, a filha do professor, e eles tiveram uma filha, Colette.

Terrível é a história de Semmelweis! Nada gloriosa para os médicos.
Para começar, Semmelweis é húngaro e falará sempre o alemão com sotaque, o que fará com que seja considerado pelos chefes de serviço da famosa "segunda escola de medicina de Viena" um rude camponês... Parece pouco, mas isso atrapalha!
Em seguida, convém acrescentar que essa nova escola se posicionava para se tornar um dos grandes centros da medicina na Europa, ao longo da segunda metade do século XIX. Lecionavam lá grandes professores, que propunham uma nova pedagogia baseada no estudo em laboratório associado à prática ao leito do enfermo. Genial!
Até que tudo começou bem para Ignace. Professores célebres: Von Rokitansky, Skoda ou Von Hebra. Nomes que provavelmente não significam nada para o comum dos mortais, mas que para um médico evocam tantas doenças, aprendidas em seus questionários de aula. Icterícia grave de Rokitansky-Freirich, atlas das doenças de pele de Von Hebra...
Semmelweis defende sua tese em 1844. Ele é médico. Mas médico de quê? Ainda não se decidiu. Sua tese, falemos dela... Apenas doze páginas! Certo, escritas em latim, mas assim mesmo... Ela se intitula: "A vida das plantas"! Pretexto para uma reflexão poética sobre o rododendro, a margarida e outras peônias...

Que espetáculo agrada mais o espírito e o coração de um homem do que aquele que oferecem as plantas? Essas flores esplêndidas de maravilhosas variedades que espalham seus odores tão suaves! Que dão gosto aos sumos mais deliciosos! Que alimentam nosso corpo e curam doenças! O espírito das plantas inspira hordas de poetas do divino Apolo que já se deslumbram com suas infinidades de formas. A razão do homem se recusa a compreender esses fenômenos que é incapaz de esclarecer, mas que a filosofia natural adota e respeita: de tudo o que existe emana de fato a onipotência divina.

O latim não é muito científico ou médico!

É então que Semmelweis recebe um verdadeiro balde d'água fria na cabeça. Acontece na sala de autópsia, onde ele assiste à verificação de uma jovem parturiente que acaba de morrer de febre puerperal. Algo comum nesse hospital, na época: quase 20% das mulheres morrem por isso. E particularmente no serviço do professor Johann Klein, chefe de uma equipe de obstetras do Hospital Geral de Viena! Todas as mulheres de Viena sabem disso, e todas as mocinhas preferem parir na rua a serem levadas ao hospital. Quando os policiais tentam levá-las à força, elas berram e resistem.

– Lá não! Não no hospital do doutor Klein. É morte certa. Eu quero viver para criar meu filho!

Cenas horríveis e patéticas. Os médicos estão a par da situação:

– É porque as salas são sombrias demais, pouco arejadas – comenta Klein.

– É também por causa da lactação – palpita seu assistente.

Ignace ouve tudo isso. Mas não consegue aceitar. Isso não pode mais durar.

É preciso vencer a febre puerperal...

Ver essas jovens mulheres morrerem sem nada poder fazer por elas, que deixam ao mundo seus recém-nascidos órfãos, isso é escandaloso! Ele será obstetra.

Mas o que é uma febre puerperal?

Na linguagem moderna, diríamos antes que se trata de uma peritonite[89] dos órgãos pélvicos. As bactérias, após terem sido introduzidas no útero, se propagam para o peritônio e para os órgãos da bacia. Sem tratamento adaptado (antibióticos, particularmente), a infecção se torna septicemia[90] e leva à morte.[91]

Já havia na época uma grande diferença entre o risco de uma tal febre puerperal nas mulheres que pariam em casa, por exemplo, e aquelas que davam à luz no hospital. As imundices e outros miasmas hospitalares, termos que nada significavam de preciso, eram normalmente considerados os responsáveis.

Semmelweis é nomeado assistente do diretor da clínica e começa a investigar, a fuçar, a comparar... Isso não agrada muito, mas ele já é tido como um tipo original. Ele estuda as estatísticas com Skoda, faz contas e cálculos.

Fato fundamental, ele frequenta outra clínica de obstetrícia do Hospital de Viena, esta dirigida pelo doutor Bartch. Surpresa! Ele percebe que a taxa de febre durante seu período de observação é de somente 2%. Constatação, diga-se de passagem, que já foi feita por todas as moças pobres de Viena, que se recusam a ir para o hospital de Klein...

Dois por cento com Bartch contra 13% com Klein, no mesmo período! E, no entanto, aparentemente, nada há de diferente nos tratamentos dispensados às parturientes, nos cuidados tomados após o parto ou no recrutamento dos serviços.

Sim. Uma coisa aparentemente incompreensível. No serviço de Klein, ensinam aos estudantes de medicina e, no de Bartch, às parteiras.

Isso significa alguma coisa?

Semmelweis procura, elabora hipóteses, compara. Mas nada se sustenta. Ele nota que as parteiras fazem as mulheres dar à luz numa posição diferente daquela utilizada pelos futuros doutores[92]: mas ele não consegue discernir a causa da febre. Talvez uma epidemia nas instalações do doutor Klein? Não há nenhuma. Ele supõe que os locais do serviço de Klein sejam mais úmidos, mais pútridos que aqueles de Bartch; mas, objetivamente, não há diferença, ou então pouquíssima!

Durante vários anos, ele continuou sua rotina de obstetra assistente. De manhã cedo, dissecavam cadáveres mortos na véspera ou à noite. Nada de muito agradável, mas essencial à compreensão. Enquanto chefe de clínica, ele deve explicar aos estudantes, diante de um ventre aberto, as causas do falecimento. Com as mãos nuas, ele apanha o ligamento largo do útero com as zonas endurecidas e outras bolsas de pus. Faz uma incisão com o bisturi para mostrar claramente a diferença de consistência.

– Aqui está a causa da morte. Essa rigidez dos tecidos que se torna pus e provoca febre.

Os estudantes se precipitam para ver melhor, tocam na gordura abdominal e no pus que escorre.

Após a dissecação, é hora de visitar os pacientes. Eles enxugam de qualquer maneira as mãos no avental sobre sua roupa, a fim de livrar-se dos detritos dos tecidos, gorduras e escórias de todo tipo. Esse avental é capaz de absorver todas as porcarias! Seria bom lavar as mãos com água e sabão, mas não tem água... Os anfiteatros de dissecação foram construídos sem uma saída de água. Não há sequer um balde com água gelada para limpar os cadáveres.

E então passam às visitas. Com os residentes, ele vai consultar primeiro as mulheres hospitalizadas, aquelas que estão a ponto de dar à luz, que precisam ser examinadas para saber se a dilatação do colo está evoluindo bem.

– Senhor – indaga o residente, – esta aqui já está com "o pequeno palmo",[93] o trabalho de parto começou!

Levam-na então para a sala de trabalho para o parto. Semmelweis o dirige. Ele conhece bem a técnica do fórceps, quando o bebê está em posição distócica. Tornou-se capaz de extrair uma criança quando outros teriam fracassado. Seus estudantes o admiram e têm confiança na sua destreza, e eles apreciam suas aulas.

Depois, há as outras mulheres, aquelas que precisam de acompanhamento, verificar se o útero está bem retraído, garantir que não há fragmentos placentários retidos no seu interior e, eventualmente, empreender uma curetagem por meio de retenção.

A manhã é bem movimentada. Em seguida, após o almoço, os médicos residentes assumem sozinhos o comando, a fim de administrar os tratamentos e as urgências. Os professores se dirigem à faculdade para dar suas aulas ou consultar sua clientela privada. Ignace, por sua vez, se dirige ao laboratório para continuar suas pesquisas.

Apesar de todos os dados que reuniu, nada lhe parece muito claro!

Louis Destouches começara a redigir sua tese. Tinha penetrado no seu objeto de estudo. Faltava achar o tom certo para um trabalho acadêmico, o que não era seu estilo. Precisava encontrá-lo.

No entanto, a primeira parte não o desagradou, mas poderia acrescentar alguns pontos que julgava importantes no seio da Revolução Francesa e a epopeia napoleônica, evocando o médico pessoal do imperador, o professor Corvisart.

– Um pouco fora do contexto, concordo... Mas acredito que o tom seja bom. Continuo...

A admissão de mulheres "em trabalho de parto" se fazia em turnos de 24 horas para cada pavilhão. Nessa terça-feira, quando soaram quatro horas, o pavilhão de Bartch fechou as portas, o de Klein abriu as suas.

Bem diante de Semmelweis desfilam então cenas pungentes, tão intensamente trágicas que nos surpreendemos ao lê-las e, apesar de tantas razões contrárias, por não sentirmos nenhum entusiasmo absoluto pelo progresso.

Uma mulher, ele relatou mais tarde a respeito desse primeiro dia, é tomada bruscamente, por volta das 5 da tarde, por dores no meio da rua. Ela não tem domicílio... A caminho do hospital, se dá conta de que será tarde demais... Lá está ela, suplicante, implorando que a deixem entrar no serviço do doutor Bartch a fim de salvar sua vida, da qual dependem seus outros filhos... Recusam-lhe esse favor. Ela não é a única!

Ao serviço de Klein só vão aquelas que chegam nos últimos instantes, sem dinheiro, sem sequer o apoio de um braço para impedi-las de entrar nesse local amaldiçoado. Em sua maior parte, são seres desolados, os mais censurados pelos costumes intransigentes da época: quase todas mães solteiras.

Sobre o destino de Semmelweis, familiarizado com grandes desgraças, os sofrimentos se abatem por vezes com tal violência que chegam às raias do absurdo.[94]

*

É a morte do professor de anatomia Jacob Kolletschka que produz a fagulha. O pobre Kolletschka acabara de morrer de uma infecção generalizada, após se ferir com um bisturi em sala de dissecção. Ossos do ofício!

Semmelweis participa de sua autópsia e identifica lesões que se assemelham àquelas que ele vê todos os dias em suas pacientes mortas de febre puerperal.

– E se fossem os cadáveres a causa das infecções? E se eu mesmo e meus alunos fôssemos responsáveis pela morte dessas infelizes? E se, depois das dissecações matinais, nós transportássemos partículas tóxicas provenientes dos cadáveres e as transmitíssemos às mulheres que examinamos? E se fossem os dedos dos estudantes, sujos das recentes dissecações, que levam as partículas fatais cadavéricas aos órgãos genitais das mulheres grávidas e, sobretudo, ao colo do útero?

Semmelweis põe as mãos no rosto. Sente-se angustiado pela dimensão de sua responsabilidade.

– Isso explicaria então a diferença em relação a Bracht. As parteiras não dissecam cadáveres! Ao passo que os estudantes residentes e eu, todos os dias, agimos como artesãos da morte...

Mas Ignace não é o tipo de homem a naufragar na depressão. Rapidamente, ele reage. Propõe que se lavem as mãos ao saírem das sessões de dissecação com uma solução de cloreto de cálcio e certifica-se de que sua recomendação seja obedecida.

Todos concordam, mas e Klein, o chefe?

Louis Destouches, com a pena na mão, trabalhava arduamente, toda a bibliografia à sua volta, parecia encontrar o ritmo de seu relato, e contava em seguida:

...Semmelweis foi falar-lhe, assim que ele chegou à clínica, sobre a medida de higiene que queria aplicar a todos os seus alunos e lhe pediu também para obedecê-la pessoalmente. Em que termos essa proposta foi feita...? Evidentemente, Klein exige uma explicação para essa lavagem preventiva que lhe parece, em princípio, completamente ridícula.

Sem dúvida, o acha mesmo prepotente...

Semmelweis, por sua vez, foi bem incapaz de lhe fornecer uma resposta plausível ou uma teoria sensata, visto que estava apostando na sorte. Klein recusa secamente.

Semmelweis, irritado por tantos plantões exaustivos, se exalta, esquecendo o devido respeito que devia, apesar de tudo, ao mais incompetente de seus mestres.

Uma ocasião boa demais para que Klein não a aproveitasse. No dia seguinte, 20 de outubro de 1846, Semmelweis foi brutalmente demitido.

Nos dois pavilhões, a febre, por um instante ameaçada, triunfa... impunemente, ela mata como quer, onde quer, quando quer... Em Viena... 28% em novembro, 40% em janeiro... E o círculo se expande por todo o mundo. A morte conduz a dança... Com sinetas em volta dela... Em Paris, no serviço de Dubois... 18%... No de Schuld, em Berlim, 26%... No de Simpson, 22%, em Torino, em cada 100 partos, 32 morrem.

– Demitido. Eles foram capazes de demiti-lo antes que tivesse a oportunidade de experimentar sua intuição genial. Felizmente há Skoda. Um homem íntegro... Ele tenta recuperar o pobre Ignace. Acredita nele!
Louis escrevia furiosamente. Teria gostado de encontrar palavras mais fortes para expressar com exatidão o que pensava dessa injustiça, dessa incompreensão:

Vencido pela insistência de Skoda, Bartch, médico-chefe da segunda maternidade, acaba por acolher seu protegido enquanto assistente suplementar, embora não precisasse de nenhum nesse momento.

Mal Semmelweis voltou às suas funções, a seu pedido, os estudantes ouvintes ordinários de Klein passam para Bartch, trocando de lugar com as parteiras.

O fato tantas vezes observado logo se reproduz fielmente [...], a mortalidade por febre puerperal sobe para 27% no serviço de Bartch.

A experiência definitiva está feita. Semmelweis providencia uma solução de cloreto de cálcio com a qual cada estudante, tendo efetuado dissecação, deve lavar rigorosamente as mãos, antes de proceder a qualquer exame das mulheres grávidas. No mês que se seguiu à aplicação dessa medida, a mortalidade cai para 12%.

Essa vitória estava bem clara, mas não era ainda o triunfo definitivo que desejava Semmelweis. Até então, ele fixara sua atenção sobre a causa cadavérica da infecção puerperal. Esta causa lhe pareceu então descoberta, real, mas insuficiente.

Ele repelia e temia o "mais ou menos", queria a verdade por completo. Disseram ao longo dessas poucas semanas que a morte tramava uma disputa de audácia contra ele. Mas foi ele quem venceu.

Ele ia tocar nos micróbios sem vê-los.

Ainda faltava destruí-los. Nunca se fez melhor que isso.

Aqui estão os fatos: no mês de junho, foi acolhida no serviço do doutor Bartch uma mulher que pensavam estar grávida, segundo os sintomas mal verificados. Semmelweis a examina e descobre que ela tem um câncer no colo uterino e depois, sem se preocupar em lavar as mãos, ele efetua um exame de toque sucessivamente em cinco mulheres em período de dilatação.

Nas semanas que se seguiram, essas cinco mulheres morreram de infecção puerperal típica.

Cai o derradeiro véu. Fez-se a luz. "As mãos, com seu simples contato, podem infectar", escreve ele... Agora, todos que dissecaram ou não nos dias precedentes devem se submeter a uma desinfecção cuidadosa das mãos, utilizando o cloreto de cálcio.

O resultado não custa a chegar, e ele é magnífico. No mês seguinte, a mortalidade por infecção puerperal é quase inexistente, ela é reduzida pela primeira vez ao nível atual das melhores maternidades do mundo: 0,23%!

*

A demonstração foi feita. O triunfo está próximo...

E, no entanto, tudo desaba para Semmelweis no ritmo em que a cabala se constrói. Tudo se confunde: o ciúme e o rancor de Klein, a incompreensão da maior parte dos médicos, que ainda não abandonou as velhas teorias, a inabilidade de Semmelweis, que não publicou seus resultados em revistas sérias... E depois, como dizem alguns: "Lavar as mãos para quê? Que perda de tempo!"

E também, muito reprimida em nós todos, uma vaga culpa por termos sido, durante tantos anos, responsáveis por tantas mortes!

Aqueles que sustentam essa teoria são ainda os mesmos: Skoda, Rokitansky e Von Hebra, que publicará por conta própria seus resultados. Aqueles que a atacam: todos os outros, incluindo a maior parte dos obstetras estrangeiros que não aceita que seus hábitos sejam questionados. Primeiro expulso do hospital, sem cargo universitário remunerado, Semmelweis só tem uma saída: voltar para a Hungria.

— Pronto, está concluída! Terminei a tese... Os quinhentos exemplares regulamentares foram depositados na faculdade em 4 de abril. Efetuei todas as reverências e forneci todas as referências! Vou ser doutor. Pessoalmente, sempre me agradou curar uma constipação nasal, me divertir tratando um sarampo. Tenho um temperamento de curandeiro. Nada a me repreender! Apenas um detalhe... Nunca peço dinheiro; não consigo estender a mão. A medicina é ingrata. Quando somos honrados pelos ricos, passamos por lacaios, pelos pobres, somos como ladrões. Mas e o sofrimento do homem... Se sofrer, ele será ainda mais malvado que de costume... Não vale a pena... Que se sinta bem, ora... Mas não mudarei nem um pouco... Meu estilo, meu jeito... Eu sou o samaritano em pessoa... Samaritano de insetos... Não consigo me impedir de ajudá-los...

Louis Destouches, imbuído de seu ideal samaritano, defendeu sua tese no dia 1º de maio diante de um júri bem-disposto em relação a ele: a presidência foi assumida por Brindeau, seu orientador de tese, que foi um dos chefes de seus estágios hospitalares. Estava acompanhado pelo professor Maréchal, um de seus antigos chefes de clínica, de Anasthase Follet, seu sogro (!) e Selskar Gunn, seu antigo chefe na Fundação Rockfeller.

Todos concordaram em elogiar a qualidade e a pertinência do trabalho, e ele recebeu uma menção de louvor e a medalha de bronze.

O novo doutor Destouches já procurava uma nova orientação, fora das vias rotineiras. Ele efetuará ainda algumas substituições em medicina geral ao final de maio de 1924, mas contatos já haviam sido feitos com a Société des Nations. Ele foi contratado no final de junho. Uma nova carreira se abria para ele: médico sanitarista, convencido de que fazia parte da responsabilidade dos homens, pelos seus modos de vida, a maioria de seus males.

O futuro decidiu de outra forma...

Estamos em 1970.

Sou estudante de medicina e preciso efetuar um trabalho sobre Semmelweis. Dirijo-me então à Faculdade de Medicina de Paris, na Rua da Ecole-de-Médecine, onde se encontra a grande biblioteca. Lá são conservadas todas as teses de medicina desde o início dos tempos. O acesso é feito por uma grande escada monumental. Entra-se então na vasta sala silenciosa, onde o menor ruído desencadeia uma salva de "psiu" por parte dos leitores irritados.

Dirijo-me ao escritório central, onde os assistentes bibliotecários em jalecos cinza se encarregam de distribuir os livros a serem consultados no local. Sussurramos:

— A tese de Destouches sobre Semmelweis? Você tem uma autorização de seu professor?

Eu a tenho. Em dois exemplares mesmo. Com um ar rabugento, o bibliotecário me diz:

— Impossível. Você é o quarto a me pedir isso hoje. Volte amanhã.

— Essa tese é tão consultada assim?

— Ora, rapazinho — responde ele cheio de empáfia —, é de longe o volume mais procurado nesta faculdade. Portanto, é preciso acordar cedo...

Decepcionado, vou embora, obrigado a obedecer a essa injunção e acordar cedo no dia seguinte!

É verdade que essa tese sobre o coitado do Semmelweis teria tido menos sucesso se seu autor não tivesse publicado alguns anos mais tarde *Viagem ao fim da noite*, uma revolução na literatura francesa, sob o pseudônimo de Louis-Ferdinand Céline...[95]

Médicos malditos?

A tese de Destouches nos dá poucas informações sobre o que faria de Louis-Ferdinand Céline um dos autores indispensáveis do século XX. Ela não tem em nada o fôlego e a inventividade linguística de *Viagem*... É preciso dizer que o estilo de Céline, transformando a língua falada em língua escrita, não se assemelha nem um pouco ao gênero "tese de doutorado"!

Por outro lado, a escolha de Semmelweis, ainda que lhe tenha sido soprada, nada tem de inofensiva. Semmelweis é tido como um médico maldito, cujo destino vai da incompreensão à rejeição por parte da instituição médica, e finalmente à miséria e à loucura. De fato, a partir de 1865, Semmelweis apresenta todos os sintomas de demência, que pode ser o mal de Alzheimer. Hospitalizado num estabelecimento psiquiátrico, ele morreu, após ser espancado pelos enfermeiros, de uma infecção extrema e profunda de seus ferimentos superficiais... O cúmulo para aquele cuja luta fora contra a propagação da infecção!

Incontestavelmente, Céline se identifica, no início de sua carreira, com o miserável destino de Semmelweis: aquele que tem razão sozinho contra todos. A instituição que não pode reconhecer seu mérito o esmaga, ela o cerca e o abate. Céline, como médico, se sentirá incompreendido e não reconhecido, e não será sua experiência de médico generalista em Bezons que o reconfortará.

Toda a comparação deve ser interrompida neste ponto. Céline não traz nada à ciência médica, ele é no máximo um médico dedicado, mas sem talento particular. Sua ambição de pesquisador não é sustentada por descobertas substanciais... Resumindo, ele pensa não ser reconhecido pelo seu justo valor, mas nada tem que seja digno de reconhecimento! Por outro lado, arrastado em seguida pelo seu delírio racista e sua lamentável colaboração com o inimigo durante a guerra, ele merecerá ser insultado pelos seus pares. O Céline de *Bagatelles pour un massacre* [Bagatelas por um massacre] não pode nos interessar. Ele maculou o juramento de Hipócrates.

Finalmente, excluindo a obra do romancista que escapa a nosso julgamento sobre o homem, o maior talento de Destouches é ter chamado a atenção para a extraordinária premonição de Ignace Semmelweis e ter contribuído para lhe dar o lugar merecido no panteão dos grandes descobridores!

16
As lágrimas de Joseph Lister

Descobrimos que Louis Pasteur tem dificuldades para provar que os micróbios não nascem espontaneamente, mas são transportados pelo ar • Toda a equipe chora no bloco operatório de Glasgow • Vemos nascer a antissepsia cirúrgica • Confirma-se que ninguém é profeta em sua terra.

Desde a sua chegada na Terra, o ser humano acredita ingenuamente na geração espontânea. Os chineses pensavam que os bambus geravam pulgões, os egípcios achavam que as rãs e os sapos nasciam espontaneamente nas inundações do Nilo e todos sabiam muito bem que um monte de esterco produzia moscas... E a fim de sustentar essa teoria, algumas figuras notáveis como Aristóteles, Tomás de Aquino, Harvey, Descartes e Buffon continuavam convencidos de que certos seres vivos ditos inferiores, particularmente os insetos, se reproduziam sob o efeito de fatores físico-químicos a partir de substâncias mais ou menos orgânicas.

Na metade do século XIX, a maior parte dos médicos, como todo mundo, ainda acreditava que os germes de fermentações e mofos, procedentes da putrefação, surgiam espontaneamente. Deixava-se num canto um monte de tecidos velhos ou quaisquer detritos orgânicos e pronto, por "milagre", apareciam os germes, os fungos, e mesmo... os camundongos. Os cirurgiões, por exemplo, estavam convencidos de que o pus que produzia uma ferida era um elemento natural, uma fase obrigatória para permitir a cicatrização dos tecidos.

Foi nesse mundo de evidências e certezas que Louis Pasteur, a partir de 1859, se lançou numa cruzada contra os partidários da "geração espontânea", e particularmente contra Félix Archimède Pouchet, biólogo e teimoso normando, e contra o jovem Georges Clemenceau, que, se vangloriando de sua formação médica, questionava as competências de Pasteur, o qual, por sua vez, era apenas químico.[96] Finalmente, ao cabo de seis anos de pesquisa, Pasteur demonstrou a falsidade dessa teoria arcaica, segundo a qual "a vida poderia surgir a partir do nada, e os micróbios, serem gerados espontaneamente".

Nesse mesmo ano, a Academia de Ciências resolveu enfim lançar um concurso visando elucidar essa antiga interrogação. O tema foi formulado claramente: "Tentar, através de experiências bem realizadas, lançar uma nova luz sobre a questão das gerações espontâneas". Pouchet decidiu participar e propôs experiências que, de seu ponto de vista, traziam provas formais; contudo, nenhum dos acadêmicos do júri foi capaz de reproduzi-las. Foi Pasteur que ganhou o prêmio, redigindo uma dissertação "sobre os corpúsculos organizados que existem na atmosfera", e foi declarado vencedor para o imenso despeito de seu adversário, que se manteve convencido até a morte sobre o valor de suas demonstrações.

No entanto, mesmo sendo coroado pela Academia, o combate de Pasteur se anunciava particularmente inflamado. Só lhe restava agora convencer... E convencer, em particular os cirurgiões, de que o que acabara de demonstrar tinha implicações práticas, devendo se traduzir em medidas, necessitando primeiro da compreensão dos fatos, e também de uma pitada de rigor, se quisessem realmente limitar o risco infeccioso dos operados. Ele lhes dizia:

— Esta água, esta esponja, esta gaze, com a qual vocês lavam e encobrem a ferida, também depositam germes que, como veem, têm uma extrema facilidade de propagação dentro dos tecidos, e provocariam infalivelmente a morte do operado num espaço de tempo bem curto se a vida não se opusesse à multiplicação dos germes. Mas, infelizmente, muitas vezes essa resistência vital se mostra impotente. Se eu tivesse a honra de ser cirurgião, não apenas utilizaria instrumentos perfeitamente limpos, mas também, após me lavar as mãos com o maior cuidado e desinfetá-las com o calor das chamas, eu empregaria gaze, bandagens e esponjas previamente expostas no ar a uma temperatura de 130° a 150 °C.

Os cirurgiões pensavam: "Esse Pasteur, que não passa de um químico ocupado com a levedura de cerveja nas destilarias de Lille,[97] quem é ele para vir nos dar lições? Ele não sabe nada sobre os doentes e as operações que fazemos todos os dias. Espero que não imagine que iremos mudar nossas práticas para agradar suas experiências efetuadas num alambique com pescoço de cisne!".

E, assim, a maioria dos cirurgiões franceses desdenhou dele e continuou realizando suas operações, admitindo um cortejo de infecções de cerca de 60% e uma mortalidade de quase 40%... Mas nada se podia fazer: isso se devia aos miasmas hospitalares, espécie de emanações nefastas e misteriosas, exaladas pelos doentes e que acabam "envenenando" seus vizinhos. A prova: quanto mais cheios estavam os hospitais, maior era a taxa de mortalidade!

Convém recordar que, nessa época, os cirurgiões entravam no bloco operatório vestindo seus fraques pretos com uma gravata borboleta bem apertada ao pescoço para fechar a camisa, apenas a cartola ficava no vestiário. Entretanto, às vezes arregaçavam as mangas da camisa para não deixar os punhos encostarem na ferida, e alguns chegavam mesmo a usar um avental a fim de evitar respingos indesejáveis; nada de touca para cobrir os cabelos, máscara para o nariz ou luvas nas mãos. E não havia nenhuma razão convincente para mudar de hábito, posto que sempre fora assim.

Joseph Lister, cirurgião-chefe da Royal Infirmary de Glasgow, não fugia à regra. Entrava no bloco de sobrecasaca, suíças emaranhadas, uma toalhinha no braço como um garçom de bar para secar o sangue, e sacava sua lanceta firmemente com a mão direita para fazer uma incisão no paciente. Entretanto, Lister já era tido como um tipo original, pois pedia a todos para lavarem as mãos antes de penetrar no teatro de operações. Ele conhecia o trabalho de Semmelweis[98] e havia adotado suas conclusões. Ouvira falar também de um francês, Louis Pasteur, que pedia que fervessem os panos usados no bloco operatório. Ele foi ainda mais longe e exigia que seus instrumentos ficassem permanentemente mergulhados no ácido fênico.

Por que o fenol? Lister descobrira, num artigo sobre a higiene pública alemã, a importância desse ácido para sanear as áreas de dejetos municipais. Quando o produto era espalhado, os odores de esgoto desapareciam e o gado que pastava na vizinhança não era afetado. Ele então resolveu aplicar esse princípio preventivamente, a fim de eliminar todos os micróbios que poderiam se encontrar sobre o material cirúrgico. Antissepsia empírica!

Mas, nesse dia, ele acabava de alcançar uma etapa suplementar que desta vez tinha por consequência fazer chorar todo mundo no bloco operatório. Estavam operando um jovem carreteiro cujo cavalo havia bruscamente empinado e recuado, revirando a carroça e esmagando sua perna, deixando uma horrorosa fratura exposta. Se todos choravam, Lister concluiu dentro de sua sobrecasaca, não era lamentando a triste sorte do jovem paciente. Eles já haviam visto outros casos assim no hospital de Glasgow! Era porque Joseph Lister acabara de inventar uma nova técnica: o spray. Desde o início da operação, um assistente acionava uma bomba que nebulizava o ácido fênico em toda a área operatória, a fim de destruir todos os germes presentes no ar, como Pasteur demonstrara.

Se Louis Pasteur tinha provado que o ar comportava germes causadores de infecção, era preciso achar um meio de esterilizar o ar, pensava Lister.

Já fazia um ano que ele utilizava compressas embebidas de ácido fênico nas fraturas expostas das pernas, e constatara a cura de seus pacientes sem escorrimento de pus, o que era habitualmente esperado. Ele estendera o princípio para toda a sua prática cirúrgica e verificara que os doentes operados de hérnias ou afecções do abdome não se infectavam mais e saravam rapidamente. Ele começou então a utilizar o fenol em tudo o que dizia respeito ao paciente, os instrumentos, os aventais do cirurgião e de seus assistentes, as compressas. O próprio categute[99] era imerso em ácido fênico, assim como os tubos de drenagem dos ferimentos. Apenas sua sobrecasaca escapava (só Deus sabia por quê) do desinfetante. Quanto às pulverizações fênicas da área operatória, que ele fazia nesse dia dentro do bloco em que operava o jovem carreteiro, elas eram a cereja do bolo. Todos os assistentes, com os olhos vermelhos e os narizes escorrendo, pensavam: "Onde ele vai parar? Quando tiver nos envenenado a todos, certamente".

Mas o "spray" era uma grande ideia, Lister tinha certeza disso. Ele também assoava o nariz, chorando como todos, mas estava seguro de que colheria bons resultados. Existem certezas que são necessárias para os pioneiros.

E a confirmação delas não tardou! A septicemia, a erisipela e tudo aquilo que antes chamavam de "podridão hospitalar" desapareceram do serviço do Hospital de Glasgow. Lister publicou suas estatísticas em 1869: a mortalidade operatória passara de 60% para 15%! E ele ficou sabendo que um bom número de equipes no mundo tinha adotado seu spray.

Numa carta de 1874, ele prestou homenagem a Pasteur, escrevendo-lhe: "Por ter, através de suas brilhantes pesquisas, me demonstrado a verdade sobre a teoria dos germes de putrefação, e ter assim me fornecido o único princípio capaz de levar a bom termo o sistema antisséptico".

A ideia de geração espontânea estava definitivamente ultrapassada.

Os amores do doutor Halsted

Descobrimos que Sigmund Freud quase foi o primeiro anestesista da história • Compadecia-se com o sofrimento dos cirurgiões de Baltimore que aplicavam estritamente os princípios da antissepsia de Lister • O doutor Halsted vai fazer uma descoberta fundamental para todos os cirurgiões do mundo porque se apaixonou pela sua instrumentadora.

O doutor William Halsted precisava encarar os fatos de uma experiência clínica elementar: ele estava apaixonado!

Algo que não achava possível que lhe acontecesse um dia, de tal forma se esvaziara seu espírito, nos últimos anos, de tudo aquilo que não fosse seu trabalho, ou antes, sua reconquista. Na verdade, ele chegara havia poucos anos nesse novo hospital de Baltimore, o Johns Hopkins, dirigido pelo seu amigo Welch, que lhe dera essa oportunidade na forma de uma troca:

– William, eu o escolhi porque você é um cirurgião brilhante e um pesquisador original. Mas este novo hospital tem por missão ser uma referência da medicina neste país. Não poderei tolerar o menor deslize de conduta. Se você tiver uma recaída, não o protegerei sequer um minuto a mais, apesar de nossa amizade...

Não sofrer uma recaída, como dissera Welch, evocando uma mancha que lhe colara à pele, por assim dizer!

Ele escapara dela como de um labirinto, à força de seus neurônios, mas ciente de que o menor passo em falso lhe seria novamente fatal.

E o amor, no meio de tudo isso?

Tudo começara em outubro de 1884, quando leu um artigo de um certo Koller, cirurgião oftalmologista vienense que utilizava uma solução de cocaína instilada no olho para efetuar de forma indolor uma operação de cataratas. Bem, na verdade, o verdadeiro descobridor das propriedades da cocaína como anestésico local é... Sigmund Freud! Em dezembro de

1883, chama-lhe a atenção a leitura de um artigo sobre soldados que, após ingerirem cocaína, tiveram suas capacidades físicas nitidamente aperfeiçoadas. Freud se pergunta então se não haverá nisso uma opção para o tratamento de sofrimentos mentais. Após experimentar em si mesmo, escreverá seu próprio artigo, intitulado "Da coca". Já suas propriedades anestésicas, ele descobrirá logo em seguida...[100]

De volta ao artigo de Koller, aquela revelação provocou em Halsted essa excitação particular na região epigástrica (a boca do estômago) que sentia quando estava prestes a descobrir alguma coisa... Se a cocaína aplicada por instilação ou sobre a pele provoca uma anestesia superficial, ela deveria agir também no interior do corpo, se pudesse ser injetada.

A injeção era assim a única solução possível e, desde setembro de 1884, Halsted e seus colaboradores, Hartley e Hall, começaram a experimentar em si mesmos, se injetando soluções de alto teor de cocaína sob a pele, depois em camadas mais profundas, e obtiveram anestesias locais duradouras.

Durante esses experimentos, eles notaram que podiam trabalhar noite e dia sem se cansar, e tinham a impressão de compreender tudo melhor. Tomaram então o hábito de se injetar ou cheirar cocaína a todo momento, a fim de se sentirem relaxados e bem-dispostos.

E se essa substância não agisse apenas em contato com os tecidos, mas também sobre os nervos periféricos? Se ela permitisse interromper a dor de um membro específico, seria de algum modo um progresso para os doentes que precisavam ser operados?

No dia seguinte, ele reuniu seus assistentes:

– Vamos experimentar em nós mesmos, pois não vejo outra cobaia animal mais adequada, depois da experiência relatada por Moreno y Maiz,[101] à injeção dessa nova substância mágica. O objetivo é saber se ela é capaz de provocar uma anestesia local ou, antes, locorregional em toda a extensão do nervo em questão.

Ele e Richard Hartley se injetaram a cocaína em contato com os nervos de seus membros superiores e depois inferiores, e puderam assim verificar no próprio corpo a possibilidade de realizar uma anestesia propícia para tratar uma fratura ou efetuar uma amputação. William decidiu começar rapidamente a usá-la em seus pacientes.

Havia um único problema para Halsted e seus colegas, que, entretanto, era mais importante do que estimavam inicialmente: eles não conseguiam mais viver sem ela... Precisavam usá-la todos os dias, depois, várias vezes por dia. Sentiam-se muito bem com a cocaína: nunca se cansavam, pareciam inteligentes, e Halsted não hesitava a reivindicar para si as recentes descobertas. Por outro lado, perdiam o interesse em ir visitar os doentes ou operá-los, seu único desejo era a droga, a única angústia era que ela viesse a faltar. Todas as tentativas de interrupção revelaram-se falhas: insônias, dores, angústia, alucinações. Eles estavam viciados...

Teria sido necessário partir, deixar o hospital e se tratar, se ainda fosse possível. Para tentar escapar da morte, Halsted foi para Providence, internando-se no Butler Sanatorium (Rhode Island), asilo especializado na desintoxicação dos morfinômanos. O combate foi gigantesco e durou dois anos. Durante esse período, ele teve, todos os dias, a sensação de que lhe arrancavam as tripas.

Mas era preciso que se salvasse, era preciso que retornasse a um bloco operatório. Ele exigiu que seus médicos lhe impusessem uma disciplina draconiana.

Quando soube da morte de Richard Hartley, em vez de se deprimir e desencorajar, ele extraiu dela uma força de sobrevivência para aceitar, quase com deleite, todas as dores de seu corpo.

Certo dia, estimaram que ele podia sair. Foi considerado curado. Estávamos em dezembro de 1886.

Baltimore, 1886

Impossível retornar a seu hospital de origem em Nova York. Não queriam mais saber dele por lá! Felizmente, havia o amigo Welch nesse novo hospital de Baltimore, que acabava de criar com Osler e que eles se preparavam para inaugurar. Não surpreende, se tratando de Welch. Um líder nato, William o testemunhara quando fora seu assistente em Bellevue.

"Não ter uma recaída", dissera Welch. Ele cumpriria sua promessa, Welch, amigo ou não. O menor problema e estaria acabado...

E então William se apaixonou. Em princípio, isso não era proibido por Welch, ou por qualquer outro, mas agora não era oportuno. Ele, que se considerava fundamentalmente outro homem, que se esforçava para se mostrar metódico, sensato, calmo e ponderado em todas as circunstâncias. Até mesmo no bloco operatório, onde as condições da cirurgia à época convidavam a adotar antes atitudes intempestivas!

O objeto de seu desejo era a linda Caroline, Caroline Hampton, enfermeira-chefe de seu bloco operatório, que cuidava dos instrumentos ao seu lado, todos os dias. Ela tinha tudo para agradar e, por sinal, de um modo geral, ela agradava! Testemunhava isso quando passava pelos corredores do hospital, atraindo um cortejo de olhares masculinos...

– É a sobrinha do general Hampton – dizia-se à boca pequena.

Alta, morena, ar altivo, ela desfilava em meio ao farfalhar de suas longas saias, sem parecer notar o interesse de seus admiradores. Além disso, tinha um caráter ardente, uma ânsia pelas novidades, uma energia incrível no trabalho. Ela expressava toda a paixão do sul, de onde vinha, dessas grandes plantações de algodão que seu tio, general dos Confederados, defendia. Toda a sua revolta pessoal também, quando batera a porta da propriedade familiar para partir rumo ao Norte e se matricular numa escola de enfermagem.

Halsted não se considerava um homem tímido. No entanto, ficava paralisado diante dessa mulher fantástica que o deixava, o grande cirurgião, impressionado. Embora fosse bastante autoritário em seu trabalho com colaboradores e subalternos, ele não sabia como lhe dirigir a palavra. Na verdade, decidira manter a distância indispensável para que sua posição permanecesse incontestável em todas as circunstâncias. Mas sentia com clareza que era incapaz de usar com Caroline o tom bem distante e impecavelmente educado que empregava com as enfermeiras de seu serviço:

– Senhorita, poderia me desfazer esse curativo?

Para não se arriscar usando um tom paternal, ele não lhe falava. No bloco operatório, somente o nome dos instrumentos pontuava seus gestos.

– Pinças. Tesouras. Sutura!

Caroline o obedecia sem dar resposta, sem um gesto de impaciência. Os assistentes e os médicos residentes se calavam, percebendo uma atmosfera estranha e tensa, sem que compreendessem os motivos.

Durante esse tempo, o prestígio de Halsted no Johns Hopkins crescia e falavam nele para ocupar o posto de cirurgião-chefe. Ele impusera a aplicação na sala de operação das ideias defendidas por Lister, o cirurgião escocês.[102] Este último captara imediatamente o interesse das descobertas de Pasteur, quando ele propôs aos cirurgiões da Academia de Medicina de Paris "só utilizarem instrumentos limpos, previamente expostos a uma temperatura de 130 a 150 °C, que completariam com uma esterilização ao fogo [...], e lavarem as mãos com o maior rigor...".

Mas Pasteur tinha uma falha indelével aos olhos dos cirurgiões: ele não passava de um pobre químico e não era médico.

– Não temos lições a receber de um homem que nem sabe o que são miasmas hospitalares e sua lei inevitável...

Mas Lister compreendera Pasteur.

Ele foi o primeiro a utilizar desinfetantes sobre a pele dos doentes e dos cirurgiões e, em 1864, obtivera resultados espetaculares: a taxa de mortalidade de seus operados caíra de 50% para 10%. Ele não hesitava em operar numa atmosfera de ácido fênico nebulizado por um aparelho que inventara sozinho.

O cerimonial adotado por Halsted em 1886 era igualmente rigoroso. Os instrumentos eram esterilizados segundo os princípios de Pasteur. Nebulizava-se a área operatória graças ao aparelho de Lister. Todo mundo chorava em volta do paciente e o paciente também, mas Halsted não desistia. A operação só tinha início depois de imergirem as mãos nuas dentro do ácido fênico. Corrosivo! E Caroline limpava constantemente os instrumentos mergulhando-os dentro do ácido e do cloreto de mercúrio.

Os resultados vieram: pouquíssimas infecções. E Halsted podia realizar a operação que acabava de descrever para tratar os cânceres de mama: a mastectomia radical, na qual ele retirava o seio, o músculo peitoral e todos os gânglios axilares. Uma operação complexa, pode-se dizer.

Certa manhã, Caroline lhe pede uma reunião em particular.

– Doutor, vou ser obrigada a deixar seu serviço.

O chão se abriu sob os pés de William e uma torrente de suposições contraditórias se entrechocou dentro da sua cabeça.

Como explicação, ela lhe estendeu as duas mãos. As duas lindas mãos brancas, que ela exibia agora vermelhas, inflamadas e estriadas por várias fissuras profundas e purulentas:

– Apesar de todos os cuidados, minhas mãos não conseguem sarar. Não posso mais assisti-lo. Tenho as mãos mais feias e mais doloridas de toda a Maryland!

– É o ácido?[103] – interrogou Halsted.

– Sim, é o ácido – respondeu ela, enrubescendo.

Calmamente, Halsted lhe recomendou deixar sua atividade no bloco operatório durante algum tempo para tratar das mãos. Mas lhe pediu igualmente, quase suplicando, que não solicitasse uma transferência. Ele encontraria uma solução.

Caroline sorriu, aliviada:

— Saiba, senhor, que meu maior desejo é continuar trabalhando a seu lado.

— Mas... Este é também o meu desejo, senhorita Hampton. É o meu desejo – balbuciou ele, acompanhando-a cerimoniosamente até a porta de seu gabinete, contendo uma vontade louca de tomá-la em seus braços.

Como sempre, na adversidade, Halsted reagia com rapidez e inteligência. Na mesma noite, ele sentiu um ligeiro formigamento na região do estômago que lhe indicava que estava no caminho certo de uma boa ideia.

— É preciso uma segunda pele para lhe proteger as mãos.

Já no dia seguinte, ele marcou uma hora com Charles Goodyear, de quem se falava bastante, pois ele tinha elaborado uma nova técnica para envolver as rodas das carruagens utilizando o látex. Preparada e vulcanizada segundo esse procedimento, podia-se inflar essa borracha de ar, o que criava um pneumático, capaz de rodar pelas ruas de modo suave, equilibrado e silencioso.

Uma revolução...

— E com seu novo material, esse látex, não seria possível fundir luvas bem finas, adotando a forma das mãos e dos dedos da senhorita Hampton para protegê-la contra a corrosividade de nossos antissépticos?

Não ocorreu sequer por um segundo a Halsted que essa técnica poderia igualmente ser útil aos outros cirurgiões da equipe, e mesmo aos doentes, a fim de evitar as infecções que lhes eram transmitidas pelas mãos dos médicos. Não, tudo o que preocupava Halsted, nesse preciso instante, enquanto tentava convencer Charles Goodyear a ajudá-lo, era conservar Caroline perto dele, porque não poderia ser de outra maneira...

Quando sua dermatose desapareceu, Caroline calçou as novas luvas Goodyear. E permaneceu ao lado de William, ajudando-o com os instrumentos. Nas manhãs de domingo, Halsted passou a administrar um pequeno curso de anatomia para as enfermeiras do Johns Hopkins.

No início eram umas cinco a comparecer, depois duas ou três, depois uma só: Caroline. Um dia, Osler, cofundador do hospital com Welch, surpreendeu os dois estudando e isso o deixou suficientemente impressionado, a ponto de evocar o episódio mais tarde em seus escritos.

O casamento de William e Caroline foi então anunciado, e Welch, o velho Welch, foi o inevitável padrinho. O amor e a moral estavam salvos!

E as luvas cirúrgicas nisso tudo?

Deve-se reconhecer que Halsted e sua equipe as acharam bem confortáveis e logo as adotaram para proteger igualmente as mãos dos cirurgiões contra os antissépticos.

Somente em 1896, ou seja, seis anos após o episódio da dermatose de Caroline Hampton, um dos alunos do professor, doutor Joseph Bloodgood, começou a propor as luvas cirúrgicas como medida antisséptica importante, permitindo proteger também o paciente...

Mais uma vez, uma descoberta médica seguia por caminhos tortuosos, antes de alcançar êxito.

Caroline e William não tiveram filhos. Eles continuaram a trabalhar juntos, realizando operações cada vez mais complicadas. Uma escola de cirurgia se formou em torno de William e, em breve, o mundo inteiro queria vê-lo operar.

Welch estava contente com seu hospital: William não tivera uma "recaída"...

Quando Halsted foi nomeado professor de cirurgia, Welch fez um magnífico discurso diante dos funcionários sobre a coragem, a capacidade de discernimento, a calma e a destreza de seu cirurgião-chefe. Halsted encarou todas essas felicitações com modéstia e reagiu com perfeita dignidade.

Voltando para casa, na mesma noite, ele não pôde deixar de tomar uma pequena dose de morfina, hábito que jamais abandonou em toda a sua vida...

As instrumentadoras, é claro!

As enfermeiras instrumentadoras: essas mulheres de máscara ao lado dos cirurgiões, cobertas de trajes esterilizados, enluvadas com o látex de Caroline. Elas falam pouco, somente seus olhos exprimem o que sentem. Seus gestos precisos pontuam a intervenção. Poderia se dizer que estão apenas arrumando os instrumentos e procurando no meio de um monte de pinças aquela que lhe pede o cirurgião, sempre impaciente! Não é nada disso. A verdadeira profissional conhece a intervenção tão bem quanto aquele que a realiza.

Simplesmente estendo a mão e o instrumento vem estalar na minha palma aberta. Nem olho, continuo concentrado no meu campo operatório através de minhas lupas, sei que é o bom instrumento equipado com o bom fio que a instrumentista depositou sobre minha luva.

Uma boa instrumentadora, ajudada por uma instrumentadora-assistente,[104] permite que se ganhe um terço do tempo da operação efetuada com uma equipe de novatos. Para certas operações, como as cirurgias cardíacas que eu pratico, isso é importantíssimo, pois o risco operatório está diretamente associado ao tempo que o coração ficará parado. Não se trata de apostar uma corrida, mas aquele que agir rapidamente dará sem dúvida uma chance a mais a seu paciente.

Nem todos os cirurgiões são como Halsted, apaixonado pela sua instrumentadora. Nem toda instrumentadora tem o charme e o carisma de Caroline Hampton. Mas é certo que, ao longo dos anos, uma grande cumplicidade pode se estabelecer entre o cirurgião e suas colaboradoras. E, também, um grande respeito pelo balé silencioso, ou quase, que constitui para o espectador uma operação realizada com brio.

Há alguns anos, um cirurgião hospitalar e professor de faculdade decidiu parar de operar para se dedicar a uma atividade totalmente diferente: retomar as rédeas da empresa familiar. Interrogado pelos jornalistas sobre as razões de sua escolha, ele as explicou de maneira serena, quase desinteressada: a necessidade de mudar de vida, a impressão de ter cumprido o ciclo do ofício de cirurgião, o esgotamento desse ofício feito de responsabilidade e exigências, em que, a cada dia, lida-se com a vida das pessoas... Em seguida, vem a pergunta:

– Mas, professor, o que lhe faz mais falta nesta nova vida? – quis saber o jornalista.

O professor refletiu um instante, depois retrucou, como se a resposta fosse evidente:

– As instrumentadoras, é claro!

Um parque de diversão para a anestesia

O dentista Horace Wells tem a intuição das propriedades dos gases anestésicos diante de uma barraca de parque de diversões • Ele se ridiculariza, tentando uma demonstração diante dos cirurgiões de Boston • Descobrimos que outro anestesista pioneiro, William Morton, é vítima de seu jeito para os negócios • O pobre Wells acaba se suicidando na prisão, cortando a artéria femoral sem sentir dor alguma graças ao clorofórmio.

Até a metade do século XIX, o ato cirúrgico só podia ser concebido sem anestesia. Assim, o melhor cirurgião era aquele que operava mais rapidamente. Diziam que ele tinha "o temperamento cirúrgico". Em menos de um minuto, Larrey era capaz de realizar uma amputação da coxa! Era igualmente o tempo que necessitava para, ao retornar à vida civil, remover um seio.[105]

Com o passar dos séculos, tentaram de tudo para aliviar a dor atroz da incisão cirúrgica. Segundo os lugares e segundo a moda, absorvia-se ou inalava-se papoula, cânhamo, mandrágora (a erva que revigora o enforcado!), esponjas soníferas, poções opiáceas, aguardente ou conhaque! Ambroise Paré se empenhou ao máximo para suprimir a cauterização das feridas a ferro em brasa e substituí-la pela ligadura das artérias. Atitude louvável para os infelizes, que evitavam assim a aplicação do tição ardente em suas chagas. Na realidade, ele temia sobretudo a queda das crostas poucos dias após a carbonização, pois isso podia provocar hemorragias catastróficas. Larrey notara o poder do frio ao longo de suas campanhas como cirurgião da guarda-imperial, e isso também foi experimentado.

Mas, no fundo, a dor estava inscrita em nossa concepção do pecado original, e cada um acabava se adaptando como lhe era possível, como um mal necessário. A dor se abatia sobre toda infração à lei bíblica, era um dado inevitável da condição humana. E a aceitação desse sofrimento era uma forma transcendente de devoção para se aproximar de Deus e purificar sua alma. Valor redentor desse sofrimento que nos aproximava da paixão do Cristo. Era preciso sofrer para ser salvo... Dor infinita, a única capaz de absorver o infinito pecado do ser humano.

"Darás à luz na dor!"

Essas palavras foram gravadas em todas as consciências. A grande maldição estava lançada. E a dor da cirurgia, aceita pelo bem do paciente, acabara por se banalizar e ser subestimada por todos. Muitos cirurgiões a tinham integrado totalmente, e até os berros do paciente faziam parte da prática operatória. Tratava-se de um "contato com o doente" indispensável numa boa relação humana. O grande Velpeau (o homem das ataduras!) estava de pleno acordo com essa opinião:

"Evitar a dor por meios artificiais é uma quimera que não pode persistir em nossos dias. Instrumentos cortantes e dor são palavras que não se apresentam uma sem as outras e, portanto, é necessário admitir esta associação, quando se trata de operações."[106]

Quanto a Magendie, este era ainda mais pragmático:

– Que um doente sofra mais ou menos, será isso algo que ofereça algum interesse para a Academia das Ciências?

De tal forma que não se concebia o ato cirúrgico sem a presença de alguns homens bem robustos para conter com firmeza o doente. E este, ainda que teoricamente tivesse consentido, podia de fato se ferir ao gesticular para evitar o horror de ser cortado vivo.

E será que sabemos mesmo o que é a dor? Na realidade, apenas começamos a compreender alguma coisa, atualmente. O que sabemos, desde muito tempo, é que todos nós temos receptores periféricos da dor (receptores nociceptivos), ou seja, situados na ponta dos dedos, por exemplo, quando nos cortamos. Esse receptor reage ao estímulo (o fio da navalha, neste nosso exemplo). A informação "fui cortado" é conduzida a uma velocidade variável (entre 15 e 30 m/s) por diferentes fibras nervosas (finas e grossas) até o primeiro ponto de revezamento: o corno posterior da medula espinhal. A medula espinhal então trata e modula a mensagem "fui cortado", e a transmite em seguida ao tronco cerebral e depois ao córtex cerebral, e em particular o tálamo,[107] onde se encontra o segundo ponto de revezamento.

Mas a dor não é um fenômeno binário (mal ou não mal, muito ou não muito): em todos os níveis, a partir da medula espinhal, encontramos sistemas inibidores que a "filtram" e a modulam.

A partir da medula espinhal, dois grandes tipos de feixes ascendentes veiculam a mensagem dolorosa até o cérebro: uma pista lateral, expressa, se especializa no componente sensitivo da dor, e uma pista mediana, mais lenta, intervém em seus componentes afetivos e emocionais.

Dentro do cérebro, a complexidade é imensa: os sistemas de modulação e de integração da mensagem dolorosa são múltiplos. Hoje, sabemos com certeza que não existe um local único da dor. Para esquematizar, o tálamo, que recebe a mensagem "fui cortado" já bastante filtrada, a projeta para dois grupos de neurônios dentro de cérebro: o primeiro se dirige ao córtex parietal, que decifra a sensação dolorosa para determinar sua localização, intensidade, duração e tipo (um corte profundo no dedo, certo, mas não tão cruel, nesse caso); o segundo se dirige ao córtex frontal, que analisa e define a parte emocional da mensagem dolorosa (estou furioso por ter sido desastrado!).

E ainda, ao longo desses circuitos, intervêm os sistemas de modulação e inibição aos quais se acrescenta uma miríade de moléculas agindo em toda a extensão dessa cadeia para desencadear, facilitar ou, ao contrário, limitar a transmissão da mensagem dolorosa. Elas levam nomes encantadores e sugestivos (ao menos para os neurofisiologistas!): bradicinina, substância P, glutamato, ciclo-oxigenase ou prostaglandina,[108] sem mencionar outras. Mas elas podem também "irritar" o sistema parassimpático e provocar uma síncope vagal. A dor pode levar ao desmaio!

Assim, compreende-se facilmente que não há razão alguma para que um mesmo traumatismo seja sentido do mesmo modo por um indivíduo ou por outro, de tão fortes que podem ser as interferências emocionais ou sociais.

Sem contar que o cérebro também pode se enganar: o amputado percebe dores terríveis num pé que ele não tem mais. O cérebro percebe muito bem a dor no coto, mas ele a projeta sobre um esquema corporal que ainda não teve tempo de modificar. Ele pode igualmente se deixar iludir: em caso de queimadura, por exemplo, sentimos alívio quando esfregamos com a mão o local que acaba de ser queimado: o estímulo tátil leve, transmitido rapidamente pelas grossas fibras nervosas, inibe o estímulo doloroso intenso, transmitido mais devagar pelas fibras finas.

Assim, quaisquer que sejam os progressos que foram e ainda serão alcançados em fisiologia neurológica, o sofrimento será sempre o resultado do conflito de um estímulo (o ato cirúrgico, por exemplo) e do indivíduo inteiro. É um fenômeno subjetivo inapreensível para o observador, resultando de elementos sociológicos em que o sexo, o contexto social e a época desempenham um papel inconteste.

Dessa maneira, muitas dores consideradas violentíssimas no Ocidente são facilmente suportadas sob os trópicos (a mais comum sendo a do parto, em países onde a "peridural" não é sequer imaginável).

Podemos, do mesmo modo, nos perguntar se o homem dos séculos precedentes era mais resistente ao mal do que o homem moderno, acostumado a seu conforto aconchegante ou, em todo caso, mais apto a dominá-lo, em uma palavra, mais corajoso. As crônicas da época parecem nos provar isso.

Independentemente do que tenham pensado vários cirurgiões desse tempo, a supressão do sofrimento ia não apenas facilitar sua arte, mas sobretudo lhes permitir expressá-la. Quanto progresso operatório, quantas melhoras técnicas podiam-se entrever, de fato, para um infeliz que se debatia, ansioso para que tudo acabasse logo!

Dezembro de 1844, Hartford, Connecticut.
Horace Wells e sua esposa decidiram ir ao parque de diversões que estava no auge, na praça principal da cidadezinha. Horace Wells tem 25 anos, é dentista, instalado há pouco tempo em Hartford. Seu consultório vai bem, já fez uma bela clientela, e mesmo o governador do estado de Connecticut desfruta de seus cuidados, assim como sua família.

Nessa tarde, aproveitam um momento de lazer. As distrações são raras em Hartford!

Estamos em plena América profunda, a dos colonos puritanos que não brincam com a religião, aqueles que chegaram de Massachusetts em 1636 com o reverendo Thomas Hooker para fundar uma nova colônia de costumes mais rigorosos. O próprio Wells quase virou pastor. Homem de aspecto distinto, ele passeia pelo parque de diversões com sua cartola na cabeça e de braços dados com sua esposa Elizabeth. Ele está satisfeito com seu ofício de dentista, formado na importante Escola de Harvard... Ainda que sua profissão não tenha uma boa reputação. É evidentemente necessário aceitar sofrer como um mártir para entrar em seu consultório! E o tratamento ainda é bem estereotipado: a pinça, o alicate para a extração e ainda remover os dentes malcuidados de seus concidadãos. O que lhe interessa realmente é a cirurgia conservadora, aquela que trata dos dentes e não mais os arranca. Ele acaba de elaborar uma nova liga metálica para tratar das cáries e está convencido de que colherá ótimos resultados. Assim, ele tenta popularizar a escovação dos dentes: "*The clean tooth does not decay!*" é seu slogan. O dente limpo não apodrece. Certo, mas o essencial continua sendo convencer a população, que nem sabe a que se assemelha uma escova de dentes!

Com Elizabeth, eles param um momento diante da "academia do gás hilariante". Uma tenda de atrações bem comum nos parques de diversão da Europa e da América. O dono da barraca tem uma lábia extraordinária. Ele tenta persuadir as pessoas de que dirige um verdadeiro laboratório de pesquisa para aperfeiçoar esse famoso gás, que permite esquecer tudo com uma boa gargalhada, e o homem utiliza títulos rebuscados: ele é o "professor" Gardner Quincy Colton! Os clientes se sucedem, atraídos pela vontade de dar uma boa risada, já que ocasiões como esta são raras em Hartford. O homem faz com que inalem uma grande golfada de seu gás mágico, e é verdade que eles morrem de rir, contagiando as pessoas na audiência. Sam Cooley acaba de subir no estrado. Não é exatamente o que podemos chamar de um tipo divertido. É ele que dirige o coral do templo, pois Horace, como cantor, costuma desafinar. Ele inspira uma golfada. Permanece pasmo por um instante. Depois, seu rosto, habitualmente enrijecido pelas rugas da seriedade, relaxa progressivamente e explode numa risada que o deixa todo vermelho.

A gargalhada dura cerca de um minuto, depois Sam se acalma gradualmente. Ele fica um pouco hesitante sobre o estrado, um sorriso abismado nos lábios, enquanto o professor Colton prossegue, imperturbável, seu palavrório. Sam começa a descer os degraus quando, ainda tonto, perde o equilíbrio e cai. Um prego mal fixado na escada de madeira penetra no músculo da sua perna. Ela cai estendido no chão, a panturrilha rasgada através da calça. Uma dor terrível! Por empatia, Horace faz uma careta, imaginando a dor da fisgada. Mas, na realidade, Sam não parece sentir coisa alguma. Alguns espectadores na primeira fila já o acudiram e o puseram de pé.

– Sam, deixe ver isso. Você se feriu gravemente – interveio Horace, aproximando-se do grupo.

– Nem um pouco, está tudo bem. Não sinto nada. Em casa, eu farei um pequeno curativo!

Entretanto, a ferida é medonha, a panturrilha foi dilacerada em toda a sua extensão e ele sangra abundantemente. Com um lenço, Elizabeth tenta estancá-lo um pouco, fazendo uma compressão...

– Eu juro, Elizabeth, não está doendo. Vou pra casa, isso não passa de um arranhão!

E Sam Cooley se vai, mancando um pouco, ainda sorrindo, sem dizer mais nada.

Horace sente-se então fulminado por uma ideia genial:

– E se houvesse uma relação entre a inalação do gás e o comportamento de Sam? E se o gás fosse capaz de suprimir a sensação de dor?

Ele precisa descobrir mais sobre isso. Então, espera o final da apresentação e vai falar com o "professor" Colton. Este não parece muito comovido com o que acabou de acontecer a seu "paciente", para falar a verdade, sequer viu o que se passou. Mas, bastante lisonjeado por ser interrogado por um médico de verdade, ele se lança numa longa diatribe sobre os trabalhos de sua "academia de química aplicada" e descreve detalhadamente para Horace a composição de seu gás, convencido de que não pode ver nele um potencial concorrente. Negócios são negócios...

– Esse gás é óxido nitroso, um composto de nitrato de fabricação bem simples.

E ele se lança em explicações que duram um longo tempo. Horace entrevê claramente as possibilidades de um gás como esse para seu trabalho.

Enquanto isso, Elizabeth voltou para casa. Ela resolveu passar pela casa de Cooley, a fim de saber como ele está passando. Este começa a sentir dor e agora aceita que seu ferimento seja levado a sério. Sua família está agitada e sua esposa não tarda a chamar o doutor Priestley, para que ele acuda seu marido.

Colton concorda em fazer uma experiência com Wells e eles resolvem iniciá-la já no dia seguinte. Por acaso, Horace tem um dente molar estragado que precisa extrair da sua própria boca. Era seu assistente, John Riggs, que devia fazê-lo, e ele se dispõe a servir de cobaia. Colton está presente com seu cilindro de gás. Ele faz com que Horace inale três golfadas. Este se sente bem, embora não esteja gargalhando, provando assim que só ri quem quer.

Riggs se aproxima, alicate na mão. Ele é hábil e rápido, tem a alma de dentista! Em alguns segundos, ele prende o dente com a pinça, efetua alguns movimentos de alavanca para mobilizá-lo, manobras que normalmente provocam extrema dor e, num piscar de olho, arranca o molar. O gosto do sangue quente inunda a boca de Horace. Ele não sentiu nada...

Nos dias seguintes, Colton inicia corretamente Wells na preparação e administração de óxido nitroso, e ele pode experimentá-lo em seu consultório em mais de quinze clientes com bons resultados. Convencido de que está diante de uma descoberta fundamental, Horace Wells procura aprofundar e completar sua descoberta. John Riggs é um dentista formidável, mas a pesquisa sobre o gás não lhe interessa. Então, Wells entra em contato com um de seus antigos alunos, William Morton, que trabalha atualmente no hospital de Boston, o Massachusetts General Hospital, subordinado à Faculdade de Medicina de Harvard.[109]

Com William Morton, que entende imediatamente o interesse da descoberta, as coisas se aceleram.

Primeiramente, eles notam que o doutor Crawford Long, que opera em Jefferson, na Geórgia, já efetuou, em 1842, uma anestesia com éter para remover um tumor do pescoço de um de seus pacientes. Ele não considerou útil publicar ou informar seus colegas,[110] mas continua aplicando o método regularmente, em especial nas crianças. Este fato reforça as ideias de Wells: é preciso divulgar e organizar uma demonstração pública. Morton se dirige então a um de seus superiores, Charles Jackson, que dirige o laboratório de química analítica de Harvard. Este se mantém cético...

Sem desanimar, ele recorre a John Warren, o grande cirurgião do Mass General Hospital. Este também hesita, mas aceita assistir a uma demonstração em seu anfiteatro operatório. Wells apresentará os efeitos de seu óxido nitroso. Um doente será programado para a operação. O encontro é marcado para o dia 20 de janeiro.

Horace Wells se emociona ao voltar ao local onde fez seus estudos. Ele se sente um pouco como um estudante pronto a passar seu exame oral. Infelizmente, o paciente que devia ser operado acaba de recusar a intervenção. Não importa, ele fará sua apresentação mesmo assim:

— Senhor professor — começa ele, num tom enfático. — Tenho a honra de vir a este prestigioso anfiteatro comunicar uma observação que fiz e que é suscetível de mudar radicalmente nossa prática profissional.

Warren não diz nada. Ele acaricia seu nariz aquilino, afaga suas suíças e não deixa transparecer emoção alguma. Está em seu papel de grande chefe, pronto a julgar sem amenidades um colega que procura a fama. Horace fica constrangido com tal atitude. Teria preferido que lhe transmitissem um pouco mais de confiança... Assim mesmo, chega ao final de sua exposição, que correu bem. Então, empolgado, ele acaba exagerando:

— Não há ninguém aqui que precise arrancar um dente? — pergunta ele. — Poderei fazê-lo aqui mesmo e demonstrar assim a eficácia de meu método.

Um estudante que se acha na quarta fileira do anfiteatro ergue o braço e diz:

— Eu tenho um molar que me dói há várias semanas. Sou voluntário!

Ele desce de seu lugar com os aplausos de seus colegas, felizes com a possibilidade de testemunhar um espetáculo. O estudante senta-se numa poltrona e mostra a Horace o dente que o faz sofrer. Nada simples: é um terceiro molar, um siso, encarcerado ainda por cima por uma bela tumefação no nível da raiz. Horace se põe a preparar a máquina de Colton. Esses preparativos não diferem em nada daqueles da "academia do gás hilariante". Isso provoca sorrisos na audiência e deixa seu paciente suando frio. Finalmente, após manipular diversas válvulas em todos os sentidos, ele faz com que o jovem inale uma golfada de seu óxido.

A demonstração se revela um grande fracasso. De fato, o estudante se livrou de seu molar, mas começa a berrar como um porco degolado. A assembleia começa a vociferar todos os palavrões possíveis. E o julgamento de Warren cai como uma guilhotina: "Isso é uma farsa ridícula!". Horace vai embora, vaiado e decepcionado.

O que se passou realmente? Impossível saber. É provável que Horace, comovido por se encontrar ali e precipitado em seus procedimentos, tenha se enganado na dosagem, e que a quantidade de gás inalado tenha sido insuficiente. Talvez, tenha removido a bolsa de inalação cedo demais do rosto de seu paciente. É também possível que o estudante tenha "exagerado" um pouco ao gritar, a fim de divertir a assembleia; alguns anos mais tarde, ele ousou confessar que a dor, e esta havia sido bem real, lhe parecera bem menos intensa do que esperava.

Wells é descreditado, bem como seu óxido. Ele reage mal a tudo isso e prefere cortar todos os laços que o prendem à anestesia, à odontologia e à América também. Quando se é puritano, se conhece bem a autoflagelação. Ele parte e deixa seu consultório com Riggs. Voltamos a encontrá-lo em Paris, onde se tornou... Negociante de quadros!

Mas a penitência não é suficiente. O destino ainda fará com que expie seu crime. Horace ainda não deixou de lado os gases anestesiantes...

Morton, porém, foi mais tenaz. Ainda que tivesse servido de mensageiro entre Wells e Warren, ele manteve prudente discrição. Não participou do fiasco de 20 de janeiro. No fundo, o impasse de Wells lhe convém. Seus escrúpulos não chegam a sufocá-lo.

Continuando suas pesquisas, ele volta ao éter. Recorre a Jackson, o químico, que se assustou com suas intenções:

– Tudo isso pode ser perigoso. São possíveis reações secundárias. Faça o que quiser, mas eu o proíbo de associar meu nome a esse trabalho!

Morton está seguro de si. Não poderá fracassar...

Como ele conseguiu convencer Warren a tentar uma nova experiência, usando desta vez "seu" próprio método? O que terá dito sobre Horace, que desapareceu completamente dos círculos de Boston? Como apresentou os efeitos do éter? Não se sabe. Mas pode-se imaginar que Morton soube chegar a seus fins empregando todos os argumentos possíveis.

Na realidade, sua ideia é simples. Tal invenção deve lhe trazer dinheiro. Mas o éter, todo mundo conhece! Então, ele decide se vangloriar de sua técnica graças a um gás de sua composição, cuja patente registrará.

– Eu batizei esse gás que compus de "Letheon" – ele disse a Warren. – Sua eficácia é surpreendente.

Uma nova data é marcada para o dia 16 de outubro de 1846, às 10 horas da manhã. No mesmo lugar em que esteve Wells, mas o doente está presente desta vez. Ele se chama Gilbert Abbot, tem 20 anos, é bem magro e sofre de um enorme tumor no pescoço. O público também está presente, pois Warren convidou todos os seus colegas. Na primeira fileira, se alinham as sobrecasacas de Bigelow, de Parson, de Gould e de Wellington... Todos os grandes nomes da cirurgia americana. Os estudantes, sempre prontos a se divertir (alguns estiveram presentes à "demonstração" de Wells!), se amontoam no anfiteatro.

Só falta uma pessoa: Morton.

Warren, imperturbável, ainda que incomodado por esse atraso, toma a palavra para ocupar o tempo, enquanto os instrumentos são preparados e o paciente é instalado sobre a mesa de operação.

– Cavalheiros, eu os convidei para esta demonstração que o doutor Morton, dentista do hospital, deverá realizar. Ele conseguiu, graças a um gás de sua composição, adormecer seus pacientes durante o ato cirúrgico e trabalhar assim sem provocar dores. Se isso se confirmar, estaremos na alvorada de uma nova era.

E Morton ainda não chegou. São 10h15...

Pontual como um pêndulo, Warren não entende esse atraso, sobretudo numa ocasião como essa.

Ele apanha seu bisturi, olha desesperadamente para a porta fechada e anuncia, irritado:

– Parece que o doutor Morton não cumprirá com sua palavra. Temo que, mais uma vez, tudo isso não passa de uma triste farsa (*humbug*, ele gosta bastante dessa palavra!) Não existem milagres... Então, procederemos como de costume.

O pobre Gilbert Abbot, o paciente, está com uma expressão angustiada de alguém que sofrerá um suplício.

Nesse instante, Morton, suado e ofegante, entra bruscamente no anfiteatro:

— Desculpe-me, senhor. Um incidente na finalização do meu aparelho. Estou pronto, agora.

Warren permanece imóvel:

— Seu paciente o aguarda!

Morton se aproxima do jovem:

— Está com medo?

— Tenho plena confiança no senhor, doutor.

Morton leva a extremidade de seu aparelho aos lábios do doente e lhe pede para respirar profundamente. Warren espeta o braço do futuro operado com uma agulha:

— Você sente alguma coisa?

— Não.

A resposta se perde no silêncio, Gilbert Abbot dorme. Morton então recua e, com um gesto exagerado de oferenda, se dirige a Warren:

— Doutor, seu doente está pronto.

Com seus movimentos seguros e bem experientes, o cirurgião pratica a incisão, remove rapidamente o tumor, faz a ligadura dos vasos, sutura a pele, enquanto o operado permanece impassível, com um esboço de sorriso nos lábios. Quando tudo terminou, Gilbert Abbot desperta lentamente e olha a seu redor. Morton se aproxima do rapaz e pergunta:

— Está sentindo dores?

— Não, doutor, absolutamente nada. Senti que tocavam no meu pescoço, depois mais nada. Tenho a impressão de que eu... Sonhei.

As palavras de Gilbert Abbot calam totalmente a audiência. Todos retêm a respiração. Até mesmo Warren está emocionado. E com uma voz suave, ele acrescenta as palavras que se tornaram célebres:

— *Gentlemen, this is no humbug!* (Senhores, isso não é uma farsa!)

A plateia então explode numa salva de aplausos. Morton é parabenizado, cercado, interrogado, adulado...

Mais tarde, lembrando-se desse dia memorável, Elizabeth Morton escreverá: "Não vi meu marido durante doze longas horas, os minutos passavam com lentidão desesperada, eu estava sentada à janela, esperando a chegada de um mensageiro de um momento ao outro me informando que a experiência terminara com um acidente mortal. Meu marido voltou por volta das 4 horas da tarde, seu rosto sério, temi por um instante que meus receios tivessem se realizado. Ele me tomou então em seus braços e disse: 'Querida, consegui, minha experiência foi um sucesso, você sabe o que isso significa?'".

Nesse instante, William Thomas Green Morton, flutuando nas nuvens, pensava ter alcançado o firmamento, a glória e o reconhecimento de todos. Mas ele estava apenas no começo de um caminho longo e doloroso, como se todos aqueles que participaram da descoberta da anestesia devessem ser atingidos por uma maldição transcendente.

Evidentemente, não passou despercebido a Warren que esse famoso "Letheon" tinha o cheiro particular e inequívoco do éter sulfúrico, bem conhecido nos hospitais. E patentear uma substância tão conhecida, mesmo para uma nova utilização, se revelaria problemático. Morton começou um árduo caminho para que fosse admitida sua anterioridade e recebesse os *royalties*, que julgava meritórios. Por três vezes, ele escreveu uma petição ao Congresso dos Estados Unidos da América para obter o reconhecimento de sua descoberta e, assim, ter direito aos benefícios correspondentes. Chegou mesmo a solicitar um encontro com o presidente dos Estados Unidos, Franklin Pierce, para que ele apoiasse sua solicitação. Mas nada funcionou.

Além disso, o professor Charles Thomas Jackson, que, no entanto, havia recusado sua solidariedade nas pesquisas iniciais e que lhe pedira para não citar seu nome na utilização clínica do éter, que considerava arriscada, até perigosa, afirmou aos quatro cantos ser ele o verdadeiro descobridor dos efeitos anestesiantes do éter. Seguiu-se então uma controvérsia que se arrastou por muitos anos e se complicou ainda mais nas esferas judiciais. Morton ficou arruinado. Onde estava a fortuna que imaginara no dia 16 de outubro? A falta de reconhecimento do mundo e a ausência de recompensa proporcional à sua contribuição ao bem-estar humano o afetaram profundamente. Ele teve uma morte brutal aos 48 anos, por conta de uma "congestão cerebral", no dia 15 de julho de 1868, indignado ao ler um artigo em *The Atlantic Monthly* que creditava a invenção da eterização a Jackson, que se tornara seu inimigo pessoal.

Alguns anos depois, Jackson também morreu, num hospício para alienados, incapacitado e demente.

E Horace, no meio de toda essa saga? Onde foi parar Horace Wells? Tínhamos o deixado *marchand* na Europa. Depois disso, ele se tornara ornitólogo... Mas a anestesia, para sua infelicidade, não o abandonara. Ele também queria ser reconhecido como o "inventor" da técnica. Afinal de contas, ele fora o primeiro a conseguir com o óxido nitroso, ainda que as circunstâncias não lhe tivessem sido favoráveis.

Em 1847, ele estava de volta a Nova York e ganhava a vida dando conferências sobre ornitologia quando foi surpreendido pela comunicação de um certo Simpson, obstetra escocês, que descrevia as propriedades de um novo gás que podia ser utilizado durante os partos: o clorofórmio. E, para verificar suas propriedades, como de costume, Horace o testou em si mesmo várias vezes. E isso depois virou um hábito.

Qual era o efeito do clorofórmio que tanto o agradava? Certamente, não eram as terríveis dores de cabeça, ainda que essas fossem frequentes. Provavelmente, a embriaguez que se obtém com certas doses, a impressão de ser outro homem, um homem diferente. É preciso imaginar Horace Wells procurando a dose e a profundidade de inalação que lhe provocava esse efeito. Ele, o puritano que por pouco não se tornara pastor, ele que tanto se orgulhava de sua reputação, sua notoriedade, o que tanto esperava desse novo personagem que se tornava sob influência da droga? Verdadeiro doutor Jekyll prematuro em busca de seu senhor Hyde...[111]

Nessa noite, ele estava alucinado.

Ainda mais excitado do que de costume. Após ter inalado sua dose, ele apanhou uma garrafa de ácido... Sulfúrico, pronto a enfrentar o vício, Satã, que invadira a Terra, com todos aqueles que lhe tinham feito mal! No frio glacial da noite de inverno, ele percorria a Rua 47 quando foi abordado por duas prostitutas que sonhavam com a fortuna. Então, toda a sua raiva o dominou e ele lançou ácido sulfúrico nos rostos das duas...

Senhor Hyde!

As moças começaram a urrar à medida que o ácido lhes corroía a pele...

Os policiais que patrulhavam a área chegaram correndo ao local do crime e detiveram Wells, que estava completamente pasmo com o próprio gesto e sequer tentara fugir. Horace foi preso e, gradualmente, recuperou o juízo, se dando conta então da dimensão da tragédia.

Logo, ele compareceu diante do juiz. Pálido, derrotado, maltrapilho, a gravata frouxa no pescoço, ele contou em tons melodramáticos, porém sinceros, seu desespero, reconheceu sua culpa e sua incomensurável irresponsabilidade, e clamou o desejo imperativo de pagar pelo seu erro. Sem dúvida, comovido pelo personagem fora do comum, o juiz consentiu que ele voltasse para casa, escoltado por um policial, a fim de apanhar seus pertences na perspectiva de uma longa estadia na horrível prisão de Tombs.

Mas Wells tinha suas certezas. E estas eram sinistras...

Sem que o infeliz policial da escolta se desse conta, ele conseguiu esconder um frasco de clorofórmio e um bisturi no fundo de sua maleta. Algumas horas mais tarde, ele foi encarcerado, sem ter sido revistado.

Então, no fundo de sua cela, compreendendo que arruinara tudo e perdera sua honra, ele escreveu: "Retomo essa pena para concluir o que tenho a dizer. Grande Deus! Como cheguei a este ponto? Será um sonho? Antes de meia-noite terei saldado minha dívida com a natureza, e isso é necessário; pois, quando sair livre daqui, não poderei continuar vivendo, sendo chamado de desonesto. E Deus sabe que não o sou. Ah, minha querida mãe, meu irmão, minha irmã, que poderei lhes dizer? Meu desespero só me permite lhes dizer adeus. Morrerei esta noite com a convicção de que Deus, que conhece todos os corações, me perdoará por esse ato terrível. Passarei o tempo que me resta rezando. Que desgraça para minha família. E o que mais me angustia é ver meu nome associado a uma descoberta científica que comuniquei a todos os sábios acadêmicos. E agora, enquanto ainda posso escrever, é preciso que eu diga adeus a todos! Oh, meu Deus, me perdoe! Oh, minha querida esposa e meu filho, que deixo sem recursos de subsistência, eu queria viver e trabalhar para vocês; mas não posso, eu enlouqueceria! Consegui esconder o instrumento da minha destruição quando a pessoa encarregada de me vigiar, ontem, permitiu que eu entrasse sozinho no meu quarto".

Em seguida, dentro de sua cela exígua, ele inalou seu querido clorofórmio, pegou o bisturi e, calmamente, sem sentir dor alguma, descobriu sua artéria femoral esquerda e a cortou com um gesto preciso. O sangue escorreu pelo chão, jorrando em golfadas. A poça escorre até a porta e o sangue aos poucos se esgota. Wells cai por terra. Ele está com 32 anos!

Ironia do destino, Wells, que tanto almejara o reconhecimento de seus pares, jamais soube que a Academia Real de Medicina acabava de saudá-lo com "todas as honras por ter descoberto e aplicado o uso de gases e vapores a fim de que as operações cirúrgicas pudessem ser efetuadas sem dor". A notificação chegou em Nova York quatro dias depois de sua morte.

19 Os filhotes de pássaros de Tarnier

As crianças surgem na história como os esquecidos da medicina • O professor Tarnier inventa as incubadoras, imitando os pássaros do Jardim da Aclimatação • Pierre Budin, querendo acompanhar as crianças que acabou de trazer ao mundo, inventa a pediatria.

Foi somente em 1872 que a palavra pediatria surgiu na língua francesa para designar a medicina dedicada às crianças, como se até então não tivesse sido necessário se preocupar com isso. Obviamente, isso não significa que os médicos não tenham se inquietado com os mais jovens ao longo da história; o próprio Hipócrates, o primeiro de todos, consagrou-lhes páginas célebres. Entretanto, esse fato tem um significado profundo: a criança, até o fim do século XIX, não desperta interesse suficiente para que os médicos se especializem em seu tratamento.

Mas, certamente, há uma explicação associada a um fenômeno inevitável, tão intenso e tão transcendente que só pode pertencer a Deus: a mortalidade infantil. De fato, mesmo nas famílias reais, a mortalidade das crianças permaneceu considerável desde a Idade Média até o século XVIII: aproximadamente metade das crianças morria antes dos 20 anos! Blanche de Castille, por exemplo (casada em 1200 com o futuro Luís VIII), perdeu sete filhos dos doze que teve (o futuro Luís IX foi o quinto a nascer). É provável, embora evidentemente nos faltem dados, que essa mortalidade fosse bem superior nas classes inferiores, e assustadora entre os mais pobres, cujas condições de vida eram particularmente difíceis.

No entanto, a criança sempre foi considerada nas famílias como uma riqueza que devia tomar parte dos trabalhos rurais o mais rapidamente possível. Quanto àquelas do proletariado das grandes cidades industriais, estas eram empregadas para realizar as tarefas mais duras: não se podem esquecer as gravuras representando as crianças esfomeadas do tempo de

Dickens, empurrando vagonetes nos confins das minas, onde somente elas, com sua baixa estatura, podiam transitar.

Assim, para certos historiadores,[112] até o final do século XVII, a "solidariedade à infância" não existia, e as crianças, tendo sobrevivido à forte mortalidade dos primeiros anos, se tornavam adultos sem uma fase intermediária, esta muito normal hoje em dia. Isso não significa, contudo, que as crianças eram negligenciadas, abandonadas ou desprezadas como um monte de "pequenos Polegares", terrível fábula dos tempos medievais. Que fique bem claro: essa solidariedade à infância não se confunde tampouco com a afeição que se dedica às crianças, ela corresponde a uma consciência da particularidade infantil, essa particularidade que distingue essencialmente a criança e o adulto, mesmo jovem.

E, no Antigo Regime, essa consciência era inexistente, ou quase. Assim que a criança, com frequência posta aos cuidados de uma ama-seca desde a primeira infância, ultrapassasse esse período de forte mortalidade em que sua sobrevivência era improvável, ela se confundia com os adultos. Ariès escreveu:

"Na Idade Média, no início dos tempos modernos, ainda por muito tempo nas classes populares, as crianças eram confundidas com adultos assim que eram consideradas capazes de dispensar a ajuda das mães e das amas-secas, poucos anos após um desmame tardio, a partir de 7 anos aproximadamente; elas logo ingressavam na grande comunidade dos homens."

Por outro lado, a partir do século XVII, inicia-se uma evolução com o surgimento de um sentimento maternal mais forte, contemporâneo a um recuo significativo da mortalidade infantil. Esse sentimento se acelerou e se generalizou a partir dos anos 1760, quando Jean-Jacques Rousseau, por sua vez, se debruçou sobre o problema da educação,[113] manifestando a firme vontade de afastar a criança do trabalho por um período mais ou menos longo, correspondendo à sua formação.

Assim, até esse período, as especificidades e a pessoa da criança são praticamente ignoradas e ela é considerada apenas um adulto em miniatura de sobrevivência precária; quanto ao recém-nascido, ele representa apenas um tubo digestivo, que não sente dor, que age puramente por reflexo, destituído de sentimentos e sensações.

No entanto, nesse contexto negativo, foram os obstetras que "inventaram" a pediatria moderna.

Nesse ano de 1880, o doutor Stéphane Tarnier, cirurgião-chefe da maternidade de Port-Royal de Paris, encontrava-se no auge de sua glória de obstetra. Seguindo os preceitos de Semmelweis e de Lister (lavagem das mãos e vaporização de ácido fênico), ele conseguiu, graças ao rigor, fazer recuar o espectro odioso das febres puerperais e, pode-se dizer, foi capaz de salvar as maternidades hospitalares, ameaçadas de desaparecimento em detrimento do parto em domicílio, tão catastróficos eram seus resultados.

Sua reputação cresceu ainda mais quando ele elaborou novos fórceps, que permitiam uma tração bem mais fisiológica dentro do canal pélvico que seus predecessores. É claro que foi criticado por alguns de seus colegas, mas foi capaz de preservar uma postura e uma afabilidade que fortaleciam sua opinião em meio a todas as diatribes da época, contrastando com os termos por vezes realmente grosseiros de seus opositores.

Mas, em seu íntimo, uma ideia o obstinava. Ele partilhava inteiramente da opinião de seu aluno, o doutor Pierre Budin: os obstetras eram importantes, cuidar das mulheres após o parto era indispensável, mas era preciso ir mais longe e se responsabilizar também pelos pequerruchos que trazíamos ao mundo, pois eles representavam, obviamente, o principal objetivo de seu trabalho. Ora, a pediatria neonatal ainda não existia, era preciso inventá-la. Eram então eles, os obstetras, que cuidavam desses bebês. E particularmente dos prematuros, que morriam alguns dias depois do nascimento, como se não pudessem suportar serem afastados do calor de sua mãe. O calor do ventre materno: Tarnier tinha certeza de que era ali que se achava o problema. Ele tentara calafetar seus prematuros em algodão hidrófilo, cercado de bolsas de água quente, mas isso não adiantava. A mortalidade continuava sendo impressionante.

Ora, certa manhã, Tarnier devia se encontrar com a senhora Odile Martin, diretora do novo jardim zoológico, construído no Jardim da Aclimatação, no Bosque de Boulogne. E isso o faria mudar de ideia! A imponente estatura de Tarnier, óculos pincenê pendurado ao pescoço e roseta na lapela, acompanhava a diretora numa visita protocolar. Ora, uma das tarefas principais da senhora Martin era encontrar meios de aclimatar diversas espécies exóticas aos rigores da temperatura parisiense. Foi assim que ela lhe mostrou uma sala onde os filhotes de pássaros exóticos ficavam acomodados dentro de incubadoras.

– Assim, eles ficam bem aquecidos – ela lhe disse. – E podem sobreviver às condições de um clima que não lhes corresponde, ainda mais quando são privados da proteção materna.

Um estalo se fez imediatamente na cabeça de Tarnier. Mal voltou ao Hospital de Port-Royal, ele provocou uma efervescência digna das longas noites de partos durante a lua cheia. E as primeiras incubadoras para prematuros foram fabricadas nos meses que se seguiram. Eram um tanto artesanais: as crianças eram colocadas sobre a palha dentro de caixas de madeira cercadas de bolsas de água aquecidas num fogo de lenha, noite e dia, pelas enfermeiras. O ar que a criança respirava era assim também aquecido, e um sistema de alimentação forçada através de uma sonda, cuja higiene era garantida pelos princípios de Budin, completavam o dispositivo. O sucesso foi imenso e o primeiro serviço para crianças prematuras no mundo estava criado.

E é por isso que, ainda hoje, os prematuros podem passar pelas incubadoras, numa lembrança dos pássaros exóticos do Jardim da Aclimatação.

Tarnier foi o arquétipo do "grande chefe", produto do final do século XIX. Como seus pares, ele foi coberto de honras, teve influência considerável na evolução da medicina de seu tempo e atraiu uma miríade de alunos. Entre eles, Pierre Budin teve um lugar particular. Homem discreto, tímido mesmo, esse trabalhador incansável, obstetra por vocação como seu mestre e apaixonado pelas novas descobertas de Pasteur, vai ser nomeado, aos 36 anos, chefe de serviço de obstetrícia no Hospital da Charité. Lá, ele pôde se dedicar de corpo e alma às mulheres, frequentemente pobres, que davam à luz em seu serviço. Obedecendo aos grandes princípios da assepsia que experimentara com Tarnier, ele também obteve resultados consideráveis para evitar a infecção puerperal, que até então atingia um quarto das parturientes nos hospitais.

Nesse dia, ele dava uma consulta à senhora Duchemin que, aos 19 anos, chegava ao termo de sua terceira gravidez. Ele já fora responsável pelo parto de seus dois primeiros filhos.

– Como vai o pequeno Guillaume? – perguntou-lhe o doutor Budin a fim de dar início à conversa. – Aquele que nasceu ano passado.

– Ele morreu, doutor – ela respondeu, baixando a cabeça, ao mesmo tempo desolada e aceitando a fatalidade secular.

– O que aconteceu? – inquiriu Budin.

– Oh, doutor, ele pegou a diarreia verde e morreu alguns dias depois.

A diarreia verde! O doutor a conhecia muito bem, ainda que não compreendesse as circunstâncias, mas estava certo de que ela estava ligada à alimentação.

– E a senhora o alimentava pessoalmente, o pobre Guillaume?

– Eu não podia, doutor, eu trabalho na fábrica. Eu o deixava com a ama-seca todas as manhãs.

As amas-secas cuidavam de várias crianças de operárias ao mesmo tempo e os alimentavam com mamadeiras comuns, que continham leite com frequência estragado,[114] Budin estava estreitamente a par dessas práticas.

Pierre Budin decidira se lançar de cabeça nessa pesquisa. Precisava entender o que matava um quarto dos recém-nascidos que ele trazia ao mundo. Era seu dever, não era possível continuar a praticar partos para se desinteressar logo em seguida pelo destino dos bebês. Era o objetivo máximo de seu trabalho, de sua missão... E, aos 43 anos, o chefe de serviço da Charité se matriculou então nos cursos de Pasteur, para aprender junto com os estudantes as premissas do que viria a ser a bacteriologia, pois ele intuía que os micróbios que Pasteur e Koch tinham descoberto eram a causa do problema.

Foi assim que o obstetra pôde se inclinar sobre um microscópio e descobrir a proliferação de uma infinidade de germes dentro do leite não esterilizado que as crianças bebiam. Agora, ele era mesmo capaz de reconhecê-los: o da diarreia verde, da cólera ou aquele a que já chamavam de *E. Coli, Escherichia coli*. E Budin, homem de certezas e intuições, estava agora totalmente convencido, o que não era nem um pouco evidente naquela época, que, se lutasse contra essas bactérias, reduziria a mortalidade de "suas" crianças.

Retornando ao laboratório da Charité, ele se lançou em todo tipo de testes e experiências a fim de conseguir esterilizar o leite e garantir assim uma alimentação saudável. Ao desenvolver seu método, restava-lhe apenas divulgar sua descoberta aos médicos, certamente, mas sobretudo às principais interessadas: às mamães dos bebês que ele ajudara a nascer.

Estamos em 1892, não existe o hábito de levar seu filho para ser consultado por um médico após o nascimento. Nessa consulta, Pierre Budin explica tudo sobre a amamentação, distribui mamadeiras esterilizadas e mostra como fazê-lo, e finalmente, ele pesa o bebê.

Ora essa! E por quê? Isso é novidade...

Porque Pierre Budin compreendeu que a melhor maneira de vigiar o estado de saúde de um recém-nascido é pesando-o regularmente. Um crescimento harmonioso da curva de peso é a melhor garantia de uma evolução saudável da criança. Toda anomalia, toda interrupção na evolução dessa curva significa o surgimento de uma enfermidade.

– Senhora Duchemin, seu bebê perdeu peso. É preciso agir – afirma Budin, com a expressão grave.

A jovem mãe, que já perdera anteriormente seu pequeno Guillaume, tinha confiança absoluta no jovem médico. Sabia que ele daria a seu bebê o que era necessário para que sarasse rapidamente. Às consultas públicas, comparecia uma infinidade de jovens mães em busca dos bons conselhos médicos a partir do terceiro mês. Era uma ideia simples, em sua origem, quase óbvia, mas ao criar sua "consulta sistemática para recém-nascidos", Pierre Budin não imaginava que acabara de revolucionar a medicina e "inventar" a pediatria.

Marianne Solitária

Marianne, ama-seca, inventa a cura hélio-marinha • O médico de Montreuil-sur-Mer consegue convencer a Assistência Pública a construir um hospital num deserto • Conhecemos François Calot, "o homem que desempenava os corcundas".

Quem é então essa mulher solitária que vem todos os dias à praia, conduzindo várias crianças sobre seu carrinho de mão? Estamos em 1852 e a praia de Berck está vazia, açoitada pelo vento do Norte. É possível entrever, ao longe, as minúsculas silhuetas de pescadoras em pé com seus aventais de pano, arrastando suas grandes redes de pesca de camarões. As crianças, cobertas com toscas mantas de lã espessa, descendo de sua caleche improvisada, se divertem na praia que a maré baixa tornou infinita. São os filhos das famílias de pescadores, dos quais Marianne cuida. Eles ficarão lá a tarde toda e, no dia seguinte, à mesma hora, Marianne recomeçará sua estranha atividade, totalmente incompreensível para as pessoas sensatas, a tal ponto que a tomam por uma mulher meio louca.

Quem teria vontade de permanecer mais do que alguns minutos nessa praia vazia e gelada, de onde sequer se distingue o horizonte e a base espessa das nuvens? A pobre Marianne, porém, tem lá suas razões para ser um pouco perturbada: mãe de seis filhos, ela acaba de perder seu marido e quatro de suas crianças numa epidemia mortífera de cólera que assola a região. Ela fica em seu barraco, isolado entre as dunas de areia, perto da praia, e só pode sobreviver fazendo as vezes de ama-seca e guardiã dos filhos das famílias de pescadores locais, em troca de uma esmola que a ajuda a viver. Sempre sozinha. Os habitantes de Berck contemplam com inquietação seus hábitos insensatos e, por compaixão, a chamam de "Marianne Solitária".

E, no entanto, Marianne não tem nada de uma idiota, como alguns supõem, e essas pessoas não podem em caso algum imaginar que essa pobre mulher vai trazer fortuna para Berck e sua praia. Pois ela ganhou a confiança do doutor Perrochaud, de Montreuil-su-Mer, que se surpreendeu com a ótima saúde das crianças das quais ela cuida e da cura do raquitismo ou escrófulas[115] de que sofriam alguns deles. E Perrochaud, esse santo homem, acaba de lhe confiar várias crianças tuberculosas, implorando-lhe que continue suas atividades.

Desta vez, é com uma pequena carroça puxada por um burro que Marianne conduz suas crianças à praia.

— Estão todos magrinhos ou cheios de vermes, esses moleques!

Pois Perrochaud vem três vezes por semana a Berck; ele disse a Marianne que o ar marinho continha iodo e que isso era bom para seus "filhotes". Não lhe falta coragem nem constância para se deslocar até o meio das dunas geladas desse Saara, sem estrada pavimentada ou qualquer outra comodidade. Mas ele está convencido de que existe em Berck um microclima propício para tratar das consequências da desgraça da época: a tuberculose. Logo serão trinta crianças da Assistência Pública de Paris que serão confiadas a Marianne. Os pequenos vindos da cidade estão fracos, raquíticos, esgotados pela doença. Alguns já ficaram corcundas por terem suas colunas vertebrais assoladas pelo famoso mal de Pott. Mas os resultados são visíveis. As crianças estão melhores, nenhuma morreu, ao passo que o prognóstico para elas era considerado desesperador pelos médicos de Paris.

O doutor Perrochaud convida o diretor da Assistência Pública, senhor Husson, a visitar seus pequenos doentes de Berck. Este aceita o deslocamento, um tanto cético, mas é forçado a constatar as curas, que todos consideram milagrosas. Perrochaud é um homem bom e sabe também se mostrar persuasivo, assim o diretor resolve construir o hospital, sem dúvida simples, mas capaz de acolher as crianças parisienses. Convém dizer também que, se ele se deixa convencer mais facilmente por essa novidade que é "o bom ar marinho", é porque ele não sabe mais o que fazer de toda aquela criançada parisiense que o mal de Pott condena à deformidade ou à morte.

No entanto, trata-se de uma simples construção de madeira, que é inaugurada em 1861, em frente ao farol de Authie, mas pode-se trabalhar corretamente no seu interior e, sobretudo, desfrutar dos benefícios excepcionais de um clima cujo rigor parece triunfar sobre essa doença ainda misteriosa.[116] Alguns anos mais tarde, diante do sucesso desse pequeno hospital marítimo, a Assistência Pública de Paris (ainda e sempre ela) resolve construir um local mais amplo, capaz de acolher várias centenas de pacientes, contando inclusive com alguns aperfeiçoamentos, como uma piscina térmica de água do mar com acesso especial por meio de rampas para as pessoas com deficiência física. Esse "Hospital Napoleão" será inaugurado pela própria imperatriz, muito envolvida com essas novidades médicas, pois ela pensa que seu filho também sofre dessa implacável doença. Um sucesso. A baronesa de Rothschild intervém e investe numa nova estrutura, assim como a família do czar de todas as Rússias, a Fundação Franco-Americana, resumindo, um mutirão internacional se interessa por Berck e participa da construção de uma nova cidade orientada para os tratamentos e para o mar.

Dessa forma, graças à Marianne Solitária, nasceram as curas pelo ar marinho e a talassoterapia. Quanto a ela, Marianne, assistindo a essa revolução do modernismo em suas dunas castigadas por todos os ventos, ela acrescentaria, já bem idosa, com a cabeça coberta pela sua eterna touca de cambraia branca e seu sotaque da Picardia:

– Bem que eu disse que o ar daqui fazia bem aos meus filhotes!

Os médicos são também atraídos por essa nova tendência e se apaixonam pelos tratamentos marinhos; eles farão a reputação mundial de Berck, novo centro de excelência para tratar a tuberculose osteoarticular, ou seja, o mal de Pott, a coxalgia, o tumor branco do joelho ou o raquitismo e as escolioses em geral. Cada um descreve seus métodos e suas indicações da cura pelo ar marinho. Eles recomendam, em sua maioria, longas imobilizações (vários anos); assim, a cada dia na praia de Berck, veem-se alinhadas macas com essas crianças prisioneiras de seus coletes de gesso. Elas são retiradas dos dormitórios, expostas aos rigores do vento do Norte, às brisas da maré alta e também ao sabor da languidez da maré baixa. E assim passam os meses: é o preço a pagar para se recuperar da devastação causada pela infame doença.

Foi o honorável Sir Percivall Pott, admitido à Barber's Company de Londres, em 1736, cirurgião ortopedista por vocação, que se apaixonou por esse mal que traz seu nome. Entretanto, ele nunca compreendeu sua relação com a tuberculose, da qual o mal de Pott é a manifestação osteoarticular mais frequente, o bacilo de Koch que ataca os discos intervertebrais. Não tratado, o bacilo fragiliza a vértebra e produz um pus particular: o cáseo (assim chamado porque se assemelha ao queijo branco, *caseum* em latim!). Esses dois elementos explicam o drama que se anuncia: as vértebras fragilizadas vão se comprimir, provocando escolioses num sentido e protuberâncias no outro. Depois, o pus vai escorrer para todos os lados, segundo a gravidade, formando abcessos densos que podem compactar a medula espinhal, o que traz o risco de paraplegia ou de se infiltrar até a pele e ali se ulcerar, transformando o doente em escrofuloso. O inferno na terra! Um lento e progressivo horror que destrói esse corpo infantil, roendo-o por dentro.

O que fazer para limitar o drama, quando nada se sabe sobre os micróbios e se ignora o que é um antibiótico? Só se pode contar com a boa natureza, que vai reagir contra a agressão substituindo o osso destruído por um novo tecido: a fibrose, que reconstrói o que foi destruído. Então, o único trabalho do cirurgião é aguardar esse bendito momento, evitando que o período destruidor deixe excessivas cicatrizes viciosas, daí os coletes de gesso a fim de conservar uma boa postura da coluna vertebral e a praia de Berck para favorecer o estado geral, na ausência de um bom estado psicológico.

Uma atitude modesta e contida diante da gravidade da doença! Os cirurgiões se mostram servis também, sem ousar atacar o mal de frente. No entanto, não era nesse tom desiludido que se podia falar de François Calot, "o homem que retificava corcundas", pois o temperamento cirúrgico não lhe faltava. Quando chegou em Berck, já desfrutava o sucesso de uma jovem e gloriosa carreira de brilhante estudante de medicina, nomeado entre os primeiros colocados a uma residência médica em Paris. Com alma de cirurgião, ele caminhava resoluto na direção dos primeiros degraus de uma ascensão triunfal, que devia logicamente levá-lo ao magistério e à Academia. Por sinal, ele já se tornara professor assistente de anatomia sob a direção de Farabeuf, o papa das dissecações de seu tempo, demonstrando assim que sabia muito bem escolher seus chefes. Depois, seus outros mestres em clínica, Terrier e Lucas-Championnière, o contrataram para assumir o posto de cirurgião de Berck, onde o futuro abria as portas para o talento de um jovem ortopedista formado no seio das novas ideias que, para dizer a verdade, eram eles os únicos a defender naqueles anos, quando Pasteur ainda era considerado na França um mero "químico", que não tinha conselho algum a dar aos cirurgiões.

Em Berck-plage, era preciso substituir Henri Cazin, o cirurgião fundador, adoentado e sem dúvida esgotado pela sua dedicação à causa das crianças enfermas. Assim, rapidamente Calot, que ainda fazia sua residência médica, foi obrigado a assumir e praticar quase 1.500 operações nesse ano, aplicando os novos métodos de assepsia "à moda de Lister". Infelizmente e apesar dos grandes princípios enaltecidos pela nova tendência pasteuriana, os resultados não foram melhores que aqueles do pobre Cazin, e a mortalidade de crianças operadas se estagnava em níveis medíocres. Calot havia compreendido muito bem que a abertura larga dos abcessos tuberculosos, que era a técnica mais comum para garantir a drenagem, se transformava na causa de infecções secundárias de extrema gravidade. Agora, Calot tinha certeza: "Abrir a tuberculose era abrir a porta à morte!". Fazia-se então necessário que ele fosse ortopedista até o fim e que fugisse do bisturi, do qual resultavam mais riscos do que benefícios. Foi então que, movido inteiramente pela sua rejeição ao ato cirúrgico sangrento, ele vai ter a ideia de criar o evento. O evento que asseguraria sua glória, tornando-o conhecido no mundo todo, um deus para todas as famílias cujos filhos entortavam, atacados pela doença.

"O homem que retifica os corcundas!" Sua ideia era simples, embora terrivelmente brutal: adormecido pelo clorofórmio, o pequeno paciente era virado sobre o ventre e, enquanto três ou quatro assistentes, conforme a idade e o tamanho da criança, retinham a cabeça e os pés vigorosamente, o operador colocava todo o seu peso e toda a sua força sobre a corcunda, até que a parte desviada da coluna vertebral voltasse ao alinhamento. Ouviam-se então estalos horríveis, que testemunhavam o desengrenar de vários segmentos da espinha e a inserção das vértebras, umas sobre as outras. A fim de consolidar a intervenção, que durava em média dois minutos, o paciente era mantido engessado por dez ou doze meses.

Em 22 de novembro de 1896, diante da Academia de Medicina, Calot confirmou 37 reduções de gibosidades de Pott, sem nenhum fracasso. Ele propunha em seguida a realização de três engessamentos sucessivos para manter a espinha em boa posição. Essa imobilização durava um ano, durante o qual a criança era levada todos os dias até a bela praia de Berck para aproveitar o ar revigorante e as brisas redentoras. Ao termo de oito meses, o paciente começava a andar, e foram feitas fotos do tipo "antes e depois", evidenciando o excelente resultado das costas, eretas como uma letra "i".

A imprensa se interessou então pelo evento, e o mundo inteiro se precipitaria para consultar Calot, "o retificador de tortos!". O ano 1897 foi especial, pois François Calot expôs os resultados de seu triunfo em Londres, Berlim, Bruxelas e até em Moscou. Ele se revelou um ótimo comunicador, realizando as demonstrações de seu método, que impressionava pelo caráter a um só tempo audacioso, simples e espetacular.

No entanto, o próprio Calot teve que abandonar alguns meses depois a operação que exaltara. Várias complicações graves nas crianças tratadas não podiam passar em silêncio: um caso de paraplegia provocado por compressão da medula óssea e dois casos de meningite tuberculosa pós-operatória, provavelmente decorrente da ruptura do abcesso dentro da medula óssea.

Poderiam ter suspeitado disso antes!

Sai de cena essa operação insana, que "dava calafrios", como bradavam seus detratores. Sai de cena a esperança de curar todos os Quasímodos da terra num passe de mágica! O doutor François Calot ia ingressar na categoria daqueles que se distinguem na confecção de coletes de gesso para depois expô-los na areia da praia. Um papel mais modesto, é certo, mas que se mostrava eficaz, garantindo assim a elevada reputação dos estabelecimentos hélio-marinhos de Berck. Para os abcessos tuberculosos, já havia consenso: não deviam mais ser abertos. Ainda neste ponto, Calot inovou ao propor uma técnica de punções, seguidas de injeções de óleos iodoformados e de cânfora, até a cura.

O retificador de corcundas ingressava na categoria de uma ortopedia mais sábia. O essencial, porém, estava feito. O mundo inteiro sabia o que acontecia em Berck. E o mundo inteiro passaria por lá para ver as crianças cujas macas se enfileiravam ao longo da praia.

Ainda hoje, quando os antibióticos se tornaram o verdadeiro tratamento da tuberculose e a cirurgia recuperou seus direitos para retificar as escolioses, Berck segue sendo o local privilegiado de convalescença para os doentes da Assistência Pública dos hospitais de Paris... E tudo isso porque uma velha ama-seca empurrava seu carrinho de mão até a praia, dizendo:

– Eu bem disse que o ar daqui fazia bem aos meus filhotes!

Um galinheiro para o beribéri

Eu me confronto com as relações complexas entre médicos e televisão • O capitão Christiaan Eijkman, médico militar em Java, tenta compreender uma doença misteriosa, o beribéri, fazendo experiências com os frangos de seu quintal • Finalmente, ele descobre as vitaminas expulsando uma bactéria.

Era um programa de televisão com entrevistas sobre a saúde. O tema era "o que fazer para manter a boa forma!". O gênero fazia sucesso havia alguns anos. O produtor, que me tratava como "senhor professor" sem cessar, gabava-se de seu programa:

— Saiba, senhor professor, que os telespectadores adoram tudo o que diz respeito à saúde. Nossa série faz sucesso porque tentamos responder, com homens importantes como o senhor, às suas pequenas dúvidas de todos os dias. Sinto certa reticência de sua parte, mas aquilo que se pode chamar de uma popularização de qualidade permite o avanço dos conhecimentos de todos e educa as pessoas sobre os grandes problemas de saúde pública. Veja o que conseguimos com o tabaco e o colesterol. Progressivamente, as pessoas se conscientizaram de que seu comportamento podia favorecer ou, ao contrário, protegê-las contra a doença cardíaca. E os resultados são comprovados pelas estatísticas!

— Concordo, mas a mensagem que devemos transmitir nesse tipo de programa é tão redutora que acaba sendo caricatural. Ela reflete mal a realidade científica, que, por sua vez, é um bocado mais complexa.

— É exatamente por isso que recorremos às suas capacidades de síntese, senhor professor. Uma mensagem simples e exata, isso é que é difícil de conseguir...

O programa citava todos os lugares-comuns do gênero. Não ingerir gordura animal, não fumar, fazer exercícios, consultar regularmente seu médico... A apresentadora, uma bela morena de olhos verdes, repassava as perguntas e distribuía a palavra aos professores sentados a seu redor, desenvolvendo o fio condutor do debate. Subitamente, ela se virou para mim, mudando de assunto:

– E o senhor prescreve suplementos vitamínicos para melhorar a forma de seus pacientes?

– Nenhum. Num país como o nosso, não existe carência de vitaminas, exceto em casos patológicos bem particulares, como o alcoolismo crônico, por exemplo.

– No entanto, os doentes os pedem. Segundo as mensagens de nossos telespectadores, a maioria considera que isso lhes faz um bem enorme.

– Não é porque eles pensam assim que isso é obrigatoriamente verdade. O efeito placebo é universal. Eu ficaria muito incomodado se os telespectadores imitassem essa folia americana que os leva a comprar nas farmácias quantidades de vitamina C ou vitaminas E, para tomar doses que, de qualquer maneira, serão eliminadas em algumas horas.

– O senhor está dizendo então que isso é inútil?

– Eu insisto: para alguém que goza de boa saúde, se alimenta normalmente, os suplementos de vitaminas são inúteis e, em certos casos, nocivos.

A apresentadora, um pouco aturdida, pois ela esperava uma defesa de minha parte para a sacrossanta vitamina C, preferiu mudar de assunto e interrogar um de meus colegas, médico reeducador, sobre a importância da prática de esportes. Assunto sobre o qual ele discorreu com entusiasmo...

Pessoalmente, eu achava que o esporte não devia ser aconselhado a partir de certa idade, o que não podia ser confundido com a prática de um exercício, como a caminhada ou a bicicleta, e que a palavra "esporte", ela também sacralizada pela televisão, que supunha uma competição e autossuperação, era formalmente proscrita após os 50 anos. A quantidade de homens que vi que começaram a transpirar nos campos de futebol para perder a barriguinha da idade e desabaram brutalmente, derrubados por um infarto do miocárdio, sem que um sintoma os alertasse... Quando perguntavam a Winston Churchill o segredo de sua longevidade, ele respondia, imperturbável, com o charuto entre os lábios: *"No sport. No sport... Never..."*. Nada de esportes, nunca.

– O senhor parece não concordar com o que acaba de ser dito? – pergunta a moça, olhando para mim.

Eu esquecera que a câmera percebia perfeitamente a menor expressão num rosto:

– De fato, não compartilho totalmente com a opinião de meu colega.

Ao final de uma gravação assim, era comum reunirem-se organizadores e participantes, após remoção da maquiagem, para tomar um champanhe morno, servido em copos plásticos. Momento de felicitações e comentários sobre o programa. O produtor se aproximou de mim com um grande sorriso:

– Formidável, muito vibrante. Acho que tivemos uma boa audiência. Muito boa sua intervenção sobre as vitaminas. Mas devo confessar que não sei, pessoalmente, para que servem as vitaminas. Não sei sequer o que a palavra quer dizer.

– As vitaminas são as aminas vitais. Foram descobertas por acaso, como muitas coisas na medicina, graças aos frangos de um galinheiro, em Java.

– Isso é interessante! Poderíamos fazer um programa sobre isso...

*

Amsterdã, 1883

– A medicina militar está para a medicina assim como a música militar está para a música!

Tudo havia sido dito sobre os médicos militares. E com frequência em termos refinados... No entanto, eles faziam os mesmos estudos que os outros, prestavam os mesmos exames e defendiam uma tese, orientada por uma autoridade civil, na maior parte dos casos. Além disso, eles deviam efetuar um ano suplementar de formação num hospital das forças armadas. No fundo, se havia uma vantagem em ser médico militar, além do uniforme que agrada certas pessoas, era a de os estudos serem financiados pelo exército. Por outro lado, um médico militar se tornava um oficial e, assim sendo, precisava em seguida acompanhar as tropas aonde elas fossem; fazia parte do contrato.

Christiaan, sétimo filho da família Eijkman, nascido em Nijkerk, bem no centro da Holanda, pôde então se tornar médico, com ótima formação junto a professores prestigiosos, sem afetar demais as finanças de seus pais.

De tal forma que, uma vez defendida sua tese (sobre a polarização dos nervos), foi necessário que partisse para o serviço armado, quer dizer, para as Índias neerlandesas, nas grandes ilhas-continentes onde se encontrava a Batávia.[117]

Em seu íntimo, Christiaan estava muito contente: finalmente as coisas sérias começariam a acontecer, pensava ele no navio que seguia rumo às Índias.

Sentia-se orgulhoso desse império que seu país e seus navegadores tinham construído nas Ilhas da Sonda. Uma mudança radical de seu país sem montanhas. Tinham-lhe dito que o clima não era fácil: muito quente e muito úmido, mas isso também representaria uma mudança em relação às geadas de Amsterdã. Quando se tem 20 anos, é preciso ser aventureiro...

E depois, para um médico, que campo de experiências... Todas as patologias tropicais ainda misteriosas podiam lhe proporcionar observações inéditas, publicações prestigiosas e a fama que almejava! Christiaan considerava como um dever levar a essas populações, que Deus colocara sob a autoridade do reino, os tratamentos, o ensino e a civilização. A colonização acarretava também deveres!

Debruçado na amurada do navio que o carregava para a Batávia, ele sonhava com aventuras enquanto afagava o belo bigode que deixara crescer a fim de dar alguma autoridade a seu rosto ainda infantil.

Mas que calor sufocante!

A viagem foi exaustiva. Ele se achou primeiramente aquartelado em Semarang, segunda maior cidade da Batávia depois de Java, e então em Tjilatjap, no litoral sul. Esse porto era protegido pela ilha de Nusa Kambangan, onde os militares tinham instalado campos de prisioneiros de segurança máxima, na maioria prisioneiros políticos.

Em seguida, afastando-se um pouco do centro logístico das tropas, ele foi enviado para Sumatra desta vez, na cidadezinha de Padang. Era para esses postos distantes que mandavam os jovens oficiais, após uma adaptação na cidade militarizada. Padang tinha a reputação de ser a aldeia dos tsunamis. Acolhedor, não?

No início do século, um desses maremotos a destruíra; chegaram mesmo a encontrar um navio de duzentas toneladas projetado um quilômetro terra adentro. Uma tremenda onda!

Mas fora esses eventos, que no fim das contas só aconteciam duas vezes a cada século, a cidade era bem calma, habitada essencialmente por pescadores analfabetos que só falavam seu dialeto. Os únicos nativos com os quais se podia comunicar eram os privilegiados, que tinham sido acolhidos em escolas elementares dirigidas por religiosas protestantes, ou a infinidade de serviçais pessoais do destacamento militar, que aprendia as palavras holandesas necessárias a seu trabalho. O esquema clássico!

Ele começara a se familiarizar com alguns tipos de doentes. Como ocupava as funções de médico e cirurgião militar, mostravam-lhe, além de seus compatriotas, um certo número de pacientes que dependia diretamente da autoridade colonial. Os castigos dados pelos militares aos nativos ignoravam as prescrições humanitárias, e as condições de detenção dos prisioneiros políticos eram cruéis. Ainda assim, tinham chamado sua atenção para uma patologia curiosa que devastava os prisioneiros: o beribéri. Na linguagem local, significava: "não aguento, não aguento", tão imenso era o cansaço, acompanhado às vezes por uma paralisia dos membros inferiores ou por edemas espetaculares. Essa patologia conduzia inevitavelmente à morte. Eijkman logo se convenceu de que devia ser possível encontrar um micro-organismo responsável, como Koch acabara de fazer para a tuberculose...

Infelizmente, suas observações não foram muito longe. Logo, ele caiu acamado, abatido por uma forma grave de malária,[118] resistindo ao tratamento através de casca de quinquina.[119] Tremendo de febre, a tez amarelada,[120] esgotado pela anemia, só havia uma solução para salvar o capitão Eijkman: o repatriamento!

Foi então um Christiaan doente como um cão que retornou a Amsterdã. E a desgraça se obstinava sobre ele: somente dois meses após sua volta, sua jovem esposa, Aaltje, morreu brutalmente. A catástrofe total. Apesar de tudo, ele conseguiu se recuperar. Pelo menos, fisicamente. Pois, no plano psicológico, ele precisava realmente se reconstruir...

O encontro com Robert Koch foi decisivo para ele. Eijkman se inscrevera no curso de bacteriologia ministrado por Koch em Berlim. Koch era um verdadeiro farol para toda essa geração de jovens médicos. Ele identificara o bacilo do carbúnculo e desenvolvia a cultura de micróbios sobre meios nutritivos estéreis. Em 1882, identificara o agente patogênico da tuberculose, a grande doença do século, que devastava todos os países da Europa. Uma celebridade!

Quando Christiaan chegou ao laboratório de Koch, em 1885, o rival deste, com o qual discordava sobre diversos pontos,[121] o francês Louis Pasteur, acabara de conseguir "vacinar" uma criança de 9 anos contra a raiva. Ele conseguira igualmente, alguns anos antes, elaborar uma vacina contra o carbúnculo, cujo bacilo Koch isolara. A competição alcançara seu paroxismo. Louis Pasteur também sabia se cercar de jovens pesquisadores brilhantes e, com Emile Roux, procurava fundar um instituto de fomento para suas pesquisas.

Tudo isso sobre um fundo de animosidade, ao qual a anexação da Alsácia-Lorena pelo Reich não era completamente alheio...

Por sinal, para Eijkman, o ativismo dos franceses na Indochina era uma fonte de preocupação.

Mas, por ora, o essencial era se sacrificar no trabalho, armazenar as técnicas do mestre, para retornar às Índias e descobrir o agente patogênico de "seu" beribéri.

A ocasião surgiu no ano seguinte, pois o governo dos Países Baixos decidiu enviar para lá uma missão confiada ao professor de anatomia patológica de Utrecht, Cornelius Pekelharing, e a seu assistente, Winkler, a fim de resolver o problema do famoso beribéri, que continuava assolando suas colônias. Um oficial médico era indispensável para acompanhar essa missão. Naturalmente, Eijkman, voltando à ativa, foi designado.

Pekelharing era catedrático, membro da Academia, mas ainda jovem de espírito, apesar de todas essas honrarias, e apaixonado pelo progresso. Como Eijkman, ele também estava convencido que o beribéri era uma doença infecciosa e que se transmitia de um prisioneiro a outro dentro das penitenciárias da ilha de Java:

– Precisamos isolar o germe responsável – ele dissera a Eijkman e Winkler. – Ao trabalho, senhores.

Durante os dois anos que se seguiram, eles inocularam todos os animais de laboratório de que dispunham (coelhos, ratos, macacos), coletando amostras de todos os tipos nos prisioneiros assolados pelo beribéri e colocando-as em cultura segundo as técnicas de Koch. Sem êxito.

– Sem dúvida, trata-se de um germe que se desenvolve lentamente, é preciso esperar – dissera o professor Pekelharing.

Então, Eijkman se lançou com Winkler nos trabalhos sobre a fisiologia em clima tropical. Já se esperava... Os animais se mostraram em excelentes condições. Mas precisavam aguardar. A missão Pekelharing-Winkler, porém, chegava ao fim e, em 1887, eles tiveram que voltar para a Holanda.

– Christiaan – dissera Pekelharing –, você vai ficar. Vou fazer com que seja nomeado diretor de nosso centro de pesquisa. Assim, você poderá acompanhar o desenvolvimento de nossas experiências. O governo nada pode me recusar.

E Christiaan ficou, ocupando o posto de diretor do Geneeskundig Laboratorium. Assim, deixava sua carreira militar para se tornar o responsável de um laboratório civil e, isento de suas obrigações médicas, podia se dedicar inteiramente às suas pesquisas.

Mas suas pesquisas se revelavam decepcionantes e suas inoculações não progrediam. Os prisioneiros continuavam a morrer, paralisados e com insuficiências cardíacas, sem que isso chegasse a comover os militares... Durante esse período, a fim de ocupar seu tempo, Eijkman criara uma escola médica onde ministrava aulas para os estudantes. É preciso instruir os povos colonizados. Christiaan ainda conservava seus ideais de juventude...

Dois anos se passaram em meio à rotina do destacamento militar. O laboratório de Christiaan ficava contíguo à administração de um dos campos de prisioneiros, o que facilitava o contato com os doentes e também a coleta de amostras. Ele tinha construído um viveiro para animais que se apresentavam em boas condições.

– E se fossem os coelhos e os macacos que utilizei até agora que tivessem resistência natural às bactérias que lhes injeto?

De fato, essa era uma boa questão.

Precisava então usar outros animais em suas experiências. Sua escolha recaiu sobre os galináceos. Afinal de contas, os frangos não eram caros e podiam ser achados em todos os lugares. De qualquer forma, era mais fácil cuidar deles do que dos macacos. Bastava um pouco de arroz! Então, Christiaan fez com que fosse construído um galinheiro à sombra de sua residência de diretor e começou a injetar os micróbios na metade dos frangos.

Surpresa das surpresas: em menos de um mês, todos os frangos desenvolveram uma doença que lembrava estranhamente o beribéri dos prisioneiros e de certos militares do destacamento. Os frangos ficavam com os membros inferiores paralisados, respiravam de modo anormal e foram ganhando coloração azulada! No entanto, ele só inoculara a metade deles, mas todos estavam contaminados. Começou a examinar seus nervos no microscópio (ele escrevera uma tese sobre neurologia em Amsterdã) e encontrou todas as características de uma polineurite,[122] como a do beribéri.

E os frangos não inoculados! Onde teriam eles se contaminado com essa bactéria? Teria sido transmitida de um animal a outro?

Ele separou seus frangos doentes e fez construir outro galinheiro para ali reunir novos frangos, saudáveis, comprados no mesmo dia.

E então, surpresa! Não somente os animais recém-chegados não pegaram a doença, mas também, fato extraordinário, os frangos paralisados sararam e começaram a se deslocar normalmente, como se nada tivesse havido.

No entanto, houve. Mas algo sem importância. Uma dessas mesquinharias militares...

O novo cozinheiro (sob ordens do oficial de intendência) recusava agora que se alimentassem os frangos da casa do diretor do laboratório, que no fim das contas não passavam de frangos civis, com os restos de arroz (este militar) que davam aos prisioneiros da penitenciária. Era preciso não misturar as coisas! Havia uma responsabilidade sobre o orçamento, afinal!

Então Eijkman, sem discutir, deu ordem para comprarem arroz na feira a fim de alimentar seus frangos pessoais.

– E se fosse isso? E se houvesse na alimentação dos militares, no arroz que lhes serviam, um micro-organismo que causava beribéri, ou que favorecesse seu desenvolvimento?

Só existia uma diferença entre esses dois tipos de arroz: um era cozido na água e perdia sua cutícula, seu invólucro (o resíduo!); era o arroz polido e descascado, o dos militares. E o outro, que conservara seu envelope, era o arroz integral, o seu, que não era fervido.

Eijkman ficou bastante animado. Era preciso agora provar. Levantar hipóteses e criar um protocolo.

Quanto às hipóteses, ele via várias; podia se tratar de um microorganismo, cujo desenvolvimento seria favorecido pelo arroz polido no intestino do frango. Ou, então, o arroz polido e cozido, conservado vários dias, permitia que um germe se desenvolvesse e se tornasse tóxico? Pouco provável, isso estava em desacordo com os trabalhos de Pasteur. Aliás, ele verificara que o arroz fervido consumido imediatamente provocava os mesmos distúrbios. E se os frangos não pudessem absorver os nutrientes quando o arroz era cozido? E se a água daquele arroz se tornasse tóxica para os frangos?

As ideias se entrechocavam dentro da sua cabeça: só podia ser uma infecção ou a toxina de um germe infeccioso. Isso era tão mais formidável, tão mais na moda. Não podia haver outra causa...

Era preciso preparar uma experiência. Christiaan era eficaz nos protocolos experimentais, ele trabalhara a questão com Robert Koch. Assim sendo, deu ordens para que quatro galinheiros fossem construídos:

- Dentro de um deles, colocou um frango doente e dois frangos saudáveis, alimentados com arroz integral;
- Dentro de outro, quatro frangos saudáveis, alimentados com arroz polido;
- No terceiro, dois frangos nos quais injetara bactérias e que eram alimentados com arroz integral;
- No último, dois frangos alimentados com arroz polido, dentro do qual tinham acrescentado o resíduo de arroz integral.

Em cinco semanas, ele obteve a prova dos onze... Dos onze galináceos, evidentemente: a ausência do revestimento do arroz deixava os frangos doentes, e sua presença os curava. As bactérias nada tinham a ver com isso. O resíduo do arroz continha então uma substância que se opunha ao efeito tóxico do arroz polido. Assim, havia uma substância na cutícula do arroz que bloqueava o beribéri; um fator antiberibéri, em resumo.[123]

Hoje em dia, seria possível dizer que as amostras foram quase insuficientes e que um experimento moderno teria precisado de quantidades mais relevantes de frangos a fim de permitir uma análise estatística adequada. Mas o que dizer quando todos os eventos de um galinheiro apontam na mesma direção... Torna-se dispensável calcular os p<0,00001![124]

Assim mesmo, Christiaan prosseguiu sua experiência com animais. Precisava ter certeza, antes de experimentar no ser humano. E foram necessários mais frangos.

Somente em 1895 ele pediu a um de seus assistentes, Vordemann, para efetuar a experiência nos prisioneiros. Os resultados foram espetaculares.[125]

Ainda não se sabia o que era esse fator antiberibéri. Foi preciso esperar até 1912, quando o químico Casimir Funck pensou ter descoberto essa amina vital, substância inevitável à vida. Em 1926, ele a descreveu como tiamina ou vitamina B1. Sua síntese só ocorreu em 1936.

Eijkman, que procurara por sua bactéria sem a encontrar, e por isso mesmo, ainda assim recebeu o prêmio Nobel em 1929... Prêmio de consolação!

O prêmio Nobel de Alexis Carrel

Compreende-se por que o doutor Carrel não podia encontrar seu espaço na França anticlerical, posto que se interessava demais pelos milagres de Lourdes • O caso Marie Bailly vai obrigá-lo a emigrar para o Novo Mundo a fim de criar seus carneiros • Um francesinho desconhecido obtém o primeiro prêmio Nobel de Medicina dos Estados Unidos da América.

Rockefeller Institute, Nova York, 10 de outubro de 1912

O prêmio Nobel, o prêmio Nobel de Medicina e de Fisiologia!

A ele, o pequeno Carrel, o pequeno Alexis Carrel, o pequeno *frenchie* do Rockefeller, havia sido outorgada a mais alta recompensa que um médico podia esperar. Era o primeiro "americano" a ser coroado.[126] O mundo inteiro o felicitava, o congratulava, o reconhecia. Ele já era apreciado pelos especialistas, agora se tornava *o* grande pesquisador-cirurgião que permitira a realização de milagres.

E na França, esse país de todos os abandonos... Esse país que não soube conservá-lo, que o rejeitou, logo ele, filho das Luzes. Em Paris, a imprensa reagiu instantaneamente e se apropriou de uma vitória tão pouco merecida. O *Le Matin* de 10 de outubro trazia a manchete: "Uma vitória da ciência francesa".

Maneira de dizer!

Os outros jornais, em particular a imprensa de direita, tentaram antes entender por que um pesquisador assim tão talentoso, nascido em Lyon, tendo efetuado todos os seus estudos na França, se encontrava exercendo sua carreira nos Estados Unidos. O *Action Française*, associando tudo a problemas políticos, podia alardear:

> *Em nosso país invadido pelos imigrantes clandestinos e judeus, nesta França que abre todas as portas aos judeus da Rússia, as portas do* Institut Pasteur, *não há lugar para o doutor Carrel. Desde seu tempo de estudante em Lyon, o hoje laureado alimentava as mais belas esperanças, mas ele ia à missa, não escondia de ninguém, o que lhe valeu a hostilidade de Augagneur. Esse sectário brutal, então professor em exercício, criou obstáculo para a carreira do jovem devoto. E então, o doutor Carrel se expatriou.*

O *La Libre Parole* e o *L'Eclair* foram mais longe sobre o mesmo tema: o prefeito de Lyon derrotou esse clérigo, ou assim pretendia!

E todos se espantaram também com a ausência de reação oficial do governo francês diante de tal distinção concedida a um compatriota, trabalhando na América, verdade, mas ainda assim um cidadão francês.

De fato, nenhuma reação do governo ou da Academia! Silêncio absoluto...

Mais tarde, seria organizada uma homenagem oficial, em novembro, no City Hall de Nova York, com a presença do embaixador da França, que fará uma evocação muitíssimo elogiosa dos trabalhos do pesquisador francês. Mas Carrel, sempre inflexível, responderá ao embaixador em inglês, mostrando assim que os trabalhos pelos quais o homenageavam naquele dia haviam sido realizados graças à compreensão e aos recursos americanos.

Na verdade, em diversos aspectos, Carrel se tornou americano. Até fisicamente, ele se fundia aos médicos da costa Leste e concluíra sua calvície precoce, raspando a barba "à americana". Ele, que sempre sofrera por ser baixo (cerca de 1,60 metro) podia ser visto agora todo arrumado com paletó, calça e colete, gordinho, mas sempre bem ereto como ocorre frequentemente com os homens de baixa estatura. Seu olhar era profundo, penetrante, e com frequência embaraçava aquele a quem se dirigia. Tinha um olho azul e o outro marrom, e essa variação cromática atrás de seus óculos parecia despir seu interlocutor. O sorriso estreito, revelando seus lábios finos, era mais irônico do que indulgente... Jamais foi visto dando gargalhadas. Suas frases eram curtas e, com frequência, contundentes. As palavras se sucediam lentamente, com grande precisão na escolha dos termos. Havia poucas concessões nos discursos do doutor Carrel.

Mas nessa noite de 10 de outubro, quando ainda não tem 40 anos e já é o cirurgião mais conhecido do mundo, quando está sozinho em casa, só como todas as noites, sem família e quase sem amigos, só resta retornar aos eventos da primeira metade da sua vida...

O *Lyon Médical*, 8 de junho de 1902

Esse artigo do *Lyon Médical* de 1902 (exatamente dez anos antes do prêmio Nobel) resumia tudo, ou quase. O título era: "A técnica operatória das anastomoses vasculares e o transplante de vísceras". Esse título sintetizava todo um programa, seu programa de trabalho, cujas etapas principais já estavam concluídas – embora ele ainda fosse apenas assistente no hospital de Lyon e prestasse concurso com obstinação pela segunda vez ao serviço de cirurgia. Alexis estava inteiramente convencido de que dispunha de uma inteligência superior, ele fazia parte de uma aristocracia espiritual, desses espíritos que moldam a grandeza da humanidade e também a grandeza das nações. Por ora, era uma força; amanhã, mas ele ainda não o sabia, esse pecado de orgulho provocaria sua derrocada. O que, por outro lado, ele ignorava no início, mas adivinhou rapidamente nos olhos de seus mestres e nas reflexões enciumadas de seus colegas era que sua habilidade manual era excepcional.

"Tem o talento para a cirurgia!", concluíra Jaboulay,[127] seu mestre em cirurgia que, antes de qualquer outro, se interessou pelas suturas dos vasos e chegou a realizar o transplante de um rim de cabra para um homem. Porque, é preciso reconhecer, em Lyon de 1900, assim como em todo o mundo, ainda não se sabia costurar uma artéria ou uma veia.

De fato, refletindo bem, Carrel recordava que tudo começara quando houve o atentado contra o presidente Sadi Carnot, em Lyon, no dia 24 de junho de 1894, e como ele foi influenciado quando, ainda estudante de medicina, observara seus chefes impotentes em deter a hemorragia provocada pelo punhal do anarquista Caserio:

"Essa vida que o abandonava com seu sangue em meio à multidão numa noite de festa, eu posso ainda ouvi-la escorrendo gota a gota... Foi nesse dia que resolvi me dedicar a evitar a reincidência desse tipo de acidente."

Mas era preciso se aperfeiçoar, adquirir a prática, trabalhar. Nos hospitais, seus mestres lhe pareciam incapazes, precisava procurar em outro lugar. Mas onde encontrar quem o ensinasse a realizar essas suturas tão delicadas das artérias e das veias? Com sua alma e seus dedos de cirurgião, Carrel estivera desde sempre atormentado por uma ideia fixa, uma ideia de médico, um velho sonho, um velho sonho da humanidade: substituir os órgãos. Mas para transplantar um órgão era preciso alimentá-lo de sangue através de seus vasos nutridores, por conseguinte, saber suturar, costurar artérias e veias. E os cirurgiões de seu tempo não sabiam como fazer isso: todas as tentativas apresentavam vazamentos e o paciente morria de hemorragia, ou então criavam coágulos sobre o fio de sutura e o sangue não passava mais.

Uma pausa para explicar a técnica de uma sutura vascular: era preciso primeiro interromper a circulação na artéria ou na veia, ou seja, aplicar pinças, contra e a favor da corrente sanguínea, a partir do local da sutura, depois costurar os vasos sem os estreitar, e de uma maneira suficientemente estanque para que não se pusessem a sangrar com a ablação das pinças. Sim, mas... Se o sangue não circula mais durante certo tempo, ele pode coagular. Os cirurgiões modernos utilizam um anticoagulante de ação reversível, a heparina. Mas, em 1900, a heparina ainda não havia sido inventada.[128] Só restava uma solução: suturar com rapidez e eficácia. Rápido o bastante para que o sangue não coagule e suficientemente eficaz para que a sutura não vase.

Fácil falar. Mas, naquela época, quase ninguém era capaz.

Para Alexis, só havia um bom endereço: senhora Leroudier, a mais célebre das bordadeiras de Lyon, e podem acreditar que bordadeiras e rendeiras não faltavam em Lyon ao final do século XIX, totalmente envolvidas nas atividades de tecelagem e confecção. Longe de sentir-se lisonjeada por essa escolha, a senhora Leroudier considerou Carrel como um aprendiz, aprendiz com dedos bem hábeis, verdade, mas ignorante: sequer sabia a diferença entre um ponto de cruz e um ponto de corrente! Ela fez com que ele trabalhasse com linhas cada vez mais finas e agulhas cada vez menores. Essas linhas, de linho ou seda, eram tão frágeis que era preciso realizar verdadeiras proezas para não as partir ao se fazer o nó.

O resultado foi impressionante. Em poucos meses, Carrel podia costurar melhor do que as rendeiras e bordadeiras do bairro de La Guillotière!

Muito tempo depois, René Leriche,[129] que vira Carrel operar nessa época, ainda se recordava:

Suas mãozinhas de dedos miúdos, velozes e destros se moviam lentamente, mas com uma precisão fabulosa. Ele operava com as mãos nuas e era uma maravilha vê-lo manusear suas finas agulhas e os fios quase transparentes. Todos que utilizaram seu material sabem como é difícil dar nós e quantas vezes é preciso tentar. Ele segurava o fio com os dedos frequentemente cheios de vaselina e jamais errava um ponto ou um nó. Junto com Jaboulay, foi certamente a mais refinada mão cirúrgica que vi na minha carreira, durante a qual conheci a maior parte dos grandes cirurgiões do mundo.

Carrel criou então uma técnica simples e facilmente demonstrável: a triangulação (três pontos são dados, dividindo a sutura circular em terços, depois, esticados para facilitar a união entre eles). Era lógico, pois se tratava de transformar, de fato, uma circunferência em triângulo, mas ninguém tinha pensado nisso. Ainda hoje, se obedece a uma técnica aproximada nos blocos operatórios modernos. No que diz respeito à qualidade da sutura, estava resolvido.[130] Quanto à velocidade, isso dependia da habilidade manual... E Carrel tinha essa capacidade, desenvolvida graças ao estágio com a senhora Leroudier. Foi assim que ele começou a transplantar órgãos nos animais. Particularmente, o rim de um cão na altura de seus vasos do pescoço, com sucesso, pois o rim logo recomeçou a produzir urina...
Uma revolução!
Apesar desses sucessos, Carrel sentia-se decepcionado. Sua impressão era a de vegetar em Lyon, ocupando funções subalternas. Deviam nomeá-lo cirurgião hospitalar. Ele merecia e o sabia. Mas só havia uma vaga por ano... Em 1901, esta foi oferecida a Léon Bérard. Em 1902, quando acabara de publicar seu importante artigo sobre as suturas e os transplantes, ele achava que seria sua vez. Infelizmente para ele, foi Durant o escolhido! Tudo desabava. Tudo perdia seu valor e sua importância. Era preciso partir. Recomeçar tudo de novo. Foi certamente por causa de Marie Bailly que teve que ir embora, pois essa história desencadeara contra ele a fúria dos anticlericais. No fundo, refletindo bem em sua noite de glória, era à pobre Marie Bailly que ele devia seu Prêmio Nobel!

Lourdes, maio de 1902: o caso Marie Bailly

Agora, Carrel tinha certeza. Tudo o que os jesuítas tinham lhe enfiado na cabeça ao longo de seus estudos era pura invenção. Carrel se tornara um cientista, um médico, um cirurgião. Não podia acreditar em qualquer coisa que não fosse demonstrada. As crenças religiosas eram boas para os espíritos frágeis, e ao povo não restava escolha senão acreditar cegamente nas bobagens da Igreja. O jovem Alexis ingressara em sua grande crise mística de intelectual e rejeitava por completo sua educação religiosa, sua família burguesa de Lyon e os padres que o criaram (doutrinaram, pensava ele).

As coisas não aconteceram assim. Era preciso admitir que não era fácil convencer Alexis; ele lera tudo: Claude Bernard, é claro, mas também Aristóteles, Platão, Espinosa, Kant e Schopenhauer... E as disputas oratórias cerradas tinham começado entre nosso rebelde e alguns membros eminentes do clero.

Fundamental e apaixonada essa crise mística tão *"fin de siècle"*.

Paixões exacerbadas: esse final do século XX se dividia entre a Igreja Católica, que decretara o culto da Virgem Maria, que desde então suscitava as aparições de virgens em quase todo canto[131] (como se viam diabos em todos os lugares na Idade Média!) e a república laica, que sonhava apenas com a separação entre Igreja e Estado e que, com o padre Combes, começara a caçada aos vigários. Tudo isso à sombra do caso Dreyfus...

Já em 1897, nosso jovem médico escrevia:

Existe em cada sábio dois homens distintos: o sábio e o crente, e esses dois homens distintos não conversam entre si. O crente é o mais exigente; ele proíbe ao sábio pisar em seu terreno, e, para ficar em paz, o sábio se curva e nega a existência do conflito.

Porque havia realmente um conflito. Em todo caso, nas meninges de Carrel, este era evidente. Para ele, não havia outras possibilidades senão observar, demonstrar. Acreditar sem provas equivalia a se rebaixar. Aquele com quem mais discutira, sem demasiada paixão, pois o homem não se prestava a isso, era o padre Cazer, um dominicano com o qual se simpatizara quando quis fazer um retiro em seu monastério na ilha de Lérins. O monge lhe tinha respondido calmamente:

– Já que você quer se comportar como cientista, faça-o até o fim. Vá ver o que está acontecendo em Lourdes. Observe e me conte o que viu. Seus confrades não parecem ter pressa para se comportar assim, ainda que alguns sejam os primeiros a reconhecer os milagres. Então, o que está esperando?

Esse monge tem razão, pensou Carrel. Nesses tempos de pretensos milagres, seria finalmente necessário que um cientista, um homem da verdade como ele, pudesse observar o mecanismo da falsa informação e pôr em evidência os exageros, que, ao menos através de seu silêncio, a maior parte de seus confrades aceitava encobrir. Mas milagres, mesmo em Lourdes, não acontecem todos os dias!

Entretanto, o destino aguardava Carrel na esquina.

No final do mês de maio de 1902, munido de sua maleta de médico e um aparelho fotográfico, Carrel resolveu se propor como médico acompanhante de um daqueles trens de doentes que peregrinavam até Lourdes. Entre os casos mais graves do comboio, apresentaram-lhe, antes da partida, no compartimento 56 desse trem-enfermaria, uma jovem: Marie Bailly.

Situação difícil a dela!

Tinham-na levado, a seu pedido, do Hospital Sainte-Foy-lès-Lyon até esse trem. Seu médico, o doutor Roy, após falar com o doutor Gouilliard, cirurgião do Hospital Saint-Joseph, consentira a viagem como sendo a última vontade da doente. O diagnóstico era o de peritonite tuberculosa em fase terminal: uma sentença de morte, de certo modo. O que se perguntava o médico, que se apegara à jovem paciente havia vários anos sob seus cuidados, era antes: conseguirá ela ao menos chegar em Lourdes?

Carrel, que não deixou de notar a gravidade do caso que lhe confiavam, logo anotou em sua caderneta: "Observação de Marie Bailly – 22 anos, sem profissão, nascida em Lyon, onde habita – Afecção abdominal de natureza indeterminada – Estado geral: grave". Durante toda a viagem, Marie não se queixou. Carrel pôde examiná-la tranquilamente e completou suas anotações: "Jovem pálida e magra, deitada sobre as costas, trajando vestido preto cuja saia é fixada por um laço preso por alfinetes. Chama imediatamente a atenção seu abdômen: a pele é lisa, tensa e luminosa. O ventre uniformemente inchado. Seu aspecto é simétrico, com protuberância pouco acentuada no lado esquerdo. Apalpando-o, sente-se a consistência rígida, mas desigual. Tem-se a impressão de que há, no lado esquerdo, uma massa mais resistente do que à direita...". E seguia-se o resumo dessa primeira observação: "Estado geral: ruim. A doente sofre. Em certos momentos, seu rosto se contrai sob influência da dor". E ele acrescentava: "Nenhuma exaltação mística!". Detalhe evidentemente fundamental aos seus olhos.

Ao chegarem em Lourdes, no dia 27 de maio, Carrel constatava que o estado de sua paciente se agravara. Ela foi conduzida ao hospital local e instalada na sala da Imaculada Conceição. Já no dia seguinte, sob exigência urgente da doente, conduziram-na à gruta e às piscinas onde a massagearam com água fria no peito e sobre o ventre. Carrel então anotou: "Dez horas, aproximadamente. Estado muito preocupante".

À 1h15 da manhã, a paciente se queixou de dores intensas. Carrel assistiu à consulta do doutor Geoffrey, médico do hospital de Lourdes. Ele a examinou completamente, apalpou-a, percutiu o abdômen, auscultou o coração e os pulmões. Depois, fez um sinal para Carrel e os dois se afastaram dela:

– Meu confrade, sua paciente está agonizante. Como ela pede para voltar à gruta, penso que devemos atendê-la. Nada se tem a perder...

Conduziram-na então sobre uma padiola. Carrel, que acompanhou o périplo, fez anotações a cada minuto, como um jornalista realizando uma reportagem:

1h50: Chegada da doente às piscinas.

2h20: A doente sai da piscina, imóvel, sobre uma padiola. É transportada diante da gruta.

2h30 a 2h40: O ritmo respiratório desacelera e se torna mais regular, o aspecto do rosto se modifica um pouco, uma coloração ligeiramente rosada se espalha pela sua face, a doente parece estar melhor e sorri para a enfermeira ao seu lado.

2h55: O perfil do corpo se modifica e a protuberância do ventre diminui levemente. A melhora do estado geral se revela evidente.

3h10: As mãos, as orelhas e o nariz estão quentes. A doente me relata sentir-se melhor; tentam lhe dar um pouco de leite. Ela bebe. Sem vômitos.

3h20: Na altura do ventre, a manta se mexe. As pernas se movem e o corpo se vira para a direita. O rosto se tornou calmo e rosado.

4h15: A melhora se acentuou ainda mais e se torna perceptível para todas as pessoas alheias à medicina que a cercam. Ela me diz sentir-se muito bem e que, se tivesse coragem, poderia se levantar. Seu aspecto mudou tanto que todos o percebem. Em meio à excitação delirante da multidão, ela é levada ao gabinete do doutor Boissarie para exames médicos.

Jamais, Carrel falou em milagre. Bem mais tarde ele escreverá[132]:

Durante muito tempo, os médicos se recusaram a estudar seriamente esses casos de cura, ainda que seja cometer um dos graves erros científicos negar a realidade dos fatos sem os ter examinado previamente. Lourdes abrangia talvez fatos autênticos, de tal modo que era difícil levá-los a sério. Além disso, as questões religiosas e partidárias ainda inquietavam os espíritos. Nenhuma crítica, realmente indispensável e séria, foi feita até nossos dias. Nós nos perdemos em considerações sobre as origens dos fatos. [...] Quando um fenômeno se apresenta, rebelde o bastante para não aceitar um lugar nos enquadramentos rígidos demais da ciência oficial, nós o refutamos, ou então sorrimos. [...] Na presença de fatos anormais, devemos fazer observações exatas, sem nos preocuparmos com a pesquisa da causa primordial, sem nos inquietarmos, sobretudo, com o lugar que deve ocupar o fenômeno dentro do contexto da ciência atual. [...] Queremos simplesmente observar que os fenômenos sobrenaturais são, com frequência, fatos naturais cujas causas ignoramos. Se acharmos a causa cientificamente, se estabelecermos os fatos, cada um é livre para interpretá-los como lhe agradar. A análise não deve ser considerada pelos católicos como uma obra sacrílega ou como um ataque. Trata-se simplesmente de um estudo científico. A ciência não tem pátria nem religião.

Caso encerrado...
Talvez.

Na realidade, Alexis se sentia ainda menos à vontade em relação à religião do que antes de sua partida para Lourdes. Assim mesmo, ele visitou sua doente ao longo dos anos seguintes, quando ela ingressou no noviciado da Rua do Bac: "Paris, Rua do Bac, saúde perfeita", anotou ele em 1903 na sua caderneta, com a habitual concisão.

Esse caso nebuloso de Marie Bailly ia realmente precipitar e mesmo decidir sua partida para a América. Na verdade, ele confiara suas observações à imprensa de Lyon, e o *Progrès* e o *Nouvelliste* dedicaram alguns artigos à cura de Lourdes, que consideravam milagrosa. Apesar de suas refutações e suas exigências de retificação, o mal estava feito junto aos anticlericais da faculdade, e seu status científico sofreu um golpe violento. Como podia um médico de verdade se preocupar com cura milagrosa? Os médicos dos hospitais eram refratários a essa ideia. Assim, ele fracassou mais uma vez no concurso de admissão. Sua resolução estava tomada, ele iria trabalhar em outro lugar!

Os desígnios de Deus são de fato impenetráveis?

Lindbergh e o "problema" Carrel

Em tudo aquilo que abordou, Carrel se revelou um arauto das invenções e de progresso! Depois da guerra, de volta aos Estados Unidos, como tinha desejado, ele retomou seu trabalho de laboratório.

Foi então que conheceu Lindbergh...

Sem dúvida, uma reviravolta em sua vida.

O prêmio Nobel e o herói do Atlântico se encontraram graças ao doutor Flagg, cirurgião que Carrel conhecera durante a guerra e a quem Lindbergh expusera seu desejo de construir um "coração artificial".

Carrel era fascinado por esse homem, pelas suas qualidades humanas e pelo seu verdadeiro talento de engenheiro. Lindbergh considerava Carrel como "um dos espíritos mais estimulantes que encontrara". Tinham sido feitos para se entenderem. Carrel queria conservar órgãos vivos separados de seu organismo de origem para poder transplantá-los quando bem entendesse. Lindbergh queria criar um coração-pulmão artificial munido de uma bomba e de um gerador de oxigênio para permitir a um organismo sobreviver indefinidamente. Foi uma aventura apaixonante e custosa durante a qual certos problemas importantes de fisiologia foram abordados e resolvidos.

Evidentemente, influenciada por dois personagens tão célebres, a imaginação do público voltou a se inflamar. O que iriam conseguir fazer esses dois seres excepcionais? "Estarão preparando a fabricação de novos homens dentro de seu laboratório?", eram as manchetes dos jornais sensacionalistas.

De tal forma que se manifestaram ao redor deles, ao mesmo tempo, uma real admiração pelos grandes pesquisadores, mas igualmente uma desconfiança com os sábios enlouquecidos que, como demiurgos, se tornavam capazes de realizar coisas inimagináveis até então, mas sem dúvida alguma proibidas pela moral.

Os dois homens, tão semelhantes e ainda assim tão diferentes, haviam se tornado amigos. Passavam as férias juntos com suas esposas na ilha de Bréhat, ao largo de Armor, acompanhados por uma infinidade de cães, outra paixão de Carrel. Alexis viveu de perto, em 1932, o sequestro e depois a morte de Charles Jr., filho de Lindbergh, drama que perturbou toda a América. Carrel se lembraria disso quando exigiu em seu livro a pena de morte para os raptores de crianças. Ainda sendo preparado, esse livro anunciava a erupção de um escândalo... Bem mais tarde, como uma bomba-relógio.

Ao lado da obra científica, que sobrevoava os pícaros do sucesso, carregada para o alto como o Spirit of Saint Louis,[133] era preparado paralelamente o que iria se tornar Man, The Unknown, *em português: "Homem, esse desconhecido". Carrel poderia enfim dar livre curso à explicação de sua ambição profunda. Esse livro era uma verdadeira utopia biocrática. A biologia, ciência que ele dominava, permitiria o aperfeiçoamento da espécie humana, e essa ambição só seria possível se apoiada por um regime político a um só tempo forte e esclarecido.*

Politicamente, é provável que a influência de Lindberg, grande admirador da Alemanha, se fizesse sentir. Era a época em que Charles e Alexis não se desgrudavam mais. Eles se encontravam em todos os lugares, mesmo nas férias, e se deixavam levar pelas conversas, sobretudo nesses tempos em que ficara claro que uma nova guerra se preparava.

Os dois homens compartilhavam muitas ideias. Mas Carrel não podia acompanhar Charles em sua admiração cega pelas proezas tecnológicas alemãs, e ele não apreciou nem um pouco quando Göring o condecorou. Por outro lado, Carrel também se desesperava com o declínio da civilização ocidental, que ele atribuía de modo um tanto simplista à democracia – *"Os princípios democráticos são inépcias. A França foi destruída por eles" (1938) – ou, às vezes, aos judeus e aos bolcheviques!*

Mas, a partir dessa época, Carrel considerou Hitler como um inimigo, que além disso estava totalmente equivocado. Mesmo quanto à questão de eugenia, ele não pôde deixar de reagir aos discursos alemães:

"A Alemanha não contém nenhuma raça pura... A fim de reforçar a raça, eu difundo diversos métodos de higiene. Por exemplo, que as mulheres se casem jovens porque os partos são então mais fáceis, as crianças, mais fortes... Preconizo também o avanço dos alunos dotados, em vez de dar a todos a mesma ajuda. Essas tentativas para desenvolver uma elite espiritual nada têm a ver com a antiga ordem aristocrática nem com os métodos de gângster de Hitler".

De início, Carrel defendeu Charles, atacado por suas posições isolacionistas, pró-nazistas e pró-germânicas em geral, mas ele continuava convencido de que seu amigo se enganava em relação à Alemanha Nazista e, em junho de 1940, assumiu o rompimento: "Um dos únicos que não entenderam o que essa guerra significa é o infeliz do Lindbergh. Ele se suicida literalmente [...] Ele faz o jogo dos alemães. Continua sendo isolacionista. Seu papel, creio eu, está terminado. Que pena!".

O seu também terminaria um pouco mais tarde.

23
O médico que pensava ser Sherlock Holmes

Num caso envolvendo um corvo, Edmond Locard prova seu talento de expert em grafologia • Ele se apropria dos métodos de um detetive que só existiu nos livros de um neurologista inglês • Conan Doyle descobre no laboratório de Locard a foto de Jules Bonnot, seu antigo chofer.

"...o policial os observou, a expressão confusa.

– Consegui entender as primeiras linhas, assim como as do meio da segunda página e uma ou duas no final. São tão legíveis como se tivessem sido impressas – disse ele. – Mas a caligrafia entre elas é execrável, e há três trechos que não consigo decifrar de jeito nenhum.

– O que acha? – indagou Holmes.

– Não sei, e você, o que acha?

– Que isso foi redigido num trem; as partes bem escritas representam as estações, as mal escritas, o trajeto entre elas, e as que estão muito mal escritas indicam os desvios da ferrovia. Um *expert* científico afirmaria imediatamente que a redação foi feita num trem de subúrbio, pois somente a proximidade de uma cidade oferece uma sucessão tão rápida de desvios dos trilhos. Supondo que foi necessária toda a viagem para redigir o testamento, então o trem era um expresso, parando apenas uma vez entre Norwood e London Bridge..."[134]

Aquele que fecha esse livro, dizendo: "Esse Conan Doyle entendeu tudo! Preciso aplicar um método semelhante para meu caso", se chama Edmond Locard, o doutor Edmond Locard. Estamos em Tulle, em 1922. Ele é o maior grafólogo de seu tempo e acaba de ser envolvido num caso que ocupa as manchetes dos jornais há alguns anos, sem que se saiba ainda como ele irá encurralar seu "corvo".[135]

Pois faz cinco anos que a cidadezinha de Tulle sofre de uma epidemia de um novo gênero: cartas anônimas denunciando as infidelidades dos casais, a perversão de certos moradores ou revelando segredos de família são deixadas nas calçadas, no bordo das janelas, nos bancos da igreja e até mesmo no confessionário. Mais de cem cartas alimentam agora todas as conversas da cidade sobre os comportamentos daqueles que são denunciados e inquietam sobretudo os outros, que esperam pelo pior, visto que todos trazem uma parte sombria por trás da luminosidade aparente.

Essas cartas manuscritas com escritura disfarçada, com frequência vulgares ou pornográficas, trazendo a assinatura de "o olho do tigre", já foram analisadas pela polícia. Alguns suspeitos foram identificados, mas nenhum pôde ser acusado.

Diante de um processo inconsistente, o magistrado encarregado da investigação chega a organizar sessões de hipnose em seu gabinete, a fim de obter revelações das testemunhas. O anonimógrafo (nome técnico do corvo!) não foi claramente identificado, ainda que as suspeitas se inclinem sobre os empregados da administração pública. De fato, um oficial de justiça acaba de encontrar dentro de seu escaninho uma carta que o inquieta: "Meu pobre Jules, quando você ler esta carta estarei morta. Sou eu a autora dessas vis correspondências... Tua esposa desesperada, Germaine". O oficial da prefeitura adora a esposa, tão linda e devota que se casou com ela, apesar de ela ser pobre. Mas será que a conhece de verdade? Num acesso de loucura, sem se aprofundar na questão, ele apanha o revólver que guarda escondido em uma das gavetas e atira uma bala na própria cabeça. Falta de sorte, ele erra a pontaria; Germaine, é claro, nunca escreveu essa carta... Pouco depois, um secretário da prefeitura confessa (falsamente!) ser ele o corvo que todos procuram e se suicida (com sucesso, desta vez!) tomando uma dose excessiva de remédios... Desse modo, o caso entra na esfera criminal.

Com o assentimento do procurador da República, uma subscrição é então organizada junto aos habitantes de Tulle a fim de recorrer ao maior *expert* dessa época. É assim que o doutor Locard, incorporando o espírito do detetive londrino, começa sua própria análise. Ele sabe muito bem que as cartas anônimas raramente são escritas em termos comedidos, mas a obscenidade delas é tão absoluta que, com frequência, quem as redigiu deve ter desfrutado de uma boa educação. E as cartas do corvo de Tulle são escritas num francês correto, apesar dos termos grosseiros.

Locard organiza então para os suspeitos um ditado coletivo, em 16 de janeiro de 1922. Ele sabe que, ditando a mesma página cada vez mais rápido, o anonimógrafo acaba sempre se traindo. Ele se concentra particularmente no ditado de Angèle Laval, colaboradora de Jean-Baptiste Moury, chefe de gabinete na prefeitura, pois ela é suspeita de lhe dedicar um amor não correspondido. Na verdade, ele acaba de se casar com uma secretária, para o desespero da outra com quem trabalha há tanto tempo, sem ter notado coisa alguma. Angèle é uma mulher linda, solteira, magra e fria, pouco apreciada em seu ambiente profissional, que mora com a mãe e que Locard suspeita estar decidida a tudo para se vingar.

Ele dita cada vez mais rapidamente. Angèle sobrecarrega suas linhas, rabisca palavras, faz de seu texto uma massa disforme na qual as letras perdem seu contorno. Ela tem também uma crise de nervos para comover o *expert*, que se mantém totalmente indiferente diante das manifestações dessa personalidade que ele já julgou como a de uma neurótica em estado grave.

"Como todos os anonimógrafos", comenta ele em seguida, "ela não conseguia fazer os 'y' e o 'g' disfarçados, para os quais imaginou uma espécie de rabicho torto que, para um biólogo, se assemelharia inequivocamente à cauda de um espermatozoide."[136]

Locard descobriu a culpada. Pouco importa que o julgamento realizado em Tulle em dezembro a condene apenas a um mês de prisão com direito à liberdade condicional e duzentos francos de multa por difamação e injúrias públicas – apesar de sua responsabilidade pelos suicídios e pelas relações destruídas. Esse é um problema da justiça, não do médico legista. O que lhe interessa é essa nova polícia, a que inventou Conan Doyle, a das provas indiscutíveis, a polícia científica.

Ele contraíra esse vírus de seu mestre, Alexandre Lacassagne, seu chefe na Faculdade de Lyon, que expusera com brilhantismo os grandes princípios da medicina legal e da criminologia. Ele chegou mesmo a elucidar um caso famoso, o caso da "mala de Gouffé,"[137] que abastecera a crônica das famosas malas sangrentas da Belle Époque.

Mas Locard queria ir mais longe e, segundo suas palavras, foi o personagem de Sherlock Holmes, inventado pelo neurologista britânico Conan Doyle, que lhe deu a ideia. Em 1910, quando estava com 33 anos, ele conseguiu a criação de seu laboratório num local abandonado nos sótãos do Palácio de Justiça de Lyon. Num grande esforço de generosidade, a administração lhe confiou também dois assistentes, um guarda florestal e um policial, além de material (um microscópio e um bico de Bunsen). Quanto aos créditos de funcionamento, estes sequer foram considerados! Entretanto, seria nesse local miserável que se desenvolveriam, sob seu comando, todas as novas descobertas da medicina legal: a identificação de escrituras, a balística e a toxicologia.

Como Lacassagne e Holmes, ele sabe que todo indivíduo, na ocasião de um ato criminoso num determinado local, deposita e carrega involuntariamente pistas e indícios. Assim, as pegadas, os vestígios de pneus que começam a surgir protegendo as rodas dos automóveis, ou a marca deixada por uma bengala apoiada no chão são como uma bênção que pode permitir rastrear o criminoso. Então, ele se lança com entusiasmo na datiloscopia recente e busca por todos os meios possíveis de implementar as impressões digitais, das quais se torna um especialista.

Durante a investigação de um furto de colheres de prata numa residência burguesa de Lyon, suspeitava-se... da empregada. Um tanto simplista como hipótese, mas clássica, assim mesmo. No entanto, Locard mostrou que tudo isso era impossível, as digitais coletadas eram formadas somente por linhas paralelas sem círculos e sem triângulos: não se tratava então de digitais humanas. Essa declaração levou os investigadores a franzirem as sobrancelhas! Por outro lado, seu tamanho reduzido e seu desenho deixavam evidente que se tratava das de um macaco... Este havia sido amestrado pelo seu dono, comerciante de um parque de diversões, para entrar nas casas e delas subtrair as pratarias. A empregada, nesse dia, pôde acender uma vela para Locard.

Assim, entre 1910 e 1915, sete casos foram julgados segundo provas fornecidas pelo médico-policial: o caso Gaudin, roubo de uma loja por meio de arrombamento, foi resolvido pela análise das impressões digitais; o assassinato de um homem, apunhalado no campo, foi, por sua vez, elucidado pelos grãos de dente-de-leão; e num outro caso de roubo, a simulação de um arrombamento ficou evidenciada pelos vestígios de massa de vidraceiro encontrados no exterior e não no interior, como deveria ser. O método Locard triunfava.

Outro caso inacreditável: o de "Coco-la-chérie"! Numa pálida manhã de 1912, os becos de Lyon acordaram em estado de choque: uma velha prostituta, que todos chamavam de "Coco-la-chérie", foi assassinada com diversas facadas durante a noite. A polícia se superou em eficácia: no dia seguinte, ela detivera um homem ainda meio embriagado que fora visto na companhia de Coco por volta de meia-noite. Era o culpado ideal, apesar de não se recordar de coisa alguma, pois estivera sob efeito do álcool toda a noite, ainda estava bem confuso no momento em que foi preso e, para falar a verdade, pronto a confessar qualquer coisa, principalmente se fosse interrogado com um pouco de rigor. Um ótimo candidato à guilhotina! Mas o doutor Locard, examinando o cadáver da prostituta, coletara os piolhos que infestavam sua cabeça: *Pediculus capitis*, piolho da cabeça.

— Verifiquem se o suspeito tem também piolhos na cabeça. Vocês conhecem meus princípios — ele disse aos investigadores —, esse certamente os pegou em contato com a vítima.

Os piolhos eram tantos que foi fácil coletar alguns para a análise microscópica de Locard, que logo declarou:

— Com certeza não é ele o assassino. Os piolhos dele são piolhos de corpo (*Pediculus corporis*); não ocorreu nenhuma troca entre eles, como deveria ser o caso.

Pouco tempo depois, os policiais prenderam o verdadeiro assassino, que, por sinal, entre outras provas, estava com a cabeça cheia de piolhos; sem dúvida, um presente póstumo de Coco-la-chéri.

Finalmente, começavam a levar a sério as técnicas da polícia científica de Lyon. Locard aproveitou então para visitar outros locais importantes da emergente polícia científica: o serviço antropométrico de Bertillon, em Paris, cujos métodos[138] ele criticou; o laboratório de Cesare Lombroso[139], na Itália, cujas teorias não o seduziram. Mais tarde, ele viajaria para a América. Sendo também escritor, ele se pôs a escrever sobre os casos importantes de seu tempo, sem que por vezes fosse possível saber se ele participara realmente deles ou não: como a investigação sobre o bando de Bonnot, o caso Mata Hari ou ainda o assassinato do presidente Carnot.

Setembro de 1925 representou um grande momento para Locard: Conan Doyle em pessoa visitou seu laboratório de polícia! Entre tantos outros deslumbramentos do neurologista inglês, que se tornara um autor de sucesso, diante de todos os aparelhos inventados por Locard para analisar as pistas deixadas pelos criminosos, ele se deteve bruscamente diante de uma foto de um dos criminosos detidos por Locard:

– Mas é o Jules – exclamou ele. – Meu antigo chofer!

– O senhor deve estar enganado – reagiu Locard. – Trata-se do célebre bandido Jules Bonnot, o anarquista que era o anjo mau do famoso bando que carrega seu nome!

De fato, Conan Doyle tinha razão. Jules Bonnot, ainda bem jovem, após ter sido despedido de seu primeiro emprego em Bellegarde por conta de seus envolvimentos políticos, fora para Londres a fim de ganhar (honestamente) sua vida como chofer particular. Foi então que teria trabalhado como chofer para o pai de Sherlock Holmes e para um de seus amigos próximos, percebendo a importância do automóvel bem pilotado para efetuar assaltos.

Coincidência histórica, Bonnot conhecia as histórias de Sherlock?

Locard escreveu para Conan: "O senhor sabe da grande admiração que lhe tenho, assim como por sua obra. Foi por conta de suas influências que empreendi minhas primeiras pesquisas e que escolhi minha profissão. De seus livros, vieram-me várias ideias. Em particular, a análise das poeiras, um dos tópicos que mais estudei no laboratório de Lyon".

Locard, seguindo o caminho traçado por Lacassagne, criou a medicina legal moderna e a polícia científica, sem dúvida se inspirando num personagem de ficção que permanece presente no inconsciente coletivo, a tal ponto que muitos o consideram ainda como um personagem real. Mas quando nos debruçamos sobre o homem real que é Edmond Locard e o comparamos ao detetive da ficção que é Sherlock Holmes, é impossível não se surpreender com a semelhança que ultrapassa amplamente o gosto pela investigação e pela dedução.

Vejamos:

Sherlock Holmes era o descendente de pequenos proprietários rurais escoceses; o berço original da família Lockheart-Locard é também a Escócia. As técnicas de Sherlock são a antropometria, a datiloscopia, todos os tipos de impressões digitais, a lama, a poeira, as cinzas, a criptografia e a balística; todos esses métodos foram em grande escala desenvolvidos por Locard em seu laboratório. Holmes é alto, magro, elegante, toca violino e tem uma cultura enciclopédica. Locard é um experiente aficionado de música e seduz as mulheres com sua classe e erudição.

Enfim, e essa não é a menor das convergências, Sherlock Holmes só pode ter como companheiro um médico, o famoso doutor Watson, ao passo que o doutor Locard reúne em si todas as competências do médico e do policial.

24
Ruborizar as "crianças azuis"

Meu chefe, Charles Dubost, se torna cirurgião cardíaco porque sabia falar inglês • Descobrimos Alfred Blalock e Helen Taussig, que inventaram a primeira operação de cirurgia cardíaca capaz de devolver a cor às "crianças azuis" • Procura-se, como num romance policial de uma Paris pós-guerra, as pinças de Kelly, indispensáveis ao sucesso do empreendimento.

Outubro de 1947.
François de Gaudard d'Allaines, cirurgião do Hospital Broussais, convidou para uma visita à França Alfred Blalock e Helen Taussig, cuja operação mágica surgiu, a partir do fim da guerra, como a promessa de um progresso ainda inimaginável pouco tempo antes: tratar as "crianças azuis".
Nada ou quase nada parecia melhorar o estado dessas crianças que sofriam da doença de Fallot.[140] Elas apresentam rostinhos tristes, com tons azuláceos, os lábios cianóticos, os corpos frágeis, a maior parte do tempo encolhidos para melhor absorver o oxigênio,[141] em todos os hospitais do mundo, aguardando sua morte anunciada...
Certo dia, em 1945, no Hospital Johns Hopkins de Baltimore, a pediatra Helen Taussig teve uma ideia absurda. Considerando que, nessas crianças que sofriam de Fallot, o caminho da artéria pulmonar estava obstruído, impedindo o sangue azul (não oxigenado) de seguir para os pulmões a fim de se tornar vermelho, era preciso conduzi-lo à força!
Fácil falar, mas como?
Estava fora de questão tocar no coração. Não sabiam ainda operar esse órgão. Talvez um dia, se pudessem pará-lo temporariamente... Mas era demasiadamente complicado. Então era preciso pegar uma artéria do peito e costurá-la na artéria pulmonar, como poderiam com certeza fazer alguns cirurgiões particularmente hábeis e corajosos. Esse desvio

permitiria oxigenar ao menos uma parte desse sangue e melhorar um pouco a saúde dessas pobres crianças, permitindo-lhes crescer! Só existem três artérias no peito. Duas iam na direção do cérebro: imprudente tocar nelas! A terceira, a subclávia esquerda, irrigava sobretudo o braço esquerdo: era aí que precisavam experimentar![142]

Mas que cirurgião escolher para realizar uma sutura, uma anastomose tão delicada em contato com os vasos desconhecidos, ainda tão pouco estudados? Foi naturalmente a Blalock, notável cirurgião do Johns Hopkins, que Helen confiou a missão de realizar essa operação assustadoramente difícil para a época. Ela levou um bom tempo para convencê-lo, explicando-lhe com o lápis na mão como ela via a intervenção. Blalock refletiu um bocado e por fim tomou uma decisão.

Em 12 de março de 1945, poucas semanas antes da assinatura do armistício, a notícia foi divulgada: três crianças tinham sido operadas com sucesso! A repercussão mundial foi considerável, e o senhor D'Allaines, chefe da clínica cirúrgica do Hospital Broussais, em Paris, e grande visionário da cirurgia em seu tempo, ia fazer o necessário para trazer esses médicos à cidade a fim de que efetuassem uma demonstração dessa operação.

Depois de trocarem correspondências, acertarem as datas e prevenir os cardiologistas, os doentes foram selecionados a dedo (era difícil escolher diante da grande quantidade de crianças que podiam se beneficiar com a operação, e as famílias daquelas que não haviam sido escolhidas às vezes faziam um escândalo)...

Por fim, como previsto, Blalock chegou a Broussais, acompanhado de seu assistente Bahnson e de Helen Taussig, que devia participar de uma conferência em Paris e outras capitais europeias.

Blalock era um típico americano da costa Leste dos Estados Unidos. Hoje, poderia se dizer que ele representava muito bem o modelo WASP,[143] o que não desagradava ao senhor D'Allaines. Entretanto, ao primeiro contato, uma realidade se impõe como incontornável: Alfred Blalock falava inglês, é claro, mas, pelo visto, somente o inglês...

Era difícil de imaginar para um cirurgião que conhecera a medicina antes da guerra, quando a Europa e a França estavam no patamar mais alto da inovação e expressão científicas, que um médico estrangeiro não se sentisse à vontade falando francês. Mas os anos haviam passado, os eixos tinham mudado, e ingressava-se, sem ainda se ter consciência disso, numa nova era em que os vencedores iam impor seu progresso, suas descobertas, suas técnicas, seu poder comercial e sua língua.

Por ora, era preciso fazer alguma coisa. No que dizia respeito às fórmulas de gentileza e às conversas de salão não havia problemas, todos tinham estudados ciências humanas! Mas, precisando se comunicar rapidamente no bloco operatório para reagir diante das dificuldades, os cirurgiões, mesmo com a fleuma de Baltimore, podem logo perder a paciência, se não forem compreendidos pela equipe local.

Quem poderia preencher essa lacuna?

Qual dos cirurgiões da equipe ia compreender o que pedia com insistência esse imperturbável ianque depois de alguns minutos: as *Kelly clamps*?

O que são então essas pinças Kelly, que parecem tão importantes para o êxito dessa nova operação? Na França, nessa época, há as pinças Kocher, com suas pequenas garras de roedor, e pinças Faure ou Museux para o útero; porém, não havia pinças Kelly na famosa clínica cirúrgica de Broussais!

O doutor D'Allaines tem então uma ideia e pede que seja chamado Dubost; Charles Dubost, um brilhante cirurgião do reto, que acabara de se instalar em Mans para praticar cirurgia digestiva, na qual era insuperável. Não era realmente um homem muito fácil; frequentemente indócil e independente, seus acessos de cólera já eram lendários; contudo, viajante impenitente, ele tinha uma qualidade que, nessa época, se tornava decisiva para o serviço: ele falava fluentemente o inglês.

Na verdade, ele deixara furioso o serviço e suas últimas palavras não haviam sido muito amenas, à beira da falta de respeito... D'Allaines estava disposto a esquecer o episódio. Era preciso que a missão tivesse sucesso; havia muita coisa em jogo. Para começar, os pequenos doentes, cujas esperanças não deviam ser frustradas. Em seguida, inúmeros projetos certamente decolariam junto ao poder público a partir do que já se podia chamar de um "furo midiático". Em caso de fracasso, a catástrofe!

– Dubost, eu preciso de você!

Seu assistente do dia anterior estava ao telefone:

– O senhor está precisando de mim?

– Sim, Dubost. Trata-se de uma...
– Se o senhor precisa de mim, estou a caminho!

Tão rapidamente quanto foi capaz, Dubost deixara tudo como estava em Mans e se dirigiu à capital. Agora, ele discutia com Blalock sobre as operações que iam fazer.

As pinças Kelly, porém, eram-lhe tão desconhecidas quanto aos outros. Mas se esse instrumento já era assim tão comum do outro lado do Atlântico, ele o acharia...

– Peguei minha bicicleta – É Dubost que conta a seus assistentes, bebendo um café em seu gabinete após uma manhã de operações – e atravessei Paris para ver se, no hospital americano de Neuilly, as tropas aliadas não teriam esquecido, ao partir, algumas maletas de instrumentos.

Dito e feito. O tempo estava lindo, ainda bem quente. As colheitas das uvas tinham sido fabulosas em todo o país. Chegar ao hospital de Neuilly foi um passeio de verão naquele início de outubro, pelas ruas ainda vazias de uma Paris do pós-guerra.

Dubost conhecia bem a enfermeira-chefe do hospital americano, onde fizera alguns extras durante seu tempo de residente e de clínica. Eles desceram até o subsolo do hospital.

– Se os soldados americanos deixaram algumas caixas, nós as encontraremos na despensa! – disse ela, com seu chapéu decorado com as três barras estreladas de general.

Foi preciso deslocar alguns materiais de refugo, algumas pranchas, mas havia mais maletas de instrumentos do que podiam esperar. Em cada uma havia uma coleção de pinças de todos os tipos, todas as formas, algumas das quais Dubost jamais vira antes.

– Eu levo tudo. Vamos ver qual delas quer Blalock!

Duas maletas foram presas na bicicleta e Dubost atravessou Paris noutro sentido, para o Sul, um pouco desequilibrado pelo peso, salvando assim as demonstrações operatórias organizadas pelo seu ex-chefe.

– E como decorreram essas operações?

Eu pergunto a Mireille Castello, minha secretária do hospital europeu Georges-Pompidou, como seria possível reencontrar as observações feitas sobre esses pequenos pacientes, finalmente operados onde atualmente está localizado meu serviço, há mais de cinquenta anos.

Imperturbável, ela se dirige a uma sala próxima de seu escritório, onde guardou os arquivos de Broussais, e, três minutos depois, abre à minha frente o registro operatório (modelo A.P.V. 1940), datado de 7 de outubro de 1947.

O papel está amarelado, as três folhas que relatam a primeira operação de Blalock se fragilizaram com o tempo e eu as manipulo com um cuidado religioso: Nelly, 7 anos, anastomose entre a extremidade da subclávia esquerda e a parte lateral da artéria pulmonar esquerda. A caligrafia é linda, ligeiramente inclinada, sem margem à esquerda, como se toda a extensão do papel devesse ser preenchida. É a senhorita Bassot, supervisora geral do bloco, que escreve os relatórios operatórios do seu chefe; os outros cirurgiões da equipe redigem à mão suas operações. Dessa vez, ela aceita escrever o que dita Bahnson e traduz Dubost. O texto é escrito no pretérito imperfeito, contrariamente ao costume francês, como se Charles Dubost tivesse respeitado o tempo narrativo da língua inglesa: "[...] uma anastomose era em seguida efetuada entre o final da subclávia e a lateral pulmonar esquerda, utilizando fio De Kuatel 5/0, fazendo uma costura contínua aberta, interrompida em três locais. No momento em que se removiam os obturadores colocados sobre a artéria pulmonar, se produzia uma hemorragia, estancada depois sem sutura [...]".

Permitam-me voltar um instante, após recuperar-me dessa primeira emoção, à eficácia desse arquivamento em sua forma mais manual (alguns dirão primitiva), que faz sorrir os tecnocratas de nossos dias, obcecados pelos discos óticos e pelas performances das redes de informática nesse templo do modernismo que é o Hospital Georges-Pompidou. O caderno de registro operatório da senhorita Bassot é uma mina preciosa, contendo uma miríade de informações importantíssimas. Entusiasmado, leio os relatórios dos sete pacientes operados e os demais relatórios dessa época, assinados por Vaysse, Toupet, Résano. Reconheço imediatamente, de tanto ter lido, a caligrafia de Charles Dubost, elegante e ligeira, à imagem de sua maneira de operar, que resumia em dez linhas, sem floreios, uma amputação abdominoperineal do reto. Desejo aos meus sucessores, daqui a cinquenta anos, que possam consultar com a mesma rapidez os arquivos de nosso tempo graças às nossas máquinas plenas de memórias, mas – eu receio – esvaziadas de tais lembranças.

No início dos anos 1960, Charles Dubost se tornou o chefe supremo do pavilhão René-Leriche de Broussais, a primeira clínica cirúrgica dedicada à cirurgia cardíaca na França, pavilhão este construído graças ao senhor D'Allaines, junto à boa vontade de Louis Merlin e do ônibus de Pierre Bellemare.[144]

Quando perguntavam a Dubost o que o atraíra para a cirurgia cardíaca, ele respondia invariavelmente:

– Foi quando eu vi Blalock realizar sua operação com pacientes de Fallot.

Seria apaixonante contar a sequência dos eventos: a história dos primeiros estreitamentos mitrais. A história da primeira circulação extracorpórea no antigo centro Marie-Lannelongue, na Rua de Tolbiac, quando Dubost atravessa não mais Paris, mas o Atlântico, e traz em sua mala o oxigenador de De Wall com o qual opera Kirklin, na Maio Clinic. A aventura da hipotermia profunda, quando os pacientes infantis eram adormecidos dentro de uma banheira de zinco sobre a qual flutuavam cubos de gelo...

Mas essa já é uma outra história. Guardemos a imagem desse pioneiro: Charles Dubost em sua bicicleta, trazendo as maletas de instrumentos operatórios para Broussais, certo de que estava transportando assim o que ia se tornar uma nova página da cirurgia.

E tudo isso só porque ele sabia falar inglês...

O "doutor Mastaba"[145]

Eu conheci bem Charles Dubost. Ele foi meu chefe durante os períodos de residência e clínica.

Notável cirurgião e, por sinal, reconhecido desde o início, ele tinha a veia dos pioneiros. Era desses homens que, vivendo no bom momento da história, têm a coragem, a força, a capacidade de considerar as coisas em seu conjunto, conservando ainda assim a atenção ao detalhe necessária para criar uma nova disciplina. Para Dubost, essa disciplina foi a cirurgia cardiovascular.

Alguns anos depois da visita de Blalock, ele ousou, em 1951, pela primeira vez no mundo, operar um aneurisma da aorta abdominal. Operação arriscadíssima para a época, cujo sucesso permitiu inaugurar uma nova via na cirurgia. O Hospital Broussais se tornou o templo dos aneurismas da aorta. E apesar do advento da cirurgia cardíaca, dos transplantes e dos corações artificiais, meu serviço, que era o dele, agora transferido para o magnífico Hospital Georges-Pompidou, permanece um pouco ainda hoje a casa dos aneurismas aórticos! Fidelidade da transmissão e peso da tradição...

Dubost adorava seus assistentes. Ele dizia "Meus chefes!" querendo dizer meus chefes de clínica. Queria sobretudo nos transmitir mais do que a cirurgia e partilhar algumas de suas paixões pessoais. Isso não o impedia de nos lançar às vezes algumas repreensões memoráveis, cujas fórmulas ele tão bem conhecia... Era o arquétipo do grande chefe todo-poderoso, com um lado *condottiere* do Renascimento italiano, arrastando em sua esteira os filhos que lhe deviam tudo e que deviam fazer tudo para se assemelhar ao seu modelo.

Ela amava as viagens pelo mundo. Mas o que lhe interessava não eram as belezas da natureza. Essas o deixavam bastante indiferente. Apenas as obras humanas o faziam vibrar, quaisquer que fossem a época e o lugar. Ele percorrera o mundo com o bisturi na mão:

— Saibam vocês que meu diploma de medicina sempre foi meu melhor passaporte — ele costumava dizer.

Depois dos comentários sobre as intervenções matinais, na hora do café, fugindo de assuntos fúteis, ele gostava de evocar o templo de Palenque, no México, o de Borobudur, em Java, o Partenon, o exército enterrado de Xian, na China e depois o Egito, o Egito e ainda o Egito... Sua paixão pelo Egito vinha de suas recordações de guerra. Ainda militar, Charles Dubost ocupara o posto de cirurgião do Canal de Suez. Servindo em Ismaília, sob um sol de chumbo, aguardando a visita de marinheiros que tinham deixado os dedos entre a amarra e o cabrestão... Então, ele resolveu, para afastar o tédio, explorar sistematicamente todos os sítios arqueológicos do Antigo Egito. A época era propícia: não havia sequer uma alma viva em Karnak, nem mesmo uma velha turista inglesa em Edfu... Como lhe dizia o guardião do templo de Luxor, quando o via passear sozinho pelas passagens do templo:

— Tome bastante cuidado com as serpentes, doutor Mastaba, *take care*...

Dubost se tornara "doutor Mastaba". Ele tomava cuidado com as serpentes (hoje, o risco reptiliano é bem menor, por conta dos inúmeros pés que transitam por lá todos os dias...) e começara a decifrar os cartuchos de hieróglifos.

Desde então, não se passava um ano sem que ele voltasse ao Egito, sob pretexto de uma cooperação cirúrgica ou científica. Nós, os "chefes", o acompanhávamos alternadamente.

Acho que ele soube nos transmitir o vírus. Enquanto detentor da tradição, hoje em dia, faço absoluta questão de partir todos os anos com uma equipe aos quatro cantos do planeta e sobretudo, é óbvio, ao Egito.

No dia de seu enterro, nós, os "chefes", carregamos seu caixão sobre os ombros, como requer a tradição, para honrar o imperador que ele foi...

O caso Marius Renard

Os cirurgiões removem o único rim de um jovem carpinteiro para lhe salvar a vida, mas o condenam a morrer de insuficiência renal • Conhece-se Jean Hamburger, que, depois de muitas hesitações, aceita que seja realizado o primeiro transplante renal em doador vivo • Irmãos gêmeos americanos se tornam atores no sucesso do transplante renal.

Transplantar a qualquer custo!

Ao final dos anos 1920, não havia muitos elementos disponíveis para compreender e ainda menos tentar evitar a rejeição após um transplante. Por sinal, a palavra rejeição, no sentido em que a entendemos atualmente, não significava nada. Alguns tinham tentado experimentalmente a injeção prévia do sangue ou dos tecidos do doador para "habituar" o organismo do receptor ao órgão que lhe seria enxertado. Empirismo desconcertante! Mas o resultado não foi conclusivo (e por boas razões). O que não impediu os cirurgiões dos anos 1930 de se lançarem de cabeça no transplante renal.

O que buscavam? Alguns dirão a glória, a estratégia midiática (pois é, já existia!), o desejo de deixar seu nome na história como o primeiro cirurgião a ter conseguido um transplante de órgão. Há sem dúvida verdade nisso. Mas esses cirurgiões, mesmo que a noção de rejeição de órgão não fosse muito clara nessa época, sabiam muito bem que os transplantes entre indivíduos diferentes não tinham êxito. O que esperavam? Um golpe de sorte. Uma compatibilidade imprevista e maravilhosa que teria trazido sucesso à operação?

No entanto, seria injusto esquecer o desejo absoluto de curar a qualquer preço que motivava a maior parte dos médicos. Recoloquemo-nos dentro do contexto; nesse tempo, a insuficiência renal terminal (quer dizer, quando os rins não funcionam mais) é morte certa. O rim artificial ainda não existe, remédio algum pode sequer atrasar sua evolução e ainda menos curá-la. Inevitavelmente, a ureia entra no sangue e, aos poucos, o estado desses pacientes (jovens, com frequência) se altera, a pressão arterial sobe e o coma se instala. É o último estado da evolução. Ele é assinalado por sinais neurológicos (distúrbios e perda de consciência, convulsões), um formigamento cutâneo generalizado, um ruído de fricção na auscultação do coração, uma inflamação das glandes parótidas. Através de exames laboratoriais, evidenciam-se no sangue, além da elevação da taxa de ureia e de creatinina, uma diminuição do pH (acidose), um aumento do potássio (hipercalemia), uma redução do sódio (hiponatremia) mais ou menos acentuadas.

Mas, ao lado da insuficiência renal crônica que evoluía até a morte progressiva e inevitável do rim, existia igualmente uma outra situação que os médicos começavam a conhecer bem: a insuficiência renal aguda. Nesse caso, os rins não funcionam mais; contudo, de maneira temporária. Isso pode se dever a uma intoxicação ou a inúmeras circunstâncias patológicas, como a infecção ou a isquemia,[146] ou como sequela de abortos induzidos. Mas neste caso, contrariamente à insuficiência renal crônica, depois de alguns dias ou semanas, os rins voltam a filtrar a urina e podem novamente depurar o sangue: é a cura.

Certo, mas, enquanto se espera esse desfecho favorável, é preciso suportar a dor! Pois a ureia sobe e o potássio se acumula no organismo. Se o nível de potássio subir demais, ocorre inevitavelmente uma parada cardíaca e a morte. A esperança de uma recuperação da função renal em caso de insuficiência renal aguda era o que animava a todos. Ah! Se tivéssemos uma máquina capaz de purificar o sangue, isso permitiria aguardar e ver se o rim podia se recuperar. Mas essa máquina ainda não existia. Assim mesmo, nos anos 1930, alguns cirurgiões tentaram o transplante, apesar dos riscos de rejeição, para superar a insuficiência renal aguda. Era uma corrida contra o tempo: era preciso que o implante resistisse o bastante para que o rim do paciente pudesse reencontrar sua função própria.

Assim, transplantar um rim, mesmo que ele funcionasse por pouco tempo, seria sempre uma remissão, um modo de lutar contra a doença e a morte. É preciso confiar na fé desses pioneiros que se obstinaram, apesar dos fracassos, a transplantar incessantemente, contra tudo e contra todos.

Um pouco mais tarde, na França, o destino esclareceria a opinião pública na figura de um jovem carpinteiro.

Paris, 1952: a história do jovem carpinteiro

Em 18 de dezembro de 1952, Marius Renard caiu de um andaime. Hemorragia interna. Operação urgente: o rim se rompera, era preciso retirá-lo para estancar a hemorragia e salvar a vida do rapaz.

Mas que desgraça! O que o cirurgião não sabia era que Marius nascera com um único rim e que ele acabara de removê-lo! O resultado parecia evidente: sem rim, a insuficiência renal ia se instalar e, em alguns dias, seria a morte!

Marius estava com 16 anos. Seus cabelos pretos encaracolados emolduravam um belo rosto, iluminado por um sorriso generoso. Era a encarnação do filho que toda família dessa época sonhava ter. E ele ia morrer, isso era insuportável. Os cirurgiões o tinham certamente salvo de uma morte por hemorragia, mas ele agora estava condenado a morrer de uremia.

Foi então que a mãe de Marius interveio. A senhora Renard, cuja fotografia foi imediatamente publicada por todos os jornais, veio falar com o professor Jean Hamburger, chefe do serviço do Hospital Necker e já bastante envolvido nas primeiras experiências de transplante renal:

— Eu dou um dos meus rins ao meu filho. Doutor, o senhor não pode recusar a doação ditada pelo amor de uma mãe.

Era um caso inédito. Esse pedido levou Hamburger a profundas reflexões. Ele tentou explicar à senhora Renard todas as incertezas de tal tentativa. A história recente lhe fornecia uma profusão de exemplos. Mas a mãe de Marius não hesitou em sua determinação.

— O senhor tem outra coisa a propor a meu filho, doutor?

Hamburger estava realmente dividido entre seu desejo de médico de tentar o impossível para salvar o rapaz e as reticências éticas que a situação impunha.

— Minha senhora, devo lhe dizer que a remoção de um rim envolve alguns riscos...

Ela sabia.

Essa mulher era impecável, altiva, pronta a assumir todos os riscos para socorrer seu filho. Hamburger, por sua vez, achava que a proximidade genética entre mãe e filho favoreceria sem dúvida a tolerância do enxerto. Além disso, a esperança de um desfecho favorável justificava-se pelo fato de que, desta vez, o órgão era de boa qualidade e seria removido nas melhores condições possíveis, e que a isquemia (ou seja, o tempo durante o qual o rim não estaria sob perfusão) seria breve.

Hamburger era um homem excepcional, entre os primeiros médicos franceses a ter adquirido uma sólida experiência científica antes mesmo de começar a medicina. E depois, tinha sido aluno de Pasteur Valléry-Radot, em Broussais, onde se entregara à experiência clínica. Desde 1949, ele dirigia o serviço de medicina de Necker e lançava as bases de uma nova especialidade a que se chamaria "nefrologia". Ele conhecia os problemas de insuficiência renal terminal, contra a qual não se podia lutar. Era seu cotidiano. Enfim, o que se podia fazer?

Será que todas as tentativas de transplante faziam sentido? Às vezes, quando estava desanimado, ele pensava: "Não seria melhor parar com toda essa agitação cirúrgica e esperar novos progressos... da medicina, desta vez?". A expectativa repousava sobre o advento da imunologia de transplante, que certamente fermentava nesses anos e da qual ele era um dos atores, mas ainda não propunha um tratamento eficaz.

Hamburger passou uma noite insone antes de responder à senhora Renard. Durante essa noite, reviveu toda a história dos primeiros transplantes renais, com seus atores atravessando seu pensamento. Todos os pioneiros do transplante renal humano que se obstinaram em efetuar transplantes diante da evidência de fracasso dos aloenxertos.[147]

Combate dramático e incerto que se assemelhava à roleta russa.

Mencionando a roleta russa, Hamburger se lembrava de que tudo havia começado graças a um cirurgião russo, numa cidadezinha da Ucrânia...

Kherson, Ucrânia, 1933

De fato, o primeiro transplante realizado em um ser humano a partir do rim de um cadáver fora feito em 1933, em Kherson, pelo russo Voronoy.[148]

A receptora era uma jovem de 26 anos que fora admitida no hospital em coma urêmico, após ter absorvido mercúrio para se suicidar. Ela estava em anúria[149] total havia quatro dias, quando Voronoy resolveu lhe implantar um rim de um homem de 60 anos, morto devido a uma fratura craniana. Detalhe que não fez recuar nosso cirurgião: o doador era do grupo B, enquanto a receptora era do grupo O.[150] Voronoy realizou a operação após cerca de seis horas de isquemia do órgão enxertado, período durante o qual o rim do doador não foi vascularizado nem protegido por qualquer técnica que fosse. A técnica de proteção pelo frio proposta por Carrel não havia ainda chegado à Ucrânia! Por outro lado, foi exatamente segundo a técnica cirúrgica que ele descrevera que o rim foi transplantado na altura dos vasos femorais; o ureter foi tirado no nível da pele da virilha dentro de uma bolsa para recolher a urina.

Ao se retirarem as pinças, o rim retomou sua cor e seu tônus, e algumas gotas de urina transparente escorreram. Em seguida, a diurese cessou.

– Reflexo do transplante – exclamou então Voronoy, com um otimismo de conquistador!

No dia seguinte, o estado permanecia localmente satisfatório e algumas gotas de urina apareceram de novo dentro da bolsa. Voronoy procedeu uma extensa transfusão da doente com sangue de seu grupo sanguíneo.

Dois dias depois da cirurgia, ainda um pouco de urina dentro da bolsa...

Mas, no dia que se seguiu, ou seja, quatro dias após o transplante, a paciente morreu sem que a diurese houvesse realmente recomeçado. Voronoy, relatando sua operação na literatura médica, tinha insistido bastante sobre a importância da transfusão sanguínea naquilo que ele descrevia como um sucesso, comprovado segundo ele pela diminuição de mercúrio no sangue.[151] De fato, não sonhemos, essa baixa da concentração de mercúrio observada só pôde ter sido consequência da diluição obtida pelas transfusões maciças realizadas pelo cirurgião russo, o que Hamburger havia compreendido muito tempo antes.

Resumindo, esse primeiro transplante foi um fiasco. Exceto, aparentemente, para seu autor!

Boston, 1947

Não, o primeiro verdadeiro sucesso foi sem dúvida o caso de Hume. Hamburger conhecia bem as circunstâncias. Uma jovem ia morrer no

Peter Bent Brigham Hospital de Boston. Ela estava em coma havia dez dias e sofria de retenção urinária, em consequência de um aborto provocado. Erro de transfusão. Choque séptico e insuficiência renal aguda. A catástrofe total! David Hume, brilhante cirurgião com um físico de galã, não podia admitir a evidência de uma morte inevitável. Era preciso tentar o transplante renal e esperar que o rim da paciente voltasse a urinar, pois havia chances de que isso acontecesse. Claro, as condições não eram ótimas, longe disso, mas era preciso agir para tentar salvar essa jovem.

Infelizmente, havia um percalço, e grave... Estava fora de questão utilizar um bloco operatório habitual. O administrador do hospital lhe dissera num tom untuoso, mas firme: "Não podemos sancionar uma intervenção que qualificaríamos de 'original'".

Não havia problema. Não iriam se deixar impressionar por um funcionário administrativo! Enfrentando as proibições, Hume, auxiliado por Hufnagel, cirurgião vascular, e por Landsteiner, urologista, esperou a noite cair sobre o grande hospital de Boston. Então, numa atmosfera de aventura de espionagem, desconfiando de todos, Hume se lançou numa intervenção insana. Ele retirou o rim de alguém que acabara de morrer no hospital (o que já era audacioso!). Depois, no exíguo quarto da paciente, iluminado por somente duas lâmpadas, ele lhe implantou o rim sobre os vasos da dobra do cotovelo. Apesar das múltiplas dificuldades, as suturas foram feitas corretamente e o rim, uma vez alimentado pelo fluxo sanguíneo, foi mantido aquecido pelo calor das lâmpadas.

Esperança para os audaciosos: o rim se pôs a secretar urina quase imediatamente. E a doente saiu do coma no dia seguinte.

Um dia depois, a diurese se mantinha.

Dois dias depois, a doente começou a urinar pelos seus próprios rins. Os cirurgiões podiam remover o órgão enxertado que se tornara inútil. Ele servira como uma muleta, aguardando que a insuficiência renal aguda se curasse espontaneamente.

A paciente foi salva!

David Hume, cirurgião de todos os riscos, o homem que soube transgredir as instruções da administração de seu hospital, triunfou contra todos. Sem dúvida, e Hamburger o sabia muito bem, o órgão enxertado seria rejeitado após alguns dias ou semanas. Mas, nesse caso, a retomada rápida da diurese espontânea pelos rins da jovem paciente tinha assinalado o sucesso da operação...

Chicago, 1950: a bomba "Lawler"

Desde o início dos anos 1950, as coisas haviam acelerado. Hamburger viveu isso no dia a dia. Foi em 17 de junho de 1950, em Chicago, que o registro foi de fato alterado. Richard Lawler resolvera praticar a remoção de um rim policístico,[152] no caso o esquerdo, de uma mulher de 44 anos, e o substituir por um rim retirado de uma paciente morta por conta de uma hemorragia...

Por que, agora, tudo era diferente dos dois casos precedentes? Desta vez, atacava-se uma doença crônica, uma doença hereditária, a policistose renal que evoluía para uma insuficiência renal. Transplantava-se uma paciente que não se achava numa situação de insuficiência renal terminal e implantava-se o rim em substituição ao rim nativo. Era preciso evitar desta vez as situações "à Carrel", com o rim transplantado sobre os vasos femorais ou na dobra do cotovelo, que só podiam convir em caso de transplantes temporários, como aqueles efetuados por Hume ou Voronoy. Nesse ponto, era algo definitivo, e a operação *in situ* era um bocado mais delicada. O rim policístico devia então ser primeiramente removido, nem que fosse só porque, muito inchado, ele dificultava a implantação do novo órgão e era preciso criar espaço (espaço para a juventude, de certo modo!). A continuidade urinária foi restabelecida por sutura do ureter do órgão enxertado ao da paciente.

Mas, outro fato novo, a operação foi realizada praticamente em público, diante de ampla plateia de médicos, e a imprensa havia sido convocada. Nada a ver com a clandestinidade da operação de Hume! A revista *Newsweek* apregoava no seu número seguinte: "Até a semana passada, nenhum órgão humano vital havia sido transplantado de uma pessoa a outra".

O jornalista, mal informado, omitia evidentemente a menção aos casos de Voronoy e Hume. Toda a glória dessa "estreia" para Lawler e a boa cidade de Chicago.

As consequências imediatas dessa operação foram simples e a paciente saiu do hospital ao termo de vinte dias. A notícia sobre um transplante renal bem-sucedido em Chicago teve o efeito de uma bomba no pequeno mundo daqueles que tentavam em seus laboratórios resolver os problemas provocados pelo transplante renal. Essa tentativa lhes dava justificativa para esse salto, que alguns, por razões éticas, hesitavam efetuar. E eles se apressaram a repetir a experiência, cada qual com sua própria técnica cirúrgica.

Em retrospectiva, Hamburger, contudo, não conseguia entender tanto entusiasmo. O artigo de Lawler foi pulicado no exemplar de 4 de novembro de 1950 do *JAMA*.[153] Ele não fornecia argumento algum permitindo concluir qualquer sucesso desse transplante e provava mesmo que o órgão implantado jamais funcionara corretamente. Se a paciente tinha sobrevivido era porque seu rim direito permanecera funcional e continuara realizando seu trabalho.[154] Por razões midiáticas, começava-se a escapar do rigor científico. Tudo o que Jean Hamburger detestava. E ele pressentia que o caso do jovem Marius ameaçava conduzi-lo aos mesmos excessos.

Aliás, corriam rumores na América do Norte de que, em Toronto, outra paciente operada por Murray vivia havia vários meses com um transplante renal. Mas, nesse caso, nada permitia garantir que a sobrevivência da doente se devia à presença do órgão enxertado. O autor não fornecia prova alguma de sua função, os rins limpos estando ainda no lugar e ainda produzindo urina. Sempre os termos aproximativos. Sempre a corrida desenfreada pela glória. O transplante já estabelecia uma intimidade com seu mal específico.

Os médicos, como todo mundo, são frequentemente tentados a crer naquilo que lhes é conveniente! Hamburger sabia muito bem disso.

Paris, 1951: Küss, Dubost, Servelle...

Além disso, houve o episódio de Paris, que Hamburger vivera em primeira mão.

Em Paris, onde a pesquisa sobre o transplante renal estava ativa, não se podia deixar que os americanos e esse Lawler se apropriassem sozinhos da reputação de primeiro transplantador mundial. Todos os especialistas concordavam agora quanto ao caráter pouco convincente da experiência de Chicago, mesmo se a algazarra midiática tivesse tentado disfarçá-lo.

René Küss, que era urologista, por sua vez, acabava de trazer uma importante contribuição ao transplante renal ao descrever a implantação do órgão dentro da fossa ilíaca, técnica muito mais simples que o transplante *in situ*, evitando a remoção do rim nativo e protegendo o órgão implantado com a parede abdominal, o que não permitiam as técnicas de Carrel.

Os cirurgiões parisienses se atiram de cabeça nos transplantes. Além de Küss, o urologista, dois cirurgiões vasculares estavam com ele: Charles Dubost e Marceau Servelle. A guilhotina lhes foi providencial! Dois condenados à morte em 1951 tiveram seus órgãos removidos imediatamente após o suplício.

Charles Dubost tomara cuidado de recomendar a seu assistente, Nicolas Œconomos, que efetuasse a remoção na prisão da Santé, onde estavam instaladas as guilhotinas: "É importante mantê-lo bem aquecido".

Risível![155]

Entre 12 de janeiro e 24 de abril de 1951, os três cirurgiões parisienses realizaram oito transplantes renais utilizando a técnica de Küss.

Nenhum receptor sobreviveu.

O milagre de Natal

Após essa noite tempestuosa de 1952, em que todos esses personagens do mundo cirúrgico se colidiram dentro da sua cabeça, Hamburger tomou sua decisão. Era preciso tentar. Não era possível recusar a doação e destruir a esperança da mãe. Ele pediu à equipe de Louis Michon, cirurgião urologista de Necker, que realizasse a remoção do rim da senhora Renard e organizasse o transplante para Marius. Vaysse e Œconomos colocaram o rim esquerdo da mãe na fossa ilíaca direita do rapaz, "à maneira de Küss". O acaso e a necessidade impuseram a data. Foi na noite de Natal!

Essa circunstância aumentou ainda mais a emoção da multidão que esperava o milagre.

Essa dupla operação transcorreu notavelmente bem. Mãe e filho puderam logo depois do Natal sorrir para os fotógrafos... Os vendedores de jornais percorriam as ruas de Paris urrando: "*Paris-Press-L'Intransigeant*, comprem o *Paris-Press-L'Intransigeant*. A sequência das aventuras dos milagrosos do Natal!".

O rim implantado em Marius imediatamente produziu urina, a taxa de ureia plasmática logo caiu, passando de 4,30 g/l a 0,80 g/l no dia

16 de janeiro de 1953, e a taxa de potássio se corrigiu de forma espontânea. A esperança crescia para todos os médicos e todos os franceses que acompanhavam os eventos praticamente de hora em hora.

Hamburger mantinha-se impassível e não compartilhava do entusiasmo geral, evitando os jornalistas como se estes fossem a peste ou a cólera. Ele sabia o que ia acontecer. Ainda que, como todos, ele esperasse o milagre. Afinal de contas, tratava-se de uma mãe e de seu filho, e havia motivos para pensar que a proximidade dos tecidos seria benéfica.

Infelizmente, o pessimismo de Jean Hamburger se baseava numa séria experiência clínica e experimental. No vigésimo primeiro dia, uma parada brusca da diurese assinalava a rejeição do órgão implantado, e o jovem Marius faleceu pouco depois.

Decepção e desesperança para todos!

A equipe do Hospital Necker teve que tomar uma decisão difícil. Era a primeira vez que tinham praticado uma nefrectomia numa pessoa sadia, o que suscitava um novo problema ético. E o que teria acontecido se tivesse ocorrido uma hemorragia, uma infecção ou um problema mais grave com a mãe de Marius? Se ela tivesse morrido em decorrência da operação? De fato, até então os rins removidos dos doadores vivos não eram normais, eles tinham sido retirados por razões médicas,[156] conferido assim um significado ao ato. O que não era o caso da senhora Renard.

Mas era imprescindível render-se às evidências, o transplante renal continuava fadado ao fracasso, tanto no ser humano quanto no animal. As palavras que Carrel proferia em 1914 retornavam aos espíritos como uma profética maldição: "Por mais excelentes que sejam os resultados imediatos, no fim das contas, quase sempre, eles estão fadados ao fracasso".

Tudo parecia então definitivamente perdido.

Retorno a Boston: os irmãos Herrick

Enquanto isso, em Boston, David Hume, incansável, continuava trabalhando. De abril 1951 a fevereiro 1953, Hume, aconselhado por John Merrill (que fundaria a nefrologia como especialidade nos Estados Unidos), efetuou uma série de seis transplantes renais no Peter Bent Brigham Hospital, lugar mítico onde realizara sua proeza de 1947.

Ele colocava sempre o rim segundo a técnica de Carrel, dentro de uma bolsa subcutânea criada na base da coxa; os vasos eram suturados na artéria femoral profunda e na veia femoral comum, e o ureter era trazido para fora pele. Esta técnica permitia observar diretamente a emissão de urina e se fazer uma biópsia do órgão, retirando um pequeno fragmento para analisar em laboratório, sem incômodo excessivo para o doente.

Todos esses transplantes tinham fracassado, exceto o último, que ele realizara pouco antes de sua partida para o serviço militar. O procedimento foi efetuado num jovem médico de 26 anos que sofria de glomerulonefrite crônica, enfermidade provocada por um micróbio, o estreptococo. Apesar das dificuldades posteriores, o órgão implantado produziu urina no 19º dia e o estado do paciente melhorou rapidamente. O nitrogênio dentro do sangue se aproximou do nível normal e ele chegou a urinar até dois litros por dia. Lastimavelmente, pouco tempo depois, surgiu uma febre, traduzindo a infecção das urinas. A diurese diminuiu e a ureia sanguínea subiu bastante, precedendo por pouco a morte do paciente de Hume. O mais revoltante era que tinham alcançado o 176º dia do transplante. Um recorde!

Apesar desse desfecho dramático, era incontestável que o transplante desta vez havia funcionado corretamente durante quase seis meses com um rim que recuperara uma função praticamente normal. Sem que houvesse uma explicação racional para esse fato. E o mistério e o imprevisto persistiam, quer o resultado fosse positivo ou negativo... Nesse momento, Hume deixou o hospital para cumprir suas obrigações militares. Encorajado pelo sucesso parcial do último caso, seu sucessor Joseph Murray empreendeu uma nova série de seis transplantes que foi igualmente um fracasso. Dessa vez, os rins eram colocados dentro da fossa ilíaca segundo a técnica de Küss, contribuição importantíssima da Escola de Paris. Foi então que se produziu a ocasião esperada por todos dos dois lados do Atlântico.

Novamente, o destino batia à porta de Boston!

Os irmãos Herrick eram gêmeos idênticos, univitelinos. Somente a mãe deles os distinguia quando eram pequenos. Agora, aos 23 anos, era um pouco mais fácil, mas mesmo o médico dos dois ainda se enganava. Gêmeos idênticos com a mesma hereditariedade, os mesmos cromossomos, como os dois primeiros transplantadores, Cosme e Damião (que mensagem *incipiens* se acha nessa história!). Um dos gêmeos sofria de glomerulonefrite e chegara a um estado de insuficiência renal avançado. Se não fizessem um transplante, ele morreria.

Seu irmão aceitou ser o doador, e em 23 de dezembro de 1954, quase dois anos exatos após o caso Marius Renard, Murray colocou o rim de um irmão na fossa ilíaca do outro, depois de um período de isquemia de noventa minutos, ou seja, um período razoável.

Em poucos dias, tudo voltou ao normal. Após alguns meses, o sucesso foi completo. O paciente retomava seu trabalho, casava-se com a enfermeira que cuidara dele no hospital e levava uma vida normal. O rim de seu irmão estava dentro dele, e estava em casa.

Um final hollywoodiano!

Em Paris, Hamburger fará o transplante de um caso semelhante de dois gêmeos seis meses mais tarde, mas a história, como sempre, só guardaria o primeiro caso...

Foram, no entanto, os dois primeiros casos de transplante humano bem-sucedido.

Formidável. Mas um detalhe se impunha a todos: nem todos os doentes dos rins tinham à sua disposição um irmão gêmeo!

O doutor Patrick Chevalier era o médico responsável pelos transplantes de meu serviço no Hospital Européen Georges-Pompidou, ou seja, ele se encarregava medicamente dos pacientes que os cirurgiões operavam. Nossas conversas eram intermináveis.

— Pode me explicar por que todos esses cirurgiões e médicos transplantadores que os acompanham continuaram durante quase vinte anos fazendo transplantes renais, apesar dos resultados no mínimo desanimadores que observavam? – perguntei.

— Primeiramente, o desejo de serem pioneiros – disse ele. – É certo que os resultados de Lawler e Murray tinham recolocado em pauta o transplante renal na França e que Küss, Hamburger e os outros não queriam deixar espaço para os americanos. Lógico que os resultados deles não eram um verdadeiro sucesso, mas, em meio à confusão da época, diligentemente alimentada pela mídia, não se sabia jamais com certeza em que estágio se encontravam os outros. Portanto, era preciso transplantar, esperando

que a sorte ou o destino viesse nos ajudar; e depois, não nos esqueçamos, nada mais havia a se propor aos pacientes com insuficiência renal.

— Mas, nos anos 1950, os primeiros trabalhos sérios de imunologia, com Medawar em particular, começavam a ser publicados. É difícil compreender que se faça tão pouca alusão a isso — exclamei.

— Verdade que nessa época a imunologia dava seus primeiros passos, mas ainda se compreendiam mal os mecanismos de rejeição dos órgãos implantados. Não se conseguia distinguir entre o que acontecia na ausência de vascularização do órgão enxertado durante o tempo necessário a seu transplante e a rejeição imunológica que se atribuía ao sistema reticuloendotelial. E depois, os pesquisadores publicavam em revistas que não eram lidas pelos clínicos e, verdade seja dita, havia um sério desprezo entre essas duas comunidades. Os fundamentalistas zombavam desses cirurgiões imbecis que transplantavam órgãos sem entender coisa alguma sobre os mecanismos íntimos da natureza, e os clínicos, os cirurgiões principalmente, riam desses pesquisadores verborrágicos, incapazes de propor soluções práticas.

— Mas, justamente, o que faziam eles na prática? — perguntei.

— Receitas de cozinha. Cada qual a sua, convencido de que era ela a melhor. Alguns lavavam os órgãos com heparina a fim de evitar os coágulos dentro dos vasos, outros achavam que isso era perigoso ou inútil. Outros davam cortisona para limitar a reação inflamatória. E havia os que insistiam sobre a importância de uma manipulação delicada do órgão a ser implantado...

— Parece que atiravam para todos os lados!

— Sim e não — retomou Patrick, fumando seu cachimbo. — No meio dessa desordem, cinco pioneiros continuavam seus esforços com método e tenacidade, apesar dos repetidos fracassos: eram eles René Küss e Jean Hamburger, na França; David Hume, Joseph Murray e John Merrill, nos Estados Unidos. Eram homens fora do comum, capazes de enfrentar todos os obstáculos e prosseguir com a missão que tinham dado a si mesmos com uma obstinação digna de um cachorro fox terrier. Essa atitude era acompanhada por uma dúvida profunda. Jean Hamburger escrevia nessa época: "Os mesmos que, hesitantes, se empenharam na aventura do transplante renal nos homens são os primeiros a admitir o quanto é difícil ter certeza de que se está tomando o bom caminho nesse sentido".

Hume e seus colegas americanos, contudo, foram os mais determinados e prosseguiram com transplantes sem sucesso, quase sem esperança, enquanto os franceses marcavam passo. John Merrill disse um dia a Jean Hamburger, cujo ceticismo se tornava lendário, essa frase que resume toda a filosofia anglo-saxã nesse domínio: "Me parece que vocês se enganam ao temer e hesitar. Pense em todos os pacientes que poderiam morrer no futuro porque você não terá tido a coragem de fazer o necessário para expandir nossos conhecimentos e abrir o caminho para novas formas de tratamento".

A criança que sonhava com um homem artificial

O jovem Pim sonha em substituir os órgãos humanos por máquinas • Durante a guerra, Willem Kolff, com os restos de um velho avião Messerschmitt, fabrica uma máquina de lavar para tratar da insuficiência renal • Descobrimos que, tendo inventado o rim artificial, ele se lança na fabricação de um coração.

Leiden, Países-Baixos, 1925

— Mas o que vamos fazer com você? Seus resultados na escola são desastrosos e você nem sabe o que quer ser quando crescer. No entanto, não é difícil, basta aprender e memorizar.

Assim falava o doutor Jacob Kolff a seu filho Willem (conhecido por todos como Pim). O doutor Kolff era médico e diretor de um sanatório na Holanda. Nos anos 1920-1930, a tuberculose devastava os Países Baixos, assim como todos os lugares. Não havia antibióticos e os tratamentos procuravam obter a cura espontânea da doença utilizando técnicas de uma eficácia pelo menos aleatória. Ele teria gostado que seu filho Pim se orientasse para a medicina e lhe sucedesse. Havia tantas coisas a fazer. E Jacob pressentia que os anos que se seguiriam trariam grandes progressos. Curar a tuberculose, não convinha sonhar, mas talvez, pelo menos, melhorar o atendimento dos pacientes.

Entretanto, Pim não era o que se chama de um bom aluno. Ele não queria ser médico. Ele avisara a seu pai:

— Não quero me tornar como você para assistir à morte das pessoas sem poder curá-las!

Não era um comportamento ditado pela rebeldia ou pela preguiça, mas o jovem era de uma lentidão irritante quando se tratava de pegar um livro para estudar. Na verdade, ele era seriamente disléxico: não é que aprendesse mal, mas aprendia bem devagar, na velocidade em que conseguia decifrar suas lições. Infelizmente para ele, nos anos 1920, ignorava-se a dislexia, e isso não podia lhe servir de desculpa. Nos exames orais, até que ele se safava. Uma lástima que perdesse com frequência a atenção nas aulas, tão facilmente seu espírito se deixava levar pelos devaneios. Mas não eram devaneios quaisquer: Pim sonhava em substituir os órgãos doentes por máquinas e fabricar um homem artificial!

Substituir um órgão ou um membro deficiente sempre foi um sonho da humanidade. Os membros, os dentes, o nariz foram as primeiras próteses usadas desde a Antiguidade. Encontramos próteses bem feitas de dentes no maxilar dos etruscos, magníficas próteses de pernas entre os helenos, e narizes, ainda os narizes... Os pobres narizes, órgãos proeminentes, os primeiros a serem ceifados por um golpe de espada que resvalasse no capacete.[157] Eles eram substituídos por narinas mais ou menos proeminentes, dando ao portador um aspecto marcial. Cirurgia estética à frente de seu tempo.

Mas a verdadeira prótese que fez sucesso ao longo do tempo foi de fato a muleta... Na Idade Média o mundo estava cheio de gente com muleta. Para permitir a todos os amputados sair mancando em busca de sua subsistência. Mas substituir um órgão e sua função, nisso ninguém tinha pensado. Era um sonho impossível que o jovem Pim cultivava na sua adolescência.

A cada um suas ambições. Por ora, com seus resultados escolares calamitosos, ele estava longe do caminho das grandes invenções!

Por outro lado, ele adorava os trabalhos manuais, e suplicara a seu pai que o deixasse frequentar a oficina do carpinteiro da aldeia para trabalhar a madeira nas tardes de sábado.

— Talvez se torne um bom artesão – pensava Jacob, que engolia a seco suas ambições médicas para seu filho. Não existe profissão inútil. Enfim...

Essa conversa foi retomada alguns anos mais tarde, ao final dos estudos secundários, quando Pim estava em condições de se matricular numa universidade.

— Então, o que você decidiu? – perguntou-lhe seu pai. – Não me diga que resolveu se tornar carpinteiro.

– Não, quero ser diretor de jardim zoológico...

Pim e seu espírito rebelde!

Seguiu-se uma discussão acalorada em que todos os argumentos possíveis foram trocados entre pai e filho. Um argumento forte do pai era o de que só havia três zoológicos na Holanda e que o concurso seria dificílimo. Um argumento de peso! Enfim, apesar da resistência bem típica de um adolescente em crise, Pim se deixou convencer a tentar os estudos de medicina na Universidade de Leiden.

Jacob vencera a partida.

Pim ingressou então na prestigiosa Universidade de Leiden a fim de fazer seus estudos de medicina e, a muito custo, terminou como assistente de anatomia patológica. Mas, como no passado, ao lado dos livros, ele conservara no seu íntimo o gosto pelos trabalhos manuais. Aliás, um de seus professores encorajava os alunos a se interessar por tudo o que encontrassem e a pesquisar soluções que fugissem dos caminhos já conhecidos. O que dizia o professor Polak Daniels não lhe passou despercebido. A cada nova doença que ele descobria, Pim começava a se perguntar o que ele poderia fabricar para curar os doentes. Seu primeiro aparelho foi um dispositivo para melhorar a circulação sanguínea nos membros inferiores de pacientes que sofriam de arterite. Um sistema engenhoso de balões que se prendiam em volta das pernas e que eram inflados e desinflados numa certa cadência, a fim de ajudar o sangue a alcançar as extremidades. Não era nenhuma revolução no tratamento das arterites, mas era um bom começo.

Fabricar uma máquina de lavar

Quando a Segunda Guerra Mundial teve início, Pim havia se tornado assistente no grande hospital de Groningen. Ótimo lugar para fazer uma carreira universitária e frequentar a nata da medicina moderna. Mas isso sem contar com os nazistas, que acabavam de invadir os Países Baixos e começavam a meter o nariz em todos os cantos, inclusive nos hospitais.

O diretor do hospital, que acolhera Willem sob sua proteção, teve que ser submetido, como todos os dirigentes de Groningen, às investigações da Gestapo. Ora, para esses senhores, ficou logo evidente que ele tinha um defeito de peso: era judeu... Imperdoável. Intimidações. Ameaças. Ao infeliz diretor não restou outra saída senão o suicídio. Os alemães o substituíram por um bom colaboracionista mais afeito à linha do Reich.

Para Kolff, estava fora de questão viver essa desonra! Precisavam de alguém para tentar organizar um banco de sangue em Kempen, cidadezinha da província de Overijssel. Havia poucos alemães nesse setor! Estava-se distante das grandes aglomerações. No plano político, o ambiente era mais respirável. Entretanto, em termo médicos, a tarefa nada tinha de simples, pois, para falar a verdade, a noção de banco de sangue ainda não existia na Holanda. De fato, à época, as transfusões ainda eram feitas de um braço ao outro, o do doador ao lado do receptor.

Íntimo, mas não muito prático.

O banco de Kempen foi o primeiro a funcionar na Europa, graças a Kolff. Essa era a atividade oficial, a que era informada aos outros e aos invasores. Mas, para Willem, o essencial de fato era continuar lutando, lutando como fosse possível. Em sua condição de médico, ele contribuiu amplamente com a resistência local. Ele tinha a arte de simular enfermidades hemorrágicas graves necessitando hospitalização urgente para os resistentes procurados pela polícia alemã. Dois litros de sangue extraídos do braço e injetados no estômago através de um tubo. Isso tornava extremamente plausível uma hemorragia de úlcera gástrica. E um pouco de teatro. Um paciente que se contorcia de dor no seu leito de hospital de Kempen, e as autoridades se convenciam da necessidade de manter esse paciente em tratamento intensivo para receber cuidados que se anunciavam graves e, sobretudo, longos. O tempo de a ameaça cessar e, se fosse possível, organizar sua fuga.

Tudo isso, porém, não impedia Willem de continuar nutrindo sua grande ideia, sua grande ideia que não o deixava em paz e que era animada por um outro impulso, que não era aquele que organizava a distribuição de bolsas de sangue. O choque que motivara sua vocação tinha ocorrido quando ainda estava no hospital de Groningen. E, desde então, ele vivia atormentado por uma cena que testemunhara: a morte de um jovem de 22 anos num quadro de insuficiência renal aguda. Terrível esse contato direto com a morte, para ele que tinha até então trabalhado na atmosfera tranquila dos laboratórios de patologia. Terrível, a impotência do médico diante do caráter inelutável da doença. Terrível, encontrar palavras que explicassem a uma mãe que seu filho ia morrer e que não existia meio algum de salvá-lo!

Era preciso manter-se fiel a seus sonhos de criança, aos ensinamentos do doutor Daniels, era preciso inventar uma máquina para depurar o sangue, era preciso inventar um rim artificial. E azar se todos aqueles a quem ele mencionava isso considerassem o projeto absurdo ou maluco... Vasculhando as modestas bibliotecas médicas da província, Willem logo percebeu que não estava totalmente louco, e que outros homens, no passado, tinham nutrido a mesma esperança que ele. Situação ao mesmo tempo tranquilizadora e frustrante. Todavia, bem frequente nas pesquisas: havia sempre alguém que tinha tido a mesma ideia que você e antes de você. E quanto à anterioridade, tiremos o chapéu! A partir da segunda metade do século XIX, Thomas Graham, professor de química na Universidade de Londres, tinha revelado o fenômeno físico dessa filtragem particular, utilizando pergaminho vegetal como membrana semipermeável. Em 1861, ele conseguiu demonstrar o que chamou de "diálise", fazendo passar a ureia contida na urina para a água salgada através dessa membrana.[158] O princípio do rim artificial nasceu nesse dia. Depois, em 1913, John Abel tentara a experiência com cães e, em 1923, Georg Haas chegou a efetuar com sucesso uma diálise num paciente...

Então, por que esses pioneiros não prosseguiram com seus trabalhos? Porque subsistia um problema, e um problema grande: quando o sangue se achava em contato com um material sintético, ele coagulava. Então, adeus às aplicações humanas;[159] a heparina, esse maravilhoso coagulante, só foi descoberta em 1922 e utilizada na prática clínica nos anos 1940. Mas, em 1943, Kolff, ele mesmo, já conhecia a heparina, ele a utilizava todos os dias em seu banco de sangue. Quanto à membrana semipermeável, pouco progresso havia sido feito desde o século XIX, e o celofane fora inventado. Esse filme fino e transparente constituído de hidrato de celulose parecia ideal por sua plasticidade, sua solidez e sua transparência numa época em que a química das matérias plásticas ainda engatinhava. Certo, mas como encontrá-lo? Nesse ponto, não havia problema: ele servia para embalar todas as salsichas holandesas! E como não se fabricavam muitas salsichas nesses tempos de penúria, não seria difícil achar o celofane. Todos os ingredientes do futuro rim artificial estavam assim disponíveis; só faltava um artesão genial.

E este foi Kolff.

Na opinião de Willem, porém, a partida se revelaria ainda mais complexa, pois havia a guerra, e os materiais para realizar tal aparelho não se achavam facilmente disponíveis: tudo era reservado para os alemães e seu exército. Que não fosse por isso! E Willem, reencontrando com entusiasmo o tempo em que trabalhava ao lado do carpinteiro da aldeia, dando provas da verdadeira coragem de um combatente da resistência, começou a procurar o que lhe faltava. Ele precisava de um permutador térmico para aquecer o banho – o radiador de um velho Ford lhe bastaria. Ele precisava de peças metálicas para construir um balde e o cilindro giratório de seu "rim-máquina de lavar" – desmontando um Messerschimitt alemão que se espatifara perto de Kampen, ele conseguiria as peças indispensáveis. Tudo isso em segredo, é claro, trabalhando à noite sob a luz de uma lâmpada de querosene num terreno do pôlder[160] holandês. Com alguns companheiros determinados, tudo se tornou possível, sob o nariz da Gestapo.

Ainda era necessário elaborar o líquido salgado que permitiria a permuta através do celofane, e tudo estaria pronto. Só faltava agora "conectá-lo" a um doente. E, para isso, bastavam os tubos de vidro para enfiar na artéria e na veia, concluindo o circuito. Era eficaz, por sinal era bem assim que ele efetuava transfusões em seu banco de sangue. Mas isso acarretava um sério problema: seria necessária uma nova picada a cada semana, pois não era possível picar as veias e artérias de um doente eternamente. Precisava encontrar uma solução. Por ora, ele podia começar cuidando dos casos mais urgentes. Teria sido uma opção testar a nova máquina em animais, como o teria feito Carrel ou como teria sido indispensável hoje em dia. Mas havia pressa, senão os doentes morreriam. E, além disso, havia a guerra... Assim, começaram diretamente no ser humano.

E no começo foi difícil. A máquina parecia funcionar sem problema e reproduzia corretamente a função renal, mas, detalhe importante para qualquer um que se considere clínico, todos os pacientes morrem.

Quinze falecimentos sucessivos!

Evidentemente, todos estavam à beira da morte no momento em que foram conectados, mas assim mesmo... Alguns daqueles que acompanhavam Willem começaram a ceder, perguntando se essa ideia era de fato boa:

— Afinal de contas, pode o sangue humano ser manipulado dentro de uma máquina? Não seria isso contra a natureza? Não seria um sacrilégio?

Willem Kolff resistiu.

Foi preciso esperar até 1945, e o fim da guerra, para se avistar o fim do túnel. Certa manhã, Kolff foi chamado para uma consulta na prisão da cidade a fim de examinar uma mulher de 65 anos, Maria Schafstad, que acabava manifestamente de entrar em coma urêmico. Os médicos já acompanhavam havia algumas semanas o aumento inexorável de ureia no sangue, considerando, já tendo ouvido falar dos trabalhos de Kolff, que não havia agora nenhuma outra saída senão a depuração extrarrenal.

— Mas devemos prevenir, doutor Kolff, essa mulher está detida por ter colaborado ativamente com o invasor. Ela está condenada a uma pena enorme.

Kolff não deu muita atenção a isso. Mas seus assistentes diretos lhe perguntaram se seria de fato razoável curá-la, conhecendo seus antecedentes e sua situação atual:

— Você que tanto lutou contra o invasor, que se arriscou tanto, enquanto gente como essa mulher tinha como único objetivo enviá-lo para um campo de concentração, você acha mesmo que ela merece sua atenção?

Não seria melhor deixá-la morrer naturalmente, permitindo que a justiça divina fosse feita?

Kolff lembrou a seus assistentes todas as implicações do juramento de Hipócrates, manteve-se firme contra os argumentos revanchistas e efetuou uma diálise em Maria Schafstad.

E então, o milagre: enquanto um cortejo de mortes havia assombrado as experiências precedentes, ela, por sua vez, começou a despertar de seu coma após poucas horas de diálise, e suas primeiras palavras foram:

— Quero me divorciar do meu marido...

A senhora que saía do coma estava cheia de projetos!

Maria Schafstad viveu por mais seis anos. Foi a primeira sobrevivente das diálises renais e faleceu devido a problemas que nada tinham a ver com insuficiência renal. Mesmo tendo sido colaboracionista e ajudado os nazistas, valeu a pena salvá-la.

E Willem obtinha a confirmação, ainda que não fosse necessária, de que os desígnios de Deus seriam sempre impenetráveis.

Partida para a América

Não se deve acreditar que o sucesso incrível (a primeira vez que um órgão artificial foi utilizado no corpo de um ser humano) tenha sido celebrado pelos grandes diretores dos hospitais dos Países Baixos como um progresso relevante da ciência. Longe disso: Kolff foi repreendido, criticado, ameaçado e ridicularizado... Passaram mesmo a duvidar do interesse de fabricar um rim artificial. Ele manteve-se impávido. No entanto, não podiam acusar sua pesquisa de ter custado caro à coletividade, já que ele havia construído as máquinas com seus próprios florins!

Apesar de sua grande força de caráter, havia momentos em que se sentia assim mesmo um tanto solitário.

Evidentemente, havia os franceses que estavam com Jean Hamburger, que se articulavam e o chamavam para instalar rins artificiais em seus serviços em Paris. Era preciso ajudá-lo, lógico, mas a França não era mais do que um país arruinado pela guerra, ainda que fingisse pertencer ao cortejo dos vencedores. Não, o futuro não estava ali, mas sim do outro lado do Atlântico. Solicitavam-no na Cleveland Clinic. O lugar não era muito divertido, mas o ambiente de trabalho era sério. E, em 1950, Willem Kolff, sua esposa, seus cinco filhos e suas três máquinas de lavar partiram para o Novo Mundo, como haviam feito seus ancestrais, em busca de novas aventuras.

Quando ele chegou ao laboratório que a clínica pusera à sua disposição, em Cleveland, Kolff descobriu a amplidão da tarefa que lhe cabia. Para começar, ele sabia muito bem que a diálise renal dava ainda seus primeiros passos, e era preciso colocar em ação sua própria máquina, sua máquina de lavar, algo bem complicado. Fazia-se necessária uma revisão total: o permutador térmico, a bomba e também a membrana de troca, que poderia ser substituída por pequenos tubos. Mas isso não era tudo... Kolff só tomou consciência disso depois, mas um detalhe, que na prática se tornava importante, ia limitar o desenvolvimento de sua técnica. De fato, submeter alguém a uma diálise supunha que a cada sessão se picassem uma via de punção arterial e uma via de punção venosa. Algo dificílimo de se imaginar em pacientes com insuficiências renais crônicas: idealmente, isso exigiria uma conexão várias vezes por semana. Eles seriam transformados em porcos-espinho com as agulhas de bombeamento. Seria necessário criar um acesso vascular permanente, evitando assim picar esses pobres pacientes repetidamente, seus braços e suas pernas não seriam o suficiente. A diálise então não poderia ser crônica enquanto não tivesse sido resolvido esse problema e, por ora, Kolff não vislumbrava a solução.[161]

Em seguida, encarregaram-no com um tema que era caríssimo ao coração dos cirurgiões cardíacos da clínica: o de oxigenar o sangue sem que houvesse, contudo, contato direto entre o sangue líquido e o oxigênio gasoso. Não que isso fosse ilógico, mas era prejudicial para as células sanguíneas.

— Ao trabalho, Willem! Quando se é o rei das membranas é preciso encontrar soluções membranosas!

Durante esses dias difíceis, ele ansiava por um raio de sol. Foi Tetsuzo Akutsu quem o trouxe, ao chegar de Tóquio para se tornar seu assistente. Pim jamais conhecera alguém tão sério e trabalhador como Tetsuzo. Além do mais, tinha uma grande ideia na cabeça: certo, o rim, muito bem, iam fazer tudo para aperfeiçoá-lo, mas o que precisavam construir agora, o que seria o ápice, o que era necessário que os dois conseguissem criar era... Um coração artificial!

— Um coração artificial?

— Sim, senhor, um coração artificial composto de duas cavidades ventriculares que seriam costuradas aos átrios de um animal bastante grande, um cão, por exemplo. Válvulas artificiais separariam as cavidades, e uma membrana animada por um fluxo pneumático permitiria esvaziar e encher essas cavidades.

— Sim, você tem razão, isso é possível. Vai funcionar. Será preciso evitar que isso venha a coagular o sangue do animal, porque, senão, vamos fazer um chouriço!

Kolff se lembrava do famoso coração de vidro de Lindbergh e Carrel, nos anos 1930... Eles tinham conseguido manter vivos órgãos ou organismos graças a essa máquina. Seria preciso examinar os problemas que eles encontraram. Entusiasmados, esquecendo-se de beber, dormir e comer, ambos se puseram ao trabalho. Em dezembro de 1957, o protótipo estava pronto. O cão viveu noventa minutos com um coração de PVC funcionando a ar comprimido. Nascia o coração artificial.

Certo, mas para fazer o quê?
Nessa época, não era razoável contemplar a substituição definitiva de um coração deficiente por esse primeiro protótipo de coração. Os resultados com os animais, ainda que estivessem melhorando, deixavam claro os limites da técnica. E quanto ao coração, ao contrário do rim, a penalidade de uma falha mesmo temporária era terrível, significava a morte imediata do animal usado na experiência. O ser humano então... Estava fora de questão. A menos talvez que se tratasse de auxiliar de forma bem temporária um coração deficiente, aguardando que ele se recuperasse nos próximos dias.

Foi o que tentou Liotta, em julho de 1963. Domingo Liotta havia sido aluno de Kolff e de Akutsu em Cleveland, um colega deles. Depois, ele integrara a equipe de Michael DeBakey, em 1961, no Baylor College of Medicine de Houston. Muito ativo e empreendedor, utilizando os fundos (generosos) postos à sua disposição, ele se esforçara para realizar um coração parcial (substituindo somente o ventrículo esquerdo) para implantá-lo rapidamente no ser humano.

– Seria desejável, para reconfortar a generosidade de nossos patrocinadores – sussurrou-lhe DeBakey em seu gabinete –, que alcancemos um sucesso bem rápido! Não se trata de substituir definitivamente toda a função cardíaca: sustentar mesmo que por tempo limitado o ventrículo esquerdo, aguardando que ele se recupere após uma operação grave, já seria um progresso considerável.

Liotta captara claramente a mensagem de seu chefe: o dinheiro não era um problema, mas precisavam de resultados rápidos e, se possível, à glória do Baylor. *Publish or perish* [publicar ou perecer],[162] o velho provérbio ainda era válido.

O objetivo, portanto, era sustentar uma deficiência cardíaca como a que ocorria após uma operação cirúrgica, quando o coração está cansado demais e não consegue voltar a bater depois da intervenção. O objetivo era aguardar que ele se recuperasse e se dispusesse a bombear o sangue sozinho. Tratava-se de fazer uma bomba pneumática que se introduziria dentro do peito para se conectar ao átrio esquerdo da aorta.[163] Ela foi implantada pela primeira vez em 1963 num paciente de 42 anos com insuficiência grave após uma substituição da válvula aórtica. Contudo, quatro dias depois, o paciente morreu de pneumopatia e múltiplos acidentes vasculares cerebrais. No entanto, sem se desanimar, os trabalhos prosseguiram e, em agosto de 1966, DeBakey implantou novamente esse tipo de bomba numa paciente de 37 anos nas mesmas condições.

E então, o sucesso...

A bomba pôde ser removida facilmente no décimo dia após a intervenção, o coração da paciente tendo voltado a se contrair de modo correto. Foi o primeiro êxito no implante de um coração artificial no ser humano. A doente viveu ainda por mais de dez anos.

Kolff, com seu espírito esportivo, foi o primeiro a felicitá-los.

Mas a grande aventura ainda estava por vir.

A "bridge to transplant"

Um evento fundamental veio modificar a ordem das coisas. Esse evento foi o sucesso do primeiro transplante cardíaco, em 1967. Sabia-se, de fato, que até então os corações artificiais não podiam ser implantados definitivamente. Era inevitável que houvesse complicações após algumas semanas ou meses. Só se podia contar com a recuperação do coração do paciente. E se esse coração não se recuperasse? O que se podia fazer? Nada. Esses corações artificiais prolongavam a vida, mas não permitiam um verdadeiro projeto. Com o transplante, tudo era diferente: o coração artificial se tornava a *bridge to transplant* [ponte para o transplante], ou seja, um modo de esperar até que obtivessem um coração doado para salvar definitivamente o doente. Com essa nova orientação, ou melhor, com essa nova esperança, a necessidade de se obter uma máquina eficaz se tornava imperativa. E as pesquisas foram retomadas com toda força em Houston e em... Salt Lake City.

Por que em Salt Lake City? Porque, em 1967, Kolff saía de Ohio e conseguia um espaço de trabalho excepcional na divisão "órgãos artificiais", que acabara de ser criada na Universidade de Utah. Ele assumia o cargo de diretor do Biomedical Engineering com projetos, ainda na prancheta, para fabricar uma placenta artificial, pulmões artificiais, e até olhos artificiais. Nessa mudança, ele obviamente trouxe consigo seu caro Akutsu, e os projetos deles sobre um coração total e definitivamente implantável seguiam sendo prioritários.

Liotta também abandonava seu ninho, deixando DeBakey para trabalhar com Denton Cooley, ainda em Houston, mas no hospital ao lado, o Saint Luke. O Baylor ficou para trás. Ele estava agora junto com o inimigo jurado[164] de DeBakey, a dois passos de seus primeiros amores.

Em abril de 1969, eles tentaram o primeiro implante total de um coração artificial num doente cujo estado era desesperador, e que morreu alguns dias depois. Isso não impediu uma ampla difusão pelos jornais do mundo inteiro. Construído com materiais sintéticos, o "coração artificial de Cooley-Liotta" foi obviamente um coração pneumático, mas ele se alojava de maneira ortotópica, ou seja, no mesmo local do coração nativo do paciente. O que não era, cirurgicamente falando, algo muito simples. Essa prótese cardíaca havia sido testada antes em sete bezerros, tendo o último sobrevivido 44 horas. Pouco depois, dois outros doentes foram igualmente operados por Cooley e Liotta. Mas todas essas operações fracassaram.

Obstinação, determinação, coragem... Não seriam alguns malogros que desencorajariam homens de fibra como Cooley e Liotta!

Enfim, o primeiro sucesso foi obtido com um homem de 47 anos no decorrer imediato de uma operação no ventrículo esquerdo, cuja CEC[165] não podia ser interrompida por falta de contrações suficientes. O coração artificial total permitiu o transplante do paciente três dias mais tarde. O paciente morreu 32 horas depois de infecção, mas essa observação inaugurava a era da assistência cardíaca mecânica como a ponte para o transplante, ou *bridge to transplant*.

Rumo ao coração artificial definitivo

Uma questão, porém, atormentava todos os cirurgiões: se esse coração artificial havia mantido em vida o paciente durante três dias, por que não durante três anos? O fato era que, após as esperanças magníficas que fizera nascer, o transplante cardíaco marcava passo também, e a rejeição parecia incontornável. Como no transplante renal... E os doentes morriam rapidamente. Não seria o caso de privilegiar a solução de um coração mecânico? Estava-se de novo diante do grande dilema: privilegiar o transplante, quer dizer, a biologia, ou os órgãos artificiais, quer dizer, a mecânica?

De Salt Lake City, terra dos mórmons, Kolff observava a turbulência texana. Até então, ele se contentara em contar os pontos! Mas, dentro do laboratório, os bezerros se sucediam e o novo protótipo começava a dar resultados interessantes. Uma semana, duas semanas... Um mês. Seis meses... Em seguida, os problemas começavam. Tinham se esquecido de que o bezerro é apenas um filhote de boi, levado a engordar rapidamente. Mas a prótese cardíaca, por sua vez, era moldada para um bezerro, não para um boi. Era a fábula da prótese que queria ser grande como um boi! E o acompanhamento a longo prazo tornava-se assim intrinsecamente impossível.

Em 1971, um novo colega veio se unir ao grupo de Utah. Ele se chamava Robert Jarvik, médico que nunca praticara a medicina, mas era engenheiro biomédico e homem de negócios inteligente. Uma nova prótese iria nascer, e deveria se chamar *"Jarvik, Akutsu e Kolff artificial heart prothesis"* [Prótese cardíaca artificial de Jarvik, Akutsu e Kollf]. Kolff teve a elegância de colocar seus jovens colaboradores em primeiro lugar nas suas publicações. A história, injusta, só reteria o primeiro nome, e esse coração que revolucionaria o pequeno mundo da cirurgia cardíaca ficará para sempre sendo o Jarvik-7[166].

Barney Clark, celebridade involuntária...

Para o grande público, os fracassos tinham deixado uma nuvem sombria na paisagem. E nada de substancial saíra na imprensa depois de dez anos, o que levava injustamente a pensar que os pesquisadores nada mais encontraram de consistente. Falso, mas o público e principalmente os investidores precisavam de resultados para reconfortar sua fé. No mundo da tecnologia, sem dinheiro não pode haver pesquisas. Akutsu tinha partido em 1971, para Houston. Jarvik e Kolff continuavam seus trabalhos em Salt Lake City com uma equipe de engenheiros. Por todas essas razões, a imprensa estava ávida por uma manchete cirúrgica. Tendo acabado de digerir o transplante, ela estava pronta para o grande evento.

O grande evento veio na pessoa do pobre Barney!

Em dezembro de 1982, o mundo inteiro descobriu que um Jarvik-7 havia sido implantado em Barney Clark, dentista aposentado pesando cem quilos e com insuficiência cardíaca terminal. Na noite de 1º de dezembro de 1982, ele entrou no bloco operatório da Universidade de Utah Medical Center, em Salt Lake City, para esse primeiro implante (o transplante cardíaco tinha sido desaconselhado por conta de sua idade e de um enfisema severo). As consequências midiáticas dessa intervenção foram consideráveis, o mundo inteiro se interessou pelo caso de Barney Clark. E trezentos repórteres invadiram a cafeteria do hospital e fizeram de Clark o "Sputinik" da medicina da época. Infelizmente, a sequência da operação foi cheia de complicações. Para falar a verdade, foi um calvário. Contudo, foi necessário organizar a saída de Barney Clark, após alguns meses de hospitalização. Ela aconteceu diante das câmeras de televisão de todo o mundo, Barney numa cadeira de rodas, esboçando um sorriso estático apesar dos vários acidentes vasculares cerebrais. Ele acabou morrendo 112 dias após a operação devido à falência de diversos órgãos. A morte de Barney e sua qualidade de vida medíocre durante a estadia no hospital voltaram a questionar a viabilidade do coração artificial e suscitaram vários problemas de ordem ética. Barney Clark sobrevivera quatro meses, mas podiam realmente chamar isso de vida?

Em 1984, cinco operações semelhantes foram realizadas. Depois de Barney Clark, três outros pacientes receberam um Jarvik-7 em implantação definitiva. Todos faleceram, ainda que um dentre eles tenha sobrevivido quase dois anos. A *Food and Drug Administration* (FDA, ou "Administração de alimentos e remédios") suspendeu a utilização do coração artificial nesses casos. E o caso Barney Clark teve imensa influência para o futuro do coração artificial definitivo ao limitar durante anos a utilização dessas máquinas exclusivamente como ponte para o transplante.[167] Somente em 2 de julho de 2001, em acordo com a FDA, um coração artificial total (modelo AbioCor) foi outra vez implantado de forma permanente, num homem de 59 anos. Novas máquinas iriam surgir, mais fáceis de utilizar, menos custosas, mais eficazes. A ciência continuava avançando...

Pim manteve-se fiel a si mesmo até sua morte, produzindo novas ideias a cada minuto, ao mesmo tempo uma pessoa adorável com todos e muito exigente, a ponto de se mostrar insuportável com seus colaboradores. Com a idade e diante da amplitude de sua obra, ele se tornou um monumento para o mundo da pesquisa médica. Mas não saía de sua memória o fato de ter sido alvo do establishment ao longo de toda a sua vida. Quantas críticas e comentários amargos tinha ele ouvido, à época em que era considerado meio louco? Mas, por outro lado, como reagira a isso? E não somente com seus detratores do mundo médico... Ele assumiu publicamente sua posição contra a política do governo americano, em especial contra a guerra do Vietnã, contra os gastos militares astronômicos em relação à insuficiência do orçamento para as causas sociais, ou ainda para defender o direito ao aborto... Uma vida de combates. Esse era Pim. É Pim. Um modelo para os jovens pesquisadores.

A tesoura de Jean Dausset

Patrick Chevalier, médico transplantador, explica a imunologia aos estudantes externos • Jean Dausset, médico especialista em transfusão, constata que os glóbulos brancos podem se aglutinar como os glóbulos vermelhos • Através de uma pesquisa exemplar, ele descobre as chaves que diferenciam o "eu" do "não-eu".

— É uma guerra, a pior das guerras, a que acontece a cada instante dentro de nosso organismo. Primeiro, há esses policiais gordos em patrulha com suas bicicletas. Eles se deslocam devagar. São barrigudos e, com frequência, velhos. Não se enganem, eles podem viver muitos anos! O que é a eternidade para um glóbulo branco. São chamados macrófagos, o que quer dizer "comilões". Aliás, eles não comem, eles devoram. Tudo o que passa a seu alcance. São os reis da fagocitose, ou seja, a capacidade de envolver uma célula ou um detrito celular menor do que ele e o engolir como uma ameba. Esses policiais não hesitam, de tempos em tempos, em agir como abutres, um cadáver de célula e "ops!", eles o engolem... Mas quando se encontram diante de um estrangeiro, a primeira coisa que fazem é lhe pedir seu documento de identidade...

Normal, são policiais!

O doutor Patrick Chevalier, médico transplantador, dava uma aula a alunos externos a seu serviço. Nessa manhã, ele se lançava na sua grande saga televisiva: "A guerra dos clones, ou a imunologia explicada aos iniciantes". Ele prosseguiu:

— Seu documento, por favor! Na superfície do estrangeiro que tenta se introduzir dentro do "eu", encontram-se moléculas que manifestam de modo indelével sua origem. É seu uniforme. No mundo das células, com pouquíssimas exceções, não se conhece o disfarce. Essas moléculas constituem o que se chama de complexo principal de histocompatibilidade (do inglês *major histocompatibility complex* ou MHC), que é diferente em cada ser humano vivo (excluindo-se os gêmeos idênticos) e uma parte do qual (o MHC de classe II) é encarregado de apresentar o documento de identidade que lhe pedem... Para o policial macrófago, ele se comportaria um pouco como um amigo aparente que apresentaria uma identidade inimiga. É com o reconhecimento desse uniforme estrangeiro que virão todos os problemas de rejeição nos transplantes. Pois o macrófago, esse bobalhão, incapaz de tomar uma decisão, vai recorrer a um pequeno linfócito auxiliar (em inglês são chamados de *T helpers* ou CD4) para levar esse documento de identidade à sua hierarquia. Por enquanto, eles não batem, apenas discutem...

Patrick tinha preparado algumas fotos, que projetava ao mesmo tempo em que falava. Ele mostrou um rosto que eu conhecia, obviamente, mas que parecia completamente desconhecido para nossos jovens. Era Jean Dausset, uma verdadeira glória da medicina francesa, prêmio Nobel de medicina por uma pesquisa magnífica em sua perseverança, inteligência e lucidez. Mas nossos jovens estudantes parecem não conhecer Jean Dausset; no entanto, eles lhe devem muito.[168] Lamentei que Patrick não falasse mais sobre essa magnífica Pesquisa (com um P maiúsculo), uma verdadeira glória para a medicina. Ignorando minhas reflexões, Patrick prosseguiu com sua exposição:

– Nós estávamos então nos linfócitos auxiliares, os *T helpers*. Por trás de seu aspecto de aprendizes, eles são muito importantes. E na literatura eles receberam uma infinidade de nomes: CD4, auxiliares, *helpers*, *T helpers*, T4, *T helper* de CD4 positivo... E por aí vai. Enfim, eles têm um papel fundamental. E, no entanto, são apenas intermediários da reação imunitária. Eles não são tóxicos. Não matam ninguém. Têm uma única qualidade: a de saber quem é o "eu" e quem não é. De início, eles fingem não perceber nada, os biólogos dizem que são ingênuos. São ingênuos mensageiros. Mas, sorrateiramente, eles observam, verificam seus arquivos pessoais. E, quando têm certeza de que se trata de fato de um inimigo, soam as sirenes e as tropas de linfócitos entram em ação e partem para o combate.

– Como eles fazem isso? – pergunta um dos alunos.

– Eles secretam uma substância, uma citocina, que tem como função estimular a proliferação dos linfócitos B e T. Mas atenção, isso não é feito de modo desleixado: um clone celular para cada antígeno, e se assiste a um espetáculo incrível dos linfócitos T (os assassinos), que se multiplicam, cada qual seu alvo, cada qual seu antígeno, e se preparam para convergir na direção do intruso.

– E os *T helpers* abandonam o campo de batalha... – ironiza um dos estudantes.

– Exato, eles correm para se esconder – concordou Patrick. – Onde? No baço, por exemplo. Mas atenção, eles se tornam células "memória". Quer dizer que conservam a lembrança do agressor e estão prontos para ressurgir no caso de nova agressão, para começar mais rapidamente o combate.

– É por isso que a reação a uma nova intrusão de um micróbio se traduz por uma reação mais rápida dos linfócitos? – pergunta uma aluna na primeira fila.

– Exatamente. É um pouco o que se procura provocar com uma vacina.

– Conte para nós o que fazem os assassinos, quando eles querem destruir o inimigo.

– Numerosos, eles se lançam todos sobre as células portadoras do antígeno para o qual estão programados. E então, não tem refresco. Eles secretam enzimas que perfuram a membrana das células, injetam substâncias bem tóxicas, derivadas do oxigênio. E isso persiste até a explosão dessa célula. Agora vocês sabem como esse espetáculo é formidável, quando se trata de destruir uma bactéria. Eles só deixam cadáveres no campo de batalha, que os macrófagos se apressam em digerir. Mas quando se trata de um órgão implantado, a coisa fica mais problemática... Para o órgão, é lógico!

As aulas de Patrick eram formidáveis. Os jovens ficavam absorvidos por suas palavras como se assistissem a um filme de ficção científica. Exceto (e eles sabiam muito bem) que não se tratava de ficção científica; mas diante de seus olhos sucedia-se a verdadeira guerra dos clones. Patrick prosseguia:

– Acabei de lhes falar sobre a imunidade do tipo celular, aquela que depende das células assassinas, os linfócitos T, mas existe também uma implicação da imunidade dita humoral (ainda a dualidade humoral-celular), a que estava relacionada aos linfócitos B!

– Por que os chamamos de B?

– Você entendeu – respondeu Patrick –, os linfócitos B são aqueles que desempenham um papel importante na imunidade humoral, em oposição à imunidade celular induzida pelos linfócitos T. A nomenclatura "B" vem de "bolsa de Fabricius", um órgão dos pássaros dentro do qual as células B alcançam a maturidade e onde elas foram descritas. No ser humano, a produção de linfócitos B acontece dentro da medula óssea. Essas células fabricam anticorpos. E, em nossa comparação belicista, elas constituem a artilharia, lá onde os T não passavam de soldados de infantaria. Cada clone de célula só fabrica um anticorpo dirigido especificamente contra um antígeno do agressor (ainda essa especificidade!). E é uma produção volumosa, podendo projetar 5 mil anticorpos por segundo! Melhor do que os órgãos de Stalin![169] E mesmo se os inúmeros clones de células são fabricados ao mesmo tempo, realizando um ataque multiclonal, a ação contra um antígeno específico é sempre uniclonal.

– Mas, professor Chevalier, o que acontece então com o órgão que acabamos de implantar no paciente? – inquietou-se um dos alunos.

– É produzida uma rejeição hiperaguda, levando, em algumas horas ou alguns dias, à destruição do órgão. Assim, sem um tratamento específico, a implantação do órgão é impossível.

– Mas, então, o que fazemos? – perguntou uma mocinha que parecia angustiada com o destino do pobre órgão.

– Pois bem, justamente, efetua-se um tratamento antirrejeição. Mas, apesar desse tratamento, o órgão implantado será sempre um estrangeiro para o corpo que o acolheu, e ao longo do tempo observaremos breves episódios de rejeição, resultando no que chamamos de rejeição crônica. Essa rejeição crônica pode acabar deteriorando o órgão, uma verdadeira enfermidade, exigindo por fim um novo transplante. É óbvio que a agressão é ainda mais severa, pois o receptor tem de maneira inata ou adquirida anticorpos dirigidos contra o MHC do órgão. Daí o interesse da prova cruzada durante o transplante e do estudo dos linfócitos no acompanhamento do paciente, permitindo conhecer essas diferenças e assim adaptar o tratamento à importância dessa divergência.

Foi em 1952 que Jean Dausset, que trabalhava no Hospital Saint-Louis em Paris como médico encarregado da transfusão,[170] observou a aglutinação maciça de glóbulos brancos pelo soro de um indivíduo que tinha anticorpos antiglóbulos brancos. Um pouco como num acidente de transfusão que se verifica em caso de incompatibilidade de glóbulos vermelhos! Acontece que, normalmente, os glóbulos brancos não se aglutinam. Essa situação particular estava relacionada ao fato de esse soro conter anticorpos antiglóbulos brancos, que ele adquirira ao longo das diversas transfusões que o paciente recebera. Dausset concluiu a partir disso que existiam grupos de glóbulos brancos, como existiam os de glóbulos vermelhos; o que habitualmente chamava-se de grupos sanguíneos. Entretanto, diferentemente dos grupos sanguíneos A, B e O, os anticorpos antiglóbulos brancos não existiam em estado natural e só apareciam em consequência de uma transfusão ou de uma gravidez.

O raciocínio era simples, agora seria preciso confirmá-lo pela experiência. E pela força das circunstâncias, Dausset não economizou experiências. Cabe dizer que o problema se revelou bem mais complexo do que ele havia imaginado inicialmente e que os antígenos na superfície dos glóbulos brancos se revelaram numerosos, mais ainda do que os bons e velhos A e B dos glóbulos vermelhos. Era preciso multiplicar as reações, compará-las, anotá-las sobre folhas imensas de papel (o computador portátil ainda não existia), utilizar lápis e borracha... Depois, com a tesoura, recortar as sequências de reações semelhantes e examiná-las para melhor compará-las. Esse é um trabalho beneditino. A tesoura se torna o principal instrumento dessa nova cirurgia.

Finalmente, em 1958, Jean Dausset descreve o primeiro grupo leucocitário, o grupo MAC;[171] primeiro de uma longa série de antígenos do sistema principal de histocompatibilidade humano, o sistema HLA (do inglês, *Human Leukocyte Antigen,* "Antígeno leucocitário humano"), ao qual dedicou toda a sua vida de estudo.

Ele demonstrou, com a ajuda de implantes de pele feitos em voluntários, a importância desse sistema no transplante de órgãos ou implante de medula óssea. Ele publicou os primeiros estudos sobre as associações possíveis entre os grupos tissulares HLA e as doenças que observara. Enfim, ele realizou, em 1972, um verdadeiro trabalho antropológico que definia os grupos HLA de diferentes populações do globo e iniciou assim o desenvolvimento de uma nova ciência, a genética das populações.

Por fim, o trabalho de Dausser provava que cada indivíduo tem, na superfície da maioria de suas células, proteínas particulares, chamadas antígenos HLA, que lhe eram específicas. Essa situação era perfeitamente comparável ao sistema dos grupos sanguíneos A, B e O, como ele havia pressentido, porém infinitamente mais complexo. Ele o chamou de antígenos de transplante ou tissulares, posto que eram estreitamente ligados ao fenômeno de rejeição de órgão implantado.

E será o sistema HLA que permitirá parear o melhor possível o órgão ao paciente receptor, da mesma maneira e em complemento dos grupos ABO. Esse pareamento é facilitado pela realização do que se chama hoje de *cross-match*, quer dizer, o "cruzamento" entre os linfócitos do doador (carregando seus antígenos HLA) e o soro do receptor (podendo apresentar anticorpos dirigidos contra os antígenos HLA do órgão implantado). Essa descoberta foi evidentemente fundamental e de um imenso alcance prático para a cirurgia de transplante.

> *Enquanto escutava a aula de Patrick, eu pensava em todos os pacientes que tínhamos transplantado. O eu e o não-eu. Tudo o que havia permitido na evolução fabricar indivíduos diferentes, tão diferentes. Sequer duas impressões digitais semelhantes, sequer dois códigos genéticos iguais. Exceto no caso de gêmeos idênticos. Exceção da natureza. Uma cópia conforme. Um "copiar-colar"... E, fora esses Cosme e Damião,[172] tudo só poderia parecer um inimigo. O coração que íamos implantar no próximo paciente seria sempre, para seus linfócitos, um grande vírus que era preciso destruir a qualquer custo.*
>
> *Fazia-se absolutamente necessário que esses linfócitos estúpidos tolerassem esse órgão que acabava de ser implantado, ainda se mantendo atento aos micróbios que ameaçavam provocar uma doença infecciosa. Nada fácil comunicar essa mensagem às células, ainda mais porque elas não estavam equipadas para isso. Dausset o demonstrara de forma clara.*
>
> *Tal era o desafio nos anos que se seguiriam...*

28
E a morte em tudo isso?

Vemos com nitidez que a morte é bastante variável na história • Jean Hamburger lamenta ter inventado a palavra "reanimação" • Goulon e Mollaret inventam uma nova morte para permitir dar a vida.

Para transplantar um órgão, é indispensável um doador de órgãos. E para retirar um órgão, sobretudo se for único (como o coração, por exemplo), é também indispensável ter certeza de que o doador está morto...

Evidentemente!

O problema é que a definição de morte não foi sempre constante, e é o mínimo que se pode dizer, ao longo dos tempos. E que, na hora dos primeiros transplantes cardíacos, a noção de morte cerebral não era universalmente aceita fora do meio médico... Mas, ainda assim, como foi duro chegar a esse ponto!

Debrucemo-nos um instante sobre as relações do homem e esse evento do qual ele tem certeza e, ao mesmo tempo, sobre o qual ele tudo ignora: sua própria morte...

Para um observador da Antiguidade, a diferença fundamental entre um morto e um vivo é que um está frio enquanto o outro está quente. Constatação simples, mas indiscutível! Daí essa noção de impulso vital, essa força vital que produz o corpo de um ser vivo. Mas de onde vem ela, essa força vital? Qual é esse órgão sempre em movimento que se agita em permanência e em cadência e que, quando ele para, resulta no esfriamento de todo o corpo? Ora, o coração, é claro... Esse coração que por tanto tempo foi considerado como caldeira do organismo sem nenhuma relação com a circulação sanguínea. Galeno o via antes como um "reaquecedor" do sangue, este sendo produzido pelo fígado. Esse papel do coração era por sinal ainda mais evidente visto que a natureza o colocou em contato com dois foles (os pulmões) adequados para reanimar esse fogo quando ele enfraquecia ou, ao contrário, refrescar a temperatura em momentos de abrasamento.

Era preciso refletir sobre isso...

Diante da ausência de definição clara, senão legal, da morte (ainda em nossos dias), a angústia de todos sempre foi a de ser enterrado vivo. Todos contam, seja verdade ou rumor, que durante as exumações teriam sido achados, sob a tampa de alguns caixões, traços de arranhões desesperados. Felizmente, a sociedade previra um recurso para evitar essa espécie de desventura e, desde a Idade Média, o papa-defunto era o responsável por verificar com atenção a veracidade do falecimento, mordendo com força o dedo do pé do corpo antes de colocá-lo dentro de um caixão...

Tal precaução só podia ser eficaz!

Na verdade, era a interrupção da respiração que os médicos da época clássica consideravam como o melhor critério da morte. Um espelhinho era colocado junto à boca do defunto e, não ficando embaçado, atestava-se que o sopro da vida cessara. Depois, graças ao progresso dos conhecimentos, com a contribuição de Harvey, a parada cardiorrespiratória assumiu o posto de melhor critério.

Mas se a ausência de respiração não é simples de comprovar, com ou sem espelho, a parada da função cardíaca tampouco é fácil de ser confirmada clinicamente. É evidente que não pode ser considerada confiável a morte de uma pessoa pelo fato de ela não falar e não se mexer, não reagir quando lhe falamos ou tocamos nela. As pulsações carotidianas ou femorais não podem ser facilmente detectadas em situações de choque ou estresse. Os batimentos cardíacos podem ficar muito lentos ou muito fracos. Mesmo com um estetoscópio, os ruídos do coração são às vezes inaudíveis.

Enfim, e principalmente, a medicina moderna nos mostrou que uma pessoa com parada cardiorrespiratória podia ser reanimada e recuperar integralmente, mesmo após vários minutos de parada completa, suas capacidades. Hoje em dia, praticamos uma massagem cardíaca externa, respiração boca a boca, choques elétricos graças a um aparelho que se acha preventivamente à disposição; pode-se até implementar uma circulação extracorpórea no local onde a parada se produziu e transferir o paciente para um centro hospitalar, onde lhe implantarão um coração artificial enquanto se aguarda um transplante cardíaco.

Assim, a fórmula usada ainda hoje pelos médicos para redigir um atestado de óbito continua sendo: "A morte parece real e permanente".

Fórmula antiquada cuja infinita prudência só serve para disfarçar parcialmente nossas incertezas!

A morte encefálica

A medicina contemporânea ia sacudir todas as noções adquiridas, mas vagas sobre a ideia da morte. Foi o nascimento de uma nova disciplina, a reanimação, que ia fazer caducar uma definição da morte baseada na parada das funções cardíacas e pulmonares.

Estamos bem no início dos anos 1950. A noção de reanimação ou medicina intensiva surge com dois médicos parisienses. Um deles, Jean Hamburger, quer tratar, no Hospital Necker, dos distúrbios metabólicos que acompanham a insuficiência renal aguda; o outro, Pierre Mollaret, no Hospital Claude-Bernard, quer garantir a ventilação dos pacientes com poliomielite.

Esse novo método, que consiste em, durante todo o período crítico de uma doença aguda, assumir o controle do meio interior, que o organismo enfermo não comanda mais, não tem um nome. Hamburger propõe a palavra "reanimação". Ele se arrependerá amargamente depois de alguns anos e longos debates:

– Eu reconheço minha culpa por ter proposto esse termo nos anos 1950, sem me dar conta de que ele ameaçava criar uma confusão com os métodos de ressuscitação de um homem em estado de morte aparente. A reanimação médica não é nem um pouco a arte de fazer voltar a si um doente desmaiado. Pensemos num doente ao qual um traumatismo, ou uma infecção ou uma agressão tóxica, suspendeu durante oito ou dez dias o funcionamento renal. No início desse século, ele seria seguramente condenado a uma morte certa. Hoje, embora ainda nada possamos contra a causa dessa anúria, a correção de suas consequências bastará para permitir a cura.[173]

Apesar dos remorsos de Hamburger, o termo se impôs. Sem dúvida porque era mágico e tão cheio de esperança...

Assim, graças a esses novos intensivistas, os pacientes puderam ser totalmente atendidos. Não podiam mais respirar espontaneamente? Uma máquina de ventilação respirava no lugar deles. Seus rins não funcionavam mais, criando um desequilíbrio na composição iônica de seu sangue? Perfusões adaptadas e um rim artificial podiam corrigir essas desordens. O paciente estava sob controle.

Foi então, e dentro desse contexto bem particular, que pareceu evidente um novo estado clínico que até então inexistia: a morte cerebral.

A partir de 1954, data da criação do serviço de medicina intensiva do Hospital Claude-Bernard, em Paris, Maurice Goulon tinha chamado a atenção da comunidade médica francesa para a existência de pacientes apresentando um quadro neurológico particular bem mais profundo do que se havia observado até então. Esses doentes estavam em coma e só respiravam com ajuda de aparelhos. Eles não tinham mais forma alguma de consciência, não reagiam aos diferentes estímulos, mesmo os mais dolorosos; os reflexos do tronco cerebral estavam ausentes e as pupilas, dilatadas ao extremo. É claro, eram incapazes de respirar espontaneamente se os ventiladores mecânicos fossem removidos. Mas, e sobretudo, seu eletroencefalograma estava plano, mesmo as ondas lentas que persistiam em comas profundos haviam desaparecido. Era como a morte em alguém que ainda parecia vivo, segundo os critérios habituais.

Cinco anos mais tarde, Goulon e Mollaret publicavam na *Revue neurologique* um artigo apresentando uma série de 23 pacientes nessa situação tão particular, que eles qualificaram na época como "morte encefálica" ou coma estado IV. Na verdade, eles acrescentavam esse estado, que qualificavam de morte cerebral, aos três estados comatosos.[174] Essa morte do cérebro foi primeiro considerada como prova de eficácia dessa especialidade recente, a medicina intensiva, que alargava as fronteiras do possível. Mas, evidentemente, ela criava igualmente o problema de uma nova definição para a morte do indivíduo.

Entretanto, como a essência desse debate permanecia exclusivamente francesa, apresentando questões complicadas que implicavam a lei, as religiões e a ética médica, um véu de pudor o encobriu. Na prática, as coisas não eram tampouco simples. Devia-se desligar a máquina de respirar? Quantos eletroencefalogramas planos atestavam o falecimento com certeza? O coração ainda batendo não poderia, em certas condições, ressuscitar o cérebro morto?

Algo difícil de legislar!

Como explicar às famílias que viam seu parente ainda respirando, aparentemente, cujo traço do eletroencefalograma se inscrevia no monitor, ritmado pela sua musiquinha aguda, que ele estava de fato morto e que as máquinas seriam desligadas?

A maior parte dos concidadãos dos anos 1950 ainda estava na fase dos papa-defuntos...

Foi o transplante cardíaco que veio obrigar todo esse pequeno mundo a se manifestar!

De fato, há uma diferença importante entre o transplante cardíaco e o transplante renal que não escapará ao observador, mesmo recém-chegado ao universo médico: o coração é um órgão único e não pode, por isso mesmo, ser retirado senão de um ser morto. Por outro lado, a maioria dos transplantes renais, desde a época dos pioneiros nos anos 1960-1970, foi efetuada a partir de pessoas vivas, pertencendo com frequência à família próxima, que fazia a doação de seu rim. O que criava muitos outros problemas éticos, diga-se de passagem...

A ideia de extração de órgão de pacientes em estado de "morte encefálica", agora mais comumente chamado de morte cerebral, correspondeu assim ao advento do transplante cardíaco, para o qual esse estado era um pré-requisito. Isso gerou outras questões, que ainda hoje persistem em certos países, inclusive nos Estados Unidos, onde, no entanto, o transplante do coração deveria ter surgido sob o impulso de Norman Shumway.

Não basta querer para ser um doador de órgãos!

Então, a morte cerebral corresponde à destruição irreversível do cérebro, o que, por definição, se tornou na França sinônimo de morte do paciente após a circular Jeanneney de 1968. Esse texto estabelece a morte com base num diagnóstico clínico confirmado por um EEG (eletroencefalograma). Mas é preciso esperar as leis de bioética de 1994 para esclarecer as condições entre morte cerebral e extração dos órgãos.[175]

Na verdade, considera-se que, quando o cérebro está destruído, os médicos não sabem fazer mais nada para salvar a vida. Mas atenção, a morte cerebral continua sendo um modo pouco recorrente de morte: ela representa menos de 1% dos falecimentos, tendo como primeira causa o acidente vascular cerebral, o famoso AVC que aterroriza por sua brutal fatalidade. O acidente em vias públicas com traumatismo cerebral é mais raro e submetido às flutuações do medo do policial e do respeito ao código de trânsito.

Pois, está bem claro, para doar seus órgãos ainda é preciso estar morto, mas com o coração batendo, seus pulmões ventilados e seus rins funcionando.

Não basta querer para ser doador de órgãos!

Essas circunstâncias só são compatíveis com as da morte cerebral, segundo Goulon e Mollaret, ou seja, as condições da medicina intensiva. O que explica o baixo número de doadores potenciais em relação à demanda dos transplantes de órgãos.

Quando, contudo, essas circunstâncias são reunidas, ainda é preciso se lançar na corrida de obstáculos em que diversos desafios deverão ser transpostos, se possível dentro da ordem imposta pela lógica e pela lei.

Transplante na cidade do Cabo: mas quem é afinal esse misterioso doutor Naki?

O jardineiro do hospital se torna um dos melhores especialistas do transplante do coração • Chris Barnard reúne às pressas todos os seus colegas para realizar o primeiro transplante cardíaco do mundo • Deparamo-nos com uma pergunta até hoje sem resposta: mas, afinal, quem é esse misterioso doutor Naki?

Cidade do Cabo, África do Sul, Groote Schuur Hospital, 2 de janeiro de 1968

Que mês de dezembro! O doutor Barnard tinha feito o primeiro transplante cardíaco no dia 3, no pobre Louis Washkasky. E ele acabava de morrer. Convém dizer que tinham exagerado com os imunossupressores a fim de tentar evitar a rejeição. Dose excessiva, sem dúvida. Na prática, não se sabia muito bem o que fazer em caso de transplante cardíaco e tinham agido de improviso. Eles tinham se inspirado nas doses que se dão em caso de transplante renal, era lógico. Mas o coração não era o rim. Em todo caso, o paciente sofrera uma pneumonia bilateral, sem dúvida ele se encontrava bastante deprimido pelos remédios e tinha se defendido mal contra a infecção, apesar das doses de antibióticos consideráveis que recebera. E, apesar da assistência respiratória, ele estava morto.

O primeiro transplante cardíaco como evento midiático havia sido difundido em todo o planeta.

Ele ousara. Christiaan Barnard ousara!

Era necessário que alguém se arriscasse. Quando visitara Norman Shumway em Stanford, ele compreendera perfeitamente que tudo estava no ponto. Mas Shumway hesitava em dar o salto. Não havia muita clareza nos Estados Unidos em 1967 para definir exatamente o que era a morte. É claro, todos os médicos o sabiam: somente a morte cerebral atestava verdadeiramente o falecimento. Mas alguns continuavam a pensar que, enquanto o coração batesse, a vida ainda era possível. Shumway hesitava. Não que lhe faltasse certeza sobre a técnica de transplante que ele levara mais de dez anos para elaborar em animais, mas temia as reações do grande público, que não deixaria de arrastar a primeira experiência em um ser humano em seu cortejo de discussões, de posicionamentos das associações, das ligas e religiões. Christiaan se aproveitara das hesitações de Shumway e, assim que se deparou com o bom caso e o bom doador, ele foi fundo!

– Jesus! Dit lyk of dit gaan werk!

"Jesus, parece que isso vai funcionar", ele exclamou em africâner, a língua de sua infância, quando viu o coração de Denise Darvall voltar a se contrair dentro do peito de Louis Washkansky. Isso provocou a tempestade midiática mais extraordinária da história da medicina: primeira página dos jornais do mundo inteiro, televisões, rádios, entrevistas de todos os tipos. Até mesmo as revistas femininas e as publicações de rock tinham falado dele. Tinha se tornado uma celebridade em poucos dias. Muito havia sido dito sobre suas qualidades excepcionais de cirurgião, de seu físico de galã de novela, de sua equipe extraordinária no Groote Hospital da Cidade do Cabo. Localmente, em seu país, todos o apoiavam. Os membros do governo tinham-no felicitado particularmente. Esse sucesso era bem-vindo para a imagem da África do Sul, tão contestada no mundo por causa do *apartheid*...

Mas Christiaan Barnard sabia muito bem que, no mundo médico, as reações não foram exatamente as mesmas. É claro, questionados em diversas ocasiões, seus colegas não deixaram de congratulá-lo pela operação. Mesmo Shumway o felicitara pelo sucesso...

O espírito esportivo dos cirurgiões!

No entanto, apenas três dias depois da operação de Washkansky, o doutor Kantrowitz, no Brooklyn, efetuava ele também um transplante, e num bebê de dezenove dias. Christiaan Barnard sabia que à boca miúda o acusavam de ter roubado da equipe de Stanford a glória que ela merecia, levando em conta o tempo de pesquisa consagrado e a notoriedade mundial de seus membros.

Se não queria ser tido como um oportunista, ele deveria renovar a experiência. Isso fazia sentido no país dos Springboks![176] Era preciso recomeçar e ser bem-sucedido. O primeiro paciente, Louis Washkansky, morrera 128 dias após a operação. O segundo precisaria ser um verdadeiro sucesso.

O doente era um bom caso. Christiaan conhecia bem Philip Blaiberg. Era um dentista de 59 anos que tinha sofrido vários enfartos e cuja vida se tornara impossível. Não era mais capaz de ir comprar o jornal na esquina e muito menos de subir a rua de volta para casa. Um homem alegre e de forte caráter:

– Vamos lá, doutor Barnard, se precisar de uma cobaia para um transplante, conte comigo. Já sei que não poderei viver muito desse jeito.

Ele não pudera ser seu primeiro caso, pois os grupos sanguíneos não eram compatíveis. Seria o segundo. Mas ainda havia um pequeno problema: o doador.

O indivíduo que caíra na praia, na véspera, sob o calor do verão austral, era um jovem de 26 anos, cuja parada cardíaca havia sido resolvida imediatamente, porém, apesar dos esforços dos paramédicos, o cérebro não respondia mais. Ele estava hospitalizado no serviço de medicina intensiva com um eletroencefalograma completamente plano. O coração, por sua vez, batia em ritmo normal. Um doador ideal. Mas, detalhe importante no país do *apartheid*: ele era negro...

Barnard conversara com Blaiberg. Como ele, Blaiberg se opunha à política racial de seu país e, obviamente, não o incomodava nem um pouco que lhe implantassem o coração de um homem negro:

– Por dentro, somos todos rosa, eu sei muito bem. Sou judeu! – dissera ele em tom de brincadeira.

Entretanto, resolveram ocultar a identidade desse jovem, Clive Haupt, a fim de evitar problemas com o bando de imbecis que passaria a se manifestar a torto e a direito. Algumas pessoas na África do Sul pensavam realmente que os negros não eram da mesma espécie que os brancos. E, no caso de rejeição, Barnard já podia ouvi-las dizendo: "Bem que o prevenimos. Por que não implantar o coração de um babuíno então?".

Por sinal, o coração de um babuíno... Era preciso pensar no assunto. Chris Barnard já tinha essa ideia na cabeça havia algum tempo.

Então, estava tudo pronto. A equipe a postos. Marius, seu irmão, poderia ajudá-lo na sala de operação, e Hamilton faria a extração do coração do doador, como o fizera na primeira vez. Depois, quando a extração estivesse concluída, ele viria dar um auxílio à equipe.

O indispensável Hamilton... O mais hábil de todos.

Mas, também neste caso, seria preciso manter discrição. Se os jornais descobrissem quem era de fato Hamilton Naki, o escândalo seria imenso e todo mundo, inclusive ele próprio, o brilhantíssimo doutor Christiaan Barnard, corria o risco de ser preso. Precisariam mais uma vez agir discretamente e fazer valer a lei do silêncio. Felizmente, o contexto do transplante era oportuno.

Mas quem era Hamilton Naki?

Hamilton era o jardineiro do hospital...

Ele achara aquele emprego ao chegar de sua aldeia na costa oriental da Cidade do Cabo a fim de ganhar a vida na cidade grande, depois de uma viagem de carona. Aos 14 anos teve de abandonar os estudos e ajudar seus pais, que davam um duro danado para criar seus irmãos e irmãs. Esse emprego de jardineiro fora uma dádiva para um jovem negro em tempos de *apartheid*. Ele cuidava do gramado e das flores do parque que cercava o hospital, e sobretudo do terreno de golfe e da quadra de tênis utilizados pelos médicos. E Hamilton se tornara o rei da relva à moda inglesa.

Certo dia, Robert Goetz, responsável do laboratório de cirurgia experimental, precisou de uma ajuda para uma intervenção que fazia numa girafa. Na Universidade da Cidade do Cabo, os animais de laboratório eram mais variados, não se limitando aos eternos ratos brancos dos demais laboratórios do mundo! Ele pediu a Hamilton para auxiliá-lo, segurando com firmeza os separadores enquanto realizava sua operação nas vísceras do animal.

Não havia ninguém mais prestativo que Hamilton. O próprio Hamilton perguntou a Goetz se ele precisava de alguém para ajudá-lo nessas intervenções em animais realizadas no laboratório. Ele estava disposto a fazer isso voluntariamente, em paralelo a seu trabalho de jardineiro:

– O senhor entende? Isso me interessa – afirmara o rapaz.

Goetz, que estava sempre precisando de pessoas para auxiliá-lo (os médicos residentes não se precipitavam para o laboratório, ocupados em tarefas mais agradáveis e mais remuneráveis!), aproveitou a oportunidade e Hamilton Naki se tornou aos poucos um assistente privilegiado. Quase todos os dias, ele participava da preparação dos animais, colaborava nas operações, realizando-as por vezes ele mesmo, e frequentemente pernoitava no laboratório para tomar conta de seus pacientes quadrúpedes. Goetz consentia que ele assumisse cada vez mais responsabilidades, ainda mais depois de notar no rapaz uma habilidade manual excepcional, com um talento digno de prestidigitador. Além disso, ele aprendia tudo bem rápido:

– Eu aprendo roubando com meus olhos – ele dizia numa explosão de gargalhada.

Em poucos anos, Hamilton era capaz de efetuar sozinho a maioria das operações do laboratório. Tinha se tornado o rei do transplante hepático nos animais e auxiliava na formação dos residentes. Esse talento não escapara aos olhos do doutor Barnard, e ele confiara a Hamilton um programa de pesquisa sobre o transplante cardíaco. Era preciso enxertar corações nos filhotes de cães. Operação delicada. Todos os assistentes do serviço de cirurgia cardíaca tinham fracassado. O único a conseguir dar uma sobrevida aos filhotes foi o corajoso Hamilton. Sempre sorrindo. Sempre cordial, muito eficiente, concorrente sem risco para a carreira dos jovens médicos carentes de publicações científicas: ele sequer era médico. Assim, em 1967, na Cidade do Cabo, o homem mais capaz de realizar um transplante cardíaco e que tinha a maior experiência nesse campo era o jardineiro do hospital!

E Chris Barnard tinha perfeita consciência disso...

Em 3 de dezembro, na primeira intervenção, Chris Barnard se achava no comando de uma equipe relativamente inexperiente em transplantes. Ele iria realizar a operação, mas quem extrairia o órgão do doador? Ele pediu a Hamilton para fazê-lo, considerando-o o mais capaz para essa operação simples e curta, mas que deveria ser feita com incisões precisas. Hamilton removeu então o coração de Denise Darvall, 26 anos, atropelada por um automóvel quando saía para comprar um bolo. Ele operou com Marius, o irmão de Chris, também cirurgião, que lhe servia de garantia, e Terry O'Donovan, assistente na equipe. Enquanto isso, Barnard preparava o receptor, instalando a circulação extracorpórea, a fim de perder o menor tempo possível entre a extração do coração de Denise e seu implante no receptor.

Depois, Hamilton foi para o bloco operatório, na sala contígua, onde Barnard efetuava o implante propriamente dito, pronto a ajudá-lo.

Hamilton era um auxiliar extraordinário. Ele sabia apresentar as coisas de modo que tudo parecesse simples. Às vezes, indicava discretamente onde o cirurgião devia cortar, ou antes, só expunha à tesoura a zona do tecido cardíaco que devia ser cortada. Importantíssimo num transplante! Quando se remove o coração enfermo, só se deve deixar no lugar os átrios, a aorta e a artéria pulmonar, e é preciso cortar o que é necessário: não muito pouco, mas também não em excesso. E Hamilton sabia onde se achava o meio termo, depois de tanto ter feito isso nos animais. Christiaan, ainda hesitante sobre certos aspectos técnicos, se deixava orientar. E tudo resultava perfeitamente, sem *kinking* (sinuosidade), sem defasagem e sem tração inútil. Ao remover os grampos da aorta para repor o coração em tensão, sequer uma gota de sangue! Um prodígio de precisão.

Uma foto da equipe foi feita no dia seguinte e publicada na imprensa. Naki se encontra na segunda fila dessa imagem, um grande sorriso iluminando seu rosto. Mas a direção do hospital logo divulgou uma retificação, precisando que o "homem negro" na fotografia fazia parte do pessoal de limpeza das salas de operação e havia sido fotografado por acaso.

O que há de verdadeiro nessa história?

Há algo que parece um conto de fadas nessa história de Hamilton Naki: o pobre jardineiro negro que não pode estudar no mundo racista do *apartheid* e que se impõe, pelos seus dons excepcionais, como um dos atores de um dos eventos mais formidáveis e mais midiáticos do século. E que só depois de muitos anos é finalmente reconhecido pelo seu hospital e pelo seu mentor. Bonito demais para ser verdade!

– Isso deve ser piada. Por sinal, isso é comum entre os estudantes de medicina!

Certo mesmo era a estima profunda que Barnard dedicava a Hamilton Naki, enquanto cirurgião:

– Tivesse havido a possibilidade, o senhor Naki poderia ter sido um cirurgião melhor do que eu!

O que é também seguramente verdade é que ele foi escolhido pelo mesmo Chris Barnard para participar do programa de pesquisa em animais que conduziria a equipe a efetuar o primeiro transplante cardíaco do mundo.

Mas a questão que se coloca é a seguinte: Naki estava no bloco operatório na noite do grande evento e foi ele que extraiu o coração do doador?

Essa hipótese foi defendida por várias publicações consideradas, em geral, como sérias: *The Economist, The New York Times, British Medical Journal* e mesmo a famosa *The Lancet*,[177] além de diversas outras. Em um documentário suíço (*Hidden Heart* [Coração oculto], Christina Karrer, Werner Schweizer, 2008) evocando as circunstâncias do primeiro transplante cardíaco, o papel-chave de Hamilton é abertamente mencionado, e uma aproximação é feita com o papel desempenhado por Vivien Thomas, técnico norte-americano negro que efetuara no laboratório o essencial do trabalho que levaria Blalock a realizar a primeira operação de cirurgia cardíaca numa criança, em 1945.[178]

Quando lhe perguntaram diretamente, Naki afirmou com clareza que ele extraíra o coração do doador.[179] Ele acrescentou, quando informaram que outros membros do hospital afirmavam que ele sequer se encontrava no hospital àquela noite:

– Nessa época, só se podia acatar o que diziam, pois não havia outra maneira possível com a lei desse país.[180]

Da mesma forma, Marius Barnard, irmão de Christiaan, afirmou com convicção que se tratava de uma mentira descarada, que ele próprio removera o coração de Denise Darvall[181] e que Naki estava em casa dormindo durante a operação, a vários quilômetros do hospital... Por sinal, diversos jornais publicaram retificações após a morte de Naki por terem se conformado com a versão oficial.

Se raciocinarmos com um pouco de lógica, não há de fato por que duvidar das palavras de Marius Barnard. Em todos os países do mundo, é proibido que um técnico seja autorizado a "tocar" num paciente operado dentro de um hospital, então, *a fortiori*, se trata de um jardineiro, de um homem negro durante o *apartheid* e de uma operação mundialmente inédita! Essa história se torna impossível, explosiva mesmo, para todos: para Naki, para a equipe de Barnard, para o próprio Barnard e para a administração do hospital...

Dinamite pura, principalmente no contexto de tal operação, iluminada pelos holofotes da imprensa internacional.

Se a história é verdadeira, tudo levava a crer se tratar de uma *omertà*[182] e de negar obstinadamente as suposições desses jornalistas enxeridos. O escândalo teria sido fenomenal. Mas Barnard era um homem determinado, ele queria o sucesso para seu paciente e por isso colocava todas as chances de seu lado. E Hamilton Naki fazia parte dessas chances... Ele teve a coragem e o pragmatismo de lhe impor que ficasse ao seu lado pelo êxito do empreendimento, e a injusta lucidez de impor o silêncio aos membros de sua equipe. O que de fato aconteceu na sala de operação tornou-se um segredo entre os cirurgiões. Segredo que Barnard preferiu levar para o tumulo. Respeito!

Se a história é falsa e Hamilton não se encontrava na sala de operação naquele momento, a construção dessa lenda é apenas o reflexo da importância que os sul-africanos concederam a esse evento mundial que foi o primeiro transplante cardíaco e a necessidade deles de se apropriar da história. A partir de 1994, quando Mandela é eleito presidente e o *apartheid* é abandonado, Hamilton se torna o personagem ideal para representar a comunidade negra florescente, martirizada, mas já heroica e competente no decorrer desse episódio da glória nacional. Mesmo que Hamilton Naki tenha sido negligenciado nessas circunstâncias, a lenda permite ao menos lhe fazer justiça como pioneiro do transplante cardíaco, cirurgião superdotado cujo trabalho ajudou Christiaan Barnard a ser bem-sucedido em sua operação. E fazer justiça também a todos esses jovens negros privados de estudos e recursos, que foram deixados em segundo plano em condições humilhantes, embora fossem portadores de grandes progressos para a humanidade...

Enfim, se a história é falsa, é preciso ainda assim reconhecer que a farsa vai um pouco longe demais, quando Hamilton Naki é condecorado em 2002 com a medalha da Ordem de Mapungubwe, a legião de honra da África do Sul, pelo serviço excepcional prestado ao país e quando a própria Universidade da Cidade do Cabo lhe atribui um mestrado de medicina *honoris causa* em 2003.

Raras distinções para um jardineiro!

A esperança que vem da terra

Conhecemos o padre Damien Boulogne, voluntário para se tornar um dos primeiros transplantados cardíacos • Descobrimos um fungo misterioso na terra da Noruega • Jean-François Borel vai revolucionar o mundo do transplante porque a ciclosporina é ativa sobre os reumatismos.

Paris, Hospital de Broussais, 1968

Tudo havia começado em 12 de maio de 1968, quando o doutor Charles Dubost finalmente se lançara nos transplantes cardíacos.

Já fazia vários anos que Jean-Paul Cachera, auxiliado por Michel Lacombe, transplantava filhotes de cães no laboratório do quarto andar do famoso pavilhão Leriche do Hospital de Broussais. E isso começava a funcionar. Os cachorrinhos eram "salvos". Resumindo, Cachera estava pronto, a técnica inspirada naquela que propunha Shumway, em San Diego, funcionava bem. Ele motivara o seu chefe, que não tinha ainda conseguido engolir o fracasso do transplante renal. Não deixaria passar o transplante cardíaco. Restava somente o problema do doador, quer dizer, a definição da morte cerebral, e estaria tudo pronto para começar. Depois de Shumway, sem dúvida, fora ele quem tudo descrevera, a técnica, a proteção do coração e o resto...

Mas então surge esse Christiaan Barnard que ninguém conhecia, passa à frente de todo mundo e aparece como uma celebridade com seu físico de galã em todas as telas do mundo, isso em 3 de dezembro de 1967.

E depois, Christian Cabrol, no Hospital da Pitié, em Paris, responsável pelo primeiro caso na Europa. Para Dubost, isso era quase um crime de lesa-majestade! O evento deveria ter se realizado no Broussais, a meca da cirurgia cardíaca, lá onde tudo começara na França, graças a ele, graças ao chefe, graças a Charles Dubost... O doente de Cabrol só sobrevivera três dias antes de falecer por conta de uma infecção pulmonar. Quanto a Dubost, ele não queria fracassar em sua tentativa. Não podia se permitir tal coisa. Ele compreendera que o problema principal do tratamento antirrejeição que ia aplicar aos pacientes era o risco de infecção. Não fosse por isso! Ele fizera construir no terceiro andar do serviço um espaço totalmente estéril com câmara de vácuo, troca integral de trajes, ducha de esterilização e tudo o mais.[183] Como havia sido feito para os astronautas.

E então o destino pôs Damien Boulogne em seu caminho.

– Professor, comigo o senhor não poderá fracassar. Sou o paciente ideal. Sem família, sem filhos para incomodá-lo, nada mais tenho a perder, senão a vida, mas esta que levo não vale mais a pena de ser vivida. E depois, sou um homem de Deus, todas as chances estão ao seu lado...

O sorriso malicioso do reverendo Damien Boulogne era envolvente, quando ele evocava a aposta de Pascal.[184] Em sua totalidade, o homem era formidável com seu traje branco com escapulário preto característico de sua ordem, com seu imenso nariz vermelho e seus óculos redondos de armação preta, seu discreto sotaque do sul da França. Sempre jovial, sempre pragmático. Quando descobriu que a única solução para seu pobre coração enfermo residia num transplante, ele foi ver o diretor, a pedido de seu cardiologista, e imediatamente lhe disse "então, vamos!".

– Serei o primeiro francês transplantado, e o senhor verá, professor, vai funcionar. Foi Deus que me trouxe até aqui. A mim que ele chamou Damien, como uma premonição. Ao senhor de ser meu Cosme![185]

A fé removia montanhas. O reverendo o pegara pelo pé...

Para Dubost, as coisas não eram assim tão claras. Antes de dar esse passo, ele ainda hesitava. Primeiramente, não podia se equivocar. Isso precisava dar certo. Mas o que era mais necessário agora era um doador. Fácil falar, mas nada fácil de achar. Todas as redes haviam sido acionadas para encontrar o caso adequado. O padre Boulogne devia ficar à disposição. De qualquer maneira, com a insuficiência cardíaca que o sufocava, não podia ir muito longe, apesar de sua impaciência.

E agora era esperar enquanto se preparava. Cachera organizara tudo. Levariam o doador ao serviço de cuidados intensivos e aplicariam o melhor protocolo, até terem certeza de que a morte cerebral fosse certificada por dois EEG sucessivos. Depois, o conduziriam à sala número três. Enquanto isso, na sala número dois, o padre Boulogne seria preparado, a circulação extracorpórea seria implementada e seu coração seria removido apenas quando tivessem certeza de que a extração do órgão do doador poderia ser feita em boas condições. Cada qual sua função. Tinham até feito um ensaio.

Jean-Paul Cachera e Alain Carpentier, os assistentes que deviam participar na operação, inquietos com a aparente descontração do chefe diante de tamanho desafio, tinham conseguido conduzi-lo até o necrotério do hospital para que ele pudesse se familiarizar com as suturas dos átrios e dos vasos de um cadáver.

– Professor – lhe dissera Carpentier –, nós lhe preparamos um indivíduo. Vamos extrair seu coração e depois o senhor poderá recosturá-lo, como se se tratasse de um transplante...

Dubost os acompanhara, hesitante. Já fazia muito tempo que não frequentava o anfiteatro dos mortos. O odor do local o surpreendeu assim que entrou. Ele detestava esse ambiente. Já o havia frequentado demais em sua juventude.

– Vista-se, professor, calce as luvas, está tudo pronto – convidou-o Carpentier.

– Prossigam vocês dois e eu observo – respondeu Dubost, sem a menor vontade de botar a mão na massa.

Ele se debruçou um instante sobre o cadáver, pressionando seu jaleco contra o nariz para não ser incomodado demais pelo odor.

Cachera apanhara os instrumentos e começava a sutura do átrio esquerdo.

– Professor, o mais importante é não costurar com defasagem. É preciso encontrar um ponto de referência, o átrio esquerdo. Aqui não a temos, mas no coração do doador nós a conservaremos e o senhor costurará os dois átrios frente a frente.

Dubost escutava... Evidentemente, Cachera tinha razão, esse detalhe era importante. Ele o observava concluir sua sutura.

– Você não está muito à vontade. A cavidade é profunda e o coração cai, o atrapalhando.

Sem o menor senso prático, o chefe era um cirurgião na alma...

– É verdade, mas no caso de nosso paciente será bem mais simples porque colocaremos um coração normal como este num pericárdio esgarçado de um doente com insuficiência cardíaca, um espaço pelo menos duas vezes maior que o tamanho habitual. Será bem mais tranquilo.

Dubost sorriu interiormente. Cachera tinha resposta para tudo. Sabia seu trabalho de cor, seria o caso de dizer! Fizera um bom trabalho. Dubost estava preparado para a operação. Tudo ia correr bem. Tinha certeza agora. Estava impaciente e queria ir mais rápido.

– Muito bem, senhores, eu os deixo trabalhar. Já vi o bastante. Desculpem-me por não ficar mais tempo em sua companhia, mas o odor é realmente insuportável para mim.

E Charles deu meia-volta, deixando seus dois assistentes concluírem a tarefa.

Enquanto os cirurgiões preparavam o transplante cardíaco, outros eventos chamavam a atenção na França. Nesse mês de maio de 1968, Paris se entregava depois de alguns dias ao ímpeto revolucionário, como lhe acontecia de tempos em tempos. O clima de maio estava magnífico, belos dias em Paris, ligeiramente frescos pela manhã e logo esquentavam durante o dia, com suas longas noites agradáveis, como no verão, quando se sente vontade de sair às ruas para aproveitar o frescor. Se tivesse chovido, a revolução dos estudantes teria certamente perdido sua mobilização e sua agressividade. Mas isso era um problema para o chefe da polícia, faziam dias formidáveis em Paris nesse ano!

O 10 de maio havia sido a "noite das barricadas". Uma barricada havia sido erguida na Rua Soufflot, apoiada nas carcaças de três carros incendiados. Os paralelepípedos da cidade haviam sido arrancados com barras de ferro e amontoados, chegando à altura de um homem. Algumas cercas de proteção para as árvores foram então dispostas para dificultar a escalada. Alguns estudantes pareciam agir com método e eficácia, trabalhavam em silêncio, e podia-se levantar a questão da qualidade da formação universitária que os tornava tão aptos para esses combates urbanos.

A CRS, a tropa de choque, foi mobilizada à tarde em Denfert, mas só partiu para o assalto durante a noite, atacando umas trinta barricadas construídas no mesmo dia. No boulevard Saint-Michel, os soldados investiram por volta de 1 da madrugada, após um bom momento sendo alvos de ofensas e pedradas. Depois de algumas horas, os estudantes por trás da barricada começavam a ficar incomodados pelas bombas de gás lacrimogêneo. As echarpes molhadas contra o nariz não bastavam para limitar a irritação dos olhos e os choros irreprimíveis. Foram os médicos de plantão nos hospitais em Hôtel-Dieu e Cochin que receberam a maior parte dos feridos. Lá pelas 2 horas da manhã, o serviço de urgência de Hôtel-Dieu lembrava a agitação das ambulâncias de Larrey numa noite de batalha. Muito sangue nos rostos: impressionante, mas nada grave! Bastava uma sutura sobre o local onde o cassetete acertara. Às vezes um caso mais sério, para o médico residente e o chefe do serviço: um estudante atingido de muito perto por granada de gás lacrimogêneo em pleno rosto, ficando com o nariz esmagado e a órbita deslocada.

Nas ruas, começava a faltar gasolina. Paris parecia deserta e a circulação tornava-se casa vez mais fluida. Como parecem imensas essas avenidas quando estão vazias! Mesmo a pé, tem-se a impressão de que as distâncias aumentam.

E nesse ambiente, que dificilmente poderia ser considerado propício, surgiu o esperado doador na pessoa do senhor Gougirand, 39 anos, vítima de morte cerebral e cujo coração estava perfeito.

A operação decorreu como prevista. Cada um em seu lugar, em posição de sentido. Carpentier, na época jovem diretor da clínica, retirou o coração do doador. Dubost fez as anastomoses, com a ajuda de Cachera, como se fosse a centésima vez que realizasse a operação.

No dia seguinte, tudo estava bem; o reverendo padre fora colocado dentro do "Boeing", a câmara esterilizada concebida especialmente para a ocasião. Para examiná-lo era preciso trocar de roupa da cabeça aos pés, todas as entradas e saídas do pessoal eram controladas. Até o breviário de Boulogne tinha passado pelo esterilizador...

Os jornalistas pareciam moscas sobre o mel e buscavam informações a todo custo. Como o chefe da equipe sequer lhes dirigia a palavra, eles se acercaram de um dos médicos residentes do serviço, o pobre Alain Calmat, campeão de patinagem artística que se encontrava ali por um desses acasos das escolhas hospitalares, temendo que um repórter qualquer lhe atribuísse a paternidade do transplante com um título de jornal esportivo: "Medalha de ouro para o doutor Calmat pelo transplante de um coração em Broussais!". Esse salto triplo não melhoraria em nada o relacionamento com seu chefe.

O padre Boulogne viverá com esse coração por dezessete meses e cinco dias. E morrerá brutalmente por causa de uma interrupção da condução do ritmo cardíaco, associada a um episódio de rejeição agudo do órgão implantado. Dubost ficou profundamente decepcionado. Tinha se apegado ao eclesiástico. Ele, o homem sem religião, gostava de conversar com o reverendo sobre qualquer coisa, sobre Deus e o diabo, a história e o futuro...
– Vou parar com os transplantes até que os imunologistas descubram um remédio realmente eficaz que impeça a rejeição...

Todos os assistentes ficaram realmente aborrecidos, sobretudo Cachera... Era como interromper a busca de um experimento clínico indiscutível, com fracassos, certo, mas também com sucessos evidentes. Aliás, a longevidade de Emmanuel Vitria, operado em novembro de 1968 por Henry, em Marselha, era prova disso, já que ele viveu 6.738 dias após a operação... Quanto a Cabrol, no Hospital da Pitié, ele decidira ir em frente contra tudo e contra todos.

Todos que faziam parte do serviço em Broussais consideravam que era preciso que os imunologistas encontrassem rapidamente algo que fizesse o chefe deles deixar de lado sua recusa obstinada de continuar operando nessas condições.

E a espera já durava doze anos.
Até que...

Basileia, laboratório Sandoz, 1969

Enquanto isso, na Basileia...
Hans Peter resolvera passar suas férias de 1969 no Grande Norte. Uma pequena mudança em relação às suas férias no Mediterrâneo para pegar um bronzeado. Hans Peter Frei trabalhava na Basileia, Suíça, e era engenheiro no laboratório Sandoz. Vários colegas do laboratório o tinham aconselhado a realizar essa viagem: os fiordes, as geleiras, o navio, um pouco de aventura rumo ao Norte. Em 1969, sua escolha recaiu sobre a Noruega.

Ele voltou das férias impregnado pelo Grande Norte, milhares de fotos, moças loiras impressas em suas retinas e uma mala cheia de lembranças de todos os tipos... Sem esquecer as caixinhas de amostras de terra proveniente do planalto montanhoso de Hardangervidda, onde tinha se hospedado. Mas nada havia de sentimental nessas caixinhas cheias de terra. Ou se trabalha para a Sandoz ou não se trabalha para Sandoz! Pois essa era a regra no laboratório: os pesquisadores deviam trazer de todos os locais onde passassem suas férias uma amostra de terra... Nunca se sabe! A política da casa sempre fora a de desenvolver remédios a partir de substâncias naturais. Descobrir, por acaso, um novo antibiótico ou, melhor ainda, um novo antifúngico a partir de amostras de solo vindas de todo o mundo era um sonho de toda a equipe. Na verdade, já se sabia que múltiplos micro-organismos povoavam a terra. Para conseguir um lugar ao sol, eles secretavam diferentes substâncias antibacterianas ou antifúngicas capazes de matar seus concorrentes e garantir sua supremacia. Essas substâncias ativas constituíam, portanto, uma infinidade de antibióticos e antifúngicos potenciais.

Dessa forma, todas as amostras coletadas eram cultivadas sobre placas de ágar,[186] e as cepas de bactérias e de leveduras assim produzidas podiam ser examinadas no caso de gerarem substâncias biologicamente ativas...

A partir dessas amostras norueguesas de Hans Peter, identificaram um fungo microscópico que foi batizado com o rebuscado nome de *Ticlopidium inflatum*. Um fungo desconhecido de todos... O que haveria no ventre desse *Ticlopidium*? Talvez ele tivesse as propriedades de um novo antibiótico natural?

O rolo compressor dos pesquisadores da Sandoz se pôs em ação. E os testes começaram. Seria esse pequeno fungo capaz de inibir o crescimento das bactérias? Infelizmente, não tardou a ficar evidente: o *Ticlopidium* não exercia efeito algum sobre as bactérias. Antes, elas pareciam proliferar em contato com a substância, o que não era um bom sinal para um aspirante de antibiótico! Por outro lado, e isso podia ser interessante, esse fungo microscópico parecia inibir o desenvolvimento de outros fungos, provocando ao mesmo tempo neles o crescimento de certas ramificações específicas. Ele sintetizava também uma molécula de forma arredondada, desconhecida dos químicos da Basileia. Como essa substância era cíclica, ele a batizaram de ciclosporina. Testada como antibiótico, a ciclosporina se revelou não tóxica, o que era um ponto positivo, mas, como o fungo que a tinha produzido, totalmente ineficaz.

Se não havia antibiótico, também não havia mais dinheiro. Então, os pesquisadores da Sandoz deixaram a ciclosporina de lado, sobre uma estante...

Entretanto, quando se trata de pesquisa, se por um lado é sempre bom deixar uma margem à sorte, por outro, sabe-se que o essencial se deve ao que podemos chamar de "lógica da pesquisa", na qual se misturam espírito de sistema, rotina, observação, metodologia e outras práticas tão indispensáveis quanto obscuras.

Foi em 1972 que o destino bateu à porta da pequena molécula esquecida de ciclosporina... O dia em que Jean-François Borel, responsável do departamento de imunologia do laboratório Sandoz, decidiu testar a atividade imunossupressora (quer dizer, a capacidade de bloquear a ação do sistema imunitário que protege o organismo de agressões externas) das substâncias órfãs que estagnavam no laboratório. Foi a chance da ciclosporina, a pequena molécula esquecida... Enquanto isso, eles tinham tentado achar nela uma atividade anticancerígena. Mas nesse ponto também ela não se mostrou à altura das expectativas. Esse detalhe poderia ter dissuadido a equipe de Jean-François Borel de continuar se interessando nela, pois as atividades anticancerígenas e imunossupressoras são frequentemente opostas.[187] Mas, sem dúvida, foi um excelente dia para a ciclosporina.

Pode-se evocar a sorte, ou antes o espírito de sistema, os pesquisadores de Borel testaram a ciclosporina em seus camundongos!

"Submetemos essas moléculas esquecidas", relatou mais tarde Borel, "a testes de triagem já em vigor, que deveriam revelar outros efeitos farmacológicos. Esses testes, quando são estabelecidos sobre dados científicos rigorosos, devem ser capazes de detectar substâncias ativas, se tivermos a sorte de encontrar uma".

"No campo da observação, o acaso favorece somente os espíritos preparados", dizia Pasteur. Borel era um desses espíritos e, desta vez, o experimento foi conclusivo. A ciclosporina parecia apresentar uma atividade imunossupressora como nenhuma outra droga o fizera até então.

Vitória, essa descoberta era importante!

Mas nas pesquisas nada funciona assim tão simplesmente quanto esperamos, e a situação logo se tornou crítica, pois Borel não conseguiu reproduzir seus primeiros resultados, nem na segunda nem na terceira vez...

"Apesar de uma impressão de dúvida dissimulada, recusei aceitar a derrota", relatou ele.

O que havia acontecido para que os resultados fossem transformados dessa maneira? A explicação veio mais tarde: administrada inicialmente nos camundongos via injeção, ela lhes foi aplicada em seguida por via oral, o que alterava a absorção do produto. Erro de iniciante! Mas Borel tinha suas razões: "Um imunossupressor deve poder ser tomado por um transplantado durante vários anos. Era então importante saber desde o começo se a ciclosporina era ativa por via oral".

Foi necessário então muito empenho para tornar essa substância absorvível pelo intestino, ainda assim conservando suas propriedades. Mas, teimosa, a ciclosporina não queria passar para o sangue quando era ingerida dentro de simples cápsulas. No entanto, os "Borel's boys" não se desanimaram com os fracassos. Verdadeiros pesquisadores, determinados, eles experimentaram em si mesmos. Agora, bastava fazer com que essa bendita molécula penetrasse pela barreira intestinal. Fácil conceber, não tão fácil conseguir! Eles provaram diversos molhos, nem todos terríveis no plano gastronômico. Acabaram fabricando uma mistura à base de azeite, que se caracterizava por uma boa reabsorção da ciclosporina e uma boa passagem para o sangue. Um pouco de culinária inspirada no regime de Creta jamais poderá prejudicar aquele que aspira à felicidade.

A ciclosporina foi purificada em 1973; sua estrutura e suas propriedades químicas foram elucidadas dois anos depois. Os pesquisadores do grupo Sandoz estavam cada vez mais convencidos de estar diante de um imunossupressor inédito e revolucionário. A particularidade desse medicamento era que ele não inibia todas as células imunitárias da mesma maneira, permitindo assim ao organismo continuar a se defender contra os agentes patógenos. O que era evidentemente um ponto crucial, como sabia explicar Borel: "Se compararmos a resposta imunitária a um bando de cães que mordem, pode-se dizer que a ciclosporina age como uma focinheira que impediria certas células do sistema imunitário de morder, sem precisar matá-las".[188]

No entanto, apesar desses êxitos e da corrida de obstáculos que acabava de superar, a ciclosporina por pouco não viu a luz do dia. A Sandoz era um laboratório privado e, assim sendo, a estratégia de desenvolvimento era um ponto importante que não dizia respeito senão a alguns pesquisadores, tão preponderantes eram os elementos econômicos. E se, por um lado, o desenvolvimento de antibióticos ou de moléculas anti-hipertensivas podia ser considerado como suculento, pois se dirigia a um número enorme de "clientes" potenciais, por outro, o mercado de transplantes, apesar de seus desenvolvimentos, representava apenas uma esquálida parcela do faturamento.

A isso se chama nicho de mercado!

E despejaram um balde de água fria sobre a cabeça de Borel: a direção não incluía em seu próximo plano decenal a imunologia de transplante como uma prioridade... Ainda mais que a produção e a purificação da ciclosporina se revelavam delicadas e onerosas.

Felizmente para os transplantados, Borel conseguiu demonstrar o interesse da ciclosporina dentro de um grupo de doenças muito mais frequentes do que aquelas que necessitavam o transplante de órgãos: as doenças autoimunes... Essas patologias (esclerose múltipla, mal de Crohn, poliartrite reumatoide...) são causadas por uma hiperatividade do sistema imunitário contra as proteínas ou tecidos de seu próprio organismo, como se certos tecidos do indivíduo se tornassem estrangeiros para seus próprios linfócitos. E a ciclosporina parecia ser ativa nessas doenças. Ainda por cima, golpe de sorte, a poliartrite reumatoide figurava entre as prioridades do plano decenal da Sandoz.

Os reumatismos salvaram a ciclosporina.

Pelo menos temporariamente. Não era exatamente o que teriam desejado os transplantadores, mas ainda assim ela foi salva, e os experimentos clínicos poderiam começar... No caso da poliartrite reumatoide. Era preciso encontrar uma solução para testá-la também nos transplantes de órgãos.

Paris, Hospital de Broussais, 1980

Fazia agora doze anos que aguardavam e que a equipe estava sob pressão...

O diretor conseguiu enfim acesso à ciclosporina. Ele havia transplantado uma série de cabritos, e o mais velho, que tinha sido apelidado

"D'Artagnan", continuava saltitando no subsolo do serviço, mais reativo que nunca, sem mostrar o menor sinal de rejeição. Podia-se então recomeçar o programa de transplante cardíaco, tudo estava pronto.

Esperava-se apenas a chegada do remédio no mercado. Era preciso realizar experimentos com humanos. Os ingleses não demoraram a reagir. Roy Calne, pioneiro do transplante renal, tinha testado o remédio num rato e foi o primeiro, em 1978, a administrá-lo a sete pacientes que tinham sido submetidos a um transplante renal. Dentre eles, cinco deixaram o hospital com os rins funcionais, e Roy Calne pôde então convencer a direção de pesquisa da Sandoz a proceder aos testes clínicos. É desse processo que resultará, em novembro de 1983, a autorização de comercialização, pela FDA americana, da ciclosporina como tratamento antirrejeição.

A aventura do transplante podia seguir em frente.

Epílogo

Hipócrates viveu muitos anos. Alguns dizem que chegou aos 85 anos. Outros sugerem que tenha morrido centenário, em Larissa, Tessália. Pelo menos, ele foi a prova viva de que seus princípios de medicina natural podiam ter suas vantagens!

Séculos se passaram para que, pouco a pouco, a medicina se transformasse em ciência e se libertasse realmente da magia, das crenças de todos os tipos, do peso das religiões que queriam se intrometer nela, da ignorância, dos charlatães e impostores. Como todas as ciências que abordam o complexo, evidentemente, a fim de se manifestar, ela precisava que suas irmãzinhas fundamentais chegassem à maturidade...

Tomemos como exemplo os conhecimentos necessários para efetuar com segurança aquilo que se pode chamar de cirurgia moderna. Entendendo, é claro, por cirurgia moderna aquela que abre as grandes cavidades torácicas e abdominais, que é capaz de efetuar um gesto terapêutico (ressecção ou reconstrução), oferecendo ao mesmo tempo ao paciente todas as chances de sobreviver a essa intervenção.

Sem uma anatomia precisa, não há cirurgia. Foi preciso esperar Vésale e seus camaradas, anatomistas do Renascimento, para se obter uma descrição mais ou menos correta do corpo humano. Ainda assim, diversos domínios foram reanalisados em seguida, pois eles correspondiam a necessidades imperiosas: a neuroanatomia, a anatomia íntima do coração, a anatomia funcional e diversas outras... Para compreender as más-formações de todos os tipos, foi necessário estudar como se formavam um embrião normal e as anomalias engendradas pela natureza, e para isso surgiu a embriologia. Para reconhecer o órgão doente e suas particularidades, foi preciso que os Bichat e os Virchow descrevessem com paciência a anatomia patológica, e que uma análise mais apurada ao microscópio permitisse distinguir um câncer de um tumor benigno! Importância terapêutica notável...

Sem conhecer a circulação sanguínea, a cirurgia é impossível. Distinguir as artérias das veias, medir a pressão arterial, ter uma ideia do fluxo e da massa sanguínea, tantas evidências em nossos dias sem as quais a excisão de um órgão por câncer, a reparação de uma válvula do coração, sem falar de um transplante renal, não fariam sentido... Obrigado, Harvey.

Sem anestesia, nós vimos muito bem que uma determinada cirurgia dos pioneiros era sem dúvida possível. A necessidade faz a lei! Mas em quais condições... Os gritos, a pressa, o horror do sofrimento insuportável. Foi só quando os cirurgiões puderam dispor de tempo para observar, avaliar, reconstruir num corpo apaziguado pelos gases anestésicos, depois por moléculas mágicas da anestesia moderna, que novas operações foram contempladas.

Quanto à infecção, que horror! Tudo aquilo que se tocava antes dos Pasteur e dos Lister se infectava de uma forma ou de outra, 80% dos locais operados tornavam-se purulentos em poucos dias. De tal maneira que os cirurgiões tinham decidido se empenhar para tentar controlar o fenômeno.

– Quando o pus se torna azul-esverdeado – dizia Larrey –, isso é um bom sinal e o doente tem menos chances de morrer.

Queria dizer com isso que o bacilo piociânico (cuja existência ele ignorava) havia colonizado a ferida e que ele ia impedir o desenvolvimento dos estafilococos (que ele tampouco conhecia), cujo risco de provocar uma septicemia e a morte era maior. Ele teria podido também dizer:

– Já que esse mistério nos supera, vamos fingir sermos seu organizador!

E a transfusão sanguínea? Ela permitiu salvar muitas vidas... As vidas de feridos de todos os tipos, chegando exangues ao hospital ou à enfermaria dos campos de batalha modernos. Foi preciso esperar o ano de 1900 e a descoberta dos grupos sanguíneos por Landsteiner, e depois 1940 para que fosse enfim reconhecido o famoso fator *Rhésus* (o fator Rh). De tal modo que foi só durante a Segunda Guerra Mundial que a transfusão sanguínea pôde realmente se mostrar eficaz na prática. Quanto à constituição de bancos de sangue organizados, eles só surgiram na França após a Segunda Guerra. Então, finalmente, a cirurgia moderna, tal qual a conhecemos hoje em dia, pôde se desenvolver...

Não se deve esquecer o papel da indústria nessa aventura. Quem fabrica os aparelhos de monitoramento, as máquinas que nos dão imagens, as próteses de órgãos, os órgãos artificiais? Certo, com frequência, são os cirurgiões que os imaginam, mas são os engenheiros que os realizam.

Que fique claro: a terapêutica médica e cirúrgica só se tornou verdadeiramente eficaz depois da Segunda Guerra Mundial. Nos últimos cinquenta anos, a medicina reuniu mais conhecimentos do que ao longo de todos os milênios precedentes. Atualmente, consideram que as informações duplicam a cada sete anos, o que cria um problema para programar os estudos de medicina, que não podem prosseguir infinitamente! Há muito tempo já sabemos que ninguém poderá conhecer todas as facetas de sua arte! Vivemos a era dos especialistas. Especialista de um órgão... Não sonhemos em vão! Especialista de uma parte do órgão, de uma de suas funções, ou até de uma de suas moléculas...

O doente é lançado como uma bola de pingue-pongue, de um sábio a outro, que só trata e só resolve uma parte de seu problema, e que acrescenta seu tratamento a uma lista já volumosa sem se preocupar demais com as interferências.

O resultado, todavia, é globalmente positivo. A expectativa de vida média aumentou em proporções bastante significativas durante os últimos decênios. E não unicamente pela erradicação de uma excessiva mortalidade infantil, tão comum em países em desenvolvimento, mas graças à conscientização dos fatores de risco e à prevenção mais eficiente das enfermidades. Pode-se dizer que os médicos ocidentais fizeram muito bem seu trabalho: eles trataram, preveniram corretamente as doenças cardiovasculares e uma parte dos cânceres. Eles respeitaram o juramento:

"Dentro da capacidade das minhas forças e de meus conhecimentos, aconselharei aos doentes o regime de vida capaz de confortá-los e afastarei deles tudo o que puder lhes ser adverso ou prejudicial."

Uma garotinha que nasce hoje na França tem todas as chances de se tornar centenária! Bravo.

Há um pequeno problema, porém: isso custa caro... E custa cada vez mais caro.

A vida não tem preço, mas tem um custo...

Os sistemas de assistência médica começam a perder o fôlego. Os poderes públicos pedem aos médicos que se organizem melhor, que façam escolhas. Eles lhes sugerem limitar as despesas com sistemas de referência e, às vezes, os obrigam a agir assim. Sem o dizer, eles os censuram por tratar demais dos pacientes...

Aonde vamos parar?

Fiquemos por aqui! Para evitarmos deslizar do passado para o presente, correndo o risco de nos atolarmos no futuro. Conhecer a história fornece alguma vantagem para se decifrar de que será feito o amanhã? Paul Valéry, falando da grande história, foi francamente radical: "A história justifica aquilo que queremos, ela não ensina rigorosamente nada, pois ela contém tudo e dá exemplos de tudo".

Demasiadamente radical, sem dúvida, a história das ciências difere da história geral, pois ela comporta um fio condutor, uma meta incontornável que é a verdade científica. E esta verdade é única, ainda que os caminhos para compreendê-la sejam numerosos. É então possível discernir nela grandes mecanismos que se repetem. Dessa forma, podemos tirar um certo número de lições, reflexões sobre os comportamentos e sobre seus erros.

Evocá-los foi o objetivo deste livro.

Quanto ao futuro da medicina, só conheço uma maneira de predizê-lo: criando-o...

Principais referências bibliográficas

Andre Alpago, Serapionis medici Arabis celeberrimi Practica (o pequeno *Compendium* de Yuhanna ibn Sarabiyun)... *quam* postremo Andreas Alpagus Bellunensis medicus et philosophus idiomatisque Arabici peritissimus in Latinum convertit, Veneza, Giunta, 1540.

Andrea Alpago, Ebenefis philosophi... expositio super quintum *canonem Avicennæ* (comentário de Ibn al-Nafis, século XIII). Tractatus de ponderibus et mensuris, Veneza, Comino, 1547.

Akutsu T., Houston C. S., Kolff W. J., "Artificial hearts inside the chest using small electro-motor" ["Corações artificiais dentro do peito usando pequeno eletromotor", tradução livre], *Trans. Am. Soc. Art. Int. Organs*, 1960, Apr 10-11 ; 6 : 299-304.

Ariès Ph., *L'Enfant et la vie familiale sous l'Ancien Régime* [*A criança e a vida familiar no Antigo Regime*, tradução livre], Plon, 1960.

Barnard C., *Une vie* [*Uma vida*, tradução livre], Presses de la Cité, 1970.

Belaval Y., "Socrate", *Histoire de la philosophie* ["Sócrates", *História da filosofia*, tradução livre], vol. I, Gallimard, Bibliothèque de la Pléiade, 1969, p. 451-463; Fayard, 1963.

Borel J.-F., "L'histoire de la ciclosporine" ["A história da ciclosporina", tradução livre], *Revue d'histoire de la pharmacie*, Paris, 1996 ; 44(312 suppl.): 413-21.

Broers H., *Inventor for Life: The Story of W. J. Kolff, Father of Artificial Organs* [*Inventor para a vida: a história de W. J. Kolff, pai dos órgãos artificiais*, tradução livre], Kampen, Netherlands, B&V Media Publishers, 2007.

Brun T., *Socrate* [*Sócrates*, tradução livre], Presses universitaires de France, coleção. « Que sais-je ? », 1978.

Burnet F. M., *The Clonal Selection Theory of Acquired Immunity* [*A teoria da seleção clonal da imunidade adquirida*, tradução livre], Cambridge University Press, Cambridge, 1959.

Calne R. Y., White D. J., Thiru S., Rolles K., Drakopoulos S., Jamieson N. V., "Cyclosporin G: immunosuppressive effect in dogs with renal allografts" ["Ciclosporina G: efeito imunossupressor em cães com aloenxerto renal", tradução livre], *Lancet*, vol. 1, n° 8441, 1985, p. 1342.

Carrel A., *L'Homme, cet inconnu* [*O homem, esse desconhecido*, tradução livre], reedição Plon, 1997.

Chauvois L., *Histoire de la médecine. William Harvey* [*História da medicina. William Harvey*, tradução livre], Sedes, 1957.

Cheng T. O., "Hamilton Naki and Christiaan Barnard *versus* Vivien Thomas and Alfred Blalock: similarities and dissimilarities" ["Hamilton Naki e Christiann Barnard *versus* Vivien Thomas e Alfred Blalock: similaridades e discrepâncias", tradução livre], The American Journal of Cardiology, 1° de fevereiro de 2006 ; 97(3): 435-6.

Chevalier P., Rullière R., *Abrégé d'histoire de la médecine* [*Resumo da história da medicina*, tradução livre], Masson, Paris, 1981.

Cinqualbre J., *Greffe d'organes* [*Transplante de órgãos*, tradução livre], Masson, Paris, 2004.

Dausset J., Ivanyi P. and Ivany D., "Tissue alloantigens in humans: identification of a complex system (Hu-1)", *Histocompatibility Testing*

["Aloantígenos teciduais em humanos: identificação de um sistema complexo", *Testagem de histocompatibilidade*, tradução livre], 1965, 51-62.

Dezeimeris J. E., *Dictionnaire historique de la médecine ancienne et moderne* [*Dicionário histórico da medicina antiga e moderna*, tradução livre], t. II, Primeira parte, artigo sobre Denis p. 48, Béchet Jeune Ed., Paris, 1834.

Diderot D., Le Rond D'Alembert J., *Encyclopédie ou Dictionnaire raisonné des sciences, des arts et des métiers* [*Enciclopédia ou dicionário racional de ciência, artes e ofícios*, tradução livre], vol. XXIX, Pellet Ed., Genebra, 1777.

Dubost C., Œconomos N., Nenna A., Milliez P., "Résultats d'une tentative de greffe rénale" ["Resultados de uma tentativa de transplante renal", tradução livre], *Bull. Mém. Soc. Méd. Hôp.* Paris, 1951, 67: 1372.

Dubost C., Cachera J.-P., "A case of allogeneic heart transplantation in man compatible in the HLA system and treated by heterologous anti-lymphocyte globulin II" ["Caso de transplante alogênico de coração em homem compatível n o sistema HLA e tratado por globulina anti-linfócito heteróloga II", tradução livre], *Presse Med* 28; 76(36), 1968.

De Parades V., *Une fistule royale aux conséquences inattendues* [*Uma fístula real com consequências inesperadas*, tradução livre], enciclopédia médico-cirúrgica, gastroenterologia clínica e biológica, 32, 665-666.2008.

Destouches L., *La Vie et l'Oeuvre de Philippe Ignace Semmelweis (1818-1865)* [*A vida e obra de Philippe Ignace Semmelweis (1818-1865)*, tradução livre], tese de medicina Rennes, Francis-Simon imprimeur, 1924. Uma contração foi publicada com o título "Les derniers jours de Semmelweis" ["Os últimos dias de Semmelweis", tradução livre], *La Presse médicale*, n° 51, 25 de junho de 1924.

Duhamel P., *Histoire des médecins français* [*História da medicina francesa*, tradução livre], Plon, 1993.

Gorny Ph., *L'Aventure de la médecine* [*A aventura da medicina*, tradução livre], Lattès, 1991.

Hamburger J., Vaysse J., Crosnier J., Auvert J., Lalanne C. M., Hopper J., "Renal homotransplantation in man after radiation of the recipient; experience with six patients since 1959" ["Homotransplante renal em homem após irradiação do receptor; experiência com seis pacientes desde 1959", tradução livre] , *Am. J. Med.*, 1962, 32: 854.

Hamburger J., Vaysse J., Crosnier J., Tubania M. Lalanne C. M., Antoine B., Auvert J., Soulier J.-P., Dormont J., Salmon C. H., Maisonnet M., Amiel J. L., "Transplantation d'un rein entre jumeaux non monozygotes après irradiation du receveur" ["Transplante de um rim entre gêmeos não monozigóticos após irradiação do receptor", tradução livre], *Presse Med.*, 1959, 67: 1771.

Harvey W., *Exercitatio anatomica de motu cordis et sanguinis in animalibus*, Sumptibus Guilielini Fitzeri, Francfort, 1628.

Hume D. M., Lee H. M., Williams G. M., White H. J. O., Ferre J., Wolf J. S., Prout G. R. Jr, Slapak M., O'Brien J., Kilpatrick S. J., Kauffman H. M. Jr., Cleveland R. J., "Comparative results of cadaver and related donor renal homografts in man and immunologic implications of the outcome of second and paired transplants" ["Resultados comparativos de homoenxertos renais de cadáveres e doadores aparentados em homem e implicações imunológicas do resultado do segundo e pareado transplante", tradução livre], *Ann. Surg.*, 1966, 164: 352.

Hume D. M., Merrill J. P. e Miller B.F., "Homologous transplantation of human kidneys" ["Transplante homólogo de rins humanos", tradução livre], *J. Clin. Invest.*, 1952, 31, 640.

Hume D. M., Merrill J. P., Miller B. F. e Thorn G. W., "Experiences with renal homotransplantation in the human; report of nine cases" ["Experiências com homotransplante renal no humano; relatório de nove casos", tradução livre], *J. Clin. Invest.*, 1955, 34: 327.

Jaboulay M., "Greffe de reins au pli du coude par soudures artérielles et veineuses" ["Transplante renal no vinco do cotovelo por fusão arterial e venosa", tradução livre], *Lyon Med.*, 1906, 107: 575.

Küss R., Teinturier J. e Milliez P., "Quelques essais de greffe de rein chez l'homme" ["Alguns ensaios de transplante renal em humanos", tradução livre], *Mem. Acad. Chir.*, 1951, 77:755.

Küss R., Legrain M., Camey M., Desarménien J., Mathé G., Nedey R. e Vourc'h C., "Homotransplantation rénale chez l'homme: à propos de 3 cas" ["Homotransplante renal em humanos: sobre 3 casos", tradução livre], *Mem. Acad. Chir.*, 1961, 87:183.

Küss R. e Poisson J., "A propos des prélèvements de reins de cadavre" ["Sobre a remoção de rins de cadáver", tradução livre], *Mem. Acad. Chir.*, 1967, 93:28-29, 859-863.

Küss R. e Bourget P., *Une histoire illustrée de la greffe d'organes* [*Uma história ilustrada do transplante de órgãos*, tradução livre], Sandoz, Rueil-Malmaison, 1992.

Lichtenhaler C., *Histoire de la médecine* [*História da medicina*, tradução livre], Fayard, 1978.

Littré E., *Oeuvres d'Hippocrate* [*Obras de Hipócrate*, tradução livre], Baillère, 1839 (digitalização consultável na Bibliothèque interuniversitaire de médecine, Paris-Descartes).

Locard E., *Les Faux en écriture et leur expertise* [*Escritores falsos e sua expertise*, tradução livre], Payot, 1959.

Marchioni J., *Place à Monsieur Larrey, chirurgien de la Garde impériale* [*Lugar para o Sr. Larrey, cirurgião da Guarda Imperial*, tradução livre], Actes Sud, 2003.

Martiny M., *Hippocrate et la médecine* [*Hipócrate e a medicina*, tradução livre], Fayard, 1964.

Mathé G. e Amiel J. L., La Greffe. *Aspects biologiques et cliniques* [*Aspectos biológicos e clínicos*, tradução livre], Masson et Cie, 1962.

Merrill J. P., Murray J. E., Harrison J. H., Friedman E. A., Dealy J. B. Jr e Dammin G. J., "Successful homotransplantation of the kidney between non-identical twins" ["Homotransplante bem sucedido do rim entre gêmeos não idênticos", tradução livre], *N. Engl. J. Med.*, 1960, 262:1251.

Michon L., Hamburger J., Œconomos N., Delinotte P., Richet G., Vaysse J. e Antoine B., "Une tentative de transplantation rénale chez l'homme; aspects médicaux et biologiques" ["Uma tentativa de transplante renal em humanos; aspectos médicos e biológicos", tradução livre], *Presse Med.*, 1953, 61:1419.

Molière, *Le Malade imaginaire* [*A doença imaginária*, tradução livre], Hachette, coll. "Classiques Hachette", n° 13, 2006.

Mollaret P. e Goulon M., "Le coma dépassé" ["O coma irreversível", tradução livre], *Rev. Neurol.*, 1959, 101, 3.

Murray J. E., Merrill J. P., Dammin G. J., Dealy J. B. Jr., Alexandre G. W. e Harrison J. H., "Kidney transplantation in modified recipients" ["Transplante renal em receptores modificados", tradução livre], *Ann. Surg.*, 1962, 156 : 337.

Observatório Nacional de Prescrições e Consumo de Drogas: Estudo de prescrição e consumo de pacientes externos venotônicos, Relatório da Agência de Medicamentos, 1999.

Schwartz R. e Dameshek W., "Drug-induced immunological tolerance" ["Tolerância imunológica induzida por drogas", tradução livre], *Nature*, 1959, 183:1682.

Servelle M., Soulle P. P., Rougeulle J., Delahaye G. e Touche M., "Greffe d'un rein de supplicié à une malade avec rein unique congénital, atteinte de néphrite chronique hypertensive azotémique" ["Transplante de um rim de um paciente com rim congênito, com nefrite azotêmica hipertensiva crônica", tradução livre], *Bull. Soc. Med. Hôp. Paris*, 1951, 67:99.

Sinoué G., *Avicenne ou La route d'Ispahan* [*Avicena ou a estrada de Isfahan*, tradução livre], Denoël, 1989.

Sliwa K., "The story of Hamilton Naki and Christiaan Barnard" ["A história de Hamilton Naki e Christiaan Barnard", tradução livre], *Lancet*, 5 de setembro de 2009 ; 374(9692): 775. Recuperado em 11 de agosto de 2010.

Soubiran A., *Le Baron Larrey, chirurgien de Napoléon* [*O barão Larrey, cirurgião de Napoleão*, tradução livre], Fayard, 1967.

Soupault R., *Vie d'Alexis Carrel* [*Vida de Alexis Carrel*, tradução livre], Plon, 1952.

Tulard J., *Les Français sous Napoléon* [*Os franceses sob Napoleão*, tradução livre], Hachette, 2009.

Voragine J. (de), *La Légende dorée* [*A lenda dourada*, tradução livre], t. III, traduzido para o francês pelo abade J. B. Roze, Edouard Rouveyre Ed., 1902.

Vesalii Andreae, *De humani corporis fabrica* (livro VII), Johannes Oporinus, Bâle, 1555 (digitalização consultável no serviço de documentação da Universidade de Estrasburgo).

Notas

1. "Devemos um galo a Esculápio: pague-lhe, não se esqueça"

[1] Regime político que vigorou durante a Revolução Francesa. [N.T.]
[2] Estabelecimento médico onde se hospitalizavam os doentes em observação. O Esculapião de Cós pode ser visitado ainda hoje.
[3] Políbio viria de fato a dirigir a Escola de Cós após Hipócrates. Ele foi muito influenciado pelo ensino de Platão e se tornou o líder dos dogmáticos que escaparam aos poucos do rigor da observação, para preferir o lado intelectual do "sistema". Insistiu bastante sobre a teoria dos humores que havia sido proposta por Hipócrates e sobre o caráter dominante do *pneuma* segundo Platão.
[4] *Aforismos*, 1ª seção, 1.
[5] Platão, *A República*, Livro VII.
[6] O exame hipocrático precisa ser sistemático e analítico. É nisso que ele se opõe à medicina arcaica que o precedeu. Entretanto, ele não verifica a frequência cardíaca nos pulsos, ignora a percussão (mesmo vindo a inventar a sucussão!) e, é claro, a auscultação, surgida bem mais tarde. Ele desconhece toda a anatomia e a fisiologia, e é superficial por força das circunstâncias, só se interessando àquilo que se pode chamar de a patologia externa. Todo esse exame devia se integrar num sistema, o sistema humoral. O objetivo era na verdade chegar à prognose, ou seja, o prognóstico da doença, que era de importância capital para todos os gregos.
[7] A obra escrita de Hipócrates, à qual damos o nome de *Corpus Hippocraticum*, é uma fabulosa antologia de sessenta livros. Mas eles demonstram uma verdadeira heterogeneidade, o que torna provável o caráter coletivo do conjunto. Na verdade, é difícil saber com exatidão como se formou essa coleção e de onde foram extraídos os elementos que a constituem. Após terem sido reagrupados pelos médicos da Biblioteca de Alexandria, sob o nome de *Escritos da Tabuleta*, o *Corpus* foi traduzido a partir do século XV. É a Littré, o grande lexicógrafo, que devemos a mais famosa tradução francesa moderna (ele próprio

era médico), tradução que lhe tomou quase vinte anos de trabalho.

Os exegetas atuais pensam que é possível reconhecer os escritos da mão de Hipócrates; eles são de uma concisão e de uma precisão perfeitas, sem verborragia ou repetição, em certos casos, no limite do compreensível e sempre redigidos em jônico (portanto, mais acadêmico do que o dialeto dórico comumente falado na Ilha de Cós). No conjunto dessa coleção, uma dúzia de obras pode assim ser atribuída com certeza ao Mestre: *A antiga medicina, Prognóstico, Epidemias, O regime nas doenças agudas, Aforismos* e o *Código de deontologia*, cujo autor podemos afirmar ser Hipócrates.

No que diz respeito à cirurgia que corresponde a cinco tratados: *Das articulações, Das fraturas, Das chagas da cabeça, Da farmácia do médico* e *O ataque nervoso*, os três primeiros vêm da mão de Hipócrates, os dois últimos poderiam ter sido redigidos por Políbio, segundo instruções diretas de seu sogro. As outras obras do *Corpus* seriam da autoria de seus filhos Téssalo e Drácon, e igualmente de Políbio, que sucedeu ao Mestre no ensino da medicina em Cós, assim como de seus alunos. Uma dezena de obras, no entanto, poderia vir dos médicos da Escola de Cnido, vizinha e rival da Escola de Cós, e amalgamados ao *Corpus* pelos bibliotecários de Alexandria.

[8] É de fato provável, quando comparamos os estilos, que o livro *Epidemias I* tenha sido redigido após *Epidemias III*.

[9] O opistótonos (do grego *opistho*, para trás, e *tonos*, por tensão) é uma contração generalizada predominante sobre os músculos extensores, de modo que o corpo é curvado para trás e os membros ficam estendidos. Trata-se de um dos sinais clássicos de um ataque de tétano, mas pode também ser observado na fase tônica do Grande Mal epiléptico.

[10] Sócrates foi julgado culpado por 281 entre 501 vozes. Certamente, sua atitude durante o processo contribuiu para tal sentença, pois como diz Xenofonte em seus *Memoráveis*: "Com frequência me perguntei com que argumentos os acusadores de Sócrates persuadiram os atenienses de que ele merecia a morte como criminoso do Estado".

[11] Hipócrates era considerado à sua época como um descendente do deus Esculápio, ele mesmo filho de Apolo e Corónis, à 27ª geração. Esculápio morreu fulminado por Zeus por ter ressuscitado mortos graças ao sangue "venoso" da Górgona. Existem poderes aos quais um deus não pode admitir concorrência! Não seria essa a primeira manifestação da luta do poder médico e do poder religioso?

[12] Enquanto vivo, como já vimos, a lenda dizia que Hipócrates descendia do próprio deus Esculápio (Asclépio em grego). Na verdade, ele vinha antes das famílias de Asclepíades, sacerdotes médicos, que exerciam a medicina na Grécia havia muito tempo. Esses sacerdotes serviam de intermediários entre o deus e

os homens para lhes mostrar o melhor tratamento. Frequentemente, esse conhecimento era transmitido de pai para filho. Assim, o avô de Hipócrates tinha esse mesmo nome, e seu pai, Heraclidas, também médico, o iniciou na ciência médica. O sacrifício ao deus era sempre um galo. Daí as palavras de Sócrates...

2. O sonho do diácono Justiniano

[13] *A lenda dourada* foi escrita entre 1260 e 1266 por Jacques de Voragine. Ele conta a vida dos santos e dos mártires do início do Cristianismo. Recorre amplamente ao fantástico e à intervenção divina, e dificilmente poderia ser considerado como um livro de história. No entanto, trata-se de uma das raras fontes definidas da história de Cosme e Damião.

[14] Na verdade, a tradição se perde um pouco na genealogia de Castor e Pólux. O que é certo é que Leda, esposa de Tíndaro, rei de Esparta, tinha uma extrema beleza e que Zeus, para seduzi-la, precisou tomar a forma de um cisne. Em seguida, conta-se que Leda pôs dois ovos (?). De um saíram Castor e Helena, de outro, Pólux e Clitenestra. Entretanto, como Leda se uniu na mesma noite com seu marido Tíndaro, alguns dividem suas paternidades, dando a Zeus Castor e Helena e a Píndaro, Pólux e Clitenestra. Castor e Pólux não seriam então de forma alguma gêmeos, no senso biológico do termo. Mas no que acreditar entre gente que põe ovo? De fato, a tradição, ao reuni-los na constelação de Gêmeos, responde definitivamente às perguntas que nos fazemos.

[15] Oriundo de um único óvulo, cujo material genético é totalmente idêntico.

[16] A biblioteca do Fórum da Paz foi erguida no ano 75, abrigando inúmeros livros trazidos pelas conquistas romanas nos países do Levante, assim como obras dos artistas gregos.

[17] A revascularização tardia de um membro provoca inevitavelmente um edema bem importante, além de sufusões sanguíneas no nível das massas musculares. No plano geral, várias substâncias tóxicas do membro isquêmico passam para a circulação e podem causar uma insuficiência renal e uma parada cardíaca. Essa síndrome foi bem descrita por Bywater durante o bombardeio de Londres na Segunda Guerra Mundial: os feridos que conseguiam ser resgatados dos desabamentos dos edifícios morriam com frequência pouco tempo depois.

[18] Fra Angélico, *A cura do diácono Justiniano*, 1438-1440.

3. O fogo de Santo Antônio

[19] A biografia de Santo Antônio foi escrita respeitosamente pelo Santo Atanásio, papa da Alexandria, para oferecer a suas ovelhas o modelo a seguir a fim

de alcançar a perfeição da vida cristã. Uma infinidade de textos revela uma tradição oral forte relativa a esse santo, que é um dos mais populares do Catolicismo, ainda que seja intensamente rivalizado pelo seu homônimo de Pádua, que tem o poder de encontrar objetos perdidos. Algo que pode até se mostrar bastante útil!

[20] "O mal começava por uma mancha escurecida; essa mancha se espalhava rapidamente, causando uma ardência insuportável, ressecava a pele, apodrecia as carnes e os músculos, que se soltavam das partes ósseas e caiam em frangalhos. Como um fogo insaciável, ele queimava pouco a pouco e finalmente consumia suas vítimas sem que se pudessem ser aplacados seus sofrimentos. Muitos sofriam seus ataques mais cruéis no espaço de uma noite, se não morressem ao cabo de algumas horas", Sigebert de Gembloux, século XI.

[21] Hoje chamado Monte Santo Antônio.

4. O *Cânone* de Avicena

[22] Avicena, cujo nome completo era Abu Ali Huceine ibne Abdala ibne Sina, é um médico persa que viveu de 980 a 1037. Ibn Sina é chamado de Avicena pelos ocidentais, aqueles que os persas chamam de Roums (romanos).

[23] O Kitab Al Qanûn fi Al-Tibb ("Livro das leis médicas" ou *Cânone da medicina*). Este livro foi considerado uma bíblia por diversos médicos da Idade Média e do Renascimento ocidental, ainda que a tradução latina de Gerardo de Cremona (*canon medicinae*) deixasse muito a desejar. Ele teve também adversários cruéis, e o alquimista Paracelso fez com que o queimassem em praça pública em 1526. Convém ressaltar que Avicena tinha tomado partido contra a alquimia e a astrologia, destituindo-as de todo caráter científico.

[24] Incontestavelmente, Al-Juzjani havia contraído uma angina diftérica. Avicena lhe salvou a vida praticando uma traqueotomia, operação que não tinha sido claramente descrita antes dele. Essa intervenção supõe, além de perfeitos conhecimentos anatômicos, uma grande maestria em sua realização.

[25] Os Gaznavides eram uma dinastia de origem turca que conquistou um império entre o Afeganistão (atual cidade de Ghazni), o Norte do Irã, até o oceano Índico, a partir de 997. Seu permanente espírito conquistador os levou a se oporem à dinastia dos Buídas, os Dawla", que tinham mantido Avicena sob sua proteção. Ao longo do episódio que relatamos, a cabeça do Sheik tinha sido colocada à prêmio em todo o reino porque ele se recusara a se unir à corte de Mahmoud, príncipe dos Gaznavides. Ele fora detido por assaltantes quando acabara de atravessar sozinho, arriscando a própria vida, o Deserto de Cavir, um dos mais perigosos do mundo.

[26] Na Pérsia antiga, todas as cidades têm um hospital no qual são reunidos os doentes: o *bimaristan*. Os médicos locais e os estudantes se encontram ali todos os dias, fazendo

[27] tratamentos e dando consultas. Essa concepção de centro hospitalar-universitário só existirá na França, por exemplo, em 1958, em consequência da reforma Debré.
[27] O Sheik tinha provavelmente identificado um caso de coma hiperglicêmico, que, como hoje em dia todos sabem, responde muito bem ao restabelecimento de um nível normal de açúcar no sangue.
[28] O livro a que El-Jozjani se refere é o *Shifa* ("cura"), francamente gnóstico.
[29] Ibn Sina foi o tradutor de Hipócrates, Aristóteles e Galeno. Nesse aspecto, ele foi realmente um transmissor de conhecimento entre o mundo antigo e o mundo moderno.
[30] Ele devia estar em apresentação cefálica (com a cabeça virada para baixo), e não pélvica (com as nádegas viradas para baixo), como foi relatado, pois na primeira o parto pode ser realizado, ao passo que na segunda é impossível.
[31] Agosto de 1037.

5. A última dissecação de André Vésale

[32] Como era o costume, Van Wesel afrancesou seu nome quando chegou a Paris para André Vésale. Mas ele é mais conhecido pelo nome latino de Andreas Vesalius, utilizado na universidade, que se comunicava somente em latim.
[33] Na verdade, ele sucedeu a Paolo Colombo, pai de Realdo Colombo, que se tornaria ilustre descrevendo a pequena circulação sanguínea (na qual o sangue é bombeado para os pulmões e retorna rico em oxigênio ao coração) e que foi também, nos anos que se seguiram, titular dessa mesma cátedra.
[34] Das folhas de beladona (*Atropina belladonna*) se extrai a atropina, entre cujas propriedades está provocar a midríase (ou seja, a dilatação da pupila). Os olhos assim tratados dão a impressão de profundidade e um ligeiro estrabismo (uma faceirice no olhar!), que agradava bastante na época, daí o nome de "bela dona" que foi dado a essa planta. Em fortes doses, a atropina é um veneno. Ser bela sempre envolveu alguns riscos!
[35] Ibn al-Nafis, médico no Cairo, descreveu a pequena circulação (circulação pulmonar) em 1242. Esses trabalhos em árabe foram por muito tempo ignorados. Contudo, Andrea Alpago de Belluno, que fora médico do consulado de Veneza em Damasco, traduziu uma dessas obras em 1527. Assim, foi possível a Servet, Colombo, Vésale e Harvey lerem esses textos, ainda que nenhum deles tenha feito quaisquer referências a essa obra.
[36] A litotomia consiste em remover os cálculos da vesícula.

6. O processo de Galeno

[37] Claudius Galenus, 131-201 d.C., foi incontestavelmente, com Hipócrates, um dos médicos mais célebres da Antiguidade.

[38] Em 157, Galeno é nomeado médico dos gladiadores de sua cidade natal, Pérgamo. O grande padre devia cuidar de uma tropa de combatentes que se enfrentavam na arena nos dias de festa em homenagem ao imperador. Galeno devia tratar dos ferimentos sangrentos dos gladiadores e cuidar de seu regime; precisava manter viva a maior quantidade possível de maneira a evitar o recrutamento de novos combatentes. Mas os combates mortais eram raros à época.

[39] Nessa época, a "pequena circulação" sanguínea não era conhecida. Sua primeira descrição no mundo ocidental foi feita por Michel Servet, em 1553.

[40] Como o resume Rondelet, Galeno herdou a teoria da constituição da matéria dos gregos, e o corpo, como toda matéria, é composto pelos quatro elementos (o fogo, o ar, a terra, a água) em proporções mais ou menos importantes, o que explica as quatro qualidades do corpo: quente, frio, úmido e seco. Galeno retoma também a tradição hipocrática de que o corpo é um conjunto fechado e desconhecido nos seus mecanismos íntimos, dentro dos quais se desenvolvem processos fisiopatológicos que o médico só pode analisar do exterior, baseando-se unicamente no conhecimento dos materiais que nele penetram (ar inspirado, alimentos e bebidas) e que dele saem (fezes, urina, suor, sangue e vômitos). A partir do aspecto de diversas excreções produzidas em diversas circunstâncias, o médico imagina (não há outra palavra!) a existência dos quatro humores circulando dentro do corpo (sangue, bile, fleuma ou linfa, atrabílis ou bile negra). Assim, o estado de saúde depende de uma boa mistura (*eucrasie*) e da boa proporção das qualidades; inversamente, a doença resulta de uma má mistura (*dyscrasie*).

[41] Rasis (865-925) é um sábio iraniano que na medicina, entre outras coisas, descreveu e distinguiu corretamente as febres eruptivas. Foi também um crítico severo, ainda que admirador, da obra de Galeno, que ele julgava carecer de observações empíricas.

[42] Inspirando-se no antídoto de Mitrídates, a teriaga é uma bebida composta de uma mistura de mais de cinquenta drogas, plantas e outros ingredientes, dentre os quais o castóreo, o ópio, a víbora e a *Scilla*. Galeno inventou também o primeiro antídoto para venenos à base de sumo de papoula.

7. O misterioso manuscrito de Andrea Alpago

[43] Ele é autor de uma obra considerável em todos os domínios do conhecimento de sua época e, particularmente, a medicina. Seu famoso *Cânone da Medicina* (*Qanûn*) foi considerado uma referência e serviu para difundir as obras dos gregos antigos (ver capítulo 4).

[44] Danielle Jacquart, *Arabisants du Moyen Age et de la Renaissance: Jérôme Ramusio correcteur de Gérard de Crémone* [Arabistas da Idade Média e do Renascimento:

correção de Gérard de Crémone por Geronimo Ramusio], Biblioteca da École Nationale des Chartes. Tomo 147, 1989.

[45] Por trás da "Catta" dos poemas latinos de Ramusio se escondia na verdade a nobilíssima Catarina de Neri, neta natural do grande Gattamelata, ilustre *condottiere* de Veneza.

[46] A obra de Avicena foi traduzida em latim por Gerardo de Cremona em 1150 sob o título *Canon medicinae*. Gerardo era um clérigo italiano instalado em Toledo e aprendera o árabe com os mouros de Espanha. Mas ele não era médico e interpretava frequentemente os termos científicos, ou então os deixava como estavam, sem achar a tradução latina porque ignorava o sentido.

[47] A transliteração consiste em substituir cada palavra árabe por uma em latim, independentemente da pronúncia. Dito de outra forma, é uma tradução estritamente literal. Mas a transliteração visa evitar quaisquer perdas, de maneira que deveria idealmente sempre ser possível, conhecendo suas regras, reconstituir o texto original.

[48] Enquanto traduzia o *Cânone* e os *Comentários sobre o Cânone*, Andrea redigia um glossário dos termos médicos em árabe e latim, que foi de grande utilidade para todos os seus sucessores.

[49] Andrea Alpago menciona como seu mestre em medicina árabe um "Ebenmechi physicus inter omnes Arabes primarius", que foi identificado como o médico damasceno contemporâneo a Shemseddin Mohammed ibn Mekki († 1531)

8. O fiofó do rei ou o nascimento da cirurgia

[50] Ainda que muito criticado por conta de sua importância na hierarquia médica da época, Fagon foi um personagem relevante. Além de manter atualizada a caderneta de saúde de seu paciente real, foi um excelente botânico, que contribuiu para a valorização do quinino. Ele descreveu também os efeitos nocivos da nicotina, enquanto outros, como Molière, difundiam suas vantagens (ver a introdução de *Don Juan*, em que Sganarelle faz uma exposição sobre a arte de pitar tabaco...). Finalmente, no grande embate da circulação sanguínea, ele logo tomou o partido de Harvey contra a opinião da faculdade! Saint-Simon o apreciava: "Fagon, do fundo do seu quarto ou do gabinete do rei, via tudo e de tudo sabia. Um homem de imenso espírito e, além disso, bom e honesto... Uma figura hedionda, trajes singulares; asmático, corcunda... Era o inimigo mais implacável daqueles que chamava de charlatões...".

[51] No dia 5 de fevereiro de 1686, o marquês Philippe de Dangeau anota em seu *Diário da corte de Luís XIV*: "O rei se acha bastante incomodado por um tumor na coxa e mantém-se acamado noite e dia".

[52] Guy Patin, rabugento reitor da faculdade de medicina de Paris, declarou em 1672, falando dos cirurgiões: "Não passam de lacaios de botas, uma espécie de simples e

extravagantes obreiros bigodudos com navalhas nas mãos!".

[53] Luís XIV resolvera a questão sobre a circulação sanguínea pedindo a Dionis, cirurgião da rainha, para organizar no novo Jardim Real (atualmente Jardim das Plantas) um ensino baseado nas descobertas anatômicas mais recentes e, em particular, a circulação sanguínea segundo Harvey.

[54] O mais antigo édito é o de Filipe, o Belo, de novembro de 1311: "Informado que em Paris e dentro do viscondado vários estrangeiros de comportamento infame (ladrões, falsificadores, depravados) se põem, sem terem sido examinados, sem recibos, a praticar a arte da cirurgia e ousam até a anunciá-lo em seus brasões, o rei ordena que, doravante, 'nenhum homem ou mulher' poderá se intrometer pública ou ocultamente nessa arte sem ter sido examinado por cirurgiões-jurados, residindo em Paris, e delegados por Jean Pitard, cirurgião-jurado do rei, em Châtelet de Paris... Os interessados deverão prestar juramento entre as mãos do preboste de Paris; e é autorizado ao preboste destruir os brasões dos outros..."

[55] Cartas patentes em forma de edital dadas por Luís XV, em Fontainebleau, em setembro de 1724, registradas no Parlamento em 26 de março de 1725.

9. O combate da circulação sanguínea

[56] Uma hemoptise é a expulsão de sangue arejado pela boca, sangue proveniente das vias respiratórias, durante uma crise de tosse.

[57] Em 1672, conforme vimos, o médico pessoal do rei era Aquin. Fagon o sucederá em 1693. Apesar de sua inclinação pelo clister, Fagon foi um médico bem informado. Ele tomou partido, no que diz respeito a este capítulo, em favor da circulação sanguínea.

[58] Descartes afirmava que ele havia experimentado (com os dedos!) que o coração produzia mais calor que os demais órgãos. "Esse movimento que acabo de explicar obedece também necessariamente à disposição dos órgãos [...] e do calor que se pode sentir com os dedos e da natureza do sangue." *Discurso sobre o método*, quinta parte. Esta noção já havia sido descrita por Aristóteles.

[59] Um *yeoman* é um camponês livre da Inglaterra que possui suas terras. Este termo traduz, no século XVI, uma noção de camponês rico.

[60] Galeno escrevera: "É preciso conhecer e reverenciar a sabedoria, a onipotência, o amor infinito e a bondade do criador do Ser". Esta crença de Galeno na existência de um Deus único, criador do corpo humano, incitará a Igreja a adotar sua doutrina e a impô-la como sendo a única válida. Assim, durante muito tempo, se opor a Galeno significava se opor à Igreja, o que explica sem dúvida sua influência quase constante junto ao corpo médico até o período do qual falamos (ou seja, durante 1.400 anos!).

[61] Nome grego empregado por Hipócrates para significar brônquios.

[62] Este foi o holandês Van Leeuwenhoek, que observou os vasos capilares contendo glóbulos vermelhos, em 1673. Notemos que Galilei tinha também descrito um microscópio, ainda que sua invenção do telescópio tenha ficado mais célebre.

[63] Realdo Colombo, sucessor de Vésale e predecessor de Fallope em Pádua, descrevera a circulação pulmonar e o trajeto do sangue venoso através do pulmão. Por sinal, este fato foi descrito antes dele por Ibn al-Nafis, em 1242, no Cairo. A tradução em latim só ocorreu em 1547, pelo médico italiano Andrea Alpago de Belluno, que residira em Damasco. Próximo da verdade, Colombo não pôde, porém, se livrar da ideia de Galeno, que designava o fígado como órgão motriz do corpo.

[64] Foi em 1633, cinco anos após a publicação do livro de Harvey, que Galilei, então com 70 anos, foi condenado à prisão perpétua pela Inquisição. Ele foi obrigado a refutar tudo o que ensinara sobre o sistema heliocêntrico. Por outro lado, essa frase famosa pode muito bem ser um mito. Contudo, tem a vantagem de expressar magnificamente a rebelião e a ciência contra o dogmatismo e a ignorância. Galilei só será reabilitado pela Igreja em 1992.

[65] Que não existe! O septo intraventricular é impermeável. O menor orifício nesse nível é patológico e necessita em geral ser fechado cirurgicamente.

10. O primeiro processo do sangue contaminado

[66] A Academia de Montmor se tornará mais tarde a Academia das Ciências.

[67] Trata-se de ipeca, emético conhecido havia pouco tempo, proveniente da América do Sul e menos tóxico que o antimônio ainda utilizado na época.

[68] É, contudo, interessante ressaltar que o trabalho de Landsteiner tenha passado quase despercebido. Nenhuma informação sobre os grupos sanguíneos foi mencionada nos jornais entre 1901 e 1905.

[69] Mas quem era Jean-Baptiste Denis? Uma pesquisa cuidadosa nos livros da faculdade de Montpellier não encontra Denis nas datas em que teria obtido o diploma que afirmava ter! Então, médico ou charlatão? A história conta que ele era um médico ordinário do rei, portanto, à época, sob ordens de Antoine Vallot, primeiro-médico, ele mesmo formado pela faculdade de Montpellier. É difícil imaginar Vallot aceitando um médico ordinário do rei, formado na mesma faculdade que ele, sem ter verificado suas competências.

11. O negociante de tecidos que queria descobrir o infinitamente pequeno

[70] Em 1595, Zacharias Janssen, um fabricante de óculos de Flandres, tinha tido a ideia de sobrepor duas lentes de vidro dentro de tubos corrediços, a fim de

aumentar as coisas muito pequenas. Galileu tinha também descrito antes o princípio do microscópio.

71 Van Leeuwenhoek se interessa particularmente pelo ciclo reprodutivo dos insetos. Ele constata, por exemplo, que as fêmeas de certas espécies não contêm jamais ovos, mas sim filhotes todos já formados (viviparidade). Ele descreve igualmente a partenogênese ao constatar que pulgas podem nascer de fêmeas não fecundadas.

72 Alguns quiseram ver Leeuwenhoeck como o modelo de dois quadros de Vermeer: *O astrônomo* e *O geógrafo*. São as únicas telas do pintor que representam um cientista ao trabalho, e não uma atividade doméstica ou íntima. São também as únicas telas que representam um homem sozinho. Leeuwenhoeck foi também o curador dos bens do pintor após sua morte.

12. A varíola e as leiteiras

73 Convém dizer que, em contrapartida, os indígenas transmitiram aos espanhóis a sífilis, que logo seria chamada de o "mal francês" ou grande varíola. Por fim, se tratou de um intercâmbio de varíola, a grande contra a pequena...

74 Nessa época, não era necessário, na Inglaterra, ter defendido uma tese, ou seja, ser médico, para exercer a profissão de cirurgião.

75 Uma aponeurose é uma membrana fibrosa que envolve os músculos, as articulações, ou os separa, constituindo então uma *loge*. A aponeurose que Hunter descreve para Jenner traz agora seu nome, é uma referência essencial em cirurgia vascular.

76 Saliência arredondada num osso, em geral na articulação com outro. [N.T.]

77 Na França, alguns tinham observado a mesma coisa. E no campo, chamavam a vacina da vaca de *picote*. Jenner tinha se informado sobre isso. Provavelmente, ele sabia que, no Languedoc, um pastor chamado Pommier considerava a inoculação no homem da *picote* de bezerra como o melhor tratamento preventivo da varíola, *picote* e varíola sendo, dizia ele, a mesma doença.

78 Sua primeira menção por escrito foi efetuada por Aaron, médico na Alexandria. Desde o século XI, os chineses praticavam a variolização por via nasal: tratava-se de inocular uma forma que se acreditava pouco virulenta da doença colocando em contato a pessoa a imunizar com o conteúdo da substância supurando das vesículas de um doente. O resultado, contudo, era aleatório e arriscado, a taxa de mortalidade podia alcançar 1% ou 2%. A prática foi progressivamente difundida ao longo da rota da seda. Em 1701, Giacomo Pylarini realiza a primeira inoculação em Constantinopla.

A técnica foi importada no Ocidente em 1717 pelos trabalhos de observação de Emmanuel Timoni, médico da embaixada da Inglaterra em Istambul, que publicou um tratado sobre a inoculação. Lady Mary Wortley Montagu, a esposa do embaixador da Inglaterra na Turquia, que trazia no rosto "de um mal tão temível o fatal testemunho", serviu-lhe de publicidade nas cortes importantes, verdadeiro mundo midiático da época.

Foi Tronchin, um médico suíço, que a introduziu na França, inoculando os filhos do duque de Orleans, em 1756. Daniel Bernoulli demonstrou, num verdadeiro trabalho de saúde pública, que, apesar dos riscos, a variolização generalizada permitiria obter um pouco mais de três anos de expectativa de vida ao nascimento. Ele suscitou, porém, a hostilidade de diversos médicos. A faculdade de medicina de Paris, consultada pelo Parlamento, votou em 8 de junho de 1763, 52 votos contra 26, a favor da inoculação. Desta feita, o conservadorismo se justificou.

13. Visita à ambulância de Larrey na noite de Eylau

[79] Desde Ambroise Paré, sabia-se que uma compressão vascular ou nervosa durante uns vinte minutos causava uma insensibilização mais ou menos importante do membro.

[80] Hipotética origem da expressão metafórica em francês, *casser la pipe*, ou seja, morrer. [N.T.]

[81] Segundo Davout: "Eles [os russos] tinham mais de 25 mil homens fora de combate, 7 mil mortos, 20 mil feridos, uma parte dos quais foi abandonada no campo de batalha. Os franceses tinham ficado com cerca de 10 mil homens fora de combate, 3 mil mortos, 7 mil feridos".

[82] É preciso saber que, durante as guerras napoleônicas, muitos soldados são feridos e poucos mortos. Entre os feridos, muitos morrem por falta de atendimento. Na verdade, se o soldado conseguir caminhar ou se arrastar até a ambulância, ele tem grandes chances de sobreviver. Se tiver sido atingido com maior gravidade, ele precisa da ajuda de pelo menos cinco camaradas para carregá-lo até a ambulância. Um ferido então subtrai seis soldados do combate. Diante disso, Napoleão decidira que "os feridos que não puderem se retirar sozinhos permanecerão no campo de batalha". Larrey elaborara um sistema de ambulância para recolher os feridos no campo de batalha. Às vezes, os próprios cirurgiões tratavam dos feridos no meio dos combates. Entretanto, eles se queixavam sem cessar da falta de enfermeiros à disposição. Convém ressaltar que a sorte desses enfermeiros era precária, pois não tinham as mesmas vantagens que os soldados, embora efetuassem missões altamente arriscadas.

14. França, país de varicosos

[83] Organização para a Cooperação e Desenvolvimento Econômico [N.E.]

[84] O franco francês está obsoleto. Ele foi substituído pelo euro em 1º de janeiro de 1999. Um euro é equivalente a 6,56 francos franceses.

85 *Caisse Primaire d'assurance maladie*, "Fundo de Seguro de Saúde Primária", sistema nacional de saúde na França.
86 *Haute Autorité de Santé*, "Alta autoridade de Saúde", Agência reguladora do setor de saúde.
87 Pequenas veias azuis de má aparência que não deformam a pele.
88 "Grande veia safena" em latim.

15. Semmelweis e Destouches: dois destinos malditos

89 Infecção do peritônio, membrana que recobre as paredes do abdômen.
90 Infecção generalizada: os micróbios passam para o sangue e infectam todo o organismo.
91 Os antibióticos só foram descobertos em 1941, por Fleming.
92 Por muito tempo, as mulheres davam à luz de joelhos, agachadas, em pé ou sentadas nos assentos chamados de cadeiras de parto. Essas cadeiras eram utilizadas principalmente no mundo germânico. A parteira se agachava diante da mulher (o que é descrito em latim *obstetrix*, de *ob*, em face, e *stare*, se posicionar). A intervenção dos médicos fez surgir o "leito de desgraça", de trabalho ou de dor, designado especialmente para o parto, que lhes permitia trabalhar em pé, visto que a parturiente estava deitada.
93 Na França, as parteiras e os obstetras tinham o hábito de medir o grau de dilatação com toque vaginal: o "pequeno palmo", o "grande palmo" ou "completo". Atualmente são usados apenas os centímetros!
94 Os textos em itálico são citações da tese de Louis Destouches, faculdade de medicina de Paris, 1924.
95 Louis-Ferdinand-Auguste Destouches escolheu como pseudônimo o nome da sua avó Céline. É também um dos nomes da sua mãe. *Viagem ao fim da noite* foi a obra francesa mais traduzida e a mais lida entre aquelas do século XX, depois de Proust.

16. As lágrimas de Joseph Lister

96 Para ser honesto, sem querer ferir os brios desse herói nacional francês, Francisco Redi (1668) e sobretudo Lazarro Spallanzani (1765) já tinham demonstrado que os "animálculos" só se desenvolviam dentro de frascos expostos ao ar, e não naqueles previamente lacrados a fogo.
97 Pasteur, que foi nomeado reitor da Faculdade de Lille, havia entrado em contato com os fabricantes de cerveja da cidade para estudar a fermentação e a conservação da cerveja.
98 Ver capítulo 16.
99 Fio de tripa animal usado para suturas em cirurgias. [N.T.]

17. Os amores do doutor Halsted

[100] O artigo lido por Freud intitula-se "Ação fisiológica e importância da cocaína". Ele resolve experimentar a substância em si mesmo e constata que suas capacidades físicas e intelectuais ficam dez vezes melhores. Em junho de 1884, ele publica um artigo intitulado "Da Coca", no qual descreve seus inúmeros efeitos benéficos, inclusive o de curar os males de estômago e permitir o desmame da morfinomania! Durante a redação de seu artigo, ele sente dor de dente; ao aplicar cocaína na mucosa gengival, constata então que a dor desaparece. Mas, no antípoda do espírito cirúrgico, Freud não percebe a importância dessa descoberta e sequer assinala este efeito em seu artigo, por considerá-lo acessório. Por sorte, alguns dias depois, ele encontra seu amigo Karl Koller, oftalmologista no mesmo hospital que, respondendo à sua pergunta: "*Wie geth es ihnen?*" ("Como vai você?"), responde a Sigmund que tudo estaria muito bem, se não estivesse sofrendo uma dor de dente. Muito feliz em poder ajudar, Freud lhe passa sua nova receita. Desta vez, sendo um cirurgião, Koller não deixará escapar a importância dessa constatação!

[101] Em 1885, Halsted estuda um relatório de Moreno y Maiz datado de dezessete anos antes e se depara com o seguinte parágrafo: "Injeção de uma solução de cocaína na coxa esquerda de uma rã... Ao cabo de quinze minutos o animal não se move mais... A ponta da pata esquerda é queimada sem lhe provocar reação... O nervo ciático esquerdo está isolado e sob a ação de corrente elétrica a pata se agita. Portanto, a faculdade motriz subsiste enquanto a sensibilidade desapareceu". Moreno y Maiz deve ter injetado a cocaína num nervo controlando a sensibilidade da pata. Então era assim que devia proceder. A anestesia de condução (locorregional) acabava de nascer.

[102] Ver capítulo 17.

[103] O ácido carbólico ou ácido fênico e o subcloreto de mercúrio ou calomelano são produtos utilizados como antissépticos no passado, mas considerados atualmente como tóxicos. Ambos particularmente irritantes para a pele, chegam a provocar uma toxicidade dérmica com vermelhidões e inflamações.

[104] Uma instrumentadora-assistente [no Brasil, enfermeira circulante] não se veste com trajes esterilizados como a enfermeira instrumentadora. Sua função é abastecer a mesa de instrumentos com tudo o que será necessário à operação ou o que vier a pedir o cirurgião.

18. Um parque de diversão para a anestesia

[105] A escritora inglesa Fanny Burney conta com extrema delicadeza sua própria experiência de mastectomia com Larrey. Operada em Paris, no dia 30 de setembro de 1811, ela viverá até 1840, falecendo aos 98 anos. *The Journal and Letters of*

Fanny Burney (Madame d'Arblay) [O diário e as cartas de Fanny Burney (Madame d'Arblay)], 1791-1840.

[106] *Leçons de clinique chirurgicale* [Lições de clínica cirúrgica], 1840, Alfred Velpeau. Na verdade, Velpeau era um homem inteligente e acabou mudando de opinião. Em 1847, ele escreveu: "Fatos como este se reproduzem praticamente em todos os lugares e entre todas as mãos, agora não é mais permitido considerá-las como excepcionais, e ninguém duvida que, após as inevitáveis tentativas e erros, a cirurgia foi bastante beneficiada com as inalações de éter nas operações cirúrgicas". Esta declaração é digna de um aluno de Bretonneau, que lhe ensinara a distinguir entre "o fato e a opinião".

[107] O tálamo é uma estrutura de material cinzento central muito importante, que delimita o terceiro ventrículo e serve para filtrar as informações que chegam ao córtex cerebral.

[108] Existem também sistemas inibidores como a secreção de endorfina, agindo em caso de dores prolongadas. Conhecer e sintetizar essas substâncias endomorfínicas representa uma vantagem colossal no plano médico, no plano econômico, e mesmo no plano político...

[109] Na realidade, a descoberta das propriedades anestesiantes do óxido nitroso cabe ao químico Humphry Davy (1778-1829) e a seu aluno Michael Faraday (1791-1867). Mas eles nunca tiveram a ideia de usar esse gás na medicina! Certamente, nunca sentiram dor de dente!

[110] O trabalho foi finalmente publicado em 1848, ou seja, seis anos após, no *Southern Medical and Surgical Journal*. Convém dizer que a disputa para saber quem foi o verdadeiro inventor da anestesia geral acabava de começar...

[111] Robert Louis Stevenson só publicou *O estranho caso do doutor Jekyll e do senhor Hyde* em 1886. No livro, ele conta a história de um médico, doutor Jekyll, que, sob influência de uma droga, se transforma no horrível senhor Hyde.

19. Os filhotes de pássaros de Tarnier

[112] Philippe Ariès: *L'Enfant et la vie familiale sous l'Ancien Régime* [A criança e a vida familiar no Antigo Regime], Plon, 1960. Todavia, a tese de Philippe Ariès foi, desde sua publicação, questionada inúmeras vezes, e mesmo diretamente refutada, pelos trabalhos de diferentes historiadores.

[113] *Emile ou De l'Education* [Emílio, ou Da Educação], Jean-Jacques Rousseau.

[114] A Revolução Industrial perturbou o aleitamento materno porque as mulheres trabalhavam em fábricas e não podiam amamentar seus bebês. Deixados aos cuidados de amas-secas, os recém-nascidos são alimentados com mamadeiras, a mais conhecida das quais se chamava Robert (que, em gíria parisiense, designa os seios das mulheres!), frequentemente prolongados por tubos flexíveis a fim de alimen-

tar vários bebês ao mesmo tempo. A maior parte do tempo, esse material era mal lavado, permitindo o desenvolvimento de micróbios e explicando as infecções digestivas. Quanto ao leite de vaca, ele custava caro. E quase sempre era adulterado ou estragado, sujeito a todo tipo de manipulação...

20. Marianne Solitária

[115] As escrófulas são lesões cutâneas com fístulas purulentas no pescoço, devido a gânglios tuberculosos evoluindo de modo crônico. Contam que os reis da França teriam o poder de curá-las com o simples toque das mãos.

[116] Somente em 1882 Robert Koch descobrirá o bacilo responsável pela tuberculose, que levará seu nome. Quanto ao tratamento eficaz da doença, será necessário esperar a descoberta da estreptomicina, em 1945, e da isoniazida, em 1952.

21. Um galinheiro para o beribéri

[117] Batávia foi o nome da sede da Companhia Holandesa das Índias Orientais na Insulíndia (o arquipélago Malaio) até 1799, depois o da capital das Índias neerlandesas. Seu nome atual é Jakarta, capital da República da Indonésia.

[118] Paludismo.

[119] Em 1820, os farmacêuticos Pelletier e Caventou, da Faculdade de Farmácia de Paris, isolaram o alcaloide ativo da quinquina: o quinino.

[120] O paludismo se deve a um parasita, o plasmódio, inoculado por certos mosquitos, os *Anopheles* (chamados mosquito-prego, no Brasil). O parasita provoca uma destruição maciça dos glóbulos vermelhos, daí a anemia. A hemoglobina liberada em quantidade é transformada no fígado em bilirrubina, o pigmento da bile, causando uma icterícia (amarelamento da pele). Conforme a intensidade da destruição dos glóbulos vermelhos, o doente ficará mais ou menos pálido ou mais ou menos ictérico, uma coloração bem particular, fácil de diagnosticar, ao menos em indivíduos de pele branca.

[121] A regra de ouro de Koch era obter culturas puras de germes retirados dos doentes, em seguida verificar sobre uma espécie animal receptiva o poder nocivo desses micróbios e recuperar a cepa patogênica do animal infectado. Essas operações garantiam a especificidade do agente infeccioso numa doença. Koch queria fundar um sistema. Ele não pensava que fosse possível modificar uma espécie bacteriana para dela fazer uma vacina com as cepas atenuadas, daí seu desacordo com Louis Pasteur.

[122] Doença do sistema nervoso provocando uma degradação da mielina (substância adiposa que forma o revestimento dos neurônios) do sistema nervoso periférico, ao isolar o cérebro da medula espinhal.

[123] Nesse momento, Eijkman ainda não tinha compreendido o conceito de vitamina, que será descrito por Funck bem mais tarde. Ele acredita que o arroz polido é tóxico, o que é falso. A existência de uma substância necessária à vida, posto que não sintetizada pelo organismo do homem ou do frango, sequer lhe ocorreu.

[124] Em estatística, o valor de p exprime o significado da hipótese testada. Quanto mais fraco for esse valor, mais pertinente será a hipótese.

[125] A vitamina B1 é encontrada em um bocado de alimentos, como a carne de porco, o pão ou o arroz. Ela é absorvida pelo organismo na altura do duodeno. Tal revelação ocorreu a Eijkman quando ele observava os prisioneiros, pois estes eram alimentados exclusivamente com arroz polido. O cardápio da penitenciária era bem frugal! Evidentemente, a vitamina era rara nos outros membros da colônia, que tinham alimentação mais variada. Sua carência é responsável pelo distúrbio no sistema nervoso e pela polineurite, depois pelo coma precedendo o falecimento (forma seca), pelas doenças cardíacas com edemas (forma úmida). Ela pode ser encontrada nos alcoólatras na França. Pode ser encontrada em unidades de terapia intensiva, pois, ao se aplicar a perfusão de glicose, provoca-se um imenso consumo de vitamina B1 (a vitamina B1 intervém na transformação da glicose em energia). Não existe dosagem excessiva de vitamina B1, o excedente sendo eliminado espontaneamente.

22. O prêmio Nobel de Alexis Carrel

[126] Em 1912, os americanos jamais tinham recebido o prêmio Nobel de Medicina. Os franceses, por sua vez, o tinham obtido em 1907 com Alphonse Laveran (por seus trabalhos sobre o paludismo) e outra vez em 1913, com Charles Richet (por seus trabalhos sobre a anafilaxia). O primeiro Nobel puramente americano só será recebido em 1933, por Thomas Morgan, por seus trabalhos sobre o papel dos cromossomos na transmissão hereditária. Mas, depois, eles se recuperaram, visto que até hoje 89 americanos ganharam o prêmio Nobel de Medicina (evidentemente, vários dentre eles honrados no mesmo ano!).

[127] Mathieu Jaboulay (1860-1913), último major-cirurgião do hospital Hôtel-de-Dieu e professor de clínica cirúrgica de 1902 a 1913. Ele inventou as suturas arteriais e foi um dos primeiros a tentar os transplantes de órgãos.

[128] A heparina, descoberta por McLean em 1916, só foi utilizada em experiências clínicas em 1925, por Reed.

[129] René Leriche (1879-1955) foi um dos cirurgiões mais famosos de seu tempo. Ele inventou a cirurgia da dor e criou as bases da cirurgia vascular. Ele foi residente sob as ordens de Carrel. Sobre este último, ele escreveu: "devo-lhe a melhor parte da minha formação: a disciplina da observação".

[130] Na verdade, Carrel tinha também insistido no fato que a agulha que suturava a parede da artéria não devia ser transfixadora e devia respeitar o endotélio, ou seja,

a face interna da parede. Isso suscitava grande interesse à época – evitar a trombose – pois o endotélio vascular, como sabemos, tem propriedades intrínsecas para evitar a coagulação do sangue. Carrel ignorava quais, mas intuitivamente era assim que efetuava suas suturas.

[131] O papa Pio IX havia pronunciado em 1854 o dogma da Imaculada Conceição, segundo o qual Maria teria sido concebida sem a imundice do pecado original: a Virgem se manifestou em 1830, na Rua do Bac, em Paris, à noviça Catherine Labouré; em 1846, duas jovens pastoras de La Salette (Isère) a viram; foi em Lourdes, em 1858, que ela falou a Bernadette Soubirous, de 14 anos; em 1871, quatro crianças de Pontmain (Mayenne) disseram tê-la avistado. Essas aparições, revanche dos humildes contra os poderosos, despertaram importantes movimentos de fervor popular. Oito milhões de exemplares da "medalha milagrosa", utilizada contra a cólera, foram cunhados após o fenômeno da Rua do Bac; em 1842, ela atinge uma difusão de 100 milhões de peças. Bernadette Soubirous e Catherine Labouré foram canonizadas.

[132] Alexis Carrel, *Le Voyage de Lourdes* [A viagem de Lourdes], Plon, 1949, p. 91-96. Nessa obra póstuma, ele descreve esse evento segundo o testemunho do doutor Louis Larrec (anagrama de Carrel).

[133] Nome do monoplano com o qual Charles Lindberg cruzou o Atlântico Norte em 1927. [N.T.]

23. O médico que pensava ser Sherlock Holmes

[134] Arthur Conan Doyle: "O empreendedor de Norwood", em *A volta de Sherlock Holmes*, publicado em 1903 no jornal *Strand*.

[135] A palavra corvo não era ainda sinônimo de anonimógrafo (em francês), ou seja, o autor de cartas anônimas, em 1922.

[136] Edmond Locard: *La vipère, les lettres anonymes meurtrières* [A víbora, as cartas anônimas assassinas]. 1954, Les causes célèbres Ed.

[137] Em 13 de agosto de 1889, perto de Lyon, descobriram um cadáver nu em estado de decomposição avançado dentro de uma mala abandonada. O professor Alexandre Lacassagne consegue identificar o corpo se baseando nos cabelos da vítima, que ele compara ao de um oficial de justiça desaparecido (Thomas Gouffé) em Paris num prazo compatível com o estado de putrefação do cadáver. Tudo isso vai permitir ao comissário Goron encontrar os criminosos, após algumas reviravoltas dignas dos melhores romances policiais (Marie-François Goron, *L'Amour criminel. Mémoires du chef de la Sûreté de Paris à la Belle Epoque* [Amor criminoso. Memórias do chefe da segurança de Paris na Belle Époque], André Versailles Ed, 2010).

[138] Bertillon por muito tempo se opôs à utilização das impressões digitais, das quais Locard era um fervoroso partidário. Os dois homens divergiram igualmente na

ocasião da perícia grafológica no caso Dreyfus, e Locard refutou a tese defendida por Bertillon acusando Dreyfus.

[139] Lombroso estava convencido de que a delinquência era hereditária e que o estudo de características físicas, particularmente dos crânios, permitia predizer o destino dos homens. Lacassagne e Locard, ao contrário, defendiam que o meio era responsável pela evolução de um indivíduo no sentido da criminalidade.

24. Ruborizar as "crianças azuis"

[140] A tetralogia descrita pelo cardiologista marselhês Louis Fallot associa, de fato, duas anomalias principais: um encolhimento da artéria pulmonar e uma comunicação entre os dois ventrículos do coração. A principal consequência do obstáculo pulmonar é dar passagem ao sangue não oxigenado (azul) para a grande circulação (vermelho). É a mais frequente das "doenças azuis" (cardiopatias cianogênicas).

[141] Essa posição, agachada ou *squatting*, permite de fato uma melhora mais rápida da oxigenação do sangue arterial após um esforço. O agachamento curva as veias femorais e diminui assim o retorno do sangue para o ventrículo direito, que pode ejetá-lo com mais eficácia dentro da via pulmonar. Ele dobra também as artérias femorais e aumenta a resistência arterial sistêmica, o que contribui a reduzir a passagem do sangue do ventrículo direito para a aorta. Incrível adaptação da natureza a uma anomalia... É claro que esse garotinho agachado após uma corrida ignora completamente a fisiopatologia!

[142] No início, Helen Taussig procurava criar um modelo de hipertensão pulmonar nos animais, aliás, sem sucesso. Apesar do fluxo sanguíneo muito intenso que ela desviava da aorta para os pulmões, a pressão não aumentava. Ocorreu-lhe então que podia desse modo melhorar a oxigenação dos pequenos pacientes (visto que ela conduzia à força o sangue venoso para os pulmões!) e então ruborizar as "crianças azuis". A maior parte dessa pesquisa foi efetuada no laboratório de cirurgia do Johns Hopkins. O responsável era Vivien Thomas, um americano brilhantíssimo, que concebeu verdadeiramente a operação nos animais. Ele se encontrava atrás de Blalock na "primeira" dessas intervenções num ser humano e o aconselhava passo a passo.

[143] *White Anglo-Saxon Protestant*, protestante branco anglo-saxão. [N.T.]

[144] Louis Merlin, diretor da estação Europa1, lança em 1955, com Jacques Antoine, um novo programa radiofônico, "Vous êtes formidables!" [Vocês são formidáveis!], cujo objetivo é resolver problemas aparentemente insolúveis ou obter ajuda e socorro da parte dos ouvintes. O programa é apresentado por Pierre Bellemare. O sucesso é imediato. Dessa forma, ele consegue reunir os fundos necessários para a construção de um centro hospitalar especializado em operações de coração aberto de crianças no hospital Broussais de Paris. Bellemare conseguiu que os ônibus parisienses circulassem um dia inteiro, recolhendo as doações dos passantes!

[145] Uma *mastaba* é uma construção funerária do Antigo Egito feita para acolher os sarcófagos dos faraós e das altas personalidades.

25. O caso Marius Renard

[146] Isquemia: privação de sangue. Ela pode ser temporária, impedindo o rim de ser alimentado corretamente durante um período suficiente para acarretar lesões de suas estruturas. Estas poderão eventualmente sarar após um intervalo de reparação de várias semanas. Se o paciente não morrer de insuficiência renal!

[147] Enxerto de tecido em que o doador é geneticamente diferente do receptor, ainda que da mesma espécie. [N.T.]

[148] Por pouco, ele não foi ultrapassado por Serge Voronoff, outro russo trabalhando na França, que quis transplantar o rim de um criminoso, em Paris, 1928. Mas o procurador da República se opôs. Voronoff alcançou uma grande reputação à época como transplantador de testículos de macaco em homens que procuravam reaver uma virilidade.

[149] A anúria é a situação em que um doente não apresenta mais emissão alguma de urina (diurese), e denominamos oligúria a situação em que a diurese é conservada, mas insuficiente.

[150] O soro sanguíneo de pessoas do grupo O contém naturalmente anticorpos anti-A e anti-B. O transplante era portanto, *a priori*, incompatível e havia um risco de rejeição elevado, já que o órgão implantado apresentava por definição os antígenos B. Mas isso não pôde acontecer com essa paciente, pois o órgão enxertado estava provavelmente morto no momento do transplante, destituído de vascularização depois de pelo menos seis horas. É mesmo possível que esses vasos se tenham obstruído. E não pode ocorrer rejeição se o órgão não recebe mais sangue.

[151] Na realidade, à aurora de nossos conhecimentos atuais, é claro que um rim não alimentado pelo sangue do doador (visto que está morto) e não protegido por uma solução fria apropriada durante mais de seis horas não tem chance alguma de recuperar sua função após o transplante. Por outro lado, a técnica de transplante realizada segundo o método Carrel foi excelente.

[152] A policistose renal é uma enfermidade genética que se caracteriza pelo desenvolvimento de numerosos cistos sobre os rins, provocando sua insuficiência.

[153] *Journal of American Medical Association* [Jornal da Associação Americana de Medicina].

[154] A receptora não se encontrava numa situação de insuficiência renal terminal, seu rim direito mantinha-se funcional. A taxa sanguínea de creatinina, que era de 1,8 mg/dl antes do transplante, passou na fase pós-operatória a 2,3 mg/dl. Após dezesseis dias, o nível se mantivera o mesmo. Um único valor de 1,2 mg/dl é mencionado 64 dias após a drenagem de um abcesso perirrenal, e não foi mais controlado depois disso. Em

setembro de 1951, foi publicado um relatório complementar anunciando a remoção cirúrgica do órgão implantado no dia 1° de abril precedente. O órgão estava atrofiado, suas vias excretoras tinham desaparecido!

[155] Obviamente, é risível hoje em dia, pois sabe-se que somente o frio pode conservar um órgão. Charles Dubost, que me contou essa história trinta anos mais tarde, insistia bastante sobre a ignorância na qual transcorriam esses transplantes: "Não se sabia nada, ou quase nada. O rim que chegou a Broussais foi novamente conservado dentro da água quente... E tinham esquecido a mensagem de Carrel. Não havia nenhum outro tratamento satisfatório a propor. A única coisa que sabiam fazer era transplantar! Então, o jeito era tentar. Quanto aos doentes, tampouco se sabia alguma coisa, e nada tinham de melhor a lhes propor...".

Dubost contava suas histórias na hora do café, que tomava em seu gabinete ao fim das operações matinais. Sempre admirei sua habilidade com as palavras, seu pragmatismo verbal (e cirúrgico!) e sua honestidade intelectual, que jamais tentava dar a si mesmo o papel principal. Ele soltava frases como: "Aquilo que não está mais ao alcance da medicina não se encontra por isso, automaticamente, ao alcance da cirurgia". Frase que, ainda hoje, merece uma reflexão...

[156] Küss, 1951.

26. A criança que sonhava com um homem artificial

[157] A proteção nasal como uma extensão frontal do capacete só aparecerá no século XI.

[158] A diálise se baseia nas propriedades das membranas semipermeáveis que deixam filtrar os líquidos (solventes), mas são impermeáveis (ou pouco permeáveis) às substâncias dissolvidas dentro do líquido (solutos).

Desta forma, dois princípios físicos vão entrar em ação: 1) a difusão, que permite a transferência transmembrânica em função do gradiente de concentração de ambas as partes da membrana, e 2) a convecção, na qual se manifesta a diferença de pressão de uma parte e de outra.

Em caso de diálise, a concentração do banho é elevada, atraindo a água e as pequenas moléculas como a ureia (difusão), e a pressão do sangue é alta (graças a uma bomba), facilitando a transferência (convecção) dos líquidos de pressão elevada para o setor de pressão baixa (banho de diálise).

[159] Georg Haas tinha utilizado a hirudina como anticoagulante, mas essa substância tinha se revelado demasiadamente toxica para ser usada com regularidade nos humanos.

[160] Terreno baixo e facilmente inundável, comum nos Países Baixos. [N.T.]

[161] Foi Belding Scribner que inventou o dispositivo (chamado "shunt arteriovenoso de Scribner"), tornando esse acesso possível e reproduzível a partir dos anos 1950. Esse shunt utilizava as propriedades de dois novos materiais, que seriam bastante

empregados na medicina ao longo dos anos seguintes: o Silastic e o Teflon (ou politetrafluoroetileno expandido, PTFE).

[162] Publicar ou perecer.

[163] Na verdade, ela se implantava na aorta torácica descendente.

[164] A oposição e a competição entre as duas escolas de cirurgia de Houston, a de DeBakey e a de Cooley, é lendária. Eu mesmo, durante um estágio em Houston, fazendo parte da equipe de DeBakey, só pude frequentar o "inimigo" secretamente.

[165] CEC: Circulação extracorporal que permite substituir a função do coração e dos pulmões durante a operação de coração aberto. Ao final da operação, se o coração do doente não estiver suficientemente forte para assegurar sozinho uma pressão arterial, não se pode mais interromper a CEC, pois uma parada significa a morte.

[166] O aparelho implantado, concebido por Willem Kolff e realizado por Robert Jarvik, era um coração mecânico de dois ventrículos, conectado aos átrios no exato local dos ventrículos nativos. Ele era ativado por um sistema externo de ar comprimido. Os dois ventrículos estavam conectados ao gerador de ar comprimido graças às duas linhas. Existiam dois modelos de contenção diferentes, permitindo a adaptação à anatomia do tórax do paciente. Cada ventrículo dispunha de dois reservatórios: um cheio de ar e outro, de sangue. Eles ficavam separados por um diafragma de poliuretano. O reservatório sanguíneo estava munido de válvulas antirretorno. Com o ar deslocando a membrana a intervalos regulares, ele expulsava assim o sangue para a artéria pulmonar ou para a aorta, conforme o ventrículo. A conexão dos ventrículos ao músculo cardíaco era efetuada por duas falanges atriais flexíveis, e dois tubos em Dracon sendo utilizados para conectar o coração artificial às artérias. A energia necessária ao funcionamento dos ventrículos era produzida e controlada pela console pneumática, alimentada por uma fonte de ar comprimido de 3,5 a 7 bars. Equipado com diversos sistemas de segurança, ela era composta de um regulador agindo no ajuste das pressões de ativação das próteses esquerda e direita. Uma fonte de vácuo regulável era empregada a fim de garantir certo grau de auxílio ao enchimento da prótese ventricular. O ritmo das pressões e das depressões podia variar graças a um regulador de frequência. A supervisão dos ritmos cardíacos e sistólicos, das curvas de enchimento e de ejeção dos ventrículos, e o armazenamento das diferentes informações eram assegurados por um microcomputador acoplado ao console. Evidentemente, esse sistema comportava certos inconvenientes para o doente. Na verdade, a ligação ao console acoplado ao computador restringia a mobilidade do paciente: ele devia permanecer no hospital, o que não era compatível com um coração implantado de forma definitiva. Além disso, as linhas de ativação transtorácicas acarretavam um risco considerável de infecção. Enfim, a superlotação dos ventrículos dentro do peito comprimia os pulmões e os átrios, tornando a respiração e a circulação sanguínea mais

difíceis. Esse primeiro protótipo de coração foi rapidamente superado por aparelhos mais eficientes.

[167] Em 1985, Copeland *et al.* relataram o primeiro sucesso do coração artificial total (modelo Jarvik-7) em ponte para transplantes num homem de 25 anos sofrendo de cardiomiopatia viral.

27. A tesoura de Jean Dausset

[168] Jean Dausset e Robert Debré foram os atores principais da implementação da reforma de 1958, que conduziria a instalação de centros hospitalares universitários na França.

[169] "Órgãos de Stalin" é como os alemães apelidaram os lança-foguetes Katyusha do Exército Vermelho durante a Segunda Guerra. [N.T.]

[170] A atenção de Dausset foi atraída para os doentes que tinham baixa de glóbulos brancos (leucopenia). Robert Coombs, imunologista inglês, acabara de implementar um teste permitindo detectar anticorpos fixos na superfície dos glóbulos vermelhos de alguns doentes anêmicos. Jean Dausset procurou então, pelo mesmo procedimento, identificar anticorpos na superfície dos glóbulos brancos dos doentes que não os tinham suficientemente, anticorpos estes que ele suspeitava serem os responsáveis pela diminuição de seu número.

[171] MAC corresponde às iniciais de três doadores do painel que permitiram essa descoberta. De modo geral, Dausset agradecerá todos os doadores anônimos que o acompanharam em sua pesquisa.

[172] Ver capítulo 2.

28. E a morte em tudo isso?

[173] *Le Monde*, 16 de abril de 1992.

[174] *Estado I, coma leve, ou vigília*: nesse caso, a abolição da consciência é incompleta e, através de excitações dolorosas, se podem provocar reações motoras ou vocais relativamente bem adaptadas. Não há um distúrbio vegetativo. *Estado II, coma de gravidade média*: a abolição da consciência é completa e as funções relativas desapareceram, mas as funções vegetativas se acham um pouco perturbadas. *Estado III, coma profundo*: a abolição total da consciência e da vida relacional, e a perturbação grave das funções vegetativas caracterizam esse estado.

[175] Em 1991, uma circular estabelece a necessidade de praticar dois EEG com seis horas de intervalo; depois, em 1994, as leis de bioética são publicadas na França com dois pontos importantíssimos. (Artigo L. 1233-1: "A extração de órgãos em uma pessoa falecida só pode ser efetuada para fins terapêuticos ou científicos e após a constata-

ção da morte ter sido estabelecida nas condições definidas por decreto do Conselho de Estado". Artigo L. 671-10: "Os médicos que estabelecem a constatação da morte de uma parte e aqueles que efetuam a extração ou o transplante, de outra parte, devem integrar unidades funcionais ou e serviços distintos".)

29. Transplante na cidade do Cabo: mas quem é afinal esse misterioso doutor Naki?

[176] Em português, cabra de leque. Um antílope da África do Sul que serve de símbolo para o time de rúgbi nacional. [N.T.]

[177] *The Economist*, 9 de junho de 2005, Obituário: "Hamilton Naki, um pioneiro cirúrgico não reconhecido morreu em 29 de maio aos 78 anos de idade." *The New York Times*, 27 de agosto de 2005: "Morre Hamilton Naki, 78, cirurgião autodidata". *British Medical Journal*, 330, 1511, 23 de junho de 2005: "Hamilton Naki, herói não reconhecido do primeiro transplante cardíaco do mundo". *The Lancet*, 374, 9692, p. 775, 5 de setembro de 2009: "A história de Hamilton Naki e Christiaan Barnard".

[178] Helen Taussig, médica pediatra, teve a ideia de melhorar a oxigenação das crianças azuis conduzindo à força o sangue da artéria subclávia para a artéria pulmonar. A maior parte dessa pesquisa foi efetuada no laboratório de cirurgia do Johns Hopkins Hospital. O técnico encarregado foi Vivien Thomas, um negro americano extremamente brilhante, que concebeu verdadeiramente a operação num animal. Ele estava atrás de Blalock durante a "primeira" cirurgia num ser humano e o aconselhava passo a passo.

[179] "*I removed it, he said. Only because the law of this country I was not allowed to do it myself*" [Eu o extraí, disse ele, mas pelas leis deste país eu não era autorizado a fazê-lo], citado em *The National*, junho de 2009.

[180] "*Those days you had to accept what they said as there was no other way you could go because it was the law of the land*", citado por Alastair Leithead, correspondente da BBC na Cidade do Cabo, 9 de maio de 2003.

[181] Em seu livro de memórias, Barnard dá uma outra versão. Ele não menciona Naki, mas deixa claro que foi ele mesmo que saiu da sala de operação para extrair o coração de Denise Darvall. Marius teria lhe dito antes de entrar no bloco: "É como com os cachorros. Se você não cuidar pessoalmente, eles nunca se familiarizarão com você..."

[182] Lei do silêncio da máfia italiana. [N.T.]

30. A esperança que vem da terra

[183] Ao qual os intensivistas do serviço logo passaram a chamar de "Boeing".

[184] A aposta de Pascal é um argumento filosófico criado por Blaise Pascal no século

XVII, que tenta provar que uma pessoa racional tem todo o interesse em crer em Deus, que ele exista ou não. [N.T.]

[185] O reverendo Damien Boulogne fazia obviamente menção aos padroeiros dos cirurgiões, Cosme e Damião.

[186] Substâncias gelatinosas extraída de diversas algas usadas para cultivar bactérias e fungos. [N.T.]

[187] O aumento da incidência de cânceres após o transplante de órgãos é uma das principais complicações e uma causa importante de morbidez e mortalidade. Em parte, ela se deve à imunossupressão não específica, que favorece a replicação de vírus oncogenes. Ela poderia também ser favorecida por um efeito cancerígeno próprio dos tratamentos imunossupressores.

[188] Atualmente, acredita-se que a ciclosporina se une à ciclofilina dos linfócitos. O complexo ciclosporina-ciclofilina inibe uma enzima que, em circunstâncias normais, aciona a formação da citocina que ativa a formação dos linfócitos T, ou seja, os "matadores".

Este livro foi composto com tipografia Adobe Garamond Pro
e impresso em papel Off-White 70 g/m² na Premiumgraf.